西安交通大學 本科"十三五"规划教材

普通高等教育能源动力类专业"十三五"规划教材

U0716766

能源战略与能源经济

主编 王树众 徐东海

西安交通大学出版社

XI'AN JIAOTONG UNIVERSITY PRESS

内容简介

全书共八章,分别介绍了我国能源的资源现状、能源发展面临的挑战、能源发展趋势、能源经济、能源技术革命、我国能源国策、我国能源战略方针、能源发展的主要任务。本书是西安交通大学"十三五"规划教材,适用于能源与动力工程类专业的本科生,同样可供相关专业科研与工程技术人员参考使用。阅读本书可以获得能源现状、能源经济、能源科技、能源政策、能源发展战略等方面的知识。

图书在版编目(CIP)数据

能源战略与能源经济 / 王树众,徐东海主编. — 西安:
西安交通大学出版社,2020.12(2022.9 重印)
西安交通大学本科"十三五"规划教材
ISBN 978 − 7 − 5693 − 1370 − 3

Ⅰ.①能… Ⅱ.①王… ②徐… Ⅲ.①能源战略—高等学校—
教材 ②能源经济—高等学校—教材 Ⅳ.①F407.2

中国版本图书馆 CIP 数据核字(2019)第 250832 号

书　　名	能源战略与能源经济
主　　编	王树众　徐东海
责任编辑	田　华
责任校对	雷萧屹

出版发行　西安交通大学出版社
　　　　　(西安市兴庆南路 1 号　邮政编码 710048)
网　　址　http://www.xjtupress.com
电　　话　(029)82668357　82667874(市场营销中心)
　　　　　(029)82668315(总编办)
传　　真　(029)82668280
印　　刷　西安日报社印务中心

开　　本　787mm×1092mm　1/16　印张 15.125　字数 360 千字
版次印次　2020 年 12 月第 1 版　2022 年 9 月第 2 次印刷
书　　号　ISBN 978 − 7 − 5693 − 1370 − 3
定　　价　45.00 元

前　言

能源是现代文明的动力,推动人类文明向前发展,能源也是世界发展和经济增长最基本的驱动力,是人类赖以生存的基础,攸关国计民生和国家战略竞争力。人类在使用能源过程中如何协调能源—经济—社会—环境之间的关系,使得社会经济的发展建立在自然资源可以承受的基础之上,这是一个重要的科学问题。

能源的稳定供给是经济发展的重要保障,是一个国家发展的命脉。能源战略一直是全球经济发展中的热点问题。许多国家都在致力于清洁能源和可再生能源的开发和利用,以转变传统的能源经济结构。习近平总书记在中央财经领导小组第六次会议讲话中明确提出:面对能源供需格局新变化、国际能源发展新趋势,保障国家能源安全,必须推动能源生产和消费革命。当前,世界政治、经济格局深刻调整,能源供求关系深刻变化。我国能源资源约束日益加剧,生态环境问题突出,调整结构、提高能效和保障能源安全的压力进一步加大,能源发展面临一系列新问题新挑战。同时,我国可再生能源、非常规油气和深海油气资源开发潜力很大,能源科技创新取得新突破,能源国际合作不断深化,能源发展面临着难得的机遇。

在全球经济高速发展的今天,国际能源安全已上升到了国家的高度,各国都制定了以能源供应安全为核心的能源政策。人类在享受能源带来的经济发展、科技进步等利益的同时,也遇到一系列无法避免的能源安全挑战。能源短缺、资源争夺以及过度使用化石能源造成的环境污染等问题威胁着人类的生存与发展。在当今世界,能源发展和能源环境之间的关系,是全世界、全人类共同关心的问题,也是我国社会经济发展的重要问题。

本书可以使广大读者充分了解和认识世界和中国能源的特点及现状,能源与经济发展、社会进步、环境保护之间的关系,能源安全,如何实现能源的可持续发展等知识。

最后,非常感谢西安交通大学出版社田华老师,能源与动力工程学院热能工程系魏宁、汪洋、张熠姝、徐海涛、柳亮、张睿、杨媚、肖照宇、王栋等研究生,他们为这本书的编写做出了重要贡献,包括数据收集与更新、文本的录入与校对、案例研究等。

本书可能还存在一些不足之处,恳请广大读者批评指正。

王树众　徐东海

2019 年 6 月

目　录

第1章

能源的资源现状

1.1 能源的概念与分类

1.1.1 能源的概念

能源又称能量资源或能源资源,是指可产生各种能量(如热能、电能、光能和机械能等)或可做功的物质的统称。能源也指能够直接取得或者通过加工、转换而取得有用能的各种资源,包括煤炭、原油、天然气、煤层气、水能、核能、风能、太阳能、地热能、生物质能等一次能源和电力、热力、成品油等二次能源,以及其他新能源和可再生能源。

过去人们对"能源"这一术语谈论得很少,但正是两次石油危机使其成为人们议论的热点。关于能源的定义,目前约有 20 种。例如,《科学技术百科全书》中提到:"能源是可从其获得热、光和动力之类能量的资源";《大英百科全书》中提到:"能源是一个包括着所有燃料、流水、阳光和风的术语,人类用适当的转换手段便可让它为自己提供所需的能量";《日本大百科全书》中提到:"在各种生产活动中,我们利用热能、机械能、光能、电能等来做功,可利用来作为这些能量源泉的自然界中的各种载体,称为能源";我国的《能源百科全书》中也提到:"能源是可以直接或经转换提供人类所需的光、热、动力等任一形式能量的载能体资源。"可见,能源是一种呈多个形式的,且可以相互转换的能量的源泉。

从物理学的观点来看,能量的简单定义就是做功的本领。广义而言,任何物质都可以转化成能量,但转化的数量与转化的难易程度却是不一致的,其中比较集中且转化较易的含能物质被称之为能源。也有另一种类型的能源,即能量过程,如水的势能落差运动中所产生的水能和空气运动产生的风能。在自然界中,一些自然资源本身拥有某种形式的能量,它们在一定条件下能转化为人们所需要的能量形式,如煤炭、石油、太阳能、风能、天然气、水能、核能、地热能等。但在生产和生活过程中,由于工作需要或者便于运输和使用,常将以上能源经过一定的加工、转换,使其成为更符合人们使用条件的能量,如煤气、电力、焦炭、蒸汽、沼气和氢能等,它们也称为能源,是由于它们也能为人类提供所需的能量。

能源是人类文明发展的物质基础。在某种意义上讲,人类社会的发展离不开优质能源的出现和先进能源技术的使用。在当今世界,能源的发展和能源与环境之间的关系,是全世界、全人类共同关心的问题,也是我国社会经济发展的重要问题。

能源是整个世界发展和经济增长最基本的驱动力,也是人类赖以生存的基础。自工业革命以来,能源安全问题就开始出现。在全球经济高速发展的今天,国际能源安全已上升到了国家的高度,各国都制定了以能源供应安全为核心的能源政策。在此后的二十多年里,在稳定能源供应的支持下,世界经济规模取得了较大增长。但是,人类在享受能源带来的经济发展、科技进步等利益的同时,也遇到一系列无法避免的能源安全挑战。能源短缺、资源争夺以及过度使用能源造成的环境污染等问题威胁着人类的生存与发展。

1.1.2　能源的分类

能源种类繁多,而且经过人类不断地开发与研究,更多新型能源已经开始能够满足人类的需求。根据不同的分类方式,能源可分为不同的类型[1],主要有以下八种分类方法。

1.按照能源的来源分类

来自地球外部天体的能源(主要是太阳能),除直接辐射外,也为风能、水能、生物能和矿物能源等的产生提供基础。人类所需能量的绝大部分都直接或间接地来自太阳。各种植物通过光合作用把太阳能转变成化学能,在植物体内贮存下来。煤炭、石油、天然气等化石燃料也是由古代埋在地下的动植物经过漫长的年代形成的,它们实质上是由古代生物固定下来的太阳能。此外,水能、风能、波浪能、海流能等也都是由太阳能转换来的。

地球本身蕴藏的能量,通常指与地球内部的热能有关的能源和与原子核反应有关的能源,如原子核能、地热能等。温泉和火山爆发喷出的岩浆就是地热的表现。地球可分为地壳、地幔和地核三层,它是一个大热库。地壳就是地球表面的一层,平均厚度约 17 km。地壳下面是地幔,它大部分是熔融状的岩浆,厚度约为 2900 km,火山爆发一般是这部分岩浆喷出。地球内部为地核,地核中心温度最高可达 6800 ℃。可见,地球上的地热资源贮量很大。

还有一部分来自地球和其他天体相互作用而产生的能量,如潮汐能。

2.按照能源获得的方法分类

一次能源:即天然能源,指在自然界现成存在的能源,如煤炭、石油、天然气、水能等。一次能源又分为可再生能源(水能、风能及生物质能)和非再生能源(煤炭、石油、天然气、核能等),其中煤炭、石油和天然气这三种能源是一次能源的核心,它们是全球能源的基础。除此以外,太阳能、风能、地热能、海洋能、生物能等可再生能源也被包括在一次能源的范围内。

二次能源:指由一次能源直接或间接转换成其他种类和形式的能量资源,如电力、煤气、汽油、柴油、焦炭、洁净煤、激光和沼气等。

3.按照能源自身性质分类

燃料型能源:包括煤炭、石油、天然气、泥炭、木材等。人类利用自己体力以外的能源是从用火开始的,最早使用的燃料是木材,以后发展为各种化石燃料,如煤炭、石油、天然气等。如今人类正在研究如何合理、有效地利用太阳能、地热能、风能、潮汐能等新能源。当前化石燃料消耗量很大,且储量有限,而未来铀和钍将提供世界所需的大部分能量。一旦控制核聚变的技术问题得到解决,人类将获得无尽的能源。

非燃料型能源:包括水能、风能、地热能、海洋能等。

4.按照能源是否对环境污染分类

污染型能源:能源消耗后会造成环境污染,包括煤炭、石油等。

清洁型能源:能源消耗后不会造成环境污染,包括水力、电力、太阳能、风能以及核能等。

5.按照能源的开发程度分类

常规能源:指利用技术成熟、使用比较普遍的能源,包括一次能源中可再生的水力资源和不可再生的煤炭、石油、天然气等资源。

新能源：一般是指在新技术基础上加以开发利用的可再生能源。新能源是相对于常规能源而言的，包括太阳能、风能、地热能、海洋能、生物能、氢能以及用于核能发电的核燃料等能源。新能源大多数是可再生能源，其资源丰富，分布广阔，是未来的主要能源之一。但由于对新能源的利用有一定的缺陷，目前还处于研究、发展阶段，只能因地制宜地开发和利用。

6. 按照能源自身形态特征或转换与应用的层次分类

世界能源委员会推荐的能源类型分为：固体燃料、液体燃料、气体燃料、水能、电能、太阳能、生物质能、风能、核能、海洋能和地热能。其中，前三个类型统称化石燃料或化石能源。已被人类认识的上述能源，在一定条件下可以转换为人们所需的某种形式的能量。例如，薪柴和煤炭，把它们加热到一定温度，它们能和空气中的氧气化合并放出大量的热能。可以用热来取暖、做饭或制冷；也可以用热来产生蒸汽，用蒸汽推动汽轮机，使热能变成机械能；也可以用汽轮机带动发电机，使机械能变成电能；如果把电送到工厂、企业、机关、农牧林区和住户，它又可以转换成机械能、光能或热能。

7. 按照能源的商品价值分类

商品能源：凡进入能源市场作为商品销售的如煤、石油、天然气和电等均为商品能源。

非商品能源：主要指薪柴和农作物残余(秸秆等)。

8. 按照能源能否短时间再生分类

可再生能源：凡是可以不断得到补充或能在较短周期内再产生的能源称为可再生能源。风能、水能、海洋能、潮汐能、太阳能和生物质能等都是可再生能源。核能也是可再生能源，它的新发展将使核燃料循环且具有增殖的性质，是未来能源系统的支柱之一。核聚变的能量比核裂变的能量可高出 5～10 倍，而核聚变最合适的燃料重氢(氘)又大量地存在于海水中，可谓"取之不尽，用之不竭"。地热能被认为是非再生能源，但从地球内部巨大的蕴藏量来看，又具有再生的性质。

非再生能源：凡是不能不断得到补充或不能在较短周期内再产生的能源称为非再生能源，煤、石油和天然气等是非再生能源。

1.2　常规能源

常规能源是指已能大规模生产和广泛利用的一次能源，又称传统能源。常规能源主要有传统化石能源、水能和核裂变能。

1.2.1　化石能源

化石能源(fossil energy)[2]是一种碳氢化合物或其衍生物，也是指以石油、天然气、煤为代表的含碳能源。化石能源利用主要是基于碳氧化为 CO_2（也包括氢氧化为水）的化学放热反应。化石能源由古代生物的化石沉积而来，是一次能源，其不完全燃烧后，会散发出有毒的气体。即便如此，化石能源却是人类必不可少的燃料。

化石能源是目前全球消耗的最主要能源，2015 年，全球消耗的能源中石油所占比例为31.9%，天然气占一次能源消费的比例达到了 23.8%，煤炭占一次能源消费的比例达到了29.2%。其中，天然气消费增加了 1.7%，相比于 2014 年 0.6% 的增长，有了显著提高，但仍低于过去十年增长的平均值 2.3%。而煤炭消费降低了 1.8%,远低于其十年平均增长率2.1%。随着人类的不断开采,化石能源的枯竭是不可避免的,大部分化石能源本世纪将被开采殆尽。从另一方面看,由于化石能源的使用过程中会新增大量温室气体 CO_2 和一些有污染的烟气,因此威胁着全球的生态环境。

下面分别介绍三种常规的化石能源。

1. 煤

煤(图 1-1)是埋藏在地下的古代植物经历了复杂的生物化学和物理化学变化逐渐形成的固体可燃性矿物。

图 1-1 煤

煤炭被人们誉为黑色的金子、工业的食粮,它是 18 世纪以来人类世界使用的主要能源之一。进入 21 世纪以来,煤炭的价值虽然大不如从前,但毕竟目前和未来很长的一段时间之内还是人类的生产生活必不可缺的能量来源之一。煤炭的供应关系到我国的工业乃至整个社会方方面面的发展的稳定,煤炭的供应安全问题也是我国能源安全中最重要的一环。

煤炭是地球上蕴藏量最丰富,分布地域最广的化石燃料。构成煤炭有机质的元素主要有碳、氢、氧、氮和硫等。此外,还有极少量的磷、氟、氯和砷等元素。

煤炭燃烧时绝大部分的硫被氧化成二氧化硫(SO_2),随烟气排放,污染大气,危害动、植物生长及人类健康,腐蚀金属设备。当含硫多的煤用于冶金炼焦时,还影响焦炭和钢铁的质量。因此,"硫分"含量是评价煤质的重要指标之一。

煤中的有机质在一定温度和条件下,受热分解后产生的可燃性气体,被称为"挥发分",它是由各种碳氢化合物、氢气、一氧化碳等组成的混合气体。挥发分也是主要的煤质指标,在确定煤炭的加工利用途径和工艺条件时,挥发分有重要的参考作用。煤化程度低的煤,挥发分较多。如果燃烧条件不适当,挥发分高的煤燃烧时易产生未燃尽的碳粒,俗称"黑烟",并产生更多的一氧化碳、多环芳烃类、醛类等污染物,热效率降低。因此,要根据煤的挥发分选择适当的燃烧条件和设备。

煤中的无机物质含量很少,主要有水分和矿物质,它们的存在降低了煤的质量和利用价值。矿物质是煤炭的主要杂质,如硫化物、硫酸盐、碳酸盐等,其中大部分属于有害成分。

"水分"对煤炭的加工利用有很大影响。水分在燃烧时变成蒸汽要吸热,因而降低了煤的发热量。煤炭中的水分可分为外在水分和内在水分,一般以内在水分作为评定煤质的指标。

煤化程度越低,煤的内部表面积越大,水分含量越高。

"灰分"是煤炭完全燃烧后剩下的固体残渣,是重要的煤质指标。灰分主要来自煤炭中不可燃烧的矿物质。矿物质燃烧灰化时要吸收热量,大量排渣要带走热量,因而灰分含量越高,煤炭燃烧的热效率越低;灰分含量越高,煤炭燃烧产生的灰渣越多,排放的飞灰也越多。一般地,优质煤和洗精煤的灰分含量相对较低[1-4]。

在各大陆、大洋岛屿都有煤分布,但煤在全球的分布很不均衡,各个国家煤的储量也很不相同。中国、美国、俄罗斯、德国是煤炭储量丰富的国家,也是世界上主要产煤国,其中中国是世界上煤产量最高的国家。中国的煤炭资源在世界居于前列,仅次于美国和俄罗斯。

虽然煤炭的重要位置已被石油所替代,但在相当长的一段时间内,由于石油的日渐枯竭,导致它必然走向衰败,而煤炭因储量巨大,加之科学技术的飞速发展,煤炭气化等新技术日趋成熟,煤炭资源也将日益重要。

1)煤的形成

煤炭是千百万年来植物的枝叶和根茎,在地面上堆积而成的一层极厚的黑色的腐殖质,由于地壳的变动不断地埋入地下,长期与空气隔绝,并在高温、高压下,经过一系列复杂的物理化学变化等因素,形成的黑色可燃沉积岩,这就是煤炭的形成过程。

一座煤矿的煤层厚薄与该地区的地壳下降速度及植物遗骸堆积的多少有关。地壳下降的速度快,植物遗骸堆积得厚,这座煤矿的煤层就厚;反之,地壳下降的速度缓慢,植物遗骸堆积得薄,这座煤矿的煤层就薄。由于地壳的构造运动使原来水平的煤层发生褶皱和断裂,有一些煤层埋到地下更深的地方,有的又被排挤到地表,甚至露出地面,就比较容易被人们发现。还有一些煤层相对比较薄,而且面积也不大,故没有开采价值,有关煤炭的形成至今尚未找到更新的说法。

然而,煤炭的形成过程(图1-2)仍然值得研究。一座大的煤矿,煤层很厚,煤质很优,但总的来说它的面积并不算很大。如果是千百万年植物的枝叶和根茎自然堆积而成的,它的面积应当是很大的。因为在远古时期地球上到处都是森林和草原,所以地下也应当到处有储存煤炭的痕迹。另外,煤层也不一定很厚,因为植物的枝叶、根茎腐烂变成腐殖质,又会被植物吸收,如此反复,所以最终被埋入地下时也不会那么集中,土层与煤层的界限也不会划分得那么清楚。

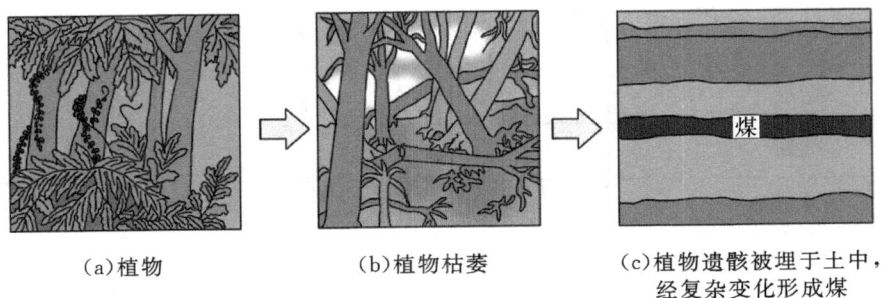

(a)植物　　　　　(b)植物枯萎　　　　(c)植物遗骸被埋于土中,
　　　　　　　　　　　　　　　　　　　　　　经复杂变化形成煤

图 1-2　煤的形成过程

但是,无可否认的事实和依据显示,煤炭千真万确是植物的残骸经过一系统的演变形成的,这是颠扑不破的真理。只要仔细观察一下煤块,就可以看到有植物的叶和根茎的痕迹;如果把煤切成薄片放到显微镜下观察,就能发现非常清楚的植物组织和构造,而且有时在煤层里还保存着像树干一类的东西,有的煤层里还包裹着完整的昆虫化石。

在地表常温、常压下,由堆积在停滞水体中的植物遗体经泥炭化作用或腐泥化作用,转变成泥炭或腐泥。泥炭或腐泥被埋藏后,由于盆地基底下降而沉至地下深部,经成岩作用而转变成褐煤。随着温度和压力逐渐增高,再经变质作用转变成烟煤至无烟煤。泥炭化作用是指高等植物遗体在沼泽中堆积经生物化学变化转变成泥炭的过程。腐泥化作用是指低等生物遗体在沼泽中经生物化学变化转变成腐泥的过程。腐泥是一种富含水和沥青质的淤泥状物质。而冰川过程可能有助于成煤植物遗体汇集和保存[2]。

在整个地质年代中,全球范围内有三个大的成煤期,分别是古生代的石炭纪和二叠纪,成煤植物主要是孢子植物,主要煤种为烟煤和无烟煤;中生代的侏罗纪和白垩纪,成煤植物主要是裸子植物,主要煤种为褐煤和烟煤;新生代的第三纪,成煤植物主要是被子植物,主要煤种为褐煤,其次为泥炭,也有部分年轻烟煤。

2)煤的分类

煤炭是世界上分布最广阔的化石资源,主要分为烟煤、无烟煤、半无烟煤和褐煤四类。而根据成煤的原始物质和条件不同,自然界的煤可分为三大类,即腐植煤、残植煤和腐泥煤。

根据原国家科委推荐的《中国煤炭分类方案》,我国煤炭分为十大类(表1-1),一般将瘦煤、焦煤、肥煤、气煤、弱黏结煤、不黏结煤、长焰煤等统称为烟煤;贫煤称为半无烟煤;挥发分大于40%的称为褐煤。

无烟煤可用于制造煤气或直接用作燃料,烟煤用于炼焦、配煤、动力锅炉和气化工业,褐煤一般用于气化工业、液化工业、动力锅炉等。

表1-1 煤炭分类

类别	挥发分	焦渣特征
无烟煤	0～10	—
贫煤	大于10	0(粉状)
瘦煤	大于14	0(成块)、8～20
焦煤	14～30	12～25
肥煤	26～37	12～25
气煤	大于30	9～25
弱黏结煤	大于20	0(成块)～8、0(成块)～9
不黏结煤	大于20	0(粉状)
长焰煤	大于37	0～5
褐煤	大于40	—

煤炭还可按照粒度分类,如表 1-2 所示。

表 1-2　煤炭粒度分类

分类	特大块	大块	中块	小块	末煤	混煤
粒度/mm	大于 100	50～100	25～50	13～25	0～13	0～100

国标把煤分为三大类,即无烟煤、烟煤和褐煤,共 29 个小类。无烟煤分为 3 个小类,数码为 01、02、03,数码中的"0"表示无烟煤,个位数表示煤化程度,数字越小表示煤化程度越高;烟煤分为 12 个煤炭类别,24 个小类,数码中的十位数(1～4)表示煤化程度,数字越小表示煤化程度越高,个位数(1～6)表示黏结性,数字越大表示黏结性越强;褐煤分为 2 个小类,数码为 51、52,数码中的"5"表示褐煤,个位数表示煤化程度,数字越小表示煤化程度越低。

在各类煤的数码编号中,十位数字代表挥发分的大小,如无烟煤的挥发分最小,十位数字为 0,褐煤的挥发分最大,十位数字为 5,烟煤的十位数字介于 1～4 之间;个位数字对烟煤类来说,是用来表征其黏结性或结焦性好坏的,如个位数字越大,表征其黏结性越强。例如,个位数字为 6 的烟煤类,都是胶质层最大厚度 Y 值大于 25 mm 的肥煤或气肥煤类;个位数为 1 的烟煤类,都是一些没有黏结性的煤,如贫煤、不黏煤和长烟煤;个位数字为 2～5 的烟煤,它们的黏结性随着数码的增大而增强[4]。

3)煤的性质

煤一般呈褐色或者黑色,随煤化程度的提高而颜色逐渐加深,一般呈沥青、玻璃和金刚光泽。煤化程度越高,光泽越强;矿物质含量越多,光泽越暗,风、氧化程度越深,光泽越暗,直到完全消失。将煤研成粉末的颜色或煤在抹上釉的瓷板上刻划时留下的痕迹(又称为条痕色)一般呈浅棕色或黑色。一般地,煤化程度越高,颜色越深。

煤的容重是计算煤层储量的重要指标。褐煤的容重一般为 1.05～1.2,烟煤为 1.2～1.4,无烟煤变化范围较大,为 1.35～1.8。煤岩组成、煤化程度、煤中矿物质的成分和含量是影响比重和容重的主要因素。在矿物质含量相同的情况下,煤的比重随煤化程度的加深而增大。

煤的硬度与煤化程度有关。褐煤和焦煤的硬度最小,为 2～2.5;无烟煤的硬度最大,接近 4。成煤的原始物质、煤岩成分、煤化程度等都对煤的脆度有影响。在不同变质程度的煤中,长焰煤和气煤的脆度较小,肥煤、焦煤和瘦煤的脆度最大,无烟煤的脆度最小。

煤的导电性与煤化程度密切相关。褐煤由于孔隙度大而电阻率低,而烟煤是不良导体,由褐煤向烟煤过渡时,电阻率剧增,但瘦煤阶段电阻率又开始降低,无烟煤阶段急剧降低,因而无烟煤具有良好的导电性。一般烟煤的电阻率随灰分的增高而降低,而无烟煤则相反,随灰分增高而增高。若煤层中含有大量黄铁矿时,也会使无烟煤电阻率降低。各种煤岩组分中,镜煤的电阻率比丝煤高。氧化煤的电阻率明显下降。

煤中有机质是复杂的高分子有机化合物,主要由碳、氢、氧、氮、硫和磷等元素组成,而碳、氢、氧三者总和约占有机质的 95% 以上。煤中的无机质也含有少量的碳、氢、氧、硫等元素。碳是煤中最重要的组分,其含量随煤化程度的加深而增高。泥炭中碳含量为 50%～60%,褐煤为 60%～70%,烟煤为 74%～92%,无烟煤为 90%～98%。煤中硫是最有害的化学成分。煤燃烧时,其中硫生成 SO_2,腐蚀金属设备,污染环境。煤中硫的含量可分为 5 级:高硫煤,大于4%；富硫煤，为2.5%～4%；中硫煤，为1.5%～2.5%；低硫煤，为1.0%～1.5%；特低硫煤，小于或等于1%。煤中硫又可分为有机硫和无机硫两大类。

煤炭的用途十分广泛，可以根据其使用目的总结为三大主要用途：动力煤、炼焦煤和煤化工用煤。

4）煤的发展历史

中国是世界上最早利用煤的国家。辽宁省新乐古文化遗址中，就发现有煤制工艺品，河南巩义市也发现有西汉时用煤饼炼铁的遗址。

《山海经》中称煤为石涅。魏、晋时称煤为石墨或石炭。明代李时珍的《本草纲目》首次使用煤这一名称。

希腊和古罗马也是较早利用煤的国家。希腊学者泰奥弗拉斯托斯在公元前约300年著有《石史》，其中记载有煤的性质和产地，古罗马大约在2000年前已开始用煤加热。

5）煤的资源分布与储量

世界煤炭2016年底探明储量11393.3亿t[5]，其中可采储量的58%集中在美国（23%）、中国（21%）和俄罗斯（14%），此外，澳大利亚（13%）、印度（8%）、德国（3%）和乌克兰（3%）四个国家共占27%，上述七个国家的煤炭产量占世界总产量的80%以上。世界上煤炭储量丰富的国家同时也是煤炭的主要生产国。

中国煤炭资源丰富，2016年底已探明储量2440.1亿t。煤炭在除上海以外其他各省区均有分布，但分布极不均衡。在中国北方的大兴安岭、太行山、贺兰山之间的地区，地理范围包括内蒙古、山西、陕西、宁夏、甘肃、河南六个省区的全部或大部，是中国煤炭资源集中分布的地区，其资源量占全国煤炭资源量的50%左右，占中国北方地区煤炭资源量的55%以上。在中国南方，煤炭资源量主要集中于贵州、云南、四川三省，这三省煤炭资源量之和占中国南方煤炭资源量的91.47%，探明保有资源量也占中国南方探明保有资源量的90%以上。

2. 石油

石油作为地质勘探的主要对象之一，是一种黏稠的深褐色液体，它被称为"工业的血液"。地壳上层部分地区有石油储存。石油主要成分是各种烷烃、环烷烃、芳香烃的混合物。原油如图1-3所示，石油开采如图1-4所示。

图1-3　原油　　　　　　　　　图1-4　石油开采

石油主要被用来作为燃油和汽油，也是许多化学工业产品的原料，如溶液、化肥、杀虫剂和塑料等。

古埃及、古巴比伦人在很早以前已开采利用石油。"石油"这个中文名称是由北宋大科学家沈括第一次命名的。

世界海洋面积 3.6 亿 km^2，约为陆地的 2.4 倍。大陆架和大陆坡约 5500 万 km^2，相当于陆上沉积盆地面积的总和。地球上已探明石油资源的 1/4 和最终可采储量的 45% 埋藏在海底。世界石油探明储量的蕴藏重心，将逐步由陆地转向海洋。

1)石油的形成原因

(1)生物成油理论。研究表明，石油的生成至少需要 200 万年的时间，在现今已发现的油藏中，时间最老的达 5 亿年之久。在地球不断演化的漫长历史过程中，有一些"特殊"时期，如古生代和中生代，大量的植物和动物死亡后，构成其身体的有机物质不断分解，与泥沙或碳酸质沉淀物等物质混合组成沉积层。由于沉积物不断地堆积加厚，导致温度和压力上升，随着这种过程的不断进行，沉积层变为沉积岩，进而形成沉积盆地，这就为石油的生成提供了基本的地质环境。大多数地质学家认为石油像煤和天然气一样，是古代有机物通过漫长的压缩和加热后逐渐形成的。按照这个理论，石油是由史前的海洋动物和藻类尸体变化形成的，经过漫长的地质年代，这些有机物与淤泥混合，被埋在厚厚的沉积岩下。在地下的高温和高压下它们逐渐转化，首先形成腊状的油页岩，后来退化成液态和气态的碳氢化合物。由于这些碳氢化合物比附近的岩石轻，它们向上渗透到附近的岩层中，直到渗透到上面紧密无法渗透的、本身多空的岩层中，这样聚集到一起的石油形成油田。通过钻井和泵取人们可以从油田中获得石油。地质学家将石油形成的温度范围称为"油窗"。温度太低石油无法形成，温度太高则会形成天然气[5]。这个理论又称罗蒙诺索夫假说。石油和天然气形成过程如图 1-5 所示。实际上，这个假说并不成立，原因是即使把地球所有的生物都转化为石油的话，成油量与地球上探明的储量仍相差过大。

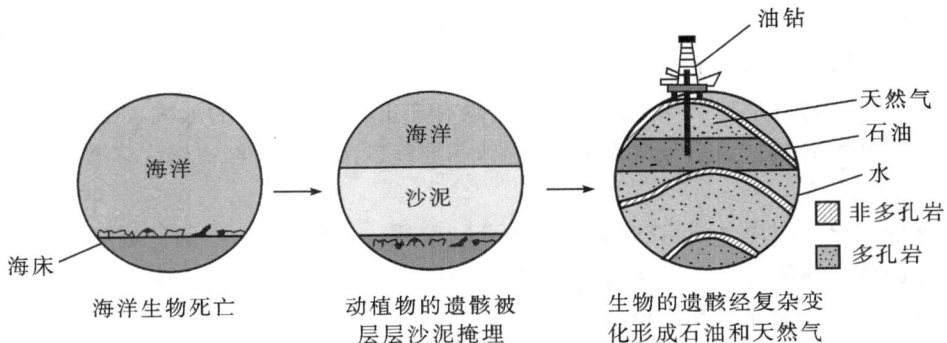

图 1-5　石油和天然气形成过程

(2)非生物成油理论。非生物成油的理论是天文学家托马斯·戈尔德在俄罗斯石油地质学家尼古拉·库德里亚夫采夫的理论基础上发展的。这个理论认为在地壳内已经有许多碳，有些碳自然地以碳氢化合物的形式存在。碳氢化合物比岩石空隙中的水轻，因此沿岩石缝隙向上渗透。石油中的生物标志物是由居住在岩石中的、喜热的微生物导致的，与石油本身无关。在地质学家中这个理论只有少数人支持。一般它被用来解释一些油田中无法解释的石油流入，不过这种现象很少发生。

2）石油的分类

习惯上把未经加工处理的石油称为原油,原油按组成可分为石蜡基原油、环烷基原油和中间基原油三类;按硫含量可分为超低硫原油、低硫原油、含硫原油和高硫原油四类;按比重可分为轻质原油、中质原油、重质原油三类。

石油经过加工提炼,可以得到的产品大致可分为以下几类。

（1）燃料类:汽油、喷气燃料、煤油、柴油、重油等。

（2）溶剂油类:石油醚、抽提溶剂油、橡胶溶剂油、溶剂煤油等。

（3）润滑油类:喷气机润滑油、汽油机油、柴油机油、汽轮机油、冷冻机油、汽缸油、机械油、仪表油等。

（4）电器用油类:变压器油、油开关用油、电容器油等。

（5）液压油类:航空液压油、锭子油等。

（6）润滑脂类:钙基润滑脂、钠基润滑脂、铝基润滑脂、钡基润滑脂、精密仪表酯等。

（7）石蜡类:石蜡、高熔点石蜡、工业用石蜡、提纯地蜡等。

（8）沥青类:道路石油沥青、建筑石油沥青、专用石油沥青等。

（9）石油苯类:甲苯、苯、二甲苯等。

（10）其他真空泵油、扩散泵油、防锈酯、石油焦、石油酸等。

3）石油的性质

石油的性质因产地而异,密度为 $0.8\sim1.0~g/cm^3$,黏度范围很宽,凝固点差别很大（30～-60 ℃）,沸点范围为常温到 500 ℃以上,可溶于多种有机溶剂,不溶于水,但可与水形成乳状液。不过,不同油田的石油成分和外貌区别很大。

原油的颜色非常丰富,有深红、金黄、墨绿、黑、褐红至透明。原油的颜色是它本身所含胶质、沥青质的含量决定的,含量越高颜色越深。我国重庆黄瓜山和华北大港油田有的井产无色石油,克拉玛依石油呈褐色至黑色,大庆、胜利、玉门石油均为黑色。无色石油在美国加利福尼亚、原苏联巴库、罗马尼亚和印尼的苏门答腊均有产出。无色石油的形成,可能同运移过程中,带色的胶质和沥青质被岩石吸附有关。但是,不同程度的深色石油占绝大多数,几乎遍布于世界各大含油气盆地。

石油的成分主要由油质（这是其主要成分）、胶质（一种黏性的半固体物质）、沥青质（暗褐色或黑色脆性固体物质）、碳质组成。石油是由碳氢化合物为主混合而成的,具有特殊气味的、有色的可燃性油质液体。严格地说,石油以氢与碳构成的烃类为主要成分。构成石油的化学物质用蒸馏能分解。原油作为加工的产品,有煤油、苯、汽油、石蜡、沥青等。分子量最小的四种烃,全都是煤气。

石油由不同的碳氢化合物混合组成,组成石油的化学元素主要是碳（83%～87%）、氢（11%～14%）,其余为硫（0.06%～0.8%）、氮（0.02%～1.7%）、氧（0.08%～1.82%）及微量金属元素（镍、钒、铁、锑等）。烃类构成了石油的主要组成部分,占95%～99%。各种烃类按其结构分为烷烃、环烷烃、芳香烃。一般天然石油不含烯烃,而二次加工产物中常含有数量不等的烯烃和炔烃。含硫、氧、氮的化合物对石油产品有害,在石油加工中应尽量除去。

石油主要被用作燃油和汽油,燃油和汽油组成世界上最重要的二次能源之一。石油也是许多化学工业产品如溶剂、化肥、杀虫剂和塑料等的原料。实际上,石油是一种不可再生原料。

4）石油的发展历史

最早钻油的是中国人，最早的油井是 4 世纪或者更早出现的。中国人使用固定在竹竿一端的钻头钻井，其深度可达约 1 km。他们焚烧石油来蒸发盐卤制食盐。10 世纪时，他们使用竹竿做的管道来连接油井和盐井。"石油"一词首次在"梦溪笔谈"中出现并沿用至今。古代波斯的石板纪录似乎说明波斯上层社会使用石油作为药物和照明。

8 世纪新建的巴格达的街道上铺有从当地附近的自然露天油矿获得的沥青。9 世纪，阿塞拜疆巴库的油田用来生产轻石油。10 世纪的地理学家阿布·哈桑·阿里·麦斯欧迪和 13 世纪的马可·波罗曾描述过巴库的油田。他们说这些油田每日可以开采数百船石油。

现代石油历史始于 1846 年，当时生活在加拿大大西洋省区的亚布拉罕·季斯纳发明了从煤中提取煤油的方法。1852 年，波兰人依格纳茨·武卡谢维奇发明了从更易获得的石油中提取煤油的方法。次年，波兰南部克洛斯诺附近开辟了第一座现代的油矿。这些发明很快就在全世界普及开来了。1861 年，在巴库建立了世界上第一座炼油厂。当时巴库出产世界上 90% 的石油。

19 世纪，石油工业的发展缓慢，提炼的石油主要用来作为油灯的燃料。20 世纪初，随着内燃机的发明情况骤变，至今为止，石油是最重要的内燃机燃料。尤其在美国，得克萨斯州、俄克拉何马州和加利福尼亚州的油田发现导致"淘金热"。

到 1910 年，在加拿大（尤其是在艾伯塔）、波斯、秘鲁、委内瑞拉和墨西哥发现了新的油田，这些油田全部被工业化开发。

直到 1950 年代中，煤依然是世界上最重要的燃料，但石油的消耗量增长迅速。1973 年能源危机和 1979 年能源危机爆发后，媒体开始注重对石油提供程度进行报导。这也使人们意识到石油是一种有限的原料，最后会耗尽。不过至今为止，所有关于石油即将用尽的预言都没有实现，所以也有人对这个讨论表示不以为然。石油的未来至今还无定论。2004 年，一份《今日美国》的新闻报道说地下的石油还够用 40 年。有些人认为，由于石油的总量是有限的，因此 20 世纪 70 年代耗尽的预言今天虽然没有发生，但是这不过是被推迟而已。也有人认为，随着技术的发展人类总是能够找到足够的、便宜的碳氢化合物的来源的。地球上还有大量焦油砂、沥青和油母页岩等石油储藏，它们足以提供未来的石油来源。目前，已经发现的加拿大的焦油砂和美国的油母页岩就含有相当于所有目前已知的油田的石油。

现在 90% 的运输能量是依靠石油获得的。石油运输方便、能量密度高，因此是最重要的运输驱动能源，此外它是许多工业化学产品的原料，因此它是目前世界上最重要的商品之一。在许多军事冲突中，占据石油来源是一个重要因素。中东首次发现石油，是在 1908 年的波斯（今伊朗），而今天约 80% 可以开采的石油储藏位于该地区，其中 62.5% 位于沙特阿拉伯（1938 年发现石油）、阿拉伯联合酋长国、伊拉克、卡达和科威特。

5）石油的资源分布与储量

2016 年底，石油资源世界探明储量（图 1-6）为 2407 亿 t[4]，而石油的分布从总体上来看极端不平衡。从东西半球来看，约 3/4 的石油资源集中于东半球，西半球占 1/4；从南北半球看，石油资源主要集中于北半球；从纬度分布看，主要集中在北纬 20°~40° 和 50°~70° 两个纬度带内。波斯湾及墨西哥湾两大油区和北非油田均处于北纬 20°~40° 内，该带集中了 51.3% 的世界石油储量。50°~70° 纬度带内有著名的北海油田、俄罗斯伏尔加及西伯利亚油田和阿

拉斯加湾油区[8]。约 50％ 可以开采的石油储藏位于中东的沙特阿拉伯、阿拉伯联合酋长国
（5.7％）、伊拉克（9％）、伊朗（9.3％）和科威特（5.9％）。

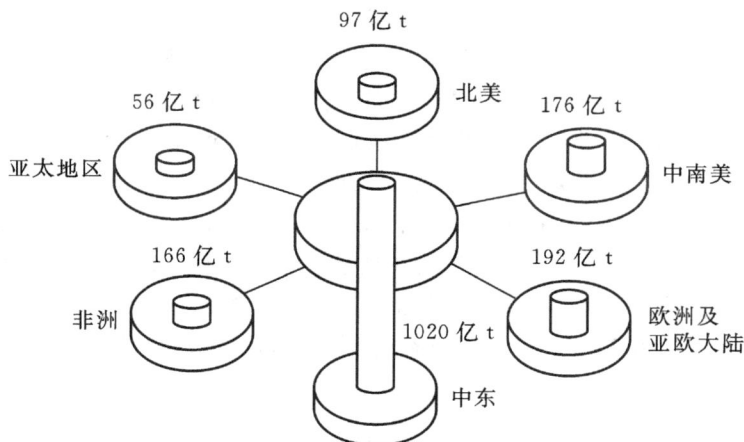

图 1-6　世界石油资源探明储量

2016 年底,我国石油资源已探明储量为 35 亿 t[5],主要集中分布在渤海湾、松辽、塔里木、
鄂尔多斯、准噶尔、珠江口、柴达木和东海陆架八大盆地,其可采资源量占全国的 81.13％[5]。

从资源深度分布看,我国石油可采资源有 80％ 集中分布在浅层（<2000 m）和中深层
（2000～3500 m）,而深层（3500～4500 m）和超深层（<4500 m）分布较少;从地理环境分布看,
我国石油可采资源有 76％ 分布在平原、浅海、戈壁和沙漠;从资源品位看,我国石油可采资源
中优质资源占 63％,低渗透资源占 28％,重油占 9％。

2015 年,中国的石油表观消费量为 5.43 亿 t,石油消费持续中低速增长,对外依存度首破
60％,达到 60.6％;全国勘查新增探明石油地质储量 11.18 亿 t,是第 13 个也是连续第 9 个超
过 10 亿 t 的年份;新增探明技术可采储量 2.17 亿 t;待探明可采资源量近 144 亿 t,石油可采
资源探明程度 32.03％,处在勘探中期阶段,近中期储量发现处在稳步增长阶段。自 20 世纪
50 年代初期以来,我国先后在 82 个主要的大中型沉积盆地开展了油气勘探,发现油田 500
多个。

3.天然气

天然气是指自然界中天然存在的一切气体,包括大气圈、水圈和岩石圈中各种自然过程形
成的气体(包括油田气、气田气、泥火山气、页岩气、煤层气和生物成因气等)。而人们长期以来
通用的"天然气"的定义,是从能量角度出发的狭义定义,是指天然蕴藏于地层中的烃类和非烃
类气体的混合物。在石油地质学中,通常指油田气和气田气,其组成以烃类为主,并含有非烃
气体。

1)天然气的形成原因

天然气的成因是多种多样的,天然气的形成贯穿于成岩、深成、后成直至变质作用的始终。
各种类型的有机质都可形成天然气,腐泥型有机质则既生油又生气,腐植型有机质主要生成气
态烃。

(1)生物成因。成岩作用(阶段)早期,在浅层生物化学作用带内,沉积有机质经微生物的

群体发酵和合成作用形成的天然气称为生物成因气。其中,有时混有早期低温降解形成的气体。生物成因气出现在埋藏浅、时代新和演化程度低的岩层中,以含甲烷气为主。生物成因气形成的前提条件是丰富的有机质和强还原环境。

最有利于生气的有机母质是草本腐植型腐泥腐植型,这些有机质大多分布于陆源物质供应丰富的三角洲和沼泽湖滨带,通常含陆源有机质的砂泥岩系列最有利。硫酸岩层中难以形成大量生物成因气的原因,是硫酸对产甲烷菌有明显的抵制作用,H_2 优先还原 SO_4^{2-} 为 S^{2-},形成金属硫化物或 H_2S 等,因此 CO_2 不能被 H_2 还原为 CH_4。

甲烷菌的生长需要合适的地化环境。首先是足够强的还原条件,一般氧化还原电位小于$-300\ mV$ 为宜(即地层水中的氧和 SO_4^{2-} 依次全部被还原以后,才会大量繁殖);其次对 pH 值要求以靠近中性为宜,一般为 6.0~8.0,最佳值为 7.2~7.6;再次,甲烷菌生长温度为 0~75 ℃,最佳值为 37~42 ℃。没有这些外部条件,甲烷菌就不能大量繁殖,也就不能形成大量甲烷气。

(2)有机成因。

①油型气。沉积有机质特别是腐泥型有机质在热降解成油过程中,与石油一起形成的天然气,或者是在后成作用阶段由有机质和早期形成的液态石油热裂解形成的天然气称为油型气,包括湿气(石油伴生气)、凝析气和裂解气。

天然气的形成也具明显的垂直分带性。在剖面最上部(成岩阶段)是生物成因气,在深成阶段后期是低分子量气态烃(C_2~C_4)即湿气,以及由于高温高压使轻质液态烃逆蒸发形成的凝析气。在剖面下部,由于温度上升,生成的石油裂解为小分子的轻烃直至甲烷,有机质也进一步生成气体,以甲烷为主的石油裂解气是生气序列的最后产物,通常将这一阶段称为干气带。由石油伴生气→凝析气→干气,甲烷含量逐渐增多。

②煤层气。煤系有机质(包括煤层和煤系地层中的分散有机质)热演化生成的天然气称为煤层气。煤田开采中,经常出现大量瓦斯涌出的现象,如重庆合川区一口井的瓦斯突出,排出瓦斯量竟高达 140 万 m^3,这说明,煤系地层确实能生成天然气。

煤层气是一种多成分的混合气体,其中烃类气体以甲烷为主,重烃气含量少,一般为干气,但也可能有湿气,甚至凝析气。有时可含较多 Hg 蒸气和 N_2 等。

煤的挥发分随煤化作用增强明显降低,由褐煤→烟煤→无烟煤,挥发分大约由 50% 降到5%。这些挥发分主要以 CH_4、CO_2、H_2O、N_2、NH_3 等气态产物的形式逸出,是形成煤层气的基础,煤化作用中析出的主要挥发性产物。

从形成煤层气的角度出发,应该注意在煤化作用过程中成煤物质的四次较为明显变化。第一次跃变发生于长焰煤开始阶段,第二次跃变发生于肥煤阶段,第三次跃变发生烟煤→无烟煤阶段,第四次跃变发生于无烟煤→变质无烟煤阶段,在这四次跃变中,导致煤质变化最为明显的是第一、二次跃变。煤化跃变不仅表现为煤的质变,而且每次跃变都相应地为一次成气(甲烷)高峰。

③页岩气。页岩气是指赋存于富有机质泥页岩及其夹层中,以吸附和游离状态为主要存在方式的非常规天然气,成分以甲烷为主,是一种清洁、高效的能源资源和化工原料。它生成于有机成因的各种阶段,主体位于暗色泥页岩或高碳泥页岩中。页岩气主体上以游离相态(大约 50%)存在于裂缝、孔隙及其他储集空间,以吸附状态存在于干酪根、黏土颗粒及孔隙表面,极少量以溶解状态储存于干酪根、沥青质及石油中。页岩气生成之后,在源岩层内的就近聚

集,表现为典型页岩气的开采的原地成藏模式,与油页岩、油砂、地沥青等差别较大。与常规储层气藏不同,页岩既是天然气生成的源岩,也是聚集和保存天然气的储层和盖层。因此,有机质含量高的黑色页岩、高碳泥岩等常是最好的页岩气发育条件。页岩气地质赋存状况如图1-7所示,页岩如图1-8所示。

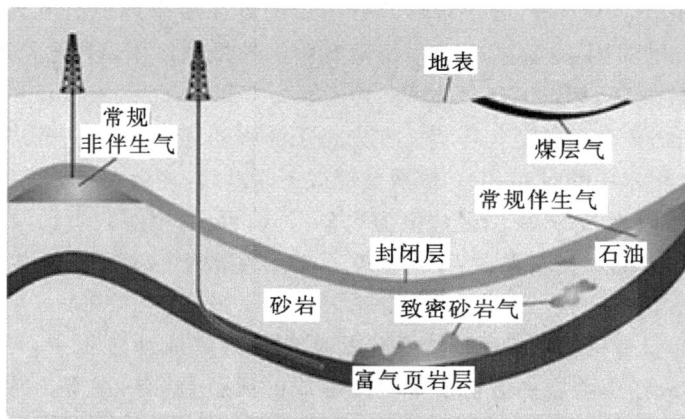

图1-7　页岩气地质赋存状况

图1-8　页岩

(3)无机成因。地球上的所有元素都无一例外地经历了类似太阳上的核聚变的过程。当碳元素由一些较轻的元素核聚变形成后的一定时期里,它与原始大气里的氢元素反应生成甲烷。

地球深部岩浆活动产生的气体、变质岩产生的气体和宇宙空间分布的可燃气体,以及岩石无机盐类分解产生的气体,都属于无机成因气或非生物成因气。它属于干气,以甲烷为主,有时含 CO_2、N_2、He 及 H_2S、Hg 蒸气等,甚至以它们的某一种为主,形成具有工业意义的非烃气藏。

2）天然气的分类

根据开采和形成的方式不同，天然气可分为 5 种。

(1)纯天然气:从地下开采出来的气田气为纯天然气,其甲烷含量在 90% 以上,低热值为 33.47～36.40 MJ/m³。

(2)石油伴生气:伴随石油开采一块出来的气体称为石油伴生气,低热值为 37.66～46.02 MJ/m³。

(3)矿井瓦斯:开采煤炭时采集的矿井气。

(4)煤层气:从井下煤层抽出的矿井气。

(5)凝析气田气:含石油轻质馏分的气体。

为方便运输,天然气经过加工还可形成以下形式。

(1)压缩天然气:将天然气压缩增压至 200 kg/cm² 时,天然气体积缩小到 1/200,并储入容器中,便于汽车运输,经济运输半径以 150～200 km 为妥。压缩天然气可用于民用及作为汽车清洁燃料。

(2)液化天然气:天然气经过深冷液化,在 −160 ℃ 的情况下就变成液体成为液化天然气,用液化甲烷船及专用汽车运输。

3）天然气的性质

天然气是存在于地下岩石储集层中以烃为主体的混合气体的统称,比空气轻,具有无色、无味、无毒的特性。天然气主要成分为烷烃,其中甲烷占绝大多数,另有少量的乙烷、丙烷和丁烷,此外一般有硫化氢、二氧化碳、氮气、水蒸气和少量一氧化碳及微量的稀有气体,如氦和氩等。在开始输送之前,为有助于泄漏检测,还要用硫醇、四氢噻吩等给天然气添加气味。天然气蕴藏在地下多孔隙岩层中,包括油田气、气田气、煤层气、页岩气、泥火山气和生物成因气等,也有少量出于煤层。它是优质燃料和化工原料。

天然气不溶于水,密度为 0.7174 kg/m³,相对密度约为 0.5548,燃点为 650 ℃,爆炸极限体积分数为 5%。在标准状况下,甲烷～丁烷以气体状态存在,戊烷以上为液体。甲烷是最短和最轻的烃分子。

天然气每立方燃烧热值为 33～36 MJ。每千克液化气燃烧热值为 46 MJ。气态液化气的比重为 2.5 kg/m³。每立方液化气燃烧热值为 105 MJ。每瓶液化气质量为 14.5 kg,总计燃烧热值 668 MJ,相当于 20 m³ 天然气的燃烧热值。

4）天然气的发展历史

中国的天然气利用已经有很长的历史。战国时期,李冰父子在四川兴修水利时,在盐井中就发现了天然气,当时称为"火井"。随后,从公元 200 年开始,在我国四川邛崃境内就开始用气熬盐。到了北宋仁宗时期,中国的钻井工艺已经有了非常大的革新,促进了天然气的开发利用。公元 16 世纪,四川自然井盐田的天然气成为世界上第一个开发的气田。

5）天然气资源分布与储量

天然气资源世界探明储量为 186.6 万亿 m³[5]。其中,拥有最多天然气储量的国家分别是:伊朗(33.5 万亿 m³)、俄罗斯(32.3 万亿 m³)、卡塔尔(24.3 万亿 m³)、土库曼斯坦(17.5 万亿 m³)。上述四个国家占有全球 58% 的天然气储量。

2015年,天然气探明地质储量仍保持"十二五"以来持续增长态势,新增探明地质储量6772.20亿 m³(不包含页岩气和煤层气),新增探明技术可采储量3754.35亿 m³,至2015年底,剩余技术可采储量51939.45亿 m³。2015年,全国页岩气勘查新增探明地质储量4373.79亿 m³,新增探明技术可采储量1093.45亿 m³。至2015年底,我国页岩气地质资源量134.4万亿 m³,全国页岩气剩余技术可采储量1303.38亿 m³。全国煤层气勘查新增探明地质储量26.34亿 m³,新增探明技术可采储量13.17亿 m³。至2015年底,全国煤层气剩余技术可采储量3063.41亿 m³。

中国沉积岩分布面积广,陆相盆地多,形成了优越的多种天然气储藏的地质条件。中国天然气资源的层系分布以新生界第三系和古生界地层为主。在总资源量中,新生界占37.3%,中生界占11.1%,上古生界占25.5%,下古生界占26.1%。天然气资源中的高成熟的裂解气和煤层气占主导地位,分别占总资源量的28.3%和20.6%,油田伴生气占18.8%,煤层吸附气占27.6%,生物成因气占4.7%。中国天然气探明储量集中在10个大型盆地,依次为:渤海湾、四川、松辽、准噶尔、莺歌海琼东南、柴达木、吐-哈、塔里木、渤海、鄂尔多斯。中国气田以中小型为主,大多数气田的地质构造比较复杂,勘探开发难度大。

中国天然气资源量区域主要分布在中西盆地。同时,还具有主要富集于华北地区非常规的煤层气远景资源。在中国960万 km²的土地和300多万 km²的管辖海域下,蕴藏着十分丰富的天然气资源。专家预测,资源总量可达40万亿~60万亿 m³,因此我国是一个天然气资源大国。

中国煤炭资源丰富,聚煤盆地发育,现已发现有煤层气聚集的有华北、鄂尔多斯、四川、台湾东海、莺歌海琼东南以及吐-哈等盆地。鄂尔多斯盆地中部大气区的天然气多半来自上古生界 C-P 煤系地层。

因此,我国天然气资源主要的分布区域有五个方面,分别是东部,就是东海盆地,那里已经喷射出天然气的曙光;南部,就是莺歌海琼东南及云贵地区,那里也已展现出大气区的雄姿;西部,就是新疆的塔里木盆地、吐-哈盆地、准噶尔盆地和青海的柴达木盆地,在那古丝绸之路的西端,石油、天然气会战的鼓声越擂越响,它们不但将成为中国石油战略接替的重要地区,而且天然气之火也已熊熊燃起,燎原之势不可阻挡;北部,就是东北、华北的广大地区,在那里有着众多的大油田、老油田,它们在未来高科技的推动下,不但要保持油气稳产,还有可能攀登新的高峰;中部,就是鄂尔多斯盆地和四川盆地。鄂尔多斯盆地的天然气勘探战场越扩越大,探明储量年年剧增,开发工程正在展开;四川盆地是中国天然气生产的主力地区,又有新的发现,大的突破,天然气的发展将进入一个全新的阶段,再上一个新台阶。

1.2.2 水能

水能是一种可再生能源,水能主要用于水力发电。图1-9为三峡水电站,水力发电(图1-10)将水的势能和动能转换成电能。以水力发电的工厂称为水力发电厂,简称水电厂,又称水电站。水的落差在重力作用下形成动能,从河流或水库等高位水源处向低位处引水,利用水的压力或者流速冲击水轮机,使之旋转,从而将水能转化为机械能,然后再由水轮机带动发电机旋转,切割磁力线产生交流电。水力发电的优点是成本低、可连续再生、无污染,缺点是分布受水文、气候、地貌等自然条件的限制大。

图 1-9　三峡水电站

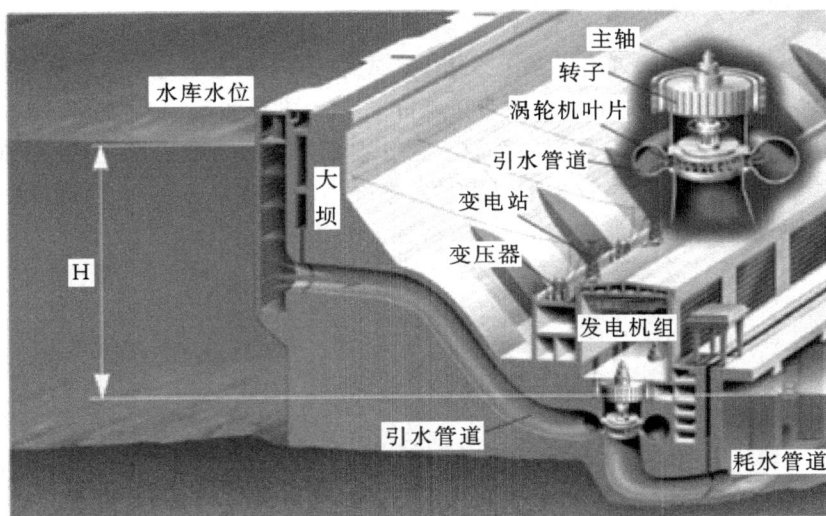

图 1-10　水力发电

很久以前，人类就开始利用水的下落所产生的能量。在 19 世纪末期，人们学会将水能转换为电能[10]。早期的水电站规模非常小，只为电站附近的居民服务。随着输电网的发展及输电能力的不断提高，水力发电逐渐向大型化方向发展，并从这种大规模的发展中获得了益处。

水能资源最显著的特点是可再生、无污染。开发水能对江河的综合治理和综合利用具有积极作用，对促进国民经济发展，改善能源消费结构，缓解由于消耗煤炭、石油资源所带来的环境污染有重要意义，因此世界各国都把开发水能放在能源发展战略的优先地位。

世界上水能比较丰富而煤、石油资源少的国家，如瑞士、瑞典，水电占全国电力工业的 60% 以上。水、煤、石油资源都比较丰富的国家，如美国、俄罗斯、加拿大等国，一般也大力开发水电。美国、加拿大开发的水电已占可开发水能的 40% 以上。水能少而煤炭资源丰富的国家，如德国、英国，对仅有的水能资源也尽量加以利用，开发程度很高，已开发的约占可开发的 80%。世界河流水能资源理论蕴藏量为 40.3×10^4 亿 kW·h，技术可开发量为 14.3×10^4 亿 kW·h，约为理论蕴藏量的 35.6%；经济可开发量为 8.08×10^4 亿 kW·h，约为技术可开发量的 56.22%，为理论蕴藏量的 20%。世界水能资源主要蕴藏在发展中国家，发达国家拥有技术可开发水能资源 4.82×10^4 亿 kW·h，经济可开发量为 2.51×10^4 亿 kW·h，分别占世界总量的 33.5％和 31.1％。发展中国家拥有技术可开发水能资源 $9.56×10^4$ 亿 kW·h,经济可开发量为 $5.57×10^4$ 亿 kW·h,分别占世界总量的 66.5％和 68.9％。中国水能资源理论蕴藏量、技术可开发量和经济可开发量均居世界第一位,其次是俄罗斯、巴西和加拿大。

2016 年,中国水电消费量为 263.1 百万 t 油当量,居世界首位,其后是加拿大(87.8 百万 t 油当量)、巴西(86.9 百万 t 油当量)、美国(59.2 百万 t 油当量)。以上四个国家占有世界 54.7％的水电消费量。

我国水力资源地域分布极其不均,较集中地分布在大江大河干流,便于建立水电基地实行战略性集中开发。我国水力资源富集于金沙江、雅砻江、大渡河、澜沧江、乌江、长江上游、南盘江红水河、黄河上游、湘西、闽浙赣、东北、黄河北干流以及怒江等水电基地。

1.2.3 核裂变能

核能是人类历史上的一项伟大发现。核能(或称原子能)是通过核反应从原子核释放的能量,符合阿尔伯特·爱因斯坦的质能方程 $E=mc^2$,其中 E＝能量,m＝质量,c＝光速。核能可通过三种核反应之一释放:核裂变,一个原子核分裂成几个原子核的变化,原子弹、裂变核电站或核能发电厂的能量来源就是核裂变;核聚变,较轻的原子核聚合在一起释放结合能;核衰变,原子核自发衰变过程中释放能量。其中,核裂变如图 1-11 所示。

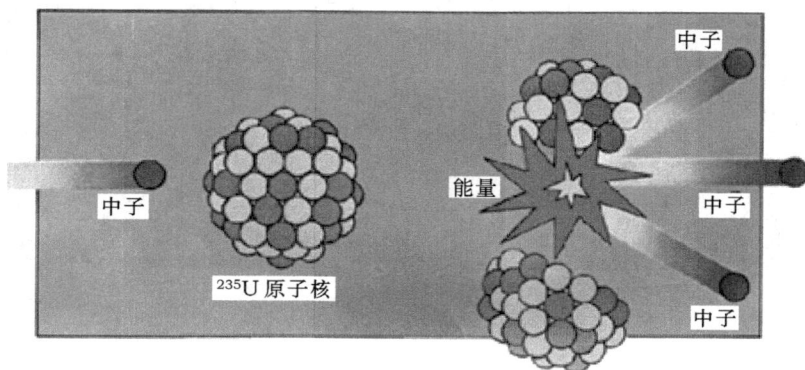

图 1-11 核裂变

目前的核电站是利用核裂变发电,其中铀裂变在核电厂中最常见。核能应用作为缓和世界能源危机的一种经济有效的措施有许多优点,其中一个原因是核燃料具有许多优点,如体积小而能量大,核能比化学能大几百万倍。1000 g 铀释放的能量相当于 2700 t 标准煤释放的能量,铀棒和浓缩铀如图 1-12 所示。一座 100 万 kW 的大型烧煤电站,每年需原煤 300 万～400 万 t,运这些煤需要 2760 列火车,相当于每天 8 列火车,还要运走 4000 万 t 灰渣。同功率的压水堆核电站,一年仅耗铀含量为 3％的低浓缩铀燃料 28 t。每磅铀的成本,约为 20 美元,换算成 1 kW 发电经费是 0.001 美元左右,这和传统的发电成本比较,便宜许多。而且,由于核燃料的运输量小,所以核电站可建在最需要的工业区附近。核电站的基本建设投资一般是同等火电站的一倍半到两倍,但它的核燃料费用却要比煤便宜得多,运行维修费用也比火电站少。如果掌握了核聚变反应技术,使用海水作燃料,则更是取之不尽,用之方便。另一个原因是污染少。火电站不断地向大气里排放二氧化硫和氧化氮等有害物质,同时煤里的少量铀、钛和镭等放射性物质,也会随着烟尘飘落到火电站的周围,污染环境。而核电站设置了层层屏障,基本上不排放污染环境的物质,即使放射性污染也比烧煤电站少得多。据统计,核电站正常运行的时候,一年给居民带来的放射性影响,还不到一次 X 光透视所受的剂量。第三个原因是安全性强。从第一座核电站建成以来,全世界投入运行的核电站达 400 多座,30 多年来基本上是安全正常的。虽然有 1979 年美国三里岛压水堆核电站事故和 1986 年苏联切尔诺贝利石墨沸水堆核电站事故以及 2011 年日本福岛核电核泄漏事故,前两次事故都是由于人为因素造成的,后面那次事故是地震造成的。随着压水堆的进一步改进,核电站会变得更加安全。

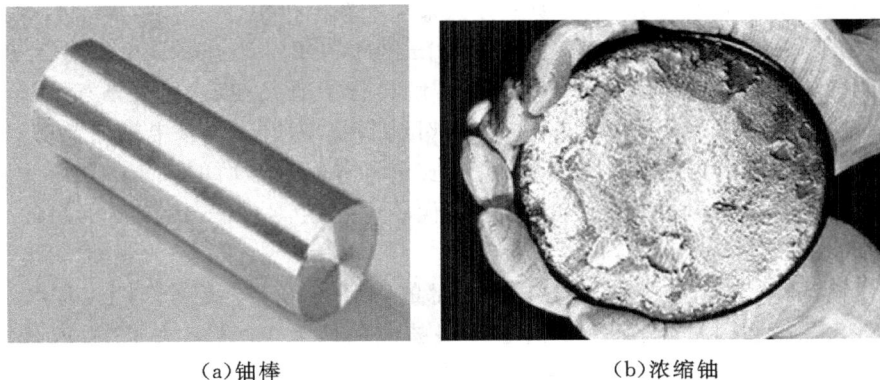

(a)铀棒　　　　　　　　　　　(b)浓缩铀

图 1-12　铀棒和浓缩铀

1.核能的发展历史

核能发电利用核反应堆中核裂变所释放出的热能进行发电的方式[12]。核能发电与火力发电极其相似,只是以核反应堆及蒸汽发生器来代替火力发电的锅炉,以核裂变能代替矿物燃料的化学能。除沸水堆外,其他类型的动力堆都是一回路的冷却剂通过堆心加热,在蒸汽发生器中将热量传给二回路或三回路的水,然后形成蒸汽推动汽轮发电机。沸水堆则是一回路的冷却剂通过堆心加热变成 7 MPa 左右的饱和蒸汽,经汽水分离并干燥后直接推动汽轮发电机。发电能量转化过程为:核能→水和水蒸气的内能→发电机转子的机械能→电能。核能发电原理图如图 1-13 所示。

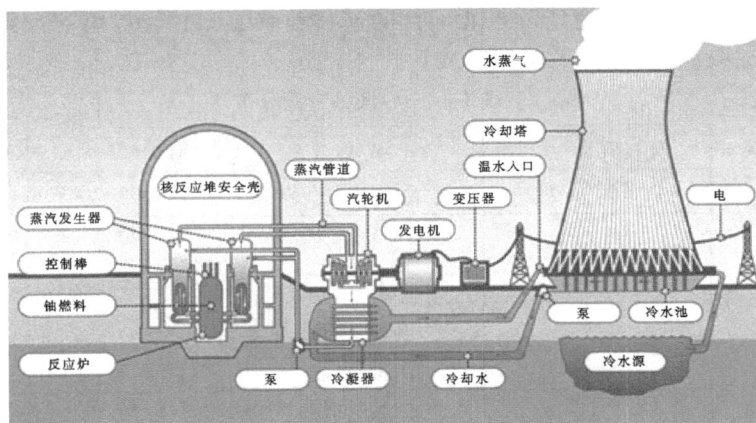

图 1-13　核能发电原理图

第一代核电站：核电站的开发与建设开始于 20 世纪 50 年代。1954 年，苏联建成发电功率为 5 MW 的实验性核电站。1957 年，美国建成发电功率为 9 万 kW 的 Ship Ping Port 原型核电站。这些成就证明了利用核能发电的技术可行性。国际上把上述实验性的原型核电机组称为第一代核电机组。

第二代核电站：20 世纪 60 年代后期，在实验性和原型核电机组基础上，陆续建成发电功率为 30 万 kW 的压水堆、沸水堆、重水堆、石墨水冷堆等核电机组，这些机组在进一步证明核能发电技术可行性的同时，使核电的经济性也得以证明。世界上商业运行的 400 多座核电机组绝大部分是在这一时期建成的，习惯上称为第二代核电机组。

第三代核电站：20 世纪 90 年代，为了消除三里岛和切尔诺贝利核电站事故的负面影响，世界核电业界集中力量对严重事故的预防和缓解进行了研究和攻关，美国和欧洲先后出台了《先进轻水堆用户要求文件》（即 URD 文件）和《欧洲用户对轻水堆核电站的要求》（即 EUR 文件），进一步明确了预防与缓解严重事故，提高安全可靠性等方面的要求。国际上通常把满足 URD 文件或 EUR 文件的核电机组称为第三代核电机组，对第三代核电机组的要求是能在 2010 年前进行商用建造。

第四代核电站：2000 年 1 月，在美国能源部的倡议下，美国、英国、瑞士、南非、日本、法国、加拿大、巴西、韩国和阿根廷共 10 个有意发展核能的国家，联合组成了"第四代国际核能论坛"，于 2001 年 7 月签署了合约，约定共同合作研究开发第四代核能技术。

2. 核能的资源分布及储量

核能常用的铀资源十分丰富，同时铀矿资源潜力依然巨大。迄今为止，全球范围内已查明的铀矿资源分布在 43 个国家，确定的主要铀成矿省约有 24 处：北美洲 4 处、南美洲 3 处、欧洲 2 处、非洲 3 处、亚洲 9 处和大洋洲 3 处。其中，北美洲的加拿大、美国，中亚的哈萨克斯坦、俄罗斯、乌兹别克斯坦等国均富含铀矿床，此外，非洲大陆中的尼日尔和纳米比亚等国也是铀矿资源大国。世界铀资源主要分布在澳大利亚、哈萨克斯坦、俄罗斯、加拿大、尼日尔等国[11]，其铀资源量均在 10 万 t 以上，合计超过世界铀资源量的 98%。随着近几年全球铀矿勘查开发力度的加大，世界诸多国家铀矿资源量均有增加。

对于我国的铀资源，如表 1-3 所示，分布广泛，现已探明的近 350 个铀矿床分布于 23 个省份，中东部、南部地区的赣、粤、湘、桂、浙、闽、皖、冀、豫、鄂、琼、苏 12 个省（自治区）的铀资源占已查明储量的 68%；西部地区及东北地区的新、蒙、陕、辽、甘、滇、川、黔、青、黑、晋 11 个省份占已查明的铀资源储量的 32%。

表 1-3　中国铀资源分布

省份	地点	储量/万 t
江西	相山	2.90
江西	赣南	1.20
广东	下庄	1.20
广东	诸广南部	1.14
湖南	鹿井	0.50
广西	资源	1.00
新疆	伊犁	2.60

省份	地点	储量/万 t
新疆	吐鲁番哈密	0.90
内蒙古	鄂尔多斯	2.16
内蒙古	二连浩特	1.94
辽宁	青龙	0.80
云南	腾冲	0.60
陕西	蓝田	0.20
合　计		17.14

3.核能发电优点

(1)核能发电不像化石燃料发电那样排放巨量的污染物质到大气中,因此核能发电不会造成空气污染。

(2)核能发电不会产生加重地球温室效应的二氧化碳。

(3)核能发电所使用的铀燃料,除了发电外,暂时没有其他的用途。

(4)核燃料能量密度比化石燃料高几万倍,故核能电厂所使用的燃料体积小,运输与储存都很方便,一座 1000 百万 W 的核能电厂一年只需 30 t 的铀燃料。

(5)核能发电的成本中,燃料费用所占的比例较低,核能发电的成本较不易受到国际经济形势影响,故发电成本较其他发电方法稳定。

(6)核能发电实际上是最安全的电力生产方式。相比较而言,在煤炭、石油和天然气的开采过程中,爆炸和坍塌事故已杀死了成千上万的从业者。

4.核能发电缺点

(1)链式反应必须能由人通过一定装置进行控制。失去控制的裂变能不仅不能用于发电,还会酿成灾害,如切尔诺贝利核事故和福岛核事故等。

(2)裂变反应中产生的中子和放射性物质对人体危害很大,必须设法避免它们对核电站工作人员和附近居民的伤害。

(3)核能电厂会产生高低阶放射性废料,或者是使用过的核燃料,虽然所占体积不大,但因具有放射线,故必须慎重处理,且需面对相当大的政治困扰。

(4)核能发电厂热效率较低,因而比一般化石燃料电厂排放更多废热到环境中,故核能电厂的热污染较严重。

(5)核能电厂投资成本太大,电力公司的财务风险较高。

(6)核能电厂较不适宜做尖峰、离峰的随载运转。

(7)兴建核电厂较易引发政治歧见纷争,也易被用于战争。

(8)核电厂的反应器内有大量的放射性物质,如果在事故中释放到外界环境,会对生态及民众造成伤害。

使用核能仍是世界的主流趋势,发展核能也将是中国的必然选择。全球核电占总发电量比重为 16%,我国仅约 2%。核能占全部一次能耗的 6%,我国也只有 1.4%。我国已建、在建和拟建核电站主要分布在我国的中东部。作为发展中国家和资源匮乏的国家,我国的经济社会发展对能源的需求仍将较快增长,同时还要面对温室气体减排目标特别是雾霾治理的压力,因此安全有序发展核能就成为必然的选择。

1.3　新能源

新能源是指在新技术基础上加以开发利用的可再生能源。新能源重点开发太阳能、风能、生物质能、潮汐能、地热能、氢能和核聚变能。

新能源包括太阳能、生物质能、风能、地热能、波浪能、洋流能和潮汐能，以及海洋表面与深层之间的热循环能等；此外，还有氢能、沼气、酒精、甲醇等。随着常规能源的有限性以及环境问题的日益突出，以环保和可再生为特质的新能源越来越得到各国的重视。

新能源的特点：相对于传统能源，新能源普遍具有污染少、储量大的特点，对于解决当今世界严重的环境污染问题和资源（特别是化石能源）枯竭问题具有重要意义。同时，由于很多新能源分布均匀，对于解决由能源引发的战争也有着重要意义。新能源基本可再生；无污染，对环境友好；减少了废气的排放，减缓了地球温室的作用，洁净了空气；但部分能源间断式供应，波动性大，对持续供能不利；除水电外，可再生能源的开发利用成本较化石能源高。

下面分类介绍最重要的几种新能源。

1.3.1　太阳能

太阳能一般指太阳光的辐射能量，如图 1-14 所示。在太阳内部进行的由"氢"聚变成"氦"的原子核反应，不停地释放出巨大的能量，并不断向宇宙空间辐射能量。太阳能的主要利用形式有太阳能的光热转换、光电转换以及光化学转换三种主要方式。太阳能发电分为光热发电和光伏发电。广义上的太阳能是地球上许多能量的来源，如风能、化学能、水的势能等由太阳能导致或转化成的能量形式。利用太阳能的方法主要有：太阳能电池，通过光电转换把太阳光中包含的能量转化为电能；太阳能热水器，利用太阳光的热量加热水，并利用热水发电等。太阳能清洁环保，无任何污染，利用价值高，太阳能更没有能源短缺这一说法，这些优点决定了其在能源更替中的不可取代的地位。

图 1-14　太阳能

我国太阳能资源分布的主要特点有：太阳能的高值中心和低值中心都处在北纬 $22°\sim35°$ 这一带，青藏高原是高值中心，四川盆地是低值中心；太阳年辐射总量，西部地区高于东部地区，而且除西藏和新疆外，基本上是南部低于北部；由于南方多数地区云雾雨多，在北纬 $30°\sim40°$ 地区，太阳能的分布情况与一般的太阳能随纬度而变化的规律相反，即太阳能不是随着纬度的增加而减少，而是随着纬度的增加而增长。

太阳能利用有如下两种形式。

1. 太阳能光伏

通常说的太阳能发电指的是太阳能光伏发电，简称"光电"。光伏发电是利用半导体界面的光生伏特效应而将光能直接转变为电能的一种技术[10]。这种技术的关键元件是太阳能电池。太阳能电池经过串联后进行封装保护可形成大面积的太阳电池组件，再配合上功率控制器等部件就形成了光伏发电装置。

理论上讲，光伏发电技术可以用于任何需要电源的场合，上至航天器，下至家用电源，大到兆瓦级电站，小到玩具，光伏电源无处不在。太阳能光伏发电的最基本元件是太阳能电池（片），有单晶硅、多晶硅、非晶硅和薄膜电池等。其中，单晶硅和多晶硅电池用量最大，非晶硅电池用于一些小系统和计算器辅助电源等。中国国产晶体硅电池效率在 $10\%\sim13\%$，国际上同类产品效率为 $12\%\sim14\%$。由一个或多个太阳能电池片组成的太阳能电池板称为光伏组件。光伏发电产品主要用于三大方面：一是为无电场合提供电源；二是太阳能日用电子产品，如各类太阳能充电器、太阳能路灯和太阳能草地各种灯具等；三是并网发电，这在发达国家已经大面积推广实施。2008 年北京奥运会部分用电是由太阳能发电和风力发电提供的。

据预测，太阳能光伏发电在 21 世纪会占据世界能源消费的重要席位，不但要替代部分常规能源，而且将成为世界能源供应的主体。预计到 2030 年，可再生能源在总能源结构中将占到 30% 以上，而太阳能光伏发电在世界总电力供应中的占比也将达到 10% 以上；到 2040 年，可再生能源将占总能耗的 50% 以上，太阳能光伏发电将占总电力的 20% 以上；到 21 世纪末，可再生能源在能源结构中将占到 80% 以上，太阳能发电将占到 60% 以上。这些数字足以显示出太阳能光伏产业的发展前景及其在能源领域重要的战略地位。

太阳能光伏发电系统分为独立光伏系统和并网光伏系统。独立光伏电站包括边远地区的村庄供电系统，太阳能户用电源系统，通信信号电源、阴极保护、太阳能路灯等各种带有蓄电池的可以独立运行的光伏发电系统。并网光伏发电系统是与电网相连并向电网输送电力的光伏发电系统，可以分为带蓄电池的和不带蓄电池的并网发电系统。带有蓄电池的并网发电系统具有可调度性，可以根据需要并入或退出电网，还具有备用电源的功能，当电网因故停电时可紧急供电。带有蓄电池的光伏并网发电系统常常安装在居民建筑；不带蓄电池的并网发电系统不具备可调度性和备用电源的功能，因而一般安装在较大型的系统上。

如图 1-15 所示，太阳能光伏板组件是一种暴露在阳光下便会产生直流电的发电装置，由几乎全部以半导体物料（如硅）制成的薄身固体光伏电池组成。由于没有活动的部分，故可以长时间操作而不会导致任何损耗。简单的光伏电池可为手表及计算机提供能源，较复杂的光伏系统可为房屋照明，并为电网供电。光伏板组件可以制成不同形状，而组件又可连接，以产生更多电力。天台及建筑物表面均会使用光伏板组件，甚至被用作窗户、天窗或遮蔽装置的一部分,这些光伏设施通常被称为附设于建筑物的光伏系统。

图 1-15　光伏发电系统——太阳能光伏板

2.太阳能光热

太阳能光热是指太阳辐射的热能。光热利用,除太阳能热水器外,还有太阳房、太阳灶、太阳能温室、太阳能干燥系统、太阳能土壤消毒杀菌技术等。

太阳能光热发电是太阳能热利用的一个重要方面。太阳能光热发电是指利用大规模阵列抛物或碟形镜面收集太阳热能,通过换热装置提供蒸汽,结合传统汽轮发电机的工艺,从而达到发电的目的。采用太阳能光热发电技术,避免了昂贵的硅晶光电转换工艺,可以大大降低太阳能发电的成本。而且,这种形式的太阳能利用还有一个其他形式的太阳能转换所无法比拟的优势,即太阳能所烧热的水可以储存在巨大的容器中,在太阳落山后几个小时仍然能够带动汽轮发电。

太阳能光热发电的原理是[9]:通过反射镜将太阳光汇聚到太阳能收集装置,利用太阳能加热收集装置内的传热介质(液体或气体),再加热水形成蒸汽带动或者直接带动发电机发电。一般来说,太阳能光热发电形式有槽式、塔式、碟式(盘式)、菲涅耳式四种系统,如图 1-16 所示。槽式太阳能热发电系统全称为槽式抛物面反射镜太阳能热发电系统,是将多个槽型抛物面聚光集热器经过串并联的排列,加热工质,产生过热蒸汽,驱动汽轮机发电机组发电。塔式太阳能热发电系统是在空旷的地面上建立一高大的中央吸收塔,塔顶上安装固定一个吸收器,塔的周围安装一定数量的定日镜,先通过定日镜将太阳光聚集到塔顶的接收器的腔体内产生高温,再将通过吸收器的工质加热并产生高温蒸汽,推动汽轮机进行发电。碟式太阳能热发电系统是世界上最早出现的太阳能动力系统,是由许多镜子组成的抛物面反射镜组成,接收在抛物面的焦点上,接收器内的传热工质被加热到 750 ℃左右,驱动发动机进行发电。菲涅耳式太阳能热发电系统工作原理类似槽式光热发电,只是采用菲涅耳结构的聚光镜来替代抛面镜,这使得它的成本相对来说低廉,但效率也相应降低。

（a）槽式　　　　　　　　　　　　　　（b）塔式

（c）碟式　　　　　　　　　　　　　　（d）菲涅耳式

图 1-16　几种太阳能光热发电形式

1.3.2　风能

风能是因空气流做功而提供给人类的一种可利用的能量[14]，属于可再生能源，也是太阳能的一种转化形式。空气流具有的动能称为风能。空气流速越高，动能越大。人们可以用风车把风的动能转化为旋转的动作去推动发电机[15]，以产生电力，方法是透过传动轴，将转子（由以空气动力推动的扇叶组成）的旋转动力传送至发电机。从全球范围发展趋势来看，2010—2016年风能发电占比分别为 2.06%、2.42%、2.82%、2.87%、3.12%、3.6%、4%。2015 年，中国风电累计装机量 145362 MW，居世界首位，美国风电累计装机量 74471 MW，德国以 44947 MW 居于第三。

1.风能的发展历史

人类利用风能的历史可以追溯到公元前。古埃及、中国、古巴比伦是世界上最早利用风能的国家。公元前利用风力提水、灌溉、磨面、舂米，用风帆推动船舶前进。由于石油短缺，现代化帆船在近代得到了极大地重视。到了宋代，更是中国应用风车的全盛时代，当时流行的垂直轴风车，一直沿用至今。在国外，公元前 2 世纪，古波斯人就利用垂直轴风车碾米。10 世纪，伊斯兰人用风车提水。11 世纪，风车在中东已获得广泛的应用。13 世纪，风车传至欧洲，14 世纪已成为欧洲不可缺少的原动机。在荷兰，风车先用于莱茵河三角洲湖地和低湿地的汲水，后又用于榨油和锯木。由于蒸汽机的出现,才使欧洲风车数目急剧下降。

数千年来,风能技术发展缓慢,也没有引起人们足够的重视。但自 1973 年世界石油危机以来,在常规能源告急和全球生态环境恶化的双重压力下,风能作为新能源的一部分才重新有了长足的发展。风能作为一种无污染和可再生的新能源有着巨大的发展潜力,特别是对沿海岛屿,交通不便的边远山区,地广人稀的草原牧场,以及远离电网和近期内电网还难以达到的农村、边疆,作为解决生产和生活能源的一种可靠途径,有着十分重要的意义。即使在发达国家,风能作为一种高效清洁的新能源也日益受到重视。

美国早在 1974 年就开始实行联邦风能计划。其内容主要是:评估国家的风能资源;研究风能开发中的社会和环境问题;改进风力机的性能,降低造价;主要研究为农业和其他用户用的小于 100 kW 的风力机;为电力公司及工业用户设计的兆瓦级的风力发电机组。美国已于 80 年代成功地开发了 100 kW、200 kW、2000 kW、2500 kW、6200 kW、7200 kW 的 6 种风力机组。

截至 2017 年,世界上最大的风力发电机位于丹麦 Maade,其名叫 V164,由三菱维斯塔斯海上风电公司制造安装。这台"怪兽"高达 220 m,上面安装有 3 个巨型叶片,每个叶片长达 80 m。除了体型上最大之外,它也是世界上最强劲风力发电机,一天 24 h 能发电 26 万 kW·h,足够满足数百户家庭 1 个月的用电量。

根据美国能源部的统计,至 1990 年美国风力发电已占总发电量的 1%。在瑞典、荷兰、英国、丹麦、德国、日本、西班牙,也根据各自国家的情况制定了相应的风力发电计划。例如,瑞典 1990 年风力机的装机容量已达 350 MW,年发电 10 亿 kW·h。

丹麦在 1978 年即建成了日德兰风力发电站,装机容量 2000 kW,三片风叶的扫掠直径为 54 m,混凝土塔高 58 m,预计到 2005 年电力需求量的 10% 将来源于风能。德国 1980 年就在易北河口建成了一座风力电站,装机容量为 3000 kW,到本世纪末风力发电也将占总发电量的 8%。在英国,英伦三岛濒临海洋,风能十分丰富,政府对风能开发也十分重视,到 1990 年风力发电已占英国总发电量的 2%。在日本,1991 年 10 月轻津海峡青森县的日本最大的风力发电站投入运行,5 台风力发电机可为 700 户家庭提供电力。

中国位于亚洲大陆东南、濒临太平洋西岸,季风强盛。季风是中国气候的基本特征,如冬季季风在华北长达 6 个月,东北长达 7 个月,东南季风则遍及中国的东半壁。根据国家气象局估计,全国风力资源的总储量为每年 16 亿 kW,近期可开发的约为 1.6 亿 kW,内蒙古、青海、黑龙江、甘肃等省风能储量居中国前列,年平均风速大于 3 m/s 的天数在 200 天以上。

中国风力机的发展,在 20 世纪 50 年代末是各种木结构的布篷式风车,1959 年仅江苏省就有木风车 20 多万台。到 60 年代中期,主要是发展风力提水机。到 70 年代中期,风能开发利用列入"六五"国家重点项目,得到迅速发展。进入 80 年代中期,中国先后从丹麦、比利时、瑞典、美国、德国引进一批中、大型风力发电机组。在新疆、内蒙古的风口及山东、浙江、福建、广东的岛屿建立了 8 座示范性风力发电场。1992 年,装机容量已达 8 MW。新疆达坂城的风力发电场装机容量已达 3300 kW,是全国目前最大的风力发电场。根据《全球风电市场 2017 年度统计报告》,我国风电装机容量已达 188232 MW,居世界首位。风力发电风车如图 1-17 所示。

图 1-17　风力发电风车

2. 风能的利用特点

风能利用有以下优点。

(1)风能为洁净的能量来源。

(2)风能设施日趋进步,大量生产成本降低,在适当地点,风力发电成本已低于其他发电机。

(3)风能设施多为不立体化设施,可保护陆地和生态[16]。

(4)风力发电是可再生能源。

(5)风力发电节能环保。

风能利用有以下缺点。

(1)风力发电在生态上的问题是可能干扰鸟类,如美国堪萨斯州的松鸡在风车出现之后已渐渐消失。目前的解决方案是离岸发电,离岸发电价格较高但效率也高。

(2)在一些地区,风力发电的经济性不足:许多地区的风力有间歇性,更糟糕的情况是如台湾等地在电力需求较高的夏季及白日,是风力较少的时间,必须等待压缩空气等储能技术发展。

(3)风力发电需要大量土地兴建风力发电场,才可以生产比较多的能源。

(4)进行风力发电时,风力发电机会发出庞大的噪音,所以要在一些空旷的地方兴建。

(5)现在的风力发电还未成熟,还有相当发展空间。

风能利用存在一些限制及弊端如下。

(1)风速不稳定,产生的能量大小不稳定。

(2)风能利用受地理位置限制严重。

(3)风能的转换效率低。

(4)风能是新型能源,相应的使用设备也不是很成熟。

(5)在地势比较开阔,障碍物较少的地方或地势较高的地方适合用风力发电。

3. 风能的储量与分布

我国位于亚洲大陆东部,濒临太平洋,季风强盛,内陆还有许多山系,地形复杂,加之青藏高原耸立我国西部,改变了海陆影响所引起的气压分布和大气环流,增加了我国季风的复杂性。冬季风来自西伯利亚和蒙古等中高纬度的内陆,那里空气十分严寒,干燥冷空气积累到一定程度,在有利高空环流引导下,就会爆发南下,俗称寒潮,在此频频南下的强冷空气控制和影响下,形成寒冷干燥的西北风侵袭我国北方各省(直辖市、自治区)。每年冬季总有多次大幅度降温的强冷空气南下,主要影响我国西北、东北和华北,直到次年春夏之交才消失。夏季风是来自太平洋的东南风、印度洋和南海的西南风,东南季风影响遍及我国东半壁,西南季风则影响西南各省和南部沿海,但风速远不及东南季风大。热带风暴是太平洋西部和南海热带海洋上形成的空气涡旋,是破坏力极大的海洋风暴,每年夏秋两季频繁侵袭我国,登陆我国南海之滨和东南沿海,热带风暴也能在上海以北登陆,但次数很少。

青藏高原地势高亢开阔,冬季东南部盛行偏南风,东北部多为东北风,其他地区一般为偏西风,夏季大约以唐古拉山为界,以南盛行东南风,以北为东至东北风。我国幅员辽阔,陆疆总长达 2 万多 km,还有 1.8 万多 km 的海岸线,边缘海中有岛屿 5000 多个,风能资源丰富。我国现有风电场场址的年平均风速均达到 6 m/s 以上。一般认为,可将风电场风况分为三类:年平均风速 6 m/s 以上时为较好;7 m/s 以上为好;8 m/s 以上为很好。可按风速频率曲线和机组功率曲线,估算国际标准大气状态下该机组的年发电量。我国相当于 6 m/s 以上的地区,在全国范围内仅仅限于较少数几个地带。就内陆而言,大约仅占全国总面积的 1/100,主要分布在长江到南澳岛之间的东南沿海及其岛屿,这些地区是我国最大的风能资源区以及风能资源丰富区,包括山东半岛、辽东半岛、黄海之滨,南澳岛以西的南海沿海、海南岛和南海诸岛,内蒙古从阴山山脉以北到大兴安岭以北,新疆达板城,阿拉山口,河西走廊,松花江下游,张家口北部等地区以及分布各地的高山山口和山顶。

目前中国已研制出 100 多种不同型式、不同容量的风力发电机组,并初步形成了风力机产业。尽管如此,与发达国家相比,虽然中国的风能机组装机量居世界首位,但中国风能的开发利用还相当落后,不但发展速度缓慢而且技术落后,远没有形成规模。在 21 世纪,中国应在风能的开发利用上加大投入力度,使高效清洁的风能能在中国能源的格局中占有应有的地位。

4. 风能的利用形式与技术

风能利用形式:主要是将大气运动时所具有的动能转化为其他形式的能量。风就是水平运动的空气,空气产生运动,主要是由于地球上各纬度所接受的太阳辐射强度不同而形成的。在赤道和低纬度地区,太阳高度角大,日照时间长,太阳辐射强度强,地面和大气接收的热量多、温度较高;在高纬度地区,太阳高度角小,日照时间短,地面和大气接收的热量小,温度低。这种高纬度与低纬度之间的温度差异,形成了中国南北之间的气压梯度,使空气作水平运动。

风的能量:地球吸收的太阳能有 1%～3% 转化为风能,总量相当于地球上所有植物通过光合作用吸收太阳能转化为化学能的 50～100 倍。上了高空就会发现风的能量,那儿有时速超过 160 km 的强风。这些风的能量最后因和地表及大气间的摩擦力而以各种热能方式释放。

风的成因：由于太阳照射极地和赤道的不均匀使得地表的受热不同，地表温度升高的速度较海面快，季节的变化等，这些均会产生温差，引起大气层中压力分布不均，从而引起大气的对流运动形成风。

风能可以通过风车来提取。当风吹动风轮时，风力带动风轮绕轴旋转，使得风能转化为机械能。而风能转化量直接与空气密度、风轮扫过的面积和风速的平方成正比。空气的质流穿越风轮扫过的面积，随着风速以及空气的密度而变化。例如，在 15 ℃的凉爽日子里，海平面空气密度为 1.22 kg/m^3（当湿度增加时空气密度会降低）。

风能利用的主要技术如下。

（1）水平轴风电机组技术。由于水平轴风电机组具有风能转换效率高、转轴较短，在大型风电机组上更突显了经济性等优点，使它成为世界风电发展的主流机型，并占有 95% 以上的市场份额。同期发展的垂直轴风电机组，由于转轴过长、风能转换效率不高，启动、停机和变桨困难等问题，目前市场份额很小、应用数量有限，但由于它的全风向对风和变速装置及发电机可以置于风轮下方（或地面）等优点，国际上的相关研究和开发也在不断进行，并取得了一定进展。

（2）风电机组单机容量持续增大，利用效率不断提高。近年来，世界风电市场上风电机组的单机容量持续增大，世界主流机型已经从 2000 年的 500～1000 kW 增加到 2004 年的 2～3 MW。截至 2017 年，世界上运行的最大风电机组单机容量为 8 MW，并已开始 10 MW 级风机的设计与研发。

（3）海上风电技术成为发展方向。目前建设海上风电场的造价为陆地风电场的 1.7～2 倍，而发电量则是陆上风电场的 1.4 倍，所以其经济性仍不如陆地风电场，但随着技术的不断发展，海上风电的成本会不断降低，其经济性也会逐渐凸显。

（4）变桨变速、功率调节技术得到广泛采用。由于变桨距功率调节方式具有载荷控制平稳、安全和高效等优点，近年来在大型风电机组上得到了广泛采用。

（5）直驱式、全功率变流技术得到迅速发展。无齿轮箱的直驱方式能有效地减少由于齿轮箱问题而造成的机组故障，可有效提高系统的运行可靠性和寿命，减少维护成本，因而得到了市场的青睐，其市场份额不断扩大。

（6）新型垂直轴风力发电机。它采取了完全不同的设计理念，并采用了新型结构和材料，达到微风启动、无噪声、抗 12 级以上台风、不受风向影响等优良性能，可以大量用于别墅、多层及高层建筑、路灯等中小型应用场合。以它为主建立的风光互补发电系统，具有电力输出稳定、经济性高、对环境影响小等优点，也解决了太阳能发展中对电网的冲击等影响。

1.3.3　海洋能

海洋能（图 1-18）是一种蕴藏在海洋中的可再生能源[16]，包括潮汐能、波浪引起的机械能和热能。海洋能同时也涉及一个更广的范畴，包括海面上空的风能、海水表面的太阳能和海里的生物质能。中国拥有的岛屿大多远离陆地，因而缺少能源供应。因此要实现我国海岸和海岛经济的可持续发展，必须大力发展我国的海洋能资源。

图 1-18　海洋能

海洋能有以下特点[20]。

(1)海洋能在海洋总水体中的蕴藏量巨大,而单位体积、单位面积、单位长度所拥有的能量较小。这就是说,要想得到大能量,就得从大量的海水中获得。

(2)海洋能具有可再生性。海洋能来源于太阳辐射能与天体间的万有引力,只要太阳、月球等天体与地球共存,这种能源就会再生,就会取之不尽,用之不竭。

(3)海洋能有较稳定与不稳定能源之分。较稳定的为海水温差能、海水盐度差能和海流能。不稳定能源分为变化有规律与变化无规律两种。属于不稳定但变化有规律的有潮汐能与潮流能。人们根据潮汐、潮流变化规律,编制出各地逐日逐时的潮汐与潮流预报,预测未来各个时间的潮汐大小与潮流强弱。潮汐电站与潮流电站可根据预报表安排发电运行。既不稳定又无规律的是波浪能。

(4)海洋能属于清洁能源,也就是海洋能一旦开发后,其本身对环境污染影响很小。

海洋能源也有缺点,如获取能量的最佳手段尚无共识,大型项目可能会破坏自然水流、潮汐和生态系统。

海洋能指蕴藏于海水中的各种可再生能源,包括潮汐能、波浪能、海流能、海水温差能、海水盐度差能等。这些能源都具有可再生性和不污染环境等优点,是一项急需开发利用的具有战略意义的新能源。

下面根据海洋能量形式具体介绍[17]。

1. 潮汐能

汹涌澎湃的大海,在太阳和月亮的引潮力作用下,时而潮高百丈,时而悄然退去,留下一片沙滩。海洋这样起伏运动,日以继夜,年复一年,是那样有规律,那样有节奏,好像人在呼吸。海水的这种有规律的涨落现象就是潮汐。

潮汐能指在涨潮和落潮过程中产生的势能。潮汐能的强度与潮头数量和落差有关。通常潮头落差大于 3 m 的潮汐就具有产能利用价值。潮汐能主要用于发电。

潮汐发电(图 1-19)就是利用潮汐能的一种重要方式。截至 2017 年,世界已建成并运行发电的潮汐发电站总装机容量为 16 亿 kW,年发电量 6125 亿 kW·h。据世界动力会议估计,到 2020 年,全世界潮汐发电量将达到 1000 亿~3000 亿 kW·h。法国在布列塔尼省建成了世界上第一座大型潮汐发电站,电站规模宏大,大坝全长 750 m,坝顶是公路。平均潮差 8.5 m,最大潮差 13.5 m。每年发电量为 5.44 亿 kW·h。世界上最大的潮汐发电站是法国北部英吉利海峡上的朗斯河口电站,发电能力 24 万 kW,已经工作了 30 多年。中国在浙江省建造了江厦潮汐电站,总容量达到 3000 kW。

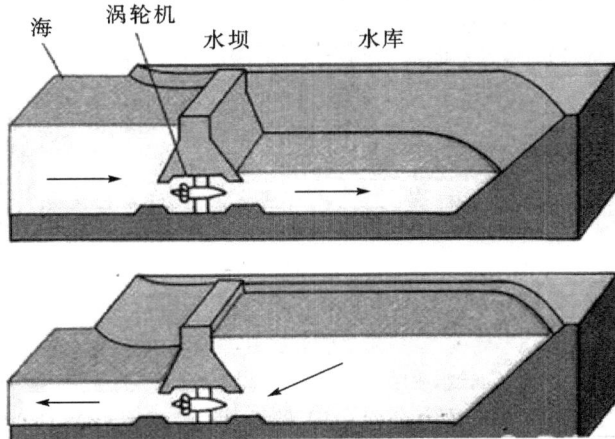

图 1-19　潮汐发电

中华人民共和国成立后在沿海建过一些小型潮汐电站,如广东省顺德县大良潮汐电站(144 kW)、福建厦门的华美太古潮汐电站(220 kW)、浙江温岭的沙山潮汐电站(40 kW)及象山高塘潮汐电站(450 kW)。据估计,我国仅长江口北支就能建 80 万 kW 潮汐电站,年发电量为 23 亿 kW·h,接近新安江水电站和富春江水电站的发电总量;钱塘江口可建 500 万 kW 潮汐电站,年发电量 180 多亿 kW·h,相当于 10 个新安江水电站的发电能力。

2. 波浪能

波浪能(图 1-20)指蕴藏在海面波浪中的动能和势能。波浪能主要用于发电,同时也可用于输送和抽运水、供暖、海水脱盐和制造氢气。"无风三尺浪"是奔腾不息的大海的真实写照。海浪有惊人的力量,5 m 高的海浪,每平方米就承受 10 t 水所带来的压力。大浪能把 13 t 重的岩石抛至 20 m 高处,能翻转 1700 t 重的岩石,甚至能把上万吨的巨轮推上岸去。海浪蕴藏的总能量是大得惊人的。据估计,地球上海浪中蕴藏着的能量相当于 90 万亿 kW·h 的电能。我国现在也对波浪发电进行研究和试验,并制成了供航标灯使用的发电装置。将来的世界,每一个海洋里都会有属于我们中国的波浪能发电厂。波浪能将会为我国的发电业作出很大贡献。

图 1-20　海洋波浪能

3.海水温差能

海水温差能是指海洋表层海水和深层海水之间水温差的热能,是海洋能的一种重要形式。低纬度的海面水温较高,因与深层冷水存在温度差,而储存着温差热能,其能量与温差的大小和水量成正比。

海水温差能的主要利用方式为发电,首次提出利用海水温差发电设想的是法国物理学家阿松瓦尔。1926 年,阿松瓦尔的学生克劳德试验成功海水温差发电。1930 年,克劳德在古巴海滨建造了世界上第一座海水温差发电站,获得了 10 kW 的功率。

温差发电以非共沸介质(氟里昂-22 与氟里昂-12 的混合体)为媒质,输出功率是以前的 1.1~1.2 倍。一座 75 kW 试验工厂的试运行证明,由于热交换器采用平板装置,所需抽水量很小,传动功率的消耗很少,其他配件费用也低,再加上用计算机控制,净电输出功率可达额定功率的 70%。一座 3000 kW 级的电站,每千瓦小时的发电成本只有 50 日元以下,比柴油发电价格还低。人们预计,利用海洋温差发电,如果能在一个世纪内实现,可成为新能源开发的新的出发点。

温差能利用的最大困难是温差太小,能量密度低,其效率仅有 3% 左右,而且换热面积大,建设费用高,但各国仍在积极探索中。

4.盐差能

盐差能是指海水和淡水之间或两种含盐浓度不同的海水之间的化学电位差能,是以化学能形态出现的海洋能,主要存在于河海交接处。同时,淡水资源丰富地区的盐湖和地下盐矿也可以利用盐差能。盐差能是海洋能中能量密度最大的一种可再生能源。

据估计,世界各河口区的盐差能达 30 TW,可能利用的有 2.6 TW。我国的盐差能估计为 1.1×10^8 kW,主要集中在各大江河的出海处,同时,我国青海省等地还有不少内陆盐湖可以利用。盐差能的研究以美国、以色列的研究为先,中国、瑞典和日本等也开展了一些研究。但总体上,对盐差能这种新能源的研究还处于实验室实验水平,离示范应用还有较长的距离。

5.海流能

海流能是指海水流动的动能,主要是指海底水道和海峡中较为稳定的流动以及由于潮汐导致的有规律的海水流动所产生的能量,是另一种以动能形态出现的海洋能。

海流能的利用方式主要是发电,其原理和风力发电相似。全世界海流能的理论估算值约为 10^8 kW 量级。利用中国沿海 130 个水道、航门的各种观测及分析资料,计算统计获得中国沿海海流能的年平均功率理论值约为 1.4×10^7 kW,属于世界上功率密度最大的地区之一,其中辽宁、山东、浙江、福建和台湾沿海的海流能较为丰富,不少水道的能量密度为 $15\sim30$ kW/m²,具有良好的开发价值。特别是浙江的舟山群岛的金塘、龟山和西堠门水道,平均功率密度在 20 kW/m² 以上,开发环境和条件很好。

6. 海风能

近海风能是风能地球表面大量空气流动所产生的动能。风力在海洋上比在陆地上更加强劲,方向也更加单一,据专家估测,一台同样功率的海洋风电机在一年内的产电量,能比陆地风电机提高 70%。风能发电的原理:风力作用在叶轮上,将动能转换成机械能,从而推动叶轮旋转,再通过增速机将旋转的速度提升,来促使发电机发电。我国近海风能资源是陆上风能资源的 3 倍,可开发和利用的风能储量有 7.5 亿 kW。长江到南澳岛之间的东南沿海及其岛屿是我国最大风能资源区以及风能资源丰富区。资源丰富区还有山东半岛、辽东半岛、黄海之滨、南澳岛以西的南海沿海、海南岛和南海诸岛。

1.3.4　地热能

地热能(图 1-21)是由地壳抽取的天然热能[18],这种能量来自地球内部的熔岩,并以热力形式存在,是引致火山爆发及地震的能量。地球内部的温度高达 7000 ℃,而在 $80\sim100$ 英里①的深度处,温度会降至 $650\sim1200$ ℃。透过地下水的流动和熔岩涌至离地面 $1\sim5$ km 的地壳,热力得以被转送至较接近地面的地方。高温的熔岩将附近的地下水加热,这些加热了的水最终会渗出地面。在各种可再生能源的应用中,地热能显得较为低调,人们更多地关注来自太空的太阳能量,却忽略了地球本身赋予人类的丰富资源,地热能将有可能成为未来能源的重要组成部分。运用地热能最简单和最合乎成本效益的方法,就是直接取用这些热源,并抽取其能量。相对于太阳能和风能的不稳定性,地热能是较为可靠的可再生能源,这让人们相信地热能可以作为煤炭、天然气和核能的最佳替代能源。另外,地热能确实是较为理想的清洁能源,能源蕴藏丰富并且在使用过程也不会产生温室气体。

图 1-21　地热能

---

①1 英里≈1.60934 km。

人类很早以前就开始利用地热能,如利用温泉沐浴、医疗,利用地下热水取暖、建造农作物温室、水产养殖及烘干谷物等。但真正认识地热资源并进行较大规模的开发利用却是始于 20 世纪中叶。

地热能大部分是来自地球深处的可再生性热能,它起源于地球的熔融岩浆和放射性物质的衰变;还有一小部分能量来自太阳,大约占总的地热能的 5%,表面地热能大部分来自太阳。地下水的深处循环和来自极深处的岩浆侵入到地壳后,把热量从地下深处带至近表层。其储量比人们所利用能量的总量多很多,大部分集中分布在构造板块边缘一带,该区域也是火山和地震多发区。它不但是无污染的清洁能源,而且如果热量提取速度不超过补充的速度,那么热能就是可再生的。

意大利的皮也罗·吉诺尼·康蒂王子于 1904 年在拉德雷罗首次把天然的地热蒸汽用于发电。地热发电是利用液压或爆破碎裂法把水注入到岩层,产生高温蒸汽,然后将其抽出地面推动涡轮机转动使发电机发出电能。在这个过程中,将一部分没有利用到的水蒸气或者废汽,经过冷凝器处理还原为水送回地下,这样循环往复。1990 年安装的发电装置的发电能力达到 6000 MW,直接利用地热资源的总量相当于 4.1 Mt 油当量。

地热能是一种新的洁净能源,在当今人们的环保意识日渐增强和能源日趋紧缺的情况下,对地热资源的合理开发利用已愈来愈受到人们的青睐。其中,距地表 2000 m 内储藏的地热能为 2500 亿 t 标准煤。全国地热可开采资源量为每年 68 亿 m^3,所含地热量为 973 万亿 kJ。

在我国的地热资源开发中,经过多年的技术积累,地热发电效益显著提升。除地热发电外,直接利用地热水进行建筑供暖、发展温室农业和温泉旅游等利用途径也得到较快发展。全国已经基本形成以西藏羊八井为代表的地热发电、以天津和西安为代表的地热供暖、以东南沿海为代表的疗养与旅游和以华北平原为代表的种植和养殖的开发利用格局。

离地球表面 5000 m 深,15 ℃ 以上的岩石和液体的总含热量,据推算约为 14.5×10^{25} J,相当于 4948 万亿 t 标准煤的热量。地热来源主要是地球内部长寿命放射性同位素热核反应产生的热能。按照其储存形式,地热资源可分为蒸汽型、热水型、地压型、干热岩型和熔岩型 5 大类。

地热能集中分布在构造板块边缘一带,该区域也是火山和地震多发区。

世界地热资源主要分布于以下 5 个地热带。

(1)环太平洋地热带。世界最大的太平洋板块与美洲、欧亚、印度板块的碰撞边界。

(2)地中海、喜马拉雅地热带。欧亚板块与非洲、印度板块的碰撞边界,从意大利直至中国的滇藏。

(3)大西洋中脊地热带。大西洋板块的开裂部位,包括冰岛和亚速尔群岛的一些地热田。

(4)红海、亚丁湾、东非大裂谷地热带,包括肯尼亚、乌干达、刚果、埃塞俄比亚、吉布提等国的地热田。

(5)其他地热区。除板块边界形成的地热带外,在板块内部靠近边界的部位,在一定的地质条件下也有高热流区,可以蕴藏一些中低温地热,如中亚、东欧地区的一些地热田和中国的胶东半岛、辽东半岛及华北平原的地热田。

我国地热能资源主要分布在京津冀、环渤海地区、东南沿海和滇藏地区。

地热资源按温度的划分如下。中国一般把高于 150 ℃ 的称为高温地热,主要用于发电;低于此温度的叫中低温地热,通常直接用于采暖、工农业加温、水产养殖及医疗和洗浴等。

地热能的利用可分为地热发电、供暖等,而对于不同温度的地热流体可能利用的范围如下。

(1)200～400 ℃的地热流体可用于直接发电及综合利用。

(2)150～200 ℃的地热流体可用于双循环发电、制冷、工业干燥、工业热加工。

(3)100～150 ℃的地热流体可用于双循环发电、供暖、制冷、工业干燥、脱水加工、回收盐类、罐头食品。

(4)50～100 ℃的地热流体可用于供暖、温室、家庭用热水、工业干燥。

(5)20～50 ℃的地热流体可用于沐浴、水产养殖、饲养牲畜、土壤加温、脱水加工。

许多国家为了提高地热利用率,而采用梯级开发和综合利用的办法,如热电联产联供、热电冷三联产、先供暖后养殖等。下面具体介绍地热的几种重要利用形式。

1. 地热发电

地热发电是地热利用的最重要方式[15]。高温地热流体应首先应用于发电。地热发电和火力发电的原理是一样的,都是利用蒸汽的热能在汽轮机中转变为机械能,然后带动发电机发电。所不同的是,地热发电不像火力发电那样要装备庞大的锅炉,也不需要消耗燃料,它所用的能源就是地热能。地热发电的过程,就是把地下热能首先转变为机械能,然后再把机械能转变为电能的过程。要利用地下热能,首先需要有"载热体"把地下的热能带到地面上来。能够被地热电站利用的载热体,主要是地下的天然蒸汽和热水。按照载热体类型、温度、压力和其他特性的不同,可把地热发电的方式划分为蒸汽型地热发电和热水型地热发电两大类。

1)蒸汽型地热发电

蒸汽型地热发电是把蒸汽田中的干蒸汽直接引入汽轮发电机组发电,但在引入发电机组前应把蒸汽中所含的岩屑和水滴分离出去。如图 1-22 所示,冰岛奈斯亚威里尔地热电站采用的便是这种形式。这种发电方式最为简单,但干蒸汽地热资源十分有限,且多存于较深的地层,开采技术难度大。蒸汽型地热发电主要有背压式和凝汽式两种发电系统。

图 1-22　冰岛奈斯亚威里尔地热电站

2）热水型地热发电

热水型地热发电是地热发电的主要方式。热水型地热电站有两种循环系统：①闪蒸系统。闪蒸系统如图 1-23 所示。当高压热水从热水井中抽至地面,压力降低部分热水会沸腾并"闪蒸"成蒸汽,蒸汽送至汽轮机做功;而分离后的热水可继续利用后排出,当然最好是再回注入地层。②双循环系统。双循环系统的流程如图 1-24 所示。地热水首先流经热交换器,将地热能传给另一种低沸点的工作流体,使之沸腾而产生蒸汽。蒸汽进入汽轮机做功后进入凝汽器,再通过热交换器而完成发电循环,地热水则从热交换器回注入地层。

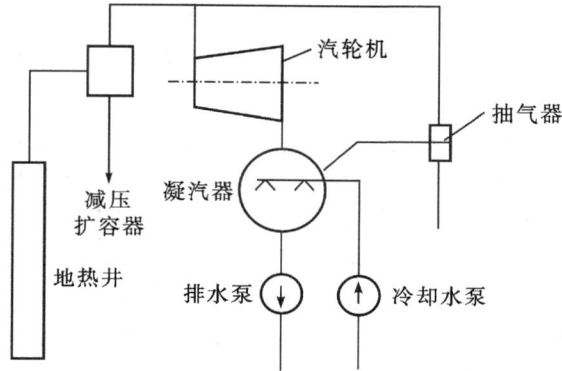

图 1-23 闪蒸系统

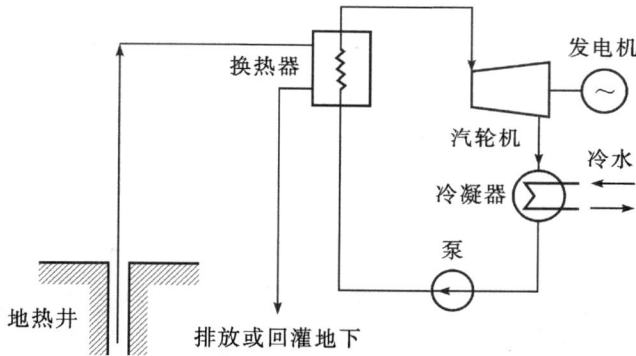

图 1-24 双循环发电系统

2.地热供暖

将地热能直接用于采暖、供热和供热水是仅次于地热发电的地热利用方式。这种利用方式简单、经济性好,备受各国重视,特别是位于高寒地区的西方国家,其中冰岛开发利用得最好。该国早在 1928 年就在首都雷克雅未克建成了世界上第一个地热供热系统,现今这一供热系统已发展得非常完善,每小时可从地下抽取 7740 t、80 ℃ 的热水,供全市 11 万居民使用。由于没有高耸的烟囱,冰岛首都已被誉为"世界上最清洁无烟的城市"。此外,利用地热给工厂供热,如用作干燥谷物和食品的热源,用作硅藻土生产、木材、造纸、制革、纺织、酿酒、制糖等生产过程的热源也是大有前途的。目前,世界上最大两家地热应用工厂就是冰岛的硅藻土厂和新西兰的纸浆加工厂。我国利用地热供暖和供热水发展也非常迅速,这两种利用方式在京津地区已成为地热利用中最普遍的方式。

3. 地热务农

地热在农业中的应用范围十分广阔。例如,利用温度适宜的地热水灌溉农田,可使农作物早熟增产;利用地热水养鱼,在 28 ℃水温下可加速鱼的育肥,提高鱼的出产率;利用地热建造温室,育秧、种菜和养花;利用地热给沼气池加温,提高沼气的产量等。将地热能直接用于农业在我国日益广泛,北京、天津、西藏和云南等地都建有面积大小不等的地热温室。各地还利用地热大力发展养殖业,如培养菌种,养殖非洲鲫鱼、鳗鱼、罗非鱼、罗氏沼虾等。

4. 地热行医

地热在医疗领域的应用有诱人的前景,热矿水就被视为一种宝贵的资源,世界各国都很珍惜。由于地热水从很深的地下提取到地面,除温度较高外,常含有一些特殊的化学元素,从而使它具有一定的医疗效果。例如,含碳酸的矿泉水供饮用,可调节胃酸、平衡人体酸碱度;含铁的矿泉水饮用后,可治疗缺铁贫血症;氢泉、硫水氢泉洗浴可治疗神经衰弱和关节炎、皮肤病等。由于温泉的医疗作用及伴随温泉出现的特殊的地质、地貌条件,使温泉常常成为旅游胜地,吸引大批疗养者和旅游者。在日本就有 1500 多个温泉疗养院,每年吸引 1 亿人到这些疗养院休养。我国利用地热治疗疾病的历史悠久,含有各种矿物元素的温泉众多,因此充分发挥地热的医疗作用,发展温泉疗养行业是大有可为的。

未来随着与地热利用相关的高新技术的发展,将使人们能更精确地查明更多的地热资源,钻更深的钻井将地热从地层深处取出,因此地热利用也必将进入一个飞速发展的阶段。

1.3.5　生物质能

生物质(图 1 - 25)是指利用大气、水、土地等通过光合作用而产生的各种有机体,即一切有生命的可以生长的有机物质通称为生物质[25-26]。它包括植物、动物和微生物。广义概念:生物质包括所有的植物、微生物以及以植物、微生物为食物的动物及其生产的废弃物。有代表性的生物质如农作物、农作物废弃物、木材、木材废弃物和动物粪便。狭义概念:生物质主要是指农林业生产过程中除粮食、果实以外的秸秆、树木等木质纤维素(简称木质素)、农产品加工业下脚料、农林废弃物及畜牧业生产过程中的禽畜粪便和废弃物等物质。生物质能源的特点是:可再生、低污染、分布广泛。

(a)木材　　　　　　　　　　　　　　　(b)小麦秸秆

图 1 - 25　生物质

1. 生物质能源的特点

(1)可再生性。生物质能源是从太阳能转化而来,通过植物的光合作用将太阳能转化为化学能,储存在生物质内部的能量,与风能、太阳能等同属可再生能源,可实现能源的永续利用。

(2)清洁、低碳。生物质能源中的有害物质含量很低,属于清洁能源。同时,生物质能源的转化过程是通过绿色植物的光合作用将二氧化碳和水合成生物质,生物质能源的使用过程又生成二氧化碳和水,形成二氧化碳的循环排放过程,能够有效减少人类二氧化碳的净排放量,降低温室效应。

(3)可替代部分化石能源。利用现代技术可以将生物质能源转化成可替代化石燃料的生物质成型燃料、生物质可燃气、生物质液体燃料等。在热转化方面,生物质能源可以直接燃烧或经过转换,形成便于储存和运输的固体、气体和液体燃料,可运用于大部分使用石油、煤炭及天然气的工业锅炉和窑炉中。世界自然基金会2011年2月发布的《能源报告》认为,到2050年,将有60%的工业燃料和工业供热都采用生物质能源。

(4)原料丰富。生物质能源资源丰富,分布广泛。根据世界自然基金会的预计,全球生物质能源潜在可利用量达350 EJ/年(约合82.12亿t标准油,相当于2016年全球能源消耗量的62%)。根据我国《可再生能源中长期发展规划》统计,我国生物质资源可转换为能源的潜力约合5亿t标准煤,随着造林面积的扩大和经济社会的发展,我国生物质资源转换为能源的潜力可达10亿t标准煤。在传统能源日渐枯竭的背景下,生物质能源是理想的替代能源,被誉为继煤炭、石油、天然气之外的"第四大"能源。

(5)广泛应用性。生物质能源可以以沼气、压缩成型固体燃料、气化生产燃气、气化发电、生产燃料酒精、热裂解生产生物柴油等形式存在,应用在国民经济的各个领域。

2. 生物质能源的分类

依据来源的不同,可以将适合于能源利用的生物质分为林业资源、农业资源、生活污水和工业有机废水、城市固体废物和畜禽粪便以及沼气等六大类。

1)林业资源

林业生物质资源是指森林生长和林业生产过程提供生物质能的生物质能源,包括薪炭林、在森林抚育和间伐作业中的零散木材、残留的树枝、树叶和木屑等;木材采运和加工过程中的枝丫、锯末、木屑、梢头、板皮和截头等;林业副产品的废弃物,如果壳和果核等。

2)农业资源

农业生物质资源是指农业作物(包括能源作物);农业生产过程中的废弃物,如农作物收获时残留在农田内的农作物秸秆(玉米秸、高粱秸、麦秸、稻草、豆秸和棉秆等);农业加工业的废弃物,如农业生产过程中剩余的稻壳等。能源植物泛指各种用以提供能源的植物,通常包括草本能源作物、油料作物、制取碳氢化合物植物和水生植物等几类。

3)生活污水和工业有机废水

生活污水主要由城镇居民生活、商业和服务业的各种排水组成,如冷却水、洗浴排水、盥洗排水、洗衣排水、厨房排水、粪便污水等;工业有机废水主要是酒精、酿酒、制糖、食品、制药、造纸及屠宰等行业生产过程中排出的废水等。它们都富含有机物。

4)城市固体废物

城市固体废物主要是由城镇居民生活垃圾,商业、服务业垃圾和少量建筑业垃圾等固体废物构成。其组成成分比较复杂,受当地居民的平均生活水平、能源消费结构、城镇建设、自然条件、传统习惯以及季节变化等因素影响。

5)畜禽粪便

畜禽粪便是畜禽排泄物的总称,它是其他形态生物质(主要是粮食、农作物秸秆和牧草等)的转化形式,包括畜禽排出的粪便、尿及其与垫草的混合物。

6)沼气

沼气是由生物质能转换的一种可燃气体。沼气是一种混合物,主要成分是甲烷(CH_4)。沼气是有机物质在厌氧条件下,经过微生物的发酵作用而生成的一种混合气体。由于这种气体最先是在沼泽中发现的,所以称为沼气。人畜粪便、秸秆、污水等各种有机物在密闭的沼气池内,在厌氧(没有氧气)条件下发酵,经种类繁多的沼气发酵微生物分解转化,从而产生沼气。沼气是一种混合气体,可以燃烧。通常可以供农家用来烧饭、照明。

3.生物质能利用技术

1)直接燃烧

生物质的直接燃烧和固化成型技术的研究开发主要着重于专用燃烧设备的设计和生物质成型物的应用。现已成功开发的成型技术按成型物形状主要分为大三类:以日本为代表开发的螺旋挤压生产棒状成型物技术,欧洲各国开发的活塞式挤压制的圆柱块状成型技术,以及美国开发研究的内压滚筒颗粒状成型技术和设备。

2)生物质气化

生物质气化技术是将固体生物质置于气化炉内加热,同时通入空气、氧气或水蒸气,来产生品位较高的可燃气体。它的特点是气化率可达 70% 以上,热效率也可达 85%。生物质气化生成的可燃气经过处理可用于合成、取暖、发电等不同用途,这对于生物质原料丰富的偏远山区意义十分重大,不仅能改变他们的生活质量,而且能够提高用能效率,节约能源。

3)液体生物燃料

由生物质制成的液体燃料叫做生物燃料。生物燃料主要包括生物乙醇、生物丁醇、生物柴油、生物甲醇等。虽然利用生物质制成液体燃料起步较早,但发展比较缓慢。由于受世界石油资源、价格、环保和全球气候变化的影响,20 世纪 70 年代以来,许多国家日益重视生物燃料的发展,并取得了显著的成效。

4)制沼气

沼气是各种有机物质在隔绝空气并且在适宜的温度、湿度条件下,经过微生物的发酵作用产生的一种可燃烧气体。沼气的主要成分甲烷类似于天然气,是一种理想的气体燃料,它无色无味,与适量空气混合后即可燃烧。现具体介绍几种沼气利用技术。

(1)沼气的传统利用和综合利用技术。我国是世界上开发沼气较多的国家,最初主要是农村的户用沼气池,以解决秸秆焚烧和燃料供应不足的问题,后来的大中型沼气工程始于 1936 年,此后,大中型废水、养殖业污水、村镇生物质废弃物、城市垃圾沼气的建立扩宽了沼气的生产和使用范围。

自 20 世纪 80 年代以来建立起的沼气发酵综合利用技术,是以沼气为纽带,将物质多层次利用、能量合理流动的高效农业模式,该模式已逐渐成为我国农村地区利用沼气技术促进可持续发展的有效方法。通过沼气发酵综合利用技术,沼气用于农户生活用能和农副产品生产加工,沼液用于饲料、生物农药、培养料液的生产,沼渣用于肥料的生产。我国北方推广的塑料大棚、沼气池、禽畜舍和厕所相结合的"四位一体"沼气生态农业模式,中部地区以沼气为纽带的生态果园模式,南方建立的"猪—果"模式,以及其他地区因地制宜建立的"养殖—沼气"、"猪—沼—鱼"和"草—牛—沼"等模式,都是以农业为龙头,以沼气为纽带,对沼气、沼液、沼渣的多层次利用的生态农业模式。沼气发酵综合利用生态农业模式的建立使农村沼气和农业生态紧密结合,是改善农村环境卫生的有效措施,也是发展绿色种植业、养殖业的有效途径,已成为农村经济新的增长点。

(2)沼气发电技术。沼气燃烧发电是随着大型沼气池建设和沼气综合利用的不断发展而出现的一项沼气利用技术,它将厌氧发酵处理产生的沼气用于发动机上,并装有综合发电装置,以产生电能和热能。沼气发电具有高效、节能、安全和环保等特点,是一种分布广泛且价廉的分布式能源。沼气发电在发达国家已受到广泛重视并得到积极推广。生物质能发电并网电量在西欧一些国家占能源总量的 10% 左右。

(3)沼气燃料电池技术。燃料电池是一种将储存在燃料和氧化剂中的化学能直接转化为电能的装置。当源源不断地从外部向燃料电池供给燃料和氧化剂时,它可以连续发电。依据电解质的不同,燃料电池分为碱性燃料电池、质子交换膜、磷酸、熔融碳酸盐及固态氧化物等。

燃料电池能量转换效率高、洁净、无污染、噪声低,既可以集中供电,也适合分散供电,是21 世纪最有竞争力的高效、清洁的发电方式之一,它在洁净煤炭燃料电站、电动汽车、移动电源、不间断电源、潜艇及空间电源等方面,有着广泛的应用前景和巨大的潜在市场。

5)生物制氢

氢气是一种清洁、高效的能源,有着广泛的工业用途,潜力巨大。生物制氢逐渐成为人们关注的热点,但将其他物质转化为氢并不容易。生物制氢过程可分为厌氧光合制氢和厌氧发酵制氢两大类。

6)生物质发电技术[17]

生物质发电技术是将生物质能源转化为电能的一种技术,主要包括农林废物发电、垃圾发电和沼气发电等。作为一种可再生能源,生物质发电在国际上越来越受到重视,在我国也越来越受到政府的关注和民间的拥护。

生物质发电将废弃的农林剩余物收集、加工整理,形成商品,既防止秸秆在田间焚烧造成的环境污染,又改变了农村的村容村貌,是我国建设生态文明、实现可持续发展的能源战略选择之一。如果我国生物质能利用量达到 5 亿 t 标准煤,就可解决我国能源消费量的 20% 以上,每年可减少排放二氧化碳中的碳量近 3.5 亿 t,二氧化硫、氮氧化物、烟尘减排量近 2500 万 t,将产生巨大的环境效益。尤为重要的是,我国的生物质能资源主要集中在农村,大力开发并利用农村丰富的生物质能资源,可促进农村生产发展,显著改善农村的村貌和居民生活条件,将对建设社会主义新农村产生积极而深远的影响[13]。

1.3.6 核聚变能

核聚变又称核融合、融合反应、聚变反应或热核反应,是指轻原子核(如氘和氚)结合成较重原子核(如氦)时放出巨大能量。原子核发生聚变时,根据爱因斯坦质能方程 $E=mc^2$,有一部分质量转化为能量释放出来。例如,如图 1-26 所示,两个氢的原子核相碰,可以形成一个原子核并释放出能量,这就是聚变反应,在这种反应中所释放的能量就是聚变能。聚变能是核能利用的又一重要途径。

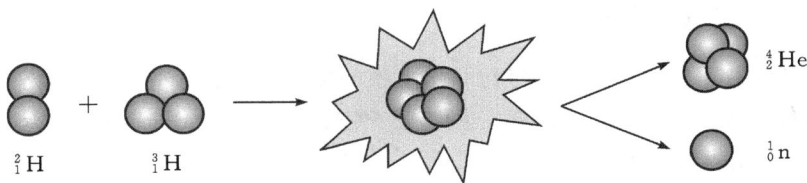

图 1-26　氘、氚核聚变示意图

核聚变能是当前很有前途的新能源。参与核反应的氢原子核,如氢(氕)、氘、氚、锂等,从热运动获得必要的动能而引起的聚变反应。要使这些原子核之间发生聚变,必须使它们接近到飞米级。要达到这个距离,就要使核具有很大的动能,以克服电荷间极大的斥力。要使核具有足够的动能,必须把它们加热到很高的温度(几百万摄氏度以上)。热核反应是氢弹爆炸的基础,可在瞬间产生大量热能,但尚无法加以利用。如果能使热核反应在一定约束区域内,根据人们的意图有控制地产生与进行,即可实现受控热核反应。这正是在进行试验研究的重大课题。受控热核反应是聚变反应堆的基础。聚变反应堆一旦成功,则可能向人类提供最清洁且取之不尽的能源。

冷核聚变是指在相对低温(甚至常温)下进行的核聚变反应,这种情况是针对自然界已知存在的热核聚变(恒星内部热核反应)而提出的一种概念性"假设",这种设想将极大地降低反应要求,只要能够在较低温度下让核外电子摆脱原子核的束缚,或者在较高温度下用高强度、高密度磁场阻挡中子或者让中子定向输出,就可以使用更普通、更简单的设备产生可控冷核聚变反应,同时也使聚核反应更安全。

核聚变有以下优势。

(1)核聚变释放的能量比核裂变更大。

(2)无高端核废料,可不对环境构成大的污染。

(3)燃料供应充足,地球上重氢有 10 万亿 t(每 1 L 海水中含 30 mg 氘,而 30 mg 氘聚变产生的能量相当于 300 L 汽油)。

核聚变能利用的燃料是氘(D)和氚。氘在海水中大量存在。海水中大约每 6500 个氢原子中就有一个氘原子,海水中氘的总量约 45 万亿 t。每升海水中所含的氘完全聚变所释放的聚变能相当于 300 L 汽油燃料的能量。按世界消耗的能量计算,海水中氘的聚变能可用几百亿年。氚可以由锂制造。锂主要有锂-6 和锂-7 两种同位素。锂-6 吸收一个热中子后,可以变成氚并放出能量;锂-7 要吸收快中子才能变成氚。地球上锂的储量虽比氘少得多,也有 2000 多亿 t。用它来制造氚,足够用到人类使用氘、氚聚变的年代。因此,核聚变能是一种取之不尽、用之不竭的新能源。

在可以预见的地球上人类生存的时间内,水的氘足以满足人类未来几十亿年对能源的需要。从这个意义上说,地球上的聚变燃料,对于满足未来的需要说来,是无限丰富的,聚变能源的开发,将"一劳永逸"地解决人类的能源需要。60 多年来通过科学家们不懈地努力,已在这方面为人类展现出美好的前景。

核聚变能的劣势就是反应要求与技术要求极高。科学家们估计,到2025年以后,核聚变发电厂才有可能投入商业运营。2050年前后,受控核聚变发电将广泛造福人类。

1.3.7 天然气水合物

天然气水合物(图1-27)是20世纪科学考察中发现的一种新的矿产资源,也被称作"可燃冰"或者"固体瓦斯"和"气冰",是指由主体分子(水)和客体分子(甲烷、乙烷等烃类气体,以及氮气、二氧化碳等非烃类气体分子)在低温(-10~28℃)、高压(1~9 MPa)条件下,通过范德瓦耳斯力相互作用,形成的结晶状笼形固体络合物,其中水分子借助氢键形成结晶网格,网格中的孔穴内充满轻烃、重烃或非烃分子,其分子结构如图1-28所示。天然气水合物具有极强的储载气体能力,一个单位体积的天然气水合物可储载100~200倍于该体积的气体量。天然气水合物外貌极像冰雪或固体酒精,点火即可燃烧,被誉为21世纪具有商业开发前景的战略资源。

图1-27 天然气水合物

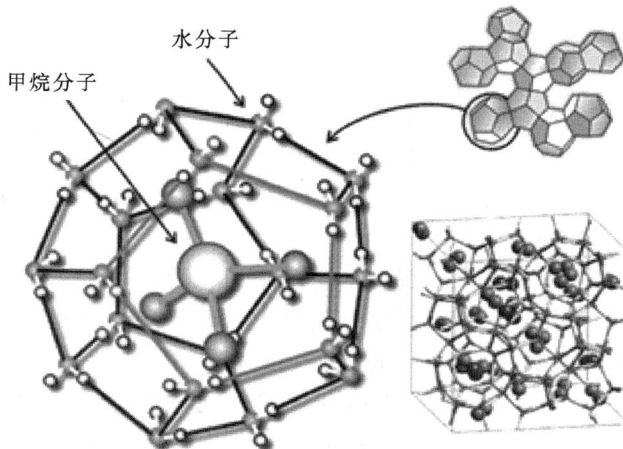

图1-28 天然气水合物分子结构图

天然气水合物燃料的主要优势如下。

(1)这种燃料燃烧产生的能量比煤、石油、天然气要多出数十倍,而且燃烧后不产生任何残渣,避免了污染问题。

(2)这种燃料可是来之不易,它的诞生至少要满足三个条件:第一是温度不能太高,如果温度高于 20 ℃,它就会"烟消云散",因此,海底的温度最适合可燃冰的形成;第二是压力要足够大,海底越深,压力就越大,可燃冰也就越稳定(图 1-29);第三是要有甲烷气源,海底古生物尸体的沉积物,被细菌分解后会产生甲烷。因此,可燃冰在世界各大洋中均有分布。中国东海、南海都有相当数量分布。

图 1-29　海底可燃冰

(3)沉淀物生成的甲烷水合物含量可能还包含了 2～10 倍的已知的传统天然气量,这代表它是未来很有潜力的重要矿物燃料来源。

主要缺点如下。

(1)天然气水合物在给人类带来新的能源前景的同时,对人类生存环境也提出了严峻的挑战。天然气水合物中的甲烷,其温室效应为 CO_2 的 20 倍,温室效应造成的异常气候和海面上升正威胁着人类的生存。全球海底天然气水合物中的甲烷总量约为地球大气中甲烷总量的 3000 倍,若有不慎,让海底天然气水合物中的甲烷气逃逸到大气中去,将产生无法想象的后果。而且固结在海底沉积物中的水合物,一旦条件变化使甲烷气从水合物中释出,还会改变沉积物的物理性质,极大地降低海底沉积物的工程力学特性,使海底软化,出现大规模的海底滑坡,毁坏海底工程设施,如海底输电或通信电缆和海洋石油钻井平台等。

(2)大多数的矿床地点都过于分散而不利于经济开采。并且天然可燃冰呈固态,不会像石油开采那样自喷流出。如果把它从海底一块块搬出,在从海底到海面的运送过程中,甲烷就会挥发殆尽,同时还会给大气造成巨大危害。为了获取这种清洁能源,世界许多国家都在研究天然可燃冰的开采方法。科学家们认为,一旦开采技术获得突破性进展,那么可燃冰立刻会成为 21 世纪的主要能源。

天然气水合物在自然界广泛分布在大陆永久冻土、岛屿的斜坡地带、活动和被动大陆边缘的隆起处、极地大陆架以及海洋和一些内陆湖的深水环境中。

全球天然气水合物的储量是现有天然气、石油储量的两倍,具有广阔的开发前景。美国、日本等国均已经在各自海域发现并开采出天然气水合物。据测算,世界上海底天然气水合物已发现的主要分布区是大西洋海域的墨西哥湾、加勒比海、南美东部陆缘、非洲西部陆缘和美国东海岸外的布莱克海台等、西太平洋海域的白令海、鄂霍茨克海、千岛海沟、冲绳海槽、日本海、四国海槽、日本南海海槽、苏拉威西海和新西兰北部海域等、东太平洋海域的中美洲海槽、加利福尼亚湾和秘鲁海槽等,印度洋海域的阿曼海湾,南极的罗斯海和威德尔海,北极的巴伦支海和波弗特海,以及大陆内的黑海与里海等。

地球上大约有 27% 的陆地是可以形成天然气水合物的潜在地区,而在世界大洋水域中约有 90% 的面积也属于这样的潜在区域。已发现的天然气水合物主要存在于北极地区的永久冻土区和世界范围内的海底、陆坡、陆基及海沟中。由于采用的标准不同,不同机构对全世界天然气水合物储量的估计值差别很大。

全球蕴藏的常规石油天然气资源消耗巨大,很快就会枯竭。科学家的评价结果表明,仅在海底区域,可燃冰的分布面积就达 4000 万 km^2,占地球海洋总面积的 1/4。世界上已发现的可燃冰分布区多达 116 处,其矿层之厚、规模之大,是常规天然气田无法比拟的。天然气水合物储量巨大,根据 2016 年发布的《中国能源矿产地质调查报告》的数据,我国可燃冰预测远景资源量超 1000 亿 t 油当量,世界资源量约为 2100 万亿 m^3,可供人类使用 1000 年。

参考文献

[1]何鸣元,孙予罕. 绿色碳科学——化石能源增效减排的科学基础[J]. 中国科学:化学,2011,41(5):925-932.

[2]代丹,邓月光,刘静. 人力智能电网——一种新型电网的构建及其可行性分析[J]. 科技导报,2010,28(5):104-110.

[3]陈鹏. 中国煤炭性质、分类和利用[M]. 北京:化学工业出版社,2007.

[4]国家统计局. 中国统计年鉴[M]. 北京:中国统计出版社,2017.

[5]张珺. 中国常规能源构成:海洋能资源观察[J]. 现代物业,2011,(4):103-105.

[6]薛錞锴. 论述我国石油资源分布概况[J]. 软件:电子版,2013,(7):244-245.

[7]王革华. 能源与可持续发展[M]. 北京:化学工业出版社,2014.

[8]关根志,左小琼,贾建平. 核能发电技术[J]. 水电与新能源,2012,(1):7-9.

[9]张金带,李友良,简晓飞. 我国铀资源勘查状况及发展前景[J]. 中国工程科学,2008,10(1):54-60.

[10]赵争鸣. 太阳能光伏发电及其应用[M]. 北京:科学出版社,2005

[11]杨敏林,杨晓西,林汝谋,等. 太阳能热发电技术与系统[J]. 热能动力工程,2008,23(3):221-228.

[12]林宗虎. 风能及其利用[J]. 自然杂志,2008,30(6):309-314.

[13]赵英庆. 风力发电机原理及风力发电技术[J]. 科技资讯,2015,13(25):25-26.

[14]肖钢. 海洋能[M]. 武汉:武汉大学出版社,2013.

[15]余志. 海洋能源的种类[J]. 太阳能,1999,(4):25.

[16]阿姆斯特德. 地热能[M]. 北京:科学出版社,1978.

[17]朱家玲. 地热能开发与应用技术[M]. 北京:化学工业出版社,2006.

[18]袁振宏,吴创之,马隆龙. 生物质能利用原理与技术[M]. 北京:化学工业出版社,2005.

[19]周广森,原玉丰. 21 世纪绿色能源——生物质能[J]. 农业工程技术:新能源产业,2009(2):18-20.

[20]肖珑,张宇红. 电子资源评价指标体系的建立初探[J]. 大学图书馆学报,2002,20(3):35-42.

第 2 章

能源发展面临的挑战

2.1 国际能源发展面临的挑战

当前,国际能源产业正处在历史的"十字路口",全球能源格局重塑加快,气候变化、油价波动、能源革命等事件推动能源产业迎来前所未有的转型发展。展望未来,绿色、低碳、高效、可再生是能源发展的必然趋势。在此背景下,能源发展面临着全球能源结构不均衡、新能源发展前景不确定、如何加快化石能源的清洁化利用、如何科学构建能源互联网等诸多挑战[1]。

2.1.1 全球能源结构发展不均衡

从全球范围看,受经济发展水平、区域地理位置及资源禀赋差异等因素影响,不同国家和地区的能源消费结构差异较大,全球能源结构发展不均衡日益突出。

(1)石油、天然气和煤等化石能源分布受制于地质构造的约束极为不均匀,而油气资源的消费能力则与经济发展水平密切相关,形成了产销错位的空间格局特征。以石油资源为例,石油生产国主要集中在中东、非洲、中亚-里海等地区,石油日产量超过 100 万桶的国家包括沙特阿拉伯、俄罗斯、美国、伊朗、中国、阿联酋、墨西哥、科威特、哈萨克斯坦、安哥拉、阿尔及利亚等 19 国,约占世界总量的 85%。而石油消费国则主要集中在北美、欧洲以及亚太地区,日消费量超过 200 万桶的国家主要包括美国、日本、德国、加拿大等发达国家以及中国、韩国、印度等新兴的经济体共计 11 个,共占全球石油日消费量的 60.5%。产销空间的巨大错位以及化石能源分布及利用的不平衡加剧了化石能源开发利用的成本[2]。

(2)对于清洁能源,欧洲和中南美洲的清洁能源占比较高,其中欧洲主要以光伏、生物质等可再生能源为主,挪威、瑞典等北欧国家的清洁能源占比已超过 60%,可再生能源的应用在各行业表现突出。南美洲因其充沛的水力资源,清洁能源以水电为主。亚太地区的清洁能源占比相对偏低,但增长较快,全球新增可再生能源发电容量的 40% 以上来自中国。中东地区因其丰富的油气资源,清洁能源占比极低。除南非、埃及等少数国家清洁能源发展相对成熟外,非洲绝大部分国家的清洁能源开发尚处于起步阶段。

(3)受经济发展水平和能源生产、消费结构差异化的影响,全球能源技术发展不均衡亦日趋明显。科学技术是推动能源变革和重塑能源格局的重要力量,有效的技术研发是清洁能源发展的重要保障。清洁能源符合大多数发达国家经济社会发展的需要,一些国家研发投入大,技术领先优势明显,北欧四国(不含冰岛)已凭借领先的可再生能源技术推动实现了对化石能源的大规模替代;亚、非、拉等地区的发展中国家尚处于工业化初期或半工业化阶段,受经济发展水平、资金投入和环保理念等因素制约,推动清洁能源的难度较大,相关技术研发基本处于起步阶段,与发达国家在科学技术上的差距显著[1]。

2.1.2 化石能源清洁利用面临挑战

能源转型发展的核心之一是减少二氧化碳排放,而传统化石能源燃烧方式会造成巨大的碳排放量,这是造成全球气候变化的主要原因。以 1 t 标准煤为单位,煤炭的燃烧排放约 2.66 t 二氧化碳,石油排放 2.02 t 二氧化碳,天然气排放约 1.47 t 二氧化碳,煤炭排放量约为天然气的 1.8 倍。从全生命周期发电碳排放量来看,褐煤发电的碳排放量是天然气发电的 2 倍左右、太阳能光伏的 12 倍、风能的 40 倍,如图 2-1 所示。因此进行化石能源的清洁化利用可以极大降低二氧化碳排放,是推进能源低碳、绿色、高效发展的重要现实途径,能够在维持全球能源供需平衡状态下,更加平稳、高效地实现化石能源和新能源的衔接替代[3]。

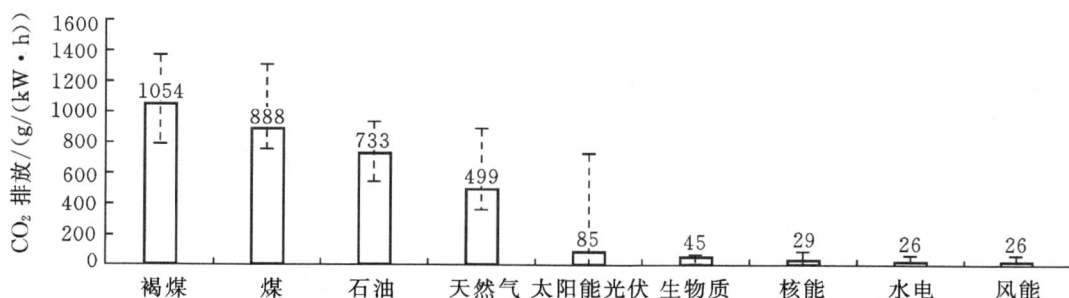

图 2-1 不同发电方式碳排放量[3]

(数据来源:世界核能协会)

化石能源的高效清洁化利用对能源顺利转型有着举足轻重的作用,国际化石能源的清洁利用主要有两个方向:一是加快推动以天然气为代表的清洁化石能源的开发利用,提升天然气在一次能源中的消费比重,培育天然气成为主体能源;二是加强煤基、油基能源在开采、物流、消费过程中的清洁化工艺研究,提升非清洁化石能源的清洁利用。从全球范围来看,目前化石能源高效清洁化利用进程还比较缓慢,高碳的化石能源向低碳的清洁能源转变将是一个漫长的过程[2]。如何加快化石能源的清洁利用是能源转型面临的现实问题和挑战。

2.1.3 全球新能源发展面临的挑战

1. 新能源发展面临的问题

进入 21 世纪之后,对气候变暖和碳排放的关注为新能源发展注入了活力。国际金融危机爆发后,新能源产业发展对实体经济的战略意义进一步凸显。为扭转在传统制造业中的颓势,发达国家将新能源产业作为"再工业化"的重要发力点,加快在新能源产业的战略布局[4]。伴随着稳定的研发投入,相关技术进步明显,新能源利用范围和规模不断扩大,已成为现有能源体系的重要补充接替力量。

尽管发展迅速,但从全球范围来看,新能源实现对化石能源的大规模替代尚需时日。在 2012—2016 年,新能源占一次能源的比重从 13.2% 增长至 14.6%,年均增长不到 0.3%[5]。并且,从全球范围看,风能、生物燃料、太阳能发电的成本分别是天然气发电的 15 倍、2 倍和 6

倍,明显缺乏价格竞争优势[6]。可再生能源较为依赖政府支持和补贴,在市场机制面前,未来发展仍面临很多困难和问题。

随着金融危机的到来和国际油价的回落,新能源的发展更是出现了令人始料不及的局面。2011 年以来,美国政府曾经重金资助的一批新能源公司相继倒闭。2012 年 12 月,美国政府巨额资助的新能源电池制造商 A123 破产。美国新能源行业的现状用哀鸿遍野来描述也不为过,时任政府推行的新能源振兴计划面临全面崩盘。金融危机后,特别是 2011 年以来,欧洲部分国家由于财政赤字压力加剧也不得不削减了部分新能源产业的补贴,特别是对光伏产业政策的补贴的调整,对这个行业产生了巨大的冲击。中国也不例外,由于美欧等国家和地区为了保护本国和地区的新能源产业对质优价廉的中国新能源产品先后展开了反倾销,使中国的新能源产业也受到了影响。各国新能源的发展都遇到了阻力。

2. 新能源产业发展受阻的原因

(1)金融危机导致投资抽离,企业资金链断裂。随着新能源市场需求和风险投资两头火爆,很多科研人员和新技术一起走出了大学试验室。然而,正当新能源公司准备腾飞并需要更多资金扩张业务时,风险投资的热潮却开始冷却。突如其来的资金短缺,使相关企业无法扩大产能应对过高的生产成本,资金链发生断裂,最后只能申请破产。美国、欧洲等国家和地区的许多新能源企业都遭到相似噩运。

(2)国际油价下行和页岩气的兴起改变了新能源的发展环境。国际油价目前正处在较低的水平,2015 年以来在 40~60 美元/桶上下浮动,低时曾经突破 35 美元/桶,而新能源大规模应用需要油价维持在 120 美元/桶以上。除了油价因素外,美国能源行业的大规模变革也对新能源造成了冲击。美国页岩气开采技术上的突破改变了能源格局,天然气供应充足使得美国国内天然气价格下跌。油价和能源格局的变化不仅使之前投入新能源的资金几乎全军覆没,还导致天然气价格持续走低,使开发可再生能源的经济动机不复存在。

(3)技术含量低的新能源产业产能过剩。在新能源产业中,有些属于技术含量低的门类,如传统太阳能电池板产业,准入门槛低,主要原材料多晶硅的供应过剩,成本降至每千克 20 美元以下,导致盲目投资投产。

(4)因政治因素拒绝外资援手。美国拥有世界上最市场化的经济体制,但同样难逃"政策导向"的窠臼。高额的政府资助和贷款成就了新能源行业的辉煌,但也注定了它最后的败落。政策的扶持大大降低了企业的融资成本,再加上民间资本的追捧,使整个新能源行业完全忽视了市场风险,疯狂扩张。但是拔苗助长、违背市场规律就会受到市场的惩罚。2008 年遭受金融危机重创的欧美政府削减补贴后,新能源泡沫破灭,红极一时的明星企业成批倒闭。此时若肯接受外资并购还能有一线生机,但美国政府却出于政治因素不肯放手。中国的万向集团收购 A123 可谓一波三折,美国政府对此层层设防阻拦[7]。

3. 新能源发展存在不确定性

尽管新能源产业技术趋于成熟,并直接带动了行业成本下降和规模扩张,但应该看到,与多数经历了数十年甚至上百年工业化发展的传统制造业相比,新能源产业毕竟属于新兴产业,目前总体上仍处在产业发展的成长期。不仅尚未完全脱离政府补贴实现规模效应,而且现行技术路线在资源效率、环境保护、基础设施利用以及并网运行等可持续性方面的表现也一直颇受争议。这意味着新能源产业技术路线和商业化模式仍存在发生重大变革的可能性,一旦出现重大技术变革,势必将对行业投资方向、分工方式、主导企业的分工地位、贸易结构以及国际竞争格局产生深远影响。近年来,世界范围内新能源产业发展和国际贸易的总体环境发生了一些新的变化。受发电成本下降、欧债危机、全球经济复苏放缓、页岩气大规模开采等因素的影响,发达国家纷纷下调风能、太阳能等新能源的补贴。竞争加剧和政策氛围趋紧导致国际新能源市场动荡,贸易保护主义开始渗透到新能源产业。与化石能源相比,新能源在转换效率、利用规模、能量密度等方面劣势明显。可再生能源投资高、回收期长、技术不成熟等特点限制了其发展规模,同时对于政策的过度依赖,使得新能源的发展前景存在不确定性[7]。

2.1.4 科学构建能源互联网难度大

1.构建全球能源互联网是国际能源转型发展的途径之一

加快能源变革和优化能源结构,是应对可持续发展面临的能源安全、环境污染以及气候变化诸多挑战的主要途径之一。能源作为一种战略资源,因地理分布的不平衡性而具有了地缘政治属性,因此,在全球层面进行能源的统筹合作开发,面临着一系列的难题与挑战。正如电力与能源协会 2014 年会主题"绘制新的能源未来蓝图"一样,如何统筹全球能源资源开发、配置和利用,是一种蓝图式构想。全球能源互联网作为以互联网技术与新型可再生能源相融合的智能能源体系,可以在一定程度上解决全球能源资源分布和市场需求严重失衡的问题,是一种值得探索的全球能源配置模式[2]。

伴随着新能源的快速发展,如何实现新能源与传统能源的互补与高效结合,成为国际能源转型面临的现实挑战。以可再生能源发电为例,2016 年,可再生能源发电占全球发电量的 24.5%,已成为全球能源生产体系的重要组成。然而在快速发展的同时,"弃风弃光"等问题成为困扰可再生能源产业发展的现实问题。风电、光电等清洁能源的并网消纳问题不容小觑,不同能源间的平衡协调和供给调配机制急需完善。

作为能量双向流动的交换与共享网络,能源互联网能够实现信息技术与可再生能源技术的深度融合,是实现传统能源和新能源高效结合的最优选择。智慧化的能源互联网在优化能源结构、提升能源效率、实现能源互通等方面具有不可比拟的优势,能够为能源的清洁低碳利用提供更广阔的发展空间。

2.全球能源互联网构建面临巨大挑战

2017 年 2 月 22 日,全球能源互联网发展合作组织在北京发布《全球能源互联网发展战略白皮书》,提出分国内互联、洲内互联和洲际互联三个阶段构建全球能源互联网的路线图。会上同时发布了《跨国跨洲电网互联技术与展望》和《全球能源互联网发展与展望(2017)》两个重要文件,让过去还显得很遥远的全球能源互联网一下子变得很近。据称,构建全球能源互联网能够拉动世界投资规模超过 50 万亿美元,将有力带动高端装备制造、新能源、新材料、电动汽车等新兴产业发展,同时获得巨大的时区差、季节差、电价差效益,其发展前景令人向往。

然而,综合分析各种因素,全球能源互联网的构建面临的困难很大。目前,最大的障碍是以美国为首的西方国家掀起的逆全球化风潮。全球能源互联网的基础是全球化,需要世界各国的认同。但自 2008 年全球金融危机以来,随着世界经济的持续低迷,一些西方大国出现保护主义倾向,一股逆全球化的风潮正在世界兴起。虽然全球化符合人类进步的方向,其进程不可能根本逆转,但一些西方国家逆全球化而动,将会延缓全球化发展进程,从而给全球能源互联网计划的实施带来相当不利的影响。

同时,要将所有国家和能源企业对能源互联网的认知统一起来并非易事。能源互联网建设的成本高,周期长,其节能环保的效果预期远离大部分地球人的生活,使其难以很快获得人们的普遍认同。那些拥有雄厚技术和资本实力的国家,以及能源禀赋较好的国家,对国际社会节能减排的努力并不热心,因此要让全世界多数国家都积极参与能源互联网建设的事业,需要一个逐步沟通的过程。加上地缘冲突、恐怖袭击,洲内联网、洲际联网就更将难上加难。

从资源、制度与技术层面上看,全球能源互联网发展也面临挑战。现实的情况是,在世界范围内,清洁能源资源与能源消费呈逆向分布。要实现全球清洁能源的大规模开发利用,必须解决清洁能源电力在全球范围优化配置的问题,这个优化配置必须有技术和制度的双重支撑,包括动态电价形成机制和全球电力市场。这是一个难度巨大的课题。

能源互联网具有可再生、分布式、互联性、开放性、智能化五大特征,是多流并行的,即信息流＋能量流。要同时保证两种载荷的交错运行,并且高效、海量,成本控制在可普及的程度,目前技术尚不成熟。例如,在信息流方面,大数据、云计算等是可适应能源互联网需求的先进技术,但其有效应用还需要进一步发展。在能量流方面,能量的储存、高效运输技术,目前也远远达不到在较大范围普及能源互联网的要求。全球能源互联网大规模发展需要的安全防护、质量监督与认证体系,既需要技术创新支撑,更需要观念更新、以互联网理念引导能源基础设施变革以及设计全新的政策机制予以支撑等,其复杂性和难度可想而知。

能源互联网的根基之一是以高比例的可再生能源作为主要能源供应手段,以先进的信息技术实现能源系统的全方位优化。这就要求在构建能源互联网中要实现“两个替代”,即在能源供应端实现以清洁能源对化石能源的替代;在能源消费端实现电能替代,即大幅度提升电力应用在能源终端应用的比例。在目前化石能源还处于主导地位的情况下,实现两个替代需要较长的时间。

全球能源互联网的构建是一个伟大构想,但要实现会面临重重挑战,需要经历一个艰难曲折的过程,对此要有足够的思想准备[8]。

2.2　我国能源发展面临的挑战

“十三五”时期,我国能源消费增长换档减速,保供压力明显缓解,供需相对宽松,能源发展进入新阶段。在供求关系缓和的同时,结构性、体制机制性等深层次矛盾进一步凸显,成为制约能源可持续发展的重要因素。面向未来,我国能源发展既面临厚植发展优势、调整优化结构、加快转型升级的战略机遇,也面临诸多矛盾交织、风险隐患增多的严峻挑战[9]。

2.2.1　传统化石能源产业结构失衡

1.煤炭产能过剩,供求关系严重失衡

我国煤炭行业产能过剩主要体现在煤炭总量过剩的问题越来越突出。一边是煤炭价格逐步下滑,另一边由于多方面因素,其产能迅速扩张。这种状态的出现给煤炭行业的经济带来了严重的考验。由于许多煤炭企业多半靠国家贷款维持生存,这给国家的金融行业乃至国家的经济也带来了威胁。短期的煤炭产能过剩加速了未来资源的紧张趋势,资源是有限的,过度的粗放式开采既浪费了资源又引发环境严重污染,长此以往,人类赖以生存的生态环境乃至整个地球都将受到严重的破坏。

2015 年,我国煤炭产能规模已经达到 57 亿 t 左右。自 2016 年以来,煤炭去产能在 4 亿 t

左右,这意味着我国煤炭产能规模依然超过 50 亿 t。根据国家能源局发布的《2016 年国民经济和社会发展统计公报》,2016 年我国全年能源消费总量 43.6 亿 t 标准煤,其中煤炭消费量仅下降 4.7%。这意味着煤炭产能供给大于需求的过剩问题依然严峻[10]。

解决我国煤炭产能过剩问题应从以下三个方面入手:①完善行业政策,严格市场准入;②加大煤炭企业综合创新力度;③科学评估去产能规制组合工具的量化效应[11]。

2.煤电机组平均利用小时数明显偏低

在 2013—2016 年,我国火力发电设备利用小时数连续下滑,其中 6000 kW 及以上发电设备利用小时数从 2013 年的 5012 h,下滑至 2016 年的 4165 h,并呈现进一步下降趋势[12]。2016 年底,全国火电装机容量达到了 10.5 亿 kW,但设备平均利用小时数却是 1964 年来的最低水平,其中,只有山东和江苏两个省超过 5000 h,河北、宁夏、江西和内蒙古超过 4500 h;西藏、云南和四川低于 2200 h。2016 年 1—12 月各省份火电装机与火电利用小时数对比如图 2-2 所示。与上年相比,除北京、河北和西藏 3 个省份外,其他省份火电设备利用小时数均有不同程度降低,其中,海南降幅超过 1000 h,青海、福建、四川、新疆和宁夏降幅超过 500 h。

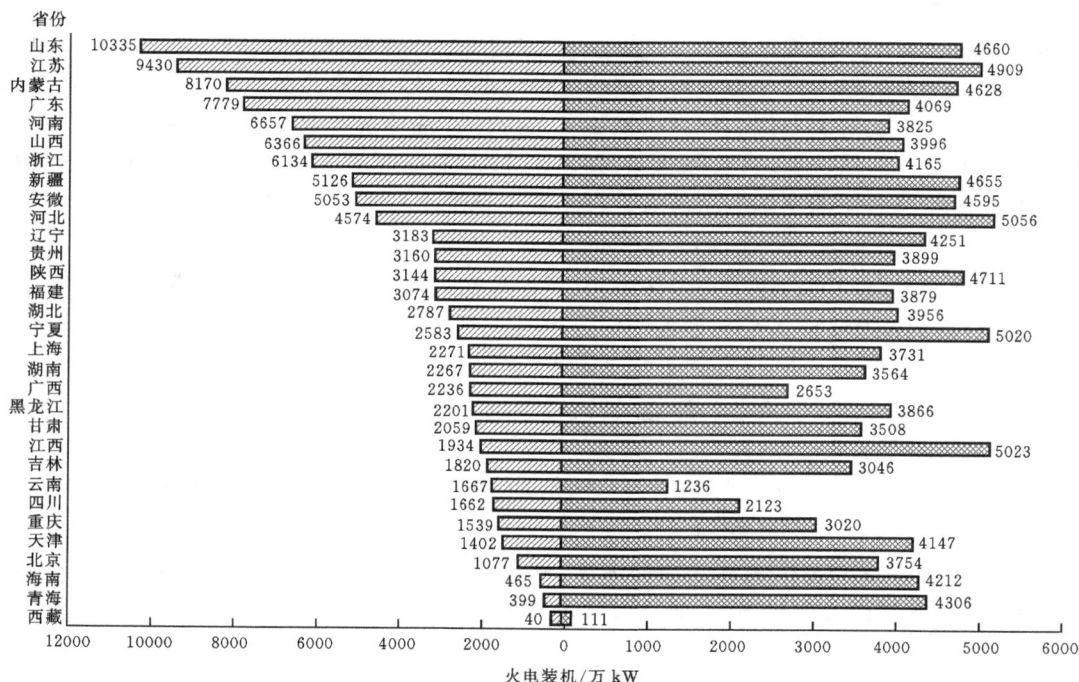

图 2-2 2016 年 1—12 月各省份火电装机与火电利用小时数对比[12]

在煤电机组平均利用小时数明显偏低的同时,我国火电机组利用率不平衡的趋势也在加剧,"北高南低""东高西低"格局进一步凸显。2017 年上半年,火电大省江苏、山东火电平均利用小时数高达 2436 h(6 个月),高于全国火电设备平均利用小时数 400 多小时,领跑全国。而西南地区如云南、四川,火电设备利用小时数仅为 652 h,仅约为全国火电设备平均利用小时数的 1/3 和 1/2[13]。

3. 原油一次加工能力过剩, 产能利用率低

近年来, 我国炼油工业产能和产量持续增长, 炼厂工艺技术不断提高, 规模不断扩大。截至 2016 年年底, 国内炼油总能力为 7.1 亿 t/a, 其中新增炼油能力 3020 万 t/a。2016 年, 我国一次原油加工能力在千万吨以上的炼厂共有 23 座, 主要集中在中国石化 13 座和中国石油 7 座, 其炼油总能力分别为 1.765 亿 t 和 0.983 亿 t, 合计占千万吨以上规模炼厂总产能的 87%。

在我国炼油能力不断增加的同时, 我国炼油行业产能利用率自 2011 年以来却在持续下降, 到 2015 年, 我国炼油行业产能利用率为 65.5%。在油价下跌和我国经济增速放缓的双重压力下, 成品油需求增速放缓, 加上新能源汽车的发展, 我国炼厂产能利用率持续下降, 炼油业务产能过剩严重。

"十三五"期间我国炼油业务产能增速将有所放缓, 但在目前产能的基础上仍有所增加, "十三五规划"报告预计到 2020 年, 我国原油一次加工能力将突破 8 亿 t/a。虽然在投资方面增速有所放缓, 但相对于需求而言产能依然过剩[14]。

对投资的过度依赖是造成石化行业产能过剩的重要原因。投资作为经济增长的主要动力之一, 对我国经济快速发展作出了重要贡献, 但随着国内外经济环境变化, 这种传统发展模式的缺陷日益凸显, 在我国石化行业突出表现为低水平、同质化重复建设严重。一些地方政府没有考虑下游产品已经饱和的情况, 纷纷围绕资源做规划、上项目, 导致行业产能过剩十分严重。另外, 国际金融危机以来, 国内外经济下行压力持续加大, 导致石化产品需求增速放缓, 在一定程度上加剧了产能过剩。

在全行业普遍性过剩的同时, 由于创新能力薄弱, 行业高技术含量、高附加值的石化产品不足, 有的严重依赖进口, 表现出典型的结构性矛盾。另外, 高耗能、高排放的落后工艺装备仍占较大比重, 产能利用率很低。

破解石化行业产能过剩难题, 要加快中央与地方(区域)之间、产业之间的协调, 要梳理、摸清国内相关产业的产能规模, 科学制定发展规划、严格行业准入机制、加快落后产能的退出并创建公平竞争的市场环境。企业自身要加强自主创新能力、开拓国际市场并推进兼并重组。行业协会要对行业发展建立监测和预测预警机制, 给出恰当的行业投资建议, 并参与行业标准和规范的建设[15]。

4. 天然气市场急需开拓

2010—2017 年, 我国因供需矛盾导致的"气荒"不时在冬季光临, 但作为清洁能源的天然气供应能力其实却存在阶段性富余。国家发展改革委全文印发的《能源发展"十三五"规划》(下简称《规划》)显示, 中国急需开拓天然气消费市场。当前一段时间内, 扩大天然气市场需求仍是主要矛盾。

根据《规划》, 国内天然气消费水平明显偏低与供应能力阶段性富余问题并存, 需要尽快拓展新的消费市场。同时, 由于基础设施不完善, 管网密度低, 储气调峰设施严重不足, 输配成本偏高, 扩大天然气消费面临诸多障碍。而市场机制不健全, 国际市场低价天然气难以适时进口, 天然气价格水平总体偏高。随着煤炭、石油价格下行, 气价竞争力进一步削弱, 天然气消费市场拓展受到制约。另一方面, 国内能源清洁替代的任务十分艰巨。部分地区能源生产消费的环境承载能力接近上限, 大气污染形势严峻。煤炭占终端能源消费比重高达 20% 以上, 高出世界平均水平 10 个百分点。"以气代煤"和"以电代煤"等清洁替代成本高, 洁净型煤推广困难, 大量煤炭在小锅炉、小窑炉及家庭生活等领域散烧使用, 污染物排放严重。高品质清洁油

品利用率较低,交通用油等急需改造升级。

由于低油价、低煤价及经济下行,天然气比价优势大幅下降、市场需求动力严重不足,降低用气成本是当务之急;而其背后是天然气产业链结构改革严重滞后导致的问题,以改革求活力、促发展是治本之策。为此,《规划》提出,应坚持海陆并进,常非并举,发展天然气。具体包括:推进鄂尔多斯、四川、塔里木气区持续增产,加大海上气区勘探开发力度;以四川盆地及周缘为重点,加强南方海相页岩气勘探开发,积极推进重庆涪陵、四川长宁—威远、云南昭通、陕西延安等国家级页岩气示范区建设,推动其他潜力区块勘探开发;建设沁水盆地、鄂尔多斯盆地东缘和贵州毕水兴等煤层气产业化基地,加快西北煤层气资源勘查,推进煤矿区瓦斯规模化抽采利用;积极开展天然气水合物勘探,优选一批勘探远景目标区。根据《规划》,2020 年常规天然气产量要达到 1700 亿 m^3,页岩气产量达到 300 亿 m^3,煤层气(煤矿瓦斯)利用量达到 160 亿 m^3。

在天然气价格机制方面,由于国内天然气定价机制不完善,导致非居民用天然气门站价格在过去两年远高于替代能源价格,这使得天然气的下游需求受到抑制,令"十二五"没有达到预期的天然气消费量。而随着 2015 年 11 月天然气价格大幅下调,市场情况有所好转,但在 2016 下半年部分地区的非居民用天然气结算价格再度上调,对天然气市场的利空作用明显。

2016 年 8 月,国家发展改革委曾连续发文调整天然气中游管输环节,并要求降低工业用户的用气成本,取缔不必要的收费环节并降低城市配气费。涨价与国家发展改革委力图降低天然气使用成本、推广天然气应用的意愿有冲突。国家发展改革委负责人此前曾表示,到 2017 年,竞争性领域和环节价格将基本放开。具体到天然气领域,就是放开天然气气源和销售价格,政府只监管具有自然垄断性质的管道运输价格和配气价格。下一步,将加快推动非居民用气公开透明交易,完善相关配套措施,尽早全面放开非居民用气价格。同时,根据国内外能源价格变化情况,择机逐步理顺居民用气价格[16]。

2.2.2 可再生能源发展面临多重瓶颈

近年来,可再生能源的发展如火如荼,一方面受到传统化石能源产能过剩、环境污染等方面的影响,另一方面则是国家在大力推动可再生能源的发展。能源行业中,去产能、调结构、发展可再生能源是当前重点推进的工作。

绿色发展是"十三五"规划中的重要理念之一,可再生能源的开发利用对绿色发展有着重要作用。国家对于可再生能源发展的大力支持,使其在未来有相当大的发展潜力可待挖掘。但发展迅速的同时,却因为缺乏消纳能力以及相关配套设施不完善等因素,使得可再生能源产业发展遭遇瓶颈。

当前,可再生能源发展面临的主要问题仍然是成本较高,市场竞争力弱。降低可再生能源产品成本、改善其经济性的根本途径就是大力推进并改善可再生能源的产业化、规模化发展。但是,我国可再生能源的产业化、规模化发展仍面临如下问题。

1. 市场成熟度低,保障能力不足

尽管我国在建立可再生能源市场方面做了许多工作,但还存在很多问题,主要表现在:对建立完善可再生能源市场的战略性、长期性和艰巨性的认识不足;由于成本相对过高以及产品自身特点原因,目前可再生能源还缺乏广泛的社会认同和完善的市场环境。

2.政策体系不完善,措施不配套

虽然我国颁布了可再生能源法,其制度建设要求也比较全面,但是政策措施和制度建设不配套,尚未完全适应可再生能源发展的要求。首先,各种可再生能源发展的专项规划或发展路线图未能及时出台,尚未形成明确的规划目标引导机制。其次,缺乏市场监管机制,对于能源垄断企业的责任、权力和义务,没有明确的规定,也缺乏产品质量检测认证体系以及可再生能源的规划、项目审批、专项资金安排、价格机制等缺乏统一的协调机制。而且,规划、政策制定和项目决策缺乏公开、透明度,缺乏法律实施的报告、监督和自我完善体系。最后,缺乏可再生能源与社会和自然生态环境保护的协调发展保障机制和政策,特别是水电、生物质能还需要完善移民安置、土地利用和生态保护配套政策。

3.技术研发投入不足,自主创新能力较弱

为了尽快降低成本、克服电网等外部支撑条件的限制,必须依赖持续不断的技术创新和产业化应用。虽然我国在可再生能源利用关键技术研发水平和创新能力方面有所提高,但总体上和国外发达国家相比,仍然明显落后。其主要表现在基础研究薄弱,创新性、基础性研究工作开展较少、起步较晚、水平较低,如光伏发电、纤维素制乙醇等技术,缺乏大规模发展所需的技术基础;缺乏强有力的技术研究支撑平台,难以支持科技基础研究和提供公共技术服务;缺乏清晰系统的技术发展路线和长期的发展思路,没有制定连续、滚动的研发投入计划;用于研发的资金支持明显不足。

4.产业体系薄弱,配套能力不强

我国近年来产业的快速发展是建立在国内外资金快速投入的基础之上。在技术上,我国仍落后于世界最先进水平,产品缺乏竞争力;在关键工艺、设备和原材料供应方面,仍严重依赖进口,受制于国外技术的垄断,如大型风电机组的轴承、太阳能电池的核心生产装备、纤维素乙醇所需的高效生物酶等。尽管近年来经过努力,这些情况有了改观,但从长远发展考虑,产业体系薄弱仍是困扰行业发展的重要问题[17]。

2.2.3　能源系统整体效率较低

改革开放以来,中国经济呈现出举世瞩目的快速发展,而能源则是这一发展背后的关键支撑因素。目前,中国已经成为世界第二大经济体,而中国的能源消费也跃居世界第一。然而,能源在支撑中国经济发展的同时,也带来了诸多严重的环境问题,最具代表性的、关注度最高的可能就是温室气体排放与雾霾问题,当然还有水污染等一系列其他环境问题。目前,中国已经成为世界第一大温室气体排放国,面临着严峻的减排压力。所有的这一切都表明:当前经济发展与能源消费之间的关系在未来不具可持续性,必须谋求改变。推动上述改变的一个重要抓手,就是提高能源效率。正如国际能源署(International Energy Agency, IEA)在其"2017年能源效率"全球报告中指出的那样,能源效率是推进全球能源系统转型,改善能源消费引起的环境问题的关键之一。而中国能源利用效率不足 40%,比发达国家低了近 10%,相较于世界平均水平和发达国家,中国的能源效率仍然偏低,仍有较大的提升空间。目前,中国的电力、钢铁、有色等八个行业主要产品单位能耗平均比国际先进水平高 40%;机动车油耗水平比欧洲高 25%,比日本高 20%。

与发达国家相比,中国生产每单位 GDP 所消耗的能源明显偏高。如表 2-1 所示,近十年以来,中国的能源强度有所下降,但依然远高于世界发达国家的水平。2015 年,中国每生产 1

单位 GDP 需要投入的能源总量大约为美国的 3 倍、法国和德国的 5 倍、日本的 6 倍。而中国生产每单位 GDP 需投入的煤炭更远远高于发达国家,这一数字是美国的 13 倍、德国和日本的 14 倍、英国的 40 倍、法国的 92 倍。众所周知,煤炭中含有大量的硫、氮、灰尘等物质,大量地消费煤炭会排放过多的二氧化硫、一氧化碳、氮氧化物、烟尘等大气污染物,给大气环境造成巨大压力[18]。

表 2-1　世界主要国家单位 GDP 能耗[18]

项目	国家	2008 年	2009 年	2010 年	2011 年	2012 年	2013 年	2014 年	2015 年
单位 GDP 能耗/(g 标准油/2005 年不变价美元)	中国	682	651	631	622	600	578	551	523
	日本	109	106	107	102	99	97	95	93
	德国	107	106	107	99	100	102	96	97
	法国	112	109	111	105	104	105	100	99
	英国	83	82	82	77	77	75	68	68
	美国	170	166	168	164	156	158	156	151
单位 GDP 煤炭消耗量/(g 标准油/2005 年不变价美元)	中国	492	471	442	440	413	391	362	333
	日本	26	23	25	24	25	25	25	25
	德国	26	25	25	25	25	26	24	24
	法国	5	5	5	4	5	5	4	4
	英国	14	12	12	12	15	14	11	8
	美国	41	37	39	36	31	32	31	26

高能源消耗导致了生态环境的恶化,温室效应、气候变暖、酸雨等高能耗引发的环境恶化已经严重的危害到了日常生产生活。因此如果不下决心扭转这种过度消耗资源、过度污染环境、经济粗放发展的局面,将"无法向历史交代,无法向人民交代,也无法向子孙后代交代"!

1. 影响能源效率的因素

现实中决定能源效率的因素很多,主要包括三大类因素,即结构因素、技术因素和价格因素。结构因素又包括产业结构和能源结构两个方面。产业结构能够对能源效率产生影响,主要是由于不同产业的能耗强度不同,其能源效率也相差甚大。例如,第三产业和轻工业的能耗强度显然要远低于重工业。因此,如果一个国家第三产业和轻工业所占比重较高,则其能源效率也较高,而如果一个国家重工业占比高,则其能源效率也会偏低。能源消费结构的变化,也会引起能源效率的改变。一般认为,石油、天然气等在燃烧过程中能产生比煤炭更大的热值。因此,石油、天然气等在能源消费结构中所占比例越高,则能源效率也就越高。技术因素能够对能源效率产生影响,主要是由于技术进步和创新能够带来企业生产率的提高,进而带来能源效率的提升。需要注意的是,这里的技术进步,是广义上的技术进步,即除了科学技术的创新外,还包括管理效率的提升和制度的改善等。有研究指出,技术进步对我国能效变动的影响是最显著的。价格因素对能源效率的影响主要是通过供求关系实现的,如果能源价格过高,市场会选择用其他要素来替代能源,减少能源的使用,从而提高能效;相反,如果能源价格过低,就会造成能源的大量非效率消耗,从而降低能源效率。近年来,一些研究结果也都验证了能源价格对能源效率存在正向的影响机制。

由此可见,推进产业结构调整、优化能源消费结构、聚焦技术创新、改革能源价格等都有利于能源效率的提升,这也是未来我国政府宏观层面提升能源效率的努力方向。

2.能源效率的整体性和差异性

不仅要关注国家整体能源效率的变化,还用关注不同地区、不同省份能源效率的差异性。从区域来看,我国区域间能源效率呈现出"东高西低,南高北低"的特点,而且区域之间的能源效率差距还在逐渐扩大,区域分化现象愈发严重。东西部能源效率之间的差距主要是由于产业结构和技术水平的差异所造成的。西部地区的技术水平本来就落后于东部地区,近年来又接受了东部地区部分重工业的产业转移,使得本就落后的能源效率水平愈发落后。未来,无论是技术水平还是产业结构的差距,在近期内都很难缩小,甚至还会拉大,因此能源效率"东高西低"的特点预计将会一直持续下去。南北方之间能源效率的差距主要来源于气候差异和能源结构,北方由于冬季取暖的缘故,在能源消费结构中,煤炭的占比要远远大于南方地区,在没有更高效的替代能源的情况下,显然这种趋势也是难以改变的。

从局部地区来看,得益于技术密集型的产业特征,东南沿海地区的能源效率最高,且一直呈现逐年递增的趋势,说明相关省份的能源效率一直在持续优化;东北地区近两年出现反弹,能源效率有所提高,是由于人口流出和国有企业改革所致,由于传统重工业受到冲击,生产下降,才使得产业结构和能源结构出现"被动优化",显然不能成为可持续的现象。北方沿海地区与东南沿海地区经济总量相差不大,技术水平也趋于一致,之所以能源效率较低,是由于产业结构和能源结构不同所致,因此,改进技术所能带来的收益可能并不高,需要从其他方面寻求突破。中西部地区的能源效率都相对较低,内部之间的差异也较大,主要是由于各个省份之间技术水平的差异所造成的,产业结构等因素虽然也有影响,但提升技术水平,提高部门生产率应是当务之急。

3.因地制宜解决能效提升问题

在提高能效方面,不仅要从国家宏观层面进行整体规划,努力调整结构,发挥市场的引领作用,还需要因地制宜,根据不同地区面临的不同问题,针对性地进行调整。对于中西部地区,需要的是积极引进和革新技术,加强区域之间的交流,通过技术进步提高部门生产率;对于东北地区,要改变能源利用方式,加强能源利用的管理,积极改善产业结构;对于北方沿海地区,则需要通过建立相关能源利用方案,减少低质低效能源的使用,改善能源消费结构来提高能源效率;对于东南沿海地区,则需要对能源效率进行持续优化,通过技术进步,产业升级,能源消费结构改善,保持领先地位。只有整体引领与局部措施相结合,才能真正有效地推动中国能源效率的提升,在能源供应趋紧、环境压力加大的情况下,持续保持中国经济的平稳发展[19]。

2.2.4　能源环境问题突出

1.我国面临的环境问题

1)大气污染

2016 年 12 月 16—21 日,中国多个地区遭遇了长时间、大范围的空气污染。雾霾天气波及山东、河南、陕西、吉林、辽宁、山西、湖北、安徽、江苏、北京、天津、河北等 10 多个省份。京津冀、黄淮等地区的空气达到了严重污染程度,PM2.5 浓度超过 500 $\mu g/m^3$ 的城市比比皆是。河北省省会石家庄更是出现了连续超过 50 h 的严重污染,PM2.5、PM10 浓度一度超过 1000 $\mu g/m^3$。

这次大面积的严重雾霾现象绝非偶然,它的出现与中国经济高速增长、化石能源消费巨大、机动车保有量持续增长等因素有着密切关系。近些年,中国的经济总量持续攀升,但国内生产总值的增长率在 2007 年到达 14.2% 的顶峰之后便持续下滑。2017 年 GDP 总量为 82.71 万亿元,增长率仅为 6.9%。人均 GDP 与 GDP 总量呈现出大体相似的走势,也是在 2007 年达到 13.6% 的最高增长率,之后其增速逐步下降。不同之处是,由于我国人口持续增长,因此人均 GDP 的增长率略低于 GDP 总量的增长率。

经济增长可以改善人类生活水平,但由此带来的环境污染问题也不容忽视。工业废气是大气污染的重要来源,而二氧化硫是废气中的污染物之一。如图 2-3 所示,近十年以来,我国的工业废气排放量持续增加,由 2004 年的 23.77 万亿 m^3 增加至 2015 年的 68.5 万亿 m^3。相比之下,二氧化硫的发展趋势好于工业废气,其排放总量在 2006 年到达 2588.80 万 t 的高峰之后便持续小幅下降,仅在 2011 年出现过局部反弹的现象。然而,我国目前的大气污染问题依然很严峻。国家环境保护部高度重视中国的大气污染问题,2015 年,空气质量新标准监测已经覆盖到全部 338 个地级以上城市。监测结果显示,265 个城市环境空气质量超标,占 78.4%。仅有 73 个城市环境空气质量达标,占 21.6%。分区域来看,京津冀地区是全国空气重污染高发地区。2016 年,京津冀地区 13 个地级以上城市达标天数比例的平均值相比 2015 年略有上升,但依然仅为 52.4%。平均超标天数比例为 47.6%,其中轻度污染、中度污染、重度污染和严重污染天数比例分别为 27.1%、10.5%、6.8% 和 3.2%。2016 年,长三角地区 25 个地级以上城市达标天数比例平均值为 72.1%,平均超标天数比例为 27.9%,其中轻度、中度、重度和严重污染天数比例分别为 20.9%、4.6%、2.3% 和 0.1%。2016 年,严重的大气污染事件时有发生,如 2016 年 11 月 24—26 日,京津冀区域、山西南部出现重污染天气过程。河北、山西部分城市连续 2 天达到重度污染,个别城市达到严重污染[18]。

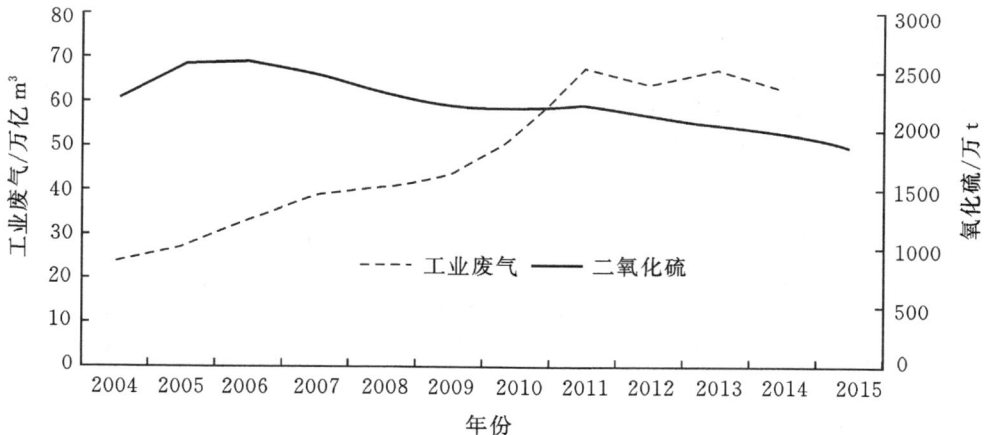

图 2-3　大气污染物排放量[18]

表 2-2 展示了 2014 年和 2015 年国家监测城市的 PM2.5 年均浓度值的统计量。相对于 2014 年,2015 年的监测范围有所扩大,各城市的 PM2.5 年度均值大幅度降低,从 2014 年的

60.82 $\mu g/m^3$ 下降到 2015 年的 50.19 $\mu g/m^3$。不仅均值有所下降,污染最严重的城市的 PM2.5 浓度也有所降低。然而,距离国家空气质量一级标准的 15 $\mu g/m^3$ 还有很大差距。从 2014 年 PM2.5 年均浓度值最高的 10 座城市来看,除聊城和德州大气质量改善不明显,其他几个城市的 PM2.5 浓度相对于 2014 年均出现了显著的下降。但是,这些城市的 PM2.5 浓度依然将近 100 $\mu g/m^3$,严重危害着当地居民的身体健康。由此可见,中国的大气污染问题依然很严峻,值得思考根治雾霾频发的政策措施。2014 年和 2015 年部分城市 PM2.5 年平均浓度如图 2-4 所示。

表 2-2 2014 年和 2015 年 PM2.5 年均浓度[18] (单位:$\mu g/m^3$)

年份	样本量	均值	标准差	最小值	最大值
2014	190	60.83	20.08	18.7	131.4
2015	366	50.19	18.36	10.6	119.1

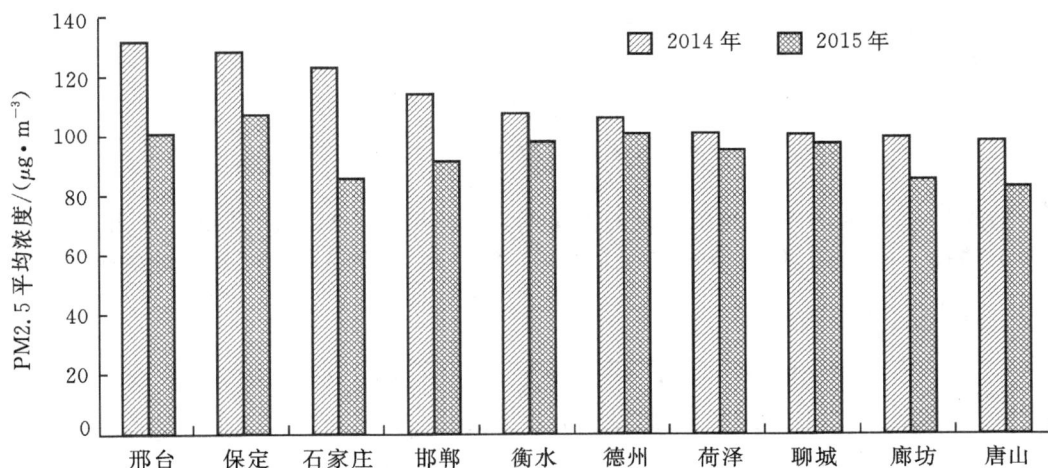

图 2-4 2014 年和 2015 年部分城市 PM2.5 年平均浓度[18]

我国的大气污染问题很大程度上是由燃烧化石能源造成的,尤其是煤炭。燃烧煤炭会释放出烟尘、二氧化硫、氮氧化物等多种大气污染物。与发达国家相比,中国生产每单位 GDP 所消耗的能源偏高。近十年以来,中国的能源强度有所下降,但依然远高于世界发达国家的水平。众所周知,煤炭中含有大量的硫、氮、灰尘等物质,大量地消费煤炭会排放过多的二氧化硫、一氧化碳、氮氧化物、烟尘等大气污染物,给大气环境造成巨大压力。

对近些年层出不穷的大气污染问题,党中央、国务院高度重视,出台了一系列政策措施,采取了一系列有效行动,着力改善环境空气质量,切实保障人民群众身体健康。根据国务院常务会议审议通过的《大气污染防治行动计划》,我国力争用 5 年或更长时间,逐步消除重度污染天气,使全国空气质量明显改善。政府必须客观理性地看待现阶段的雾霾问题,既要看到防治工作十分紧迫,又要深刻认识大气污染防治的长期性、艰巨性、复杂性[18]。

2)二氧化碳排放量大

目前中国 CO_2 排放量已经超过美国,成为全球最大碳排放国家。如图 2-5 所示,根据世界银行数据结果显示:中国碳排放总量由 1960 年的 7.81 亿 t(CO_2)上升至 2016 年的 101.5 亿 t(CO_2),增长了 13 倍,年均增长率为 5.44%。2007 年以前,美国的 CO_2 排放总量遥遥领先其他国家,但之后,中国成为世界 CO_2 排放大国。世界主要国家和地区碳排放量比较如图 2-5 所示。

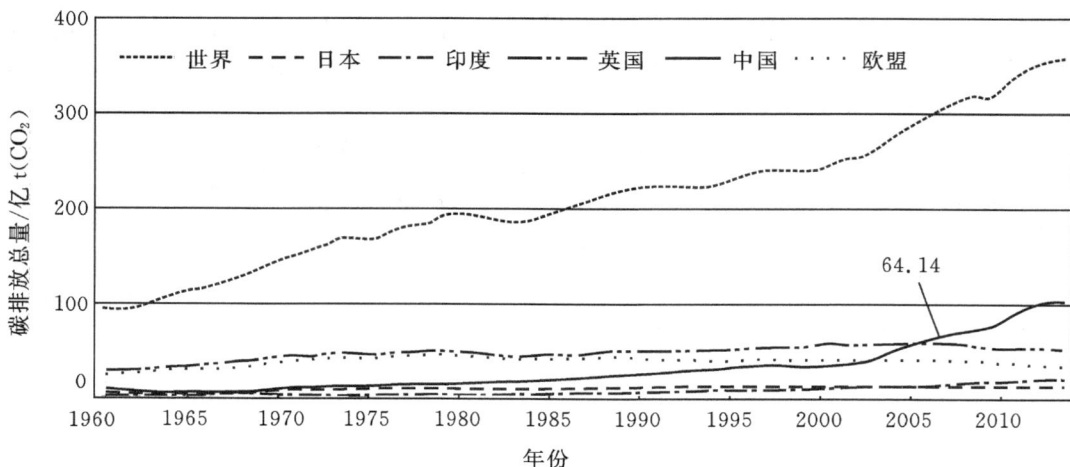

图 2-5　世界主要国家和地区碳排放总量比较

如图 2-6 所示,中国人均碳排放由 1960 年的 1.17 t/人(CO_2)上升至 2016 年的 7.48 t/人(CO_2),增长了 6.39 倍,年均增长率为 4.02%。2007 年,中国人均 CO_2 排放超过世界人均 CO_2 排放。

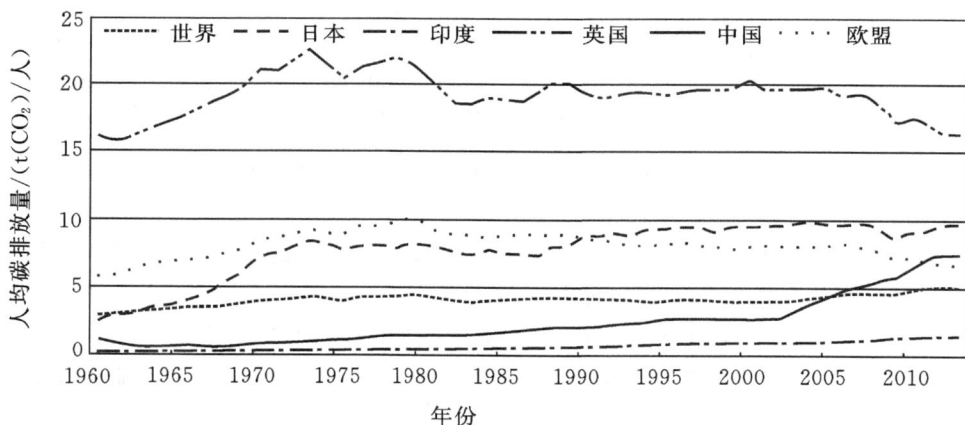

图 2-6　世界主要国家人均碳排放量比较[18]

对比世界主要国家人均 CO_2 排放与人均 GDP 的关系,中国、印度、日本及全球人均 CO_2 排放与人均 GDP 之间存在明显正相关关系;美国、欧盟人均 CO_2 排放与人均 GDP 之间存在环境库兹涅茨曲线理论倒"U"形曲线关系。随着经济发展,美国、欧盟的人均 CO_2 排放不随经济的增长而增长,而是随着经济的快速增长,带动其研发技术不断发展、科技水平不断提升,进而通过提高产业技术来实现低碳发展。根据美国和欧盟人均碳排放与人均 GDP 关系的经验结果,中国一方面要借鉴美国、欧盟等发达国家和地区的减排经验;另一方面,要尽可能实现低碳转型,在提高经济发展的基础上实现减排。相比而言,中国的低碳发展道路更加艰巨。

如表 2 - 3 所示,对比美国 CO_2 排放总量和人均 CO_2 排放量的达峰时间,结果显示:人均碳排放的达峰时间早于碳排放总量的达峰时间。对比欧盟 CO_2 排放总量和人均 CO_2 排放量的达峰时间,结果显示: CO_2 排放总量和人均 CO_2 排放的达峰时间均在 1979 年。对比日本 CO_2 排放总量和人均 CO_2 排放的达峰时间,结果显示:日本人均 CO_2 排放的达峰时间要晚于 CO_2 排放总量的达峰时间。

表 2 - 3　主要发达国家和地区碳排放达峰时间与达峰值比较[18]

类别	指标	美国	欧盟	日本
碳排放总量峰值/亿 t(CO_2)	达峰时间	2007 年	1979 年	2005 年
	峰值	65.24	48.17	13.97
人均碳排放峰值/亿 t(CO_2)	达峰时间	1973 年	1979 年	2007 年
	峰值	22.27	8.57	9.73

通过对比世界主要国家和地区 CO_2 排放总量、人均 CO_2 排放量、CO_2 排放总量峰值以及人均 CO_2 排放峰值与经济发展之间的关系发现:目前,中国已经成为全球最大的 CO_2 排放国,在国际气候谈判各缔约方的气候博弈中占据不利地位。中国工业化进程和城市化进程不断加速,未来能源消耗以及产生的 CO_2 排放问题在全球范围应对气候变化和减缓气候变化中起着举足轻重的作用[18]。

3)水污染

水无论对个人健康还是对国家经济发展来说,都是不可或缺的重要资源。随着经济的快速发展和人口不断增加,我国对水资源需求量越来越大,水污染也越来越严重,我国水环境质量出现了令人担忧的局面,除了一系列触目惊心的水质监测数据,水体污染导致癌症增多,甚至爆发严重水污染事件。

目前全国 90% 以上的城市水域污染(图 2 - 7)严重。水利部曾经对全国 700 余条河流、约 10 万公里河长的水资源质量进行了评价,结果是:46.5% 的河长受到污染,水质只达到四、五类;10.6% 的河长严重污染,水质为超五类,水体已丧失使用价值;90% 以上的城市水域污染严重。水污染正从东部向西部发展,从支流向干流延伸,从城市向农村蔓延,从地表向地下渗透,从区域向流域扩散。

全国水体调查结果显示,在全中国七大流域中,主要河流有机污染普遍,主要湖泊富营养化严重。七大水系污染程度由重到轻顺序为:辽河、海河、淮河、黄河、松花江、珠江、长江。其中辽河、淮河、黄河、海河等流域都有 70% 以上的河段受到污染,可见我国的水污染态势极其严峻。原全国人大环资委主任委员曲格平曾说:"中国水污染问题的趋势是越来越坏,而不是越来越好,前景很不乐观"[20]。

另外,酸雨也在不断损坏我国的水质,使我国水质性缺水问题日益严重。2016 年,全国酸雨区面积约 69 万 km²,占国土面积的 7.2%,其中,较重酸雨区和重酸雨区面积占国土面积的比例分别为 1.0% 和 0.03%。酸雨污染主要分布在长江以南—云贵高原以东地区,主要包括

图 2 - 7 水污染

浙江、上海、江西、福建的大部分地区,湖南中东部、广东中部、重庆南部、江苏南部和安徽南部的少部分地区[21]。

4)生物多样性减少

由于森林砍伐、草原退化、环境污染、自然灾害、过度捕捞捕猎,使我国大量的动植物生存环境受到破坏,生存环境逐渐缩小,种群数量不断减少,我国生物多样性面临严重威胁。中国人工林树种单一,抗病虫害能力差。90%的草原不同程度退化。内陆淡水生态系统受到威胁,部分重要湿地退化。海洋及海岸带物种及其栖息地不断丧失,海洋渔业资源减少。物种濒危程度加剧。据估计,中国野生高等植物濒危比例达 15%～20%,其中,裸子植物、兰科植物等高达 40%以上。野生动物濒危程度不断加剧,有 233 种脊椎动物面临灭绝,约 44%的野生动物呈数量下降趋势,非国家重点保护野生动物种群下降趋势明显。全球 1121 种濒危物种,中国有 190 种,生物多样性保护已面临十分严峻的形势[23]。

2.环境问题成因分析

1)煤与生态环境

(1)开采过程。由于煤田地质情况不同,煤炭开采分为地下矿井开采和露天开采。露天开采作业安全,生产规模大,机械化程度高。全世界露天开采产量达到煤炭总产量的 40%,我国露天开采产量仅占总产量的 3%左右。煤炭地下开采会造成地表沉陷,沉陷深度最大可达采出煤层总厚度的 80%。我国抚顺、鹤岗等厚煤层矿区沉陷深度已超过 10 m。地表陷落导致相应范围内地面建筑、供水管道、供电线路、铁路公路和桥梁等设施变形以致破坏;土地、河流、水系状态发生变化,各层地下水流失、混合和污染。沉陷会威胁到井下安全。

在开采过程中,井下煤体和围岩会涌出主要成分为甲烷的气体,即瓦斯。我国多数矿井为瓦斯矿,含有一定浓度瓦斯的空气遇火能引起燃烧爆炸。我国每年都会发生煤矿瓦斯突出的矿难事故,此外还有塌方、透水等,严重威胁生产安全。瓦斯排出地面不仅浪费能源且污染大气,还有可能导致人员伤亡。

(2)洗选过程。采煤和洗选中,排放占原煤产量 10%～20% 的煤矸石。全国每年排放 2 亿～3 亿 t 以上。除部分利用,历年积存数十余亿吨,再加上露天矿排矸,占用了大面积的土地,对地面环境造成了严重的破坏。另外,如果堆放过程中散热不良或未隔绝空气,矸石中的硫化物会缓慢氧化发热导致自燃,燃烧会释放出大量 SO_2、CO 和烟尘等污染物质,造成大气污染。

洗煤会对水造成污染,洗煤水中的主要污染物是粒度小于 0.5 mm 的煤泥。据全国 105 个洗煤厂统计,年入洗原煤 1.1 亿 t,排出洗煤水 5000 万～8000 万 t,流失煤泥 150 万 t。在有浮选工艺的炼焦煤洗煤水中,还含有少量轻柴油、酚、甲醇等有害物质,高硫煤洗煤水中有较多的硫化物。洗煤水排入河流,会影响水质、填高河床和影响鱼类生存。煤炭含硫量大于 5% 时,矿井水的 pH 值可能小于 6,还含有其他有害物质,这部分水的排放会造成水体污染和土壤酸化。

(3)燃烧过程。煤矿可能伴生硫、砷、铬、镉、铅、汞、磷、氟、氯、硒、铍、锰、镍、镭、铀、钍等元素与苯并芘之类的有机物,燃烧中进入气、灰或渣,有的部分分解。

排气中主要是二氧化碳,也有些一氧化碳,燃料中的硫大部分化作二氧化硫,对酸雨作出贡献。还有氮氧化物,除氧化了燃料中氮化物外还氧化了空气中的氮,炉温愈高,氮氧化物愈多。

2)石油与生态环境

(1)开采过程。石油开采过程中,污染环境的有泥浆、含油污水和洗井污水。泥浆中含有碱、铬酸盐等试剂,含油污水中有酸、碱、盐、酚、氰等污染物。油田污水包括油田生产过程中产生的各种废水,油田采出水、钻井废液、井下压裂废液等。采油,尤其是注水采油,也会影响地面升降,所注水可能在地下受到污染,有时甚至有少量放射性物质聚集在采油管道的某些部位。

此外,井喷会造成严重的环境污染,原油外泄会污染土地,影响植物生长。在海上采油,一旦发生井喷等事故,就会对海洋环境造成严重污染,影响水生物生长,破坏海洋生态平衡。采炼中为了安全,"放天灯"烧掉废气,有的还有浓烟,有一定环境影响。

(2)加工运输过程。石油加工过程中,会排出含油、硫、碱和盐,以及酚类、硫醇等有机物的污水。炼油厂废气含烃类及氧化沥青尾气等。炼油厂皮渣中毒性大的主要是石油添加剂废渣。其中,污水影响最大,每加工 1 t 原油需耗水 2～5 t。石油加工或炼制的三废排放比煤气化和液化时多十倍以上。石油加工过程中的三废排放如表 2-4 所示。

表 2-4　石油加工过程中的三废排放(处理油量与 100 万 kW 火电站耗油量相同)　　单位:t/年

排放物	排放量	废水中排出物	排放量	废水中排出物	排放量
SO_x	21000	氯化物	24000	悬浮颗粒	2000
有机化合物	23000	油酯	600	溶解固体物	100000
NO_x	18000	氨态氮	600	酚、苯	22
CO	4300	碳酸液(Cd、Pb、Zn、Cu 等)	3		
氨	2230				

石油输运过程中燃爆与泄漏可引起严重环境污染,几次海上漏油事故不仅污染海滩还危及海洋生物。油罐车损坏,油流入下水道引起多处火警的事也发生过。输油管道的不恰当布置也可能导致意料之外的爆炸,危害人类生存环境。

3)水力发电有关的生态环境问题

水库建造的过程与建成之后,对环境的影响主要包括以下几个方面。

(1)自然方面。巨大的水库可能引起地表的活动,甚至有可能诱发地震。此外,还会引起流域水位上的改变,如下游水位降低或来自上游的泥沙减少等。

(2)生物方面。对陆生动物而言,水库建成后,可能会造成大量的野生动植物被淹没死亡,甚至全部灭绝。对水生动物而言,由于上游生态环境的改变,会使鱼类受到影响,导致灭绝或种群数量减少。

(3)物理化学性质方面。流入和流出水库的水的颜色和气味等物理化学性质发生改变,而且水库中各层水的密度、温度,甚至溶解氧等有所不同。深层水的水温低,而且沉积库底的有机物不能充分氧化而处于厌氧分解,水体的温室气体排放量明显增加。

(4)社会经济方面。修建水库可以防洪、发电,也可以改善水的供应和管理,增加农田灌溉,但同时也有不利之处。例如,受淹地区城市搬迁、农村移民安置会对社会结构、地区经济发展等产生影响。如果全局计划不周,社会生产和人民生活安排不当,还会引起一系列的社会问题。

(5)其他方面。自然景观和文物古迹的淹没与破坏,更是文化和经济上的一大损失,应当事先制定保护规划并落实保护措施。

4)生物质能利用中的生态环境问题

直接燃烧生物质技术在使用生物质过程中,由于生物质与传统燃料的成分组成不同,导致燃烧特性不同,会由于对其燃烧特性的了解不够而造成不必要的污染。生物质燃料属可再生能源,金属元素很少。但若在较差的炉灶中燃烧,易生成一氧化碳、烟及有机化合物。如果烟囱排烟能力差或处于严寒地带室内换气不良,室内有害物质可达很高浓度,发展中国家农舍中有害物质浓度远高于世界卫生组织规定,而发达国家居室中浓度就低得多。

随着生物质能的发展,生物质能作物,如可用于生产生物乙醇的玉米、甘蔗等的种植范围也随之扩大,可能导致农作物的结构调整,导致粮食生产结构的变动。对水稻、小麦、玉米等粮食作物的种植面积做相关分析,从表2-5可以看出,粮食总面积与玉米面积成较强的负相关。

表2-5 粮食作物面积相关系数

	粮食面积	玉米面积	小麦面积	水稻面积
粮食面积	1			
玉米面积	−0.70288	1		
小麦面积	−0.01413	0.331849	1	
水稻面积	0.186628	0.190377	0.622554	1

5)电力与生态环境

目前,我国的电力生产仍是以火电为主,火电生产中燃料燃烧导致的污染物排放对大气造成了严重的污染。我国已充分认识到火电厂燃煤排放造成的环境问题,已经提高了火电厂污染物排放标准,以降低火电厂对大气的污染。表2-6是我国目前火力发电锅炉及燃气轮机组大气污染物的排放标准。

表 2-6　火力发电锅炉及燃气轮机组大气污染物排放浓度限值

单位:mg/m³(烟气黑度除外)

序号	燃料和热能转化设施类型	污染物项目	适用条件	限值	污染物排放监控位置
1	燃煤锅炉	烟尘	全部	30	烟囱或烟道
		二氧化硫	新建锅炉	100 200(1)	
			现有锅炉	200 400(1)	
		氮氧化物(以 NO₂ 计)	全部	100 200(2)	
		汞及其化合物	全部	0.03	
2	以油为燃料的锅炉或燃气轮机组	烟尘	全部	30	
		二氧化硫	新建锅炉及燃气轮机组	100	
			现有锅炉及燃气轮机组	200	
		氮氧化物(以 NO₂ 计)	新建锅炉	100	
			现有锅炉	200	
			燃气轮机组	120	
3	以气体为燃料的锅炉或燃气轮机组	烟尘	天然气及燃气轮机组	5	
			其他气体燃料锅炉及燃气轮机组	10	
		二氧化硫	天然气锅炉及燃气轮机组	35	
			其他气体燃料锅炉及燃气轮机组	100	
		氮氧化物(以 NO₂ 计)	天然气锅炉	100	
			其他气体燃料锅炉	200	
			天然气燃气轮机组	50	
			其他气体燃料燃气轮机组	120	
4	燃煤锅炉,以油、气体为燃料的锅炉或燃气轮机组	烟气黑度(林格曼黑度)/全部级	全部	1	烟囱排放

注:(1)位于广西壮族自治区、重庆市、四川省和贵州省的火力发电锅炉执行该限值。

　　(2)采用 W 形火焰炉膛的火力发电锅炉,现有循环流化床火力发电锅炉,以及 2003 年 12 月 31 日前建成投产或通过建设项目环境影响报告书审批的火力发电锅炉执行该限值。

其中,对于 30 万 kW 以上机组实行超低排放,采用多种污染物高效协同脱除集成系统技术使其大气污染物排放浓度基本符合燃气轮机组排放限值,即烟尘、二氧化硫、氮氧化物排放浓度(基准含氧量 6%)分别不超过 5 mg/m³、35 mg/m³、50 mg/m³,比《火电厂大气污染物排放标准》(GB13223—2011)中规定的燃煤锅炉重点地区特别排放限值分别下降 75%、30% 和 50%,是燃煤发电机组清洁生产水平的新标杆。

电力生产过程中的污染,除了燃烧过程的污染物排放外,还有电力生产中的热污染。用燃料或核能经热机发电,热效率是有限的,总有相当发电量的一倍到两倍多的热能要就地耗散,这些热量可用冷却塔传给水体。得不到有效利用的余热排入环境中就会成为热污染,冷却水升温后排入水域,会导致水体的温升,改变水生物的生存环境,导致水体富营养化的一系列问题,危害生态平衡。

在输电过程中,高压输电线保护不当还会使人遭受过强的电磁辐射,电晕放电产生离子也会产生不良效应。

配送电用的电力电容器含多氯联苯,如包裹蒸汽管道用的石棉,退役不用时如果不妥善处置也会造成严重污染。

6)其他能源

(1)太阳能。太阳能电池在制造过程中会产生一些有害物质,采用对环境造成影响。

(2)风能作为一种新型能源,其优势不言而喻,但是在风力发电的过程中也会对环境造成不利影响,如视觉污染、噪音污染、生态破坏、电磁干扰等。

(3)地热能。地热利用中,温泉水中会溶有岩石中的有害物质,特别是高温温泉流出后,随温度与成分的变化,可能集聚在水流或系统的某些部位。氡是其中一项,有的温泉浴室确实氡浓度偏高。地热发电目前效率不高,而且特殊地点才适用,它也会带出地下有害物质,如采用循环注水当可减缓此种情况。

3. 我国能源利用中的突出环境问题

我国是世界上能耗最多的国家之一,单位产品的能源和资源消耗高,废弃物排放多。我国能源与环境发展的总体格局是能源工业的发展以煤炭为基础,以电力为中心,大力发展水电,积极开发石油、天然气和核电,因地制宜开发新能源和可再生能源,依靠科学进步,提高能源效率,合理利用能源资源,对传统煤炭的开采利用向环境无害化方向转变,开发洁净煤技术以减少环境污染。我国终端能源消费结构中,电力占终端能源的比重明显偏低。

从能源结构上可以看出,我国能源环境问题与世界主要国家的主要问题有一定差别,其根本在于石油使用导致的污染与煤炭导致的污染的主要差别。我国能源利用所导致的主要环境问题是:煤炭开采运输污染;燃煤造成的城市大气污染;农村过度消耗生物质能引起的生态破坏;还有日益严重的车辆尾气的污染等。

1)以煤炭为主的能源结构及其影响

目前,发达国家的能源结构仍以石油作为第一位能源,煤炭居第二位,天然气位居第三;核能、水能和其他可再生能源占 10% 左右。而我国是世界上以消费煤炭为主的少数国家之一,与当前世界能源消费油气燃料为主的大部分国家的基本趋势和特征有区别。我国煤炭消费比重较大,占一次能源消费总量的比重一直保持在 60% 以上,全国烟尘排放量的 70%、二氧化硫排放量的 85%、氮氧化物的 67%、二氧化碳的 80% 都来自于燃煤。表 2-7 给出了世界主要国家的能源结构比较,可以看出我国能源结构中煤炭的比例远高于世界平均水平,天然气、水电等清洁能源缺乏。

表 2 - 7　世界主要国家能源结构比较 (2016 年)

国家	石油/%	天然气/%	煤炭/%	核能/%	水电/%	可再生能源/%
中国	18.96	6.20	61.83	1.58	8.62	2.82
美国	37.98	31.52	15.77	8.44	2.60	3.69
日本	41.39	22.48	26.93	0.90	4.06	4.22
德国	35.04	22.45	23.35	5.92	1.48	11.75
印度	29.38	6.23	56.9	1.19	4.02	2.28
俄罗斯	21.96	52.2	12.95	6.60	6.26	0.03
澳大利亚	34.64	26.81	31.74	0	2.90	3.91
巴西	46.6	11.04	5.54	1.21	29.18	6.38
世界平均	33.28	24.13	28.11	4.46	6.86	3.16

注:资料来源于 2017 版《BP 世界能源统计年鉴》。

煤炭高效、洁净利用的难度远比油、气燃料大得多。我国大量的煤炭是直接燃烧使用,其中用于发电的煤炭仅占 50% 左右,而美国约为 95%。我国是世界上少数几个污染物排放量大的国家之一,根据历年的资料估算,燃烧过程产生的大气污染物约占大气污染物总量的 70%,其中燃煤排放量则占整个燃烧排放量的 95% 左右。

我国大气环境质量的突出问题是以粉尘和二氧化硫为代表的煤烟型污染。其规律是:北方重于南方,产煤区重于非产煤区,冬季重于夏季。从全国 50 多个城市内大气监测分析,我国大气中颗粒物污染具有普遍性,且污染较重。

除了煤燃烧中造成的环境问题比其他能源多以外,煤炭开采过程中的环境问题也相对突出,包括开采对土地的损害、对村庄的损害和对水资源的影响。

2) 能源与资源利用率低导致的环境问题

我国从开采、加工与转换、储运直至终端利用的能源系统总效率很低,不到 10%,只有欧洲地区的一半,能源总体效率约为 35%。未来一个时期,中国的产业结构仍然处于重化工主导的阶段,高能耗、高污染产业仍然具有高需求。我国仍然处于粗放型增长阶段,能源利用率很低。以单位 GDP 产出能耗表征的能源利用效率远低于发达国家。我国的耗能设备能源利用效率比发达国家普遍低 30%~40%。

从资源再生化角度看,我国资源重复利用率远低于发达国家。例如,尽管我国人均水资源拥有量仅为世界平均水平的 1/4,但水资源循环利用率比发达国家低 50% 以上。我国资源再生利用率也普遍较低。以汽车的使用为例,大量废旧轮胎形成环境污染会不断上升,而我国的废旧轮胎再生利用率仅有 10% 左右,远低于发达国家。

3) 生物质能的利用与生态的破坏

生物质能是中国广大农村能源的主要来源,以薪柴为主,秸秆等农作物为辅。我国生物质能资源主要包括薪材、秸秆、畜类粪便和垃圾。

薪材通常指薪炭林产出的薪柴和用材林的树根、枝丫及木材工业的下脚料,但由于我国一些地区农民燃料短缺,专门用作燃料的薪炭林太少,因此常用用材林充抵生活燃料,这就属于"过耗"。

秸秆在我国每年有 9 亿 t 实物量,用作燃料的占 25%～30%。近年来,各地均出现收获后在田边地头放火烧秸秆的现象,造成资源浪费、环境污染、妨碍正常交通等严重问题。

牲畜粪便除青藏一带牧民用其直接燃烧(炊事、取暖)外,更多的是将这种生物质资源制作有机肥料,或经厌氧发酵取得沼气(能源)后再做成有机肥料。现在我国每年饲养牛约 1.1 亿头,生猪 4.5 亿头,可收集利用的畜粪为 8.2 亿～8.4 亿 t,这些粪便可提供的能量可折合 7000多万 t 标准煤所提供的能量。

将垃圾视为生物质能源,是由于中国的生活垃圾约有 1/3 是有机物(厨房剩余物、纸品、草木纤维等)。无机物(炉灰、塑料、玻璃、金属等)将随着我国城市化率、煤气供应率和集中供暖率的上升而减少,城市垃圾的有机质比重将迅速上升。据环卫部门估计,2015 年我国城市生活垃圾清运量约 1.85 亿 t,预计 2020 年将达到 2.5 亿 t。

2.2.5 能源安全问题严重

自能源安全这一概念提出至今,其内涵一直处于动态发展之中,并未有统一的界定。《中国能源报告(2012):能源安全研究》一书中将能源安全界定为:"满足国家经济发展需求的可靠的、买得起的、持续的能源供应,同时能源的生产和使用不会破坏生态环境的可持续发展。"从多国能源法律、政策中能够看出,能源安全一般指能够稳定地获得、使用一国经济发展所需的能源资源,同时保证能源的使用不对生态环境、可持续发展等产生威胁。

由于能源安全与经济发展和环境保护的关系密切,因此从其与两者的关系来界定其概念更有利于明确保障能源安全的根本目标。"安全"即没有危险,既包括不存在现实的危险,也包括不存在未来发生危险的可能性。从这个层面分析,能源安全指能源的获取与使用等各个环节均不存在对经济可持续发展及生态环境造成危害或产生威胁的因素。目前,无论是国内能源供应与利用还是外来能源供应,都面临着严峻的安全挑战[24]。

1.国内能源供应前景不容乐观

作为一个幅员辽阔的大国,我国能源资源蕴藏总量较为丰富。按目前估计,我国有世界第一位的水能资源蕴藏量,第 3 位的煤炭探明储量,第 11 位的石油探明储量和第 18 位的天然气探明储量。除了当前大规模开发利用的常规能源外,太阳能、风能、地热能、生物质能等新能源和可再生能源蕴藏量也较为丰富。

尽管从总量来看我国是一个能源大国,但从人均拥有量来看,我国实际上是一个资源贫乏的国家。人均能源可采储量不及世界平均水平的一半,其中煤炭的人均可采储量为 89 t,石油为 2.48 t,天然气为 1408 m³,分别仅相当于世界平均水平的 57%、10% 和 5%,与美国、欧盟和经济合作与发展组织的成员国相比,差距较大。

从我国化石能源储采比来看,能源供应前景不容乐观,除煤炭资源尚能满足经济发展的需要外,石油、天然气则后继乏力。从能源储藏结构来看,我国是个"富煤缺油少气"的国家,与世界的能源全局状况正好相反。预计 2020 年以后,国内石油产量将逐渐下降。

2.能源利用技术落后

无论从单位 GDP 能耗,还是从能源系统效率或单位产品能耗水平来看,我国的能源效率都属于世界上最低的一类。在《中国可持续发展战略报告》对世界 59 个主要国家的资源绩效水平的调查排序中,中国资源绩效居世界倒数第 6 位。由于长期粗放型的经济增长方式,我国的能源效率为 33.4%,比世界先进水平低 10%,而能源系统总效率则更低,仅为 11.2%。电力、钢铁、有色金属、石化、建材、化工、轻工、纺织 8 个行业,主要产品单位能耗平均比国际先进水平高 40%。钢、水泥、纸(包括纸板)的单位产品综合能耗,比国际先进水平分别高 21%、45% 和 120%。机动车油耗水平比欧洲高 25%,比日本高 20%。我国单位建筑面积采暖能耗相当于气候条件相近发达国家的 2~3 倍。能耗高是由设备陈旧、技术落后、管理不力等多方面原因造成的。

3.外源性能源供应安全挑战严峻

能源安全是当代国家安全的重要组成部分,直接关系到整个国家和社会的稳定与发展。作为目前世界上最大的能源消费国,中国在维护自身能源安全上承受着巨大的内外部压力。从能源资源禀赋来看,中国在主要一次能源,特别是油气资源上的对外依存度非常高。由于能源安全的"木桶效应"以及石油的战略地位,中国的能源安全在"狭义上可以等同于石油安全,即石油供给关系的稳定、油价的稳定和运输环节的稳定供给"。

"能源安全"对于能源消费大国和生产大国而言具有不同的含义,消费大国的"能源安全"主要是指能源的"供应安全",即在合理价位持续性地获得外部石油供应。"供应安全"的三大基点可以被概括为目前能源安全领域广为接受的"3A"安全标准:资源的可获得性、运输的可依赖性和价格的可承受性,也就是"油源""油路"和"油价"的安全。由此可见,当代国家的能源安全之所以面临"外源性"威胁,一方面是由于能源的进口依赖,使得对于外部能源的获取容易在供应、运输等进口环节直接受到外部因素的干扰;另一方面是由于能源的全球商品性质,使得一个国家的能源进口价格难免受到全球能源市场不稳定因素的间接影响。我国在近年来主要面临以下"外源性"能源安全威胁。

1)中东、非洲主要产油国的国内冲突

由于能源储量和开采潜力方面的优势,中东非洲地区在当今世界能源版图中的核心地位短期内无可撼动。国际社会对于中东石油的总体依赖使得该地区任何地缘政治方面的异动都可能给全球能源市场带来冲击。对于中国来说,该地区的重要性更是非同一般。中东非洲国家在 2015 年中国前十大能源进口来源国中占据了七席(图 2-8),这些主要产油国在未来相当长一段时期内仍将扮演这样的角色,但是该地区持续的局势动荡却对中国的能源安全构成了重大威胁:"阿拉伯之春"引发的叙利亚国内冲突在持续多年后不仅未见转机,还蔓延到了美军撤离之后的伊拉克。虽然伊拉克由于近年来外国投资增加,原油产量不断增长,然而整体安全局势的恶化还是为这个中东产油大国的石油生产与出口蒙上了浓重的阴影;利比亚乱局是该地区的又一大棘手问题,频繁的民兵武装冲突使这个非洲石油大国一度处于第二次大规模内战的边缘,并导致该国对中国的原油出口量自 2012 年之后锐减;2015 年也门局势又生动荡,从而引发了外界对中东原油供应的担忧,一度使得纽约商品交易所主力原油价格大涨 3.6%。如果类似乱局继续蔓延升级,中国将会因为过高的地区原油进口集中度遭受重大损失。

2)破坏中东、非洲石油生产的恐怖活动

来自中东非洲地区的另一大能源安全威胁是该地区日渐抬头的恐怖主义势力。常年处于动荡的中东社会不仅为恐怖分子的藏匿与分散提供了环境,还为恐怖主义的输出与渗透找到了市场。而这一地区的恐怖主义与石油有着千丝万缕的关系,石油不但成了恐怖活动资金的重要来源,也成了恐怖组织借以损害他国利益和制造国际混乱的有力工具。"基地组织"就曾多次策划实施对沙特阿拉伯重要石油设施的恐怖行动,包括 2006 年 2 月对沙特境内全球最大

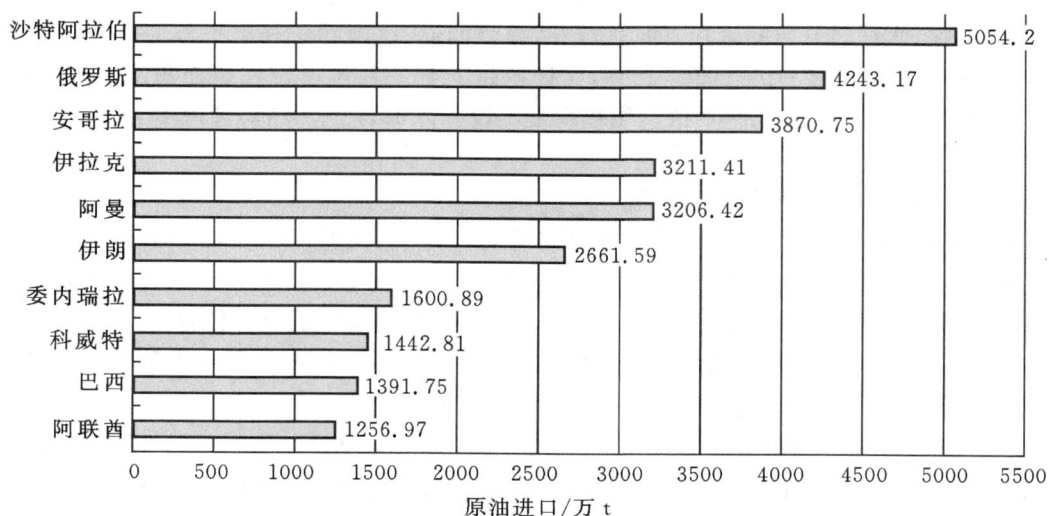

图 2-8　2015 年我国十大原油进口来源国情况(单位:万 t)[25]

石油工厂 Abqaiq 发动的自杀式袭击。尽管未能成功,但袭击事件仍然将当时的国际原油每桶价格推高了 2 美元。"伊斯兰国"(简称 IS)则是近年来中东地区最活跃的宗教极端恐怖组织,无论在叙利亚、伊拉克还是利比亚,该组织武装分子除了破坏石油设施之外,还攻占过上述三国境内的多处油田,并将在黑市出售原油作为获取资金的方式。其中,中国与印度在叙利亚联合投资的代尔祖尔油田就在 2013 年 4 月完全落入了"伊斯兰国"手中,中印石油企业为此损失惨重。尽管西方发达国家已经开始采取相应措施,但就目前情况来看,中东非洲国家几股恐怖主义势力仍大有合流蔓延的趋势,中国的石油安全将不得不继续经受来自这一威胁的严峻考验。

　　3)霍尔木兹海峡、马六甲海峡的航道封锁

　　从能源运输来看,海洋运输在经济性和运量方面的绝对优势决定了其在中国石油进口中不可替代的作用。尽管中国近年来在运输多样化方面取得了一定进展,但石油进口严重依赖海运的事实并没有发生改变。相比其他方式,海洋运输所面临的威胁在更大程度上影响着中国的能源安全。保障海洋运输的关键在于确保"咽喉点"的航运通畅,一旦咽喉点阻塞,那就意味着能源供应的中断和运输成本的大幅抬升。霍尔木兹海峡和马六甲海峡是当今世界上最具战略价值的两大能源"咽喉点",同时也是中国石油进口高度依赖的能源通道,但两者都因地缘敏感性而存在遭到封锁的可能。霍尔木兹海峡因为伊朗和美国、以色列之间的紧张关系而充满变数。面对未来可能发生的军事冲突,伊朗一再表示若遭受美以攻击,就将封锁该海峡。一旦出现这种情况,海湾地区 80% 的石油外运将受到影响,这种局势对国际石油市场的影响将是灾难性的。马六甲海峡是针对东亚国家,特别是中国的最好封锁点。美国和地区大国印度都有能力在此迅速采取封锁行动,而且这两个国家还明确表示过其海峡封锁的战术意图。中国进口石油的 80% 及其他物资的 50% 要经过马六甲海峡,这意味着"谁控制了马六甲海峡,谁就把手放在了中国的战略石油通道上,谁就能随时威胁中国的国家安全"。

　　4)索马里、亚丁湾海域的海盗活动

　　海上石油运输面临的另一大威胁来自频繁发生的海盗袭击事件。冷战结束之后,全球海盗活动日益猖獗,给国际社会造成了巨大损失。2004 年以来,随着马六甲海峡沿岸国家对海盗活动加大打击力度,该地区的袭击事件较以往有了明显的下降,国际应对的焦点也由此转向了近年来海盗活动异常活跃的索马里、亚丁湾海域。该地区的海盗活动不仅在数量上呈快速上升趋势,而且出现了与地区恐怖主义相互借势的苗头,其武装力量更是一度让国际社会为之震惊。2008 年,索马里海盗就曾在击退护卫军舰之后劫持了全球第二大油轮"天狼星号"。对于东亚国家来说,这片海域是西线航运的必经路段。因此,在中东、非洲有着巨大石油需求的中国无疑成了海盗活动的最大受害国之一。尽管中国海军已于 2012 年底开始在该海域执行护航任务,但就目前中国的能源运输情况以及东非地区的安全局势来看,该海域的海盗劫掠和绑架事件仍将是中国能源安全在未来一段时期内的主要威胁之一。

5)美国货币政策重大调整引发的油价上涨

石油金融化已经成为国际能源市场发展的主要趋势,期货市场等金融市场价格正在替代传统的现货贸易价格成为国际能源市场的定价基础。石油金融化加大了油价的不确定性,使得来自供需因素的影响相对减弱,而金融市场的影响则明显放大。其中,美元因素尤为突出。依靠西方世界发达的金融市场,美国确立了以美元计价的国际原油期货市场规则,这种计价和结算体制决定了石油的准金融属性。而美国在当今世界经济发展中无可替代的作用以及世界各国持有的大量美元外汇储备,也使得石油美元的地位在短期内难以撼动。由此导致的一个重要结果是国际原油价格极易受到美元汇率的影响而出现剧烈波动,这就意味着美国可以通过调整国内的货币政策影响国际油价。例如,出于对次贷危机发生后金融市场的担忧,美联储曾在 2008 年 1 月份的 8 天之内大幅降息 125 个基点,这一决定一度导致原油价格暴涨了近30%。据国际权威机构估算,油价上涨对发展中国家经济增长率的影响是世界平均水平的1.5倍。由于中国对进口石油的大量需求,石油价格的上涨不仅会加快推高国内的生产成本,制约经济发展,还有可能通过影响国内总体价格水平引发严重的通货膨胀。在当前中国能源金融发展水平仍十分有限的情况下,美元货币政策重大调整引发的价格上涨将是中国能源安全不可忽视的威胁[25]。

2.2.6　适应能源转型变革的体制机制有待完善

为了推动我国能源生产和消费革命,需建立全新的科技创新体系和法律保障体系,同时建立适应市场化改革要求的社会管理体制,需要克服现行体制机制在相关方面仍存在的问题和障碍。

1.能源科技创新引导和激励机制不完善

我国能源科技创新能力远不足以保障推动能源革命需求,引导和激励能源技术研发机制尚不健全、不完善。科技创新资金投入不足,重视能源装备制造产能的提高,但缺乏对关键技术研发的支持力度。知识产权和专利保护法律法规不完善,保护力度不够,使研发缺乏动力和激励。在经济和能源产业发展之初,通过引进和再研发等方式,发挥后发优势,迅速学习国外技术,通过扩大规模和压低成本方式获得一定的竞争能力。但长远来看,核心技术、新兴产业是高附加值环节,国外通过知识产权保护等不可能将核心技术提供给我国,或者在技术转让过程中获取暴利,使我国先进能源技术领域处于竞争劣势。我国新时期的能源战略要求相关行业尽快形成独立研发生产能力,并逐步达到国际先进水平,在 21 世纪中叶成为全球能源产业先进技术的引领者,以满足能源革命的科技支撑需求。因此,能源科技创新的引导和激励机制急需加强和完善。

2.能源法律体系不完善

当前我国能源立法逐渐规范,但是从确保国家能源战略总体转型和建设法律体系的要求看还存在诸多问题。主要体现在宏观能源制度协调性不够,立法相对滞后,能源改革与发展中涉及的法律法规体系尚不健全。也较难准确把握市场经济体制下政府、电力企业、消费者等相关主体之间应有的关系,难以突出体现国家及政府对清洁能源产业的宏观调控和对电力市场的规制。

3.能源管理和监管体系不完善

能源发展系统性强,难以单一依靠市场选择实现系统最优,但我国仍缺乏统一的、明确的、有效执行的国家综合能源战略和能源改革规划,能源管理体制面临管理职能分散,以及协调机制和监管体系尚不完善等问题。在能源行业监管的认识方面,也存在一定的误区。一方面,能源行业具有自然垄断等特性,随着能源需求大幅提高,能源市场快速发展的同时也出现秩序混乱等问题,要求政府加强市场监管以维护基本的市场秩序,保证市场的有效运作;另一方面,行政性管理过多、过宽、低效,限制了能源产业发育发展和充分提高效率的问题。

4.能源和电力市场化改革任重道远

虽然我国能源和电力行业改革已迈出了煤电分开、石油寡头竞争、电力厂网分开的第一步,但市场化改革远没有完成,油气等市场化定价机制尚不完善,电网企业依然拥有准入、交易、调度等公权力,各级政府也控制着能源项目、电价和电量分配权,跨省跨区交易由行政主导。由于电网企业的盈利性大于公益性、垄断制约开放、政府监管不到位等原因,市场开放度十分有限,中小企业和私人在一些领域的准入还十分有限,影响市场机制发挥有效作用,清洁电力发展的瓶颈开始显现。

5.体现能源利用外部性的财税机制有待建立

国内环境税收制度的建设较国外发达国家来说起步相对较晚,目前初步形成了排污费、资源税、消费税等税种,以及增值税、企业所得税等环境税收政策所构成的环境税费政策框架。但是,这些税收还没有充分体现化石能源的资源耗竭、环境污染和气候变化影响,没有形成清洁能源与化石能源公平机制的环境。能源财税体制建设仍滞后于经济、能源和环保形势的发展。能源财税机制需要逐步发挥三大调节作用,即合理分配各类能源资源收益;建立健全反映资源稀缺及环境外部损害的能源产品价格形成机制及税收体系,充分体现低碳、清洁、高效新能源的社会环境价值;调节完善能源产品市场价格机制[26]。

参考文献

[1]孙贤胜,许慧文.国际能源转型的趋势与挑战[J].国际石油经济,2018,26(1):7-10.

[2]杨宇,刘毅.全球资源分布不均衡必然导致能源流动[J].国家电网,2014,10:55-59.

[3]王震.中国能源清洁低碳化利用的战略选择[J].人民论坛·学术前沿,2016,23:86-93.

[4]徐祖坚.高度重视新能源产业发展[J].江苏政协,2013,6:14.

[5]杨丹辉.新能源产业贸易、国际分工与竞争态势[J].重庆社会科学,2012,11:84-90.

[6]张思前.全球能源发展面临空前挑战[J].质量探索,2008,10:26.

[7]卢雪梅,舒磊.全球新能源产业何去何从[J].中国石化,2013,1:70-72.

[8]黄雨薇.全球能源互联网发展面临巨大挑战[J].中国石化,2017,3:82.

[9]国家发展和改革委员会,国家能源局. 能源发展"十三五"规划[EB/OL]. http://www.ndrc.gov.cn/zcfb/zcfbtz/201701/t20170117_835278.html,2016－12－26.

[10]佚名. 煤炭产业发展仍面临双重任务[J].财经界(学术版),2017,16:9－10.

[11]王超. 煤炭行业产能过剩的现状原因及对策[J]. 环球市场,2016,31:51.

[12]中国投资咨询网. 两会聚焦:我国火力发电设备利用小时数已经连续三年持续下滑[EB/OL]. http://www.ocn.com.cn/chanjing/201703/tbysp07142020.shtml,2017－03－07.

[13]张振兴. 2017年中国电力市场中期数据报告之一:预计2017年我国火电设备平均利用小时数将突破4000小时[EB/OL]. http://news.bjx.com.cn/html/20170804/841558－3.shtml,2017－08－04.

[14]前瞻产业研究院. 炼油产业发展趋势分析竞争格局逐渐转向国际化[EB/OL]. http://www.sohu.com/a/163027766_114835. html[2017－08－08].

[15]中国能源报. 石化行业产能过剩趋势加剧投资过度导致[EB/OL]. http://info.pcrm.hc360.com/2014/04/281004343544.shtml[2014－04－28].

[16]中国证券网.专家:当前扩大天然气市场需求仍是主要矛盾[EB/OL]. http://finance.sina.com.cn/roll/2017－01－17/doc－ifxzqhka3331971.shtml[2017－01－17].

[17]前瞻产业研究院. 可再生能源发展遇瓶颈存在问题分析[EB/OL]. https://www.sohu.com/a/75092763_114835.html[2016－05－13].

[18]马喜立. 大气污染治理对经济影响的CGE模型分析[D].北京:对外经济贸易大学,2017.

[19]石油商报. 整体与局部相结合全面提升中国能源效率[EB/OL]. http://center.cnpc.com.cn/sysb/system/2018/04/04/001683835.shtml[2018－04－08].

[20]佚名. 我国水污染现状:水污染造成经济损失高达2400亿元[EB/OL]. https://www.sohu.com/a/142063865_515845[2017－05－20].

[21]佚名. 2017年我国水资源现状及污染状况分析[EB/OL]. http://www.chyxx.com/industry/201708/548906.html[2017－08－09].

[22]佚名. 中国近20％国土沙漠化"生态移民"成无奈之举[EB/OL]. http://www.tdzyw.com/2016/1101/41316.html,[2016－11－01].

[23]佚名. 中国近20％国土沙漠化"生态移民"成无奈之举[EB/OL]. http://www.sohu.com/a/136042060_100941[2017－04－24].

[24]李姝玥. 我国能源安全立法基本问题研究[D].上海:复旦大学,2014.

[25]周冉. 中国"外源性"能源安全威胁研究——基于非传统安全视角的识别、评估与应对[J].世界经济与政治论坛,2017,1:75－97.

[26]谢旭轩,任东明,赵勇强. 推动我国能源革命体制机制改革研究[J].中国能源,2014,36(4):16－19.

第 3 章

能源发展趋势

3.1 国际能源发展趋势

3.1.1 能源供需宽松化

美国页岩油气革命,推动全球油气储量、产量大幅增加。液化天然气技术进一步成熟,全球天然气贸易规模持续增长,并从区域化走向全球化。非化石能源快速发展,成为能源供应新的增长极。世界主要发达经济体和新兴经济体潜在增长率下降,能源需求增速明显放缓,全球能源供应能力充足。

中国社会科学院日前发布的《世界能源发展报告(2017)》称,全球能源发展已进入油气供给宽松期。当前,全球石油及天然气储量和产量均持续增长,但消费增速不断放缓甚至可能出现下降。未来一段时间油气将持续呈现供大于求态势,全球油气市场格局将被重塑。

报告认为,美国已逐步替代欧佩克成为搅动石油市场供需格局的"机动生产者"。在此影响下,"标杆石油价格"的维护机制已发生变化,正向着"边际收益石油价格"转变。目前,全球石油市场供给有新增量,但需求没有新亮点,库存不断创新高。

天然气方面,报告预计,2030 年全球天然气产量将达 5 万亿 m³,年均增长可接近 3%。但需求方面,除中国、印度等国家和地区增长可能高于 3% 外,欧美国家需求增长均不会超过 1%,全球天然气供给的宽松形势将在未来延续很长一段时间。

报告还认为,与重心"西移"的供应情况相反,全球油气需求明显"东移"。由于亚太地区需求增长迅速,全球油气消费中心由美国、欧洲两强已转为美国、欧洲和亚太三足鼎立的消费格局。

"无论世界油气资源怎么变化,中国的油气消费总量在相当长时间内仍将稳步增长,未来油气供需矛盾、供给安全压力还是很大。"中国社会科学院国际能源安全研究中心主任黄晓勇表示,应根据当前全球能源变化形势,积极推动油气自主战略,保障中长期我国油气供给安全。

2016 年世界能源消费增长依旧缓慢,连续三年徘徊在 1% 左右,能源消费转向更低碳能源。世界石油探明储量、产量和消费量均小幅增加;天然气探明储量和产量微增,消费量增速放缓,但管道气和液化天然气(Liquefied Natural Gas,LNG)贸易量增长;煤炭储采比高,产量和消费继续下滑;其他能源(核、水、风、太阳、生物燃料等)发展较传统化石燃料增长快速。能源结构的变化和经济增长放缓的共同作用是使世界碳排放低速增长。预计到 2035 年,世界能源需求年增长率 1.3%,主要来自新兴经济体。天然气消费增长要高于煤炭与石油,石油仍是世界的主导燃料,煤炭的需求将在 2025 年达到峰值,核电、水电和再生能源在一次能源中的占比有望从 15% 上升至 23%。

受能源发展战略、能源供求关系以及世界经济发展状况的影响,2016 年继 2014 年和 2015

年之后,世界的能源消费需求连续三年徘徊在 1% 附近,仍旧低于过去 10 年的 1.8% 的平均增长率。欧洲和欧亚地区依旧是能源消费增长较快的地区,其他地区消费增速偏低,与 2015 年情况一致。其中,以中国(增长 1.3%,4700×10⁴ t 油当量)和印度(增长 5.4%,3900×10⁴ t 油当量)为代表的发展中经济体再次引领了能源消费的增长。按照能源类型来看,世界石油消费增速为 1.6%,约 7500×10⁴ t 油当量;天然气消费增加 630×10⁸ m³,增速为 1.5%;煤炭消费下降 1.7%,相当于 5300×10⁴ t 油当量,其在一次能源的占比也降至 2004 年以来的最低值;可再生能源(生物燃料)增速为 12%,约 5500×10⁴ t 油当量,再次成为增速最快的能源。通过对英国石油公司(BP)能源统计数据的分析和未来展望,有助于更好地掌握世界、区域以及主要国家的能源情况,研判能源的发展趋势,指导国家能源及相关产业政策和发展规划。

2016 年世界探明石油储量 $1.707×10^{12}$ 桶,约 $2707×10^8$ t,增加了 0.9%($150×10^8$ 桶),产储比为 50.6。按照 2016 年产量水平,满足世界 57 年的需求。增长主要来自伊拉克($100×10^8$ 桶)和俄罗斯($70×10^8$ 桶),而一些国家和地区则有小幅下降。欧佩克国家现在掌握 71.5% 的世界探明储量。

2016 年世界石油(包括原油、凝析油和油砂)产量接近 $28.67×10^{10}$ 桶,增幅只有 0.5%,日增产仅 $4×10^5$ 桶。中东以外的其他地区石油产量下降 $13×10^5$ 桶/d,下降最多的是美国($4×10^5$ 桶/d)、中国($31×10^5$ 桶/d)和尼日利亚($28×10^5$ 桶/d)。而非欧佩克国家的石油产量出现了近 25 年来的最大跌幅,下降了 $8×10^5$ 桶/d。沙特阿拉伯的石油产量为 $4.28×10^9$ 桶,占世界石油总产量的 13.4%,俄罗斯的石油产量为 $4.05×10^9$ 桶(占 12.6%),美国的石油产量为 $3.96×10^9$ 桶(占 12.4%),居世界前三位。

2016 年世界石油消费量为 $44.18×10^8$ t,同比增长 1.8%,增长为 $6×10^5$ 桶/d,已连续第二年高于十年平均增速(1.2%)。北美地区石油消费量为 $76.70×10^8$ 桶,同比增长 0.7%;中南美地区为 $23.90×10^8$ 桶,同比下降 2.4%;欧洲和欧亚地区石油消费量为 $64.87×10^8$ 桶,同比增长 2.2%;中东地区石油消费量为 $30.64×10^8$ 桶,同比增长 1.2%;非洲地区石油消费量为 $13.56×10^8$ 桶,同比增长 1.8%;亚太地区石油消费量为 $114.13×10^8$ 桶,同比增长 3.4%。2016 年世界石油消费量分布如图 3-1 所示。

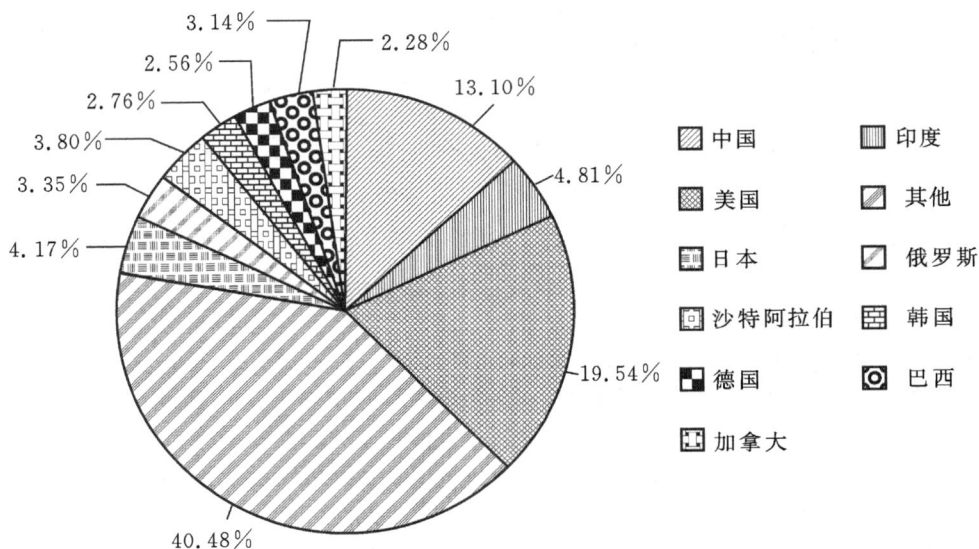

图 3-1　2016 年世界石油消费量分布

截至 2016 年底,世界天然气探明储量 186.6×10^{12} m³,与 2015 年相比,只增加了 0.6%(1.2×10^{12} m³),该储备足以保证 52.5 年的供应需要。缅甸($+0.7 \times 10^{12}$ m³)和中国($+0.6 \times 10^{12}$ m³)是天然气储量增长的主要贡献者。从地区看,中东地区仍拥有世界上最大的天然气探明储量(79.4×10^{12} m³,占全球 42.5%),欧洲及欧亚大陆约占 30.4%,亚太地区约占 9.4%。伊朗、俄罗斯和卡塔尔探明储量分别排名前三。

2016 年世界天然气产量达到 355.2×10^{10} m³,仅增长 0.3%(21×10^9 m³),是除金融危机之外,34 年以来天然气产量增长最低的一年。其中,美国($7\,492 \times 10^8$ m³,-2.5%)、俄罗斯($5\,794 \times 10^8$ m³,0.5%)和卡塔尔($1\,812 \times 10^8$ m³,1.3%)分别占据全年天然气产量前三。按大洲来看,除美洲外,各地区天然气产量均有不同程度的增长,北美洲产量的减少(-21×10^9 m³)大部分抵消了澳大利亚(19×10^9 m³)和伊朗(13×10^9 m³)的强劲增长。

由于天然气供应过剩,2016 年世界天然气消费总量为 35429×10^8 m³,上升 1.5%,低于 2.3% 的 10 年平均增长率。欧洲天然气消费量强劲增长(28×10^9 m³,6%);中东(19×10^9 m³,3.5%)和中国(16×10^9 m³,7.7%)的天然气消费量也大幅增加,这得益于两国在基础建设方面的改进和天然气资源可获得性上的提升。下滑最大的是水电强劲增长的俄罗斯(-12×10^9 m³,-3.2%)和巴西(-5×10^9 m³,-12.5%)。2016 年世界天然气消费分布如图 3-2 所示。

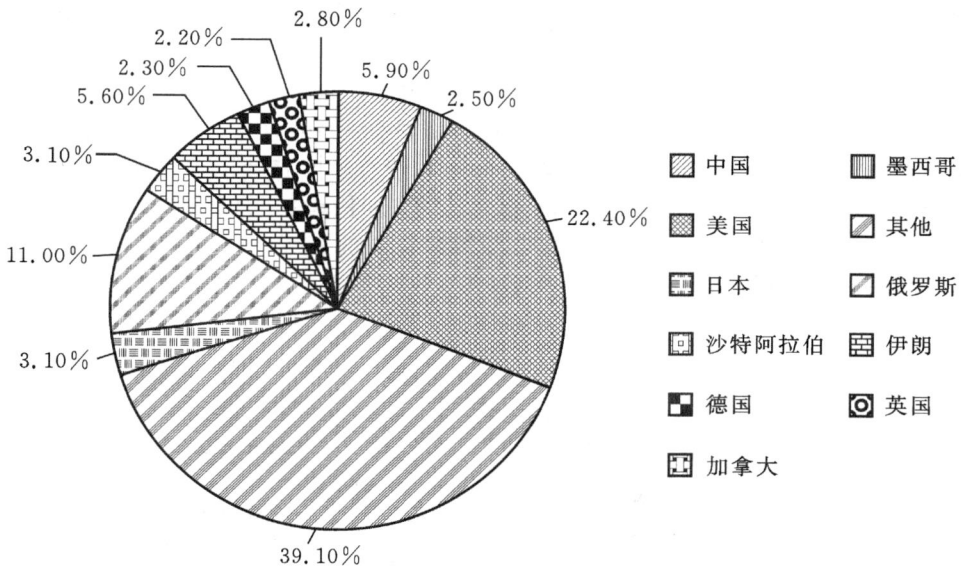

图 3-2　2016 年世界天然气消费量分布

得益于 LNG 进出口贸易 6.2% 的增长,世界天然气贸易增长 4.8%。中国($+7.7\%$)、欧洲($+6\%$)和中东($+3.5\%$)的增速较快。管道天然气进口量最大的为德国(993×10^8 m³,主要进口俄罗斯 46×10^9 m³)和美国(825×10^8 m³,主要进口加拿大 824×10^8 m³)。LNG 出口的净同比增长(21×10^9 m³),大部分来自澳大利亚(19×10^9 m³)和美国(44×10^8 m³)。

2016 年,世界煤炭探明储量为 1.14×10^{12} t,足够满足 153 年的需求,大约是石油和天然气储量比的 3 倍。其中,亚太地区拥有最多的探明储量(占 48.5%),欧洲及欧亚大陆探明储量排名第二。美国仍拥有最大储量占世界总量 22.1%,中国的储量占世界总量的

21.4%。

2016 年世界煤炭产量下降了 6.2%，约 2.31×10^8 t 油当量。中国煤炭产量下降 7.9%，约 1.4×10^8 t 油当量；美国煤炭产量下降了 19%，约 8.5×10^7 t 油当量。

2016 年世界煤炭供给过剩将达到 4 年来最高水平，煤炭消费量下滑 1.7%，即 5.3×10^7 t 油当量。煤炭在一次能源产量中的占比降至 28.1%，为 2004 年以来的最低占比。煤炭消费量下滑主要源自于美国（下滑 8.8%，33×10^6 t 油当量）和中国（下滑 1.6%，26×10^6 t 油当量）。英国煤炭消费量目前已下滑到约 200 年前工业革命之初的水平。美国用于发电的煤炭消费量创 1984 年以来的最低水平，为 6.77×10^8 t 油当量。2016 年世界煤炭消费量分布如图 3 - 3 所示。

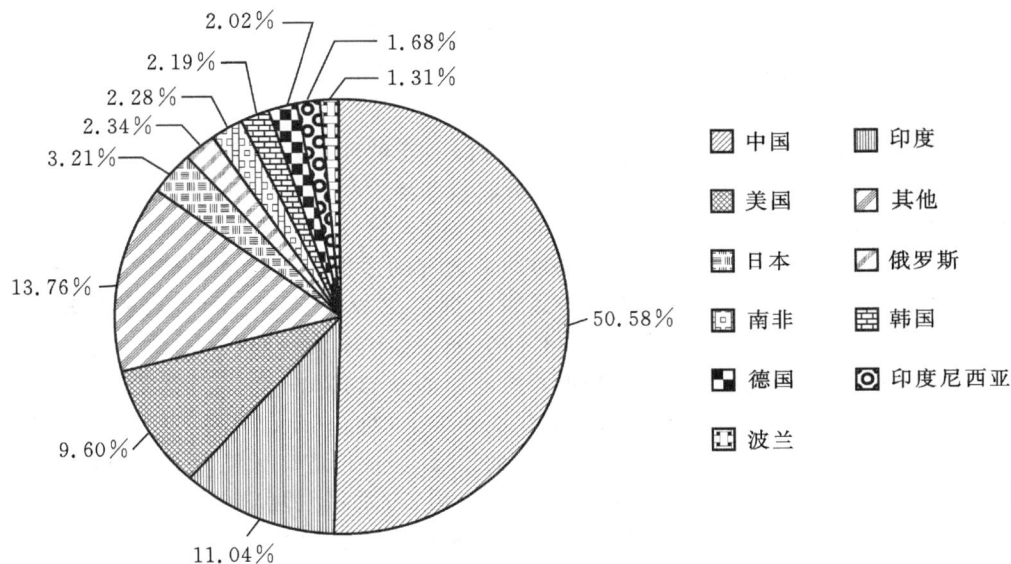

图 3 - 3　2016 年世界煤炭消费量分布

2016 年世界核能产量增长 1.3%，即 93×10^5 t 油当量。中国核能产量年增长 24.5%，日本和比利时的发电量也增长强劲，而法国发电量下降 8.1%。

2016 年世界的水电增长 2.8%，略低于 2.9% 的 10 年平均值，总增长量为 271×10^5 t 油当量。最大的水电增量仍来自于中国（4%，109×10^5 t 油当量）和巴西（6.5%，55×10^5 t 油当量）。

2016 年世界可再生能源发电量增长了 14.1%，是有记录以来最大增量（529×10^5 t 油当量）。虽然可再生能源在一次能源总量中仅占 4% 的份额，但其增长在 2016 年占能源需求总增量的近 33.3%。

2016 年全世界的生物质燃料产量增长了 2.6%，远低于 14.1% 的 10 年平均增长率，美国贡献了增量的最大部分（193×10^4 t 油当量）。全球生物质乙醇产量仅增长了 0.7%，部分原因是由于巴西产量的下降。生物质柴油产量上升 6.5%，其中印度尼西亚占一半以上的增量（114.9×10^4 t 油当量）。

能源需求增长缓慢加上燃料结构的转变，导致世界的碳排放增长只有 0.1%，2016 年因此成为碳排放保持稳定甚至下滑趋势的连续第三个年头。这也是 1981—1983 年以来碳排放增长连续三年平均水平的最低值,主要原因是中国、美国对煤炭需求减少。

到 2035 年,世界石油产量增长主要由掌握大规模和低成本石油资源的中东、美国和俄罗斯等国家和地区推动;中东欧佩克国家、俄罗斯和美国在石油产量中的份额从 2015 年的 56% 升至 2035 年的 63%。届时,美国石油产量预计可达 19×10^6 桶/d,俄罗斯石油产量预计可达 12×10^6 桶/d,巴西石油产量增加 2×10^6 桶/d,其他非欧佩克国家产量下降,其占液体能源份额从 2015 年的 30% 下降到 2035 年的 24%,这将是 BP 自 1965 年开始做统计数据以来的最低份额。

石油消费量还会增加,但其增速会逐步放缓(预计年均 0.7%)。主要是非燃烧使用的需求取代交通需求成为石油需求增长的主要来源。所有油品需求增长均来自新兴经济体,而经合组织需求下降趋势持续。但是,随着燃料效率显著提高和非石油燃料加快推广,石油燃料来自交通需求增长的推动逐渐减弱。交通石油需求增长的减缓导致石油总需求增长的逐渐减慢,从近期的约年均 1×10^6 桶/d 的增量下降到 2035 年的年均 4×10^5 桶/d 的增量。

在今后一段时间内,世界天然气产量增速将快于石油和煤炭,预计 2015—2035 年世界天然气产量年均增长 1.6%。分地区看,中东、俄罗斯和澳大利亚将引领常规天然气产量的增长(年均 0.7%)。页岩气产量(年均增长 5.2%),约占天然气供给增长的 60%,并由美国驱动(美国页岩气产量翻倍至 12.18×10^8 m³/d)。页岩气约占世界天然气供给增长的 66.7%,到 2035 年,页岩气占天然气总产量的 25%,届时中国将成为世界第二大页岩气供给国。世界 LNG 产量在展望期内强劲增长,美国(5.38×10^8 m³/d)和澳大利亚(3.68×10^8 m³/d)引领增长。LNC 以近 300% 于国际天然气贸易增长的速度增长,到 2035 年将占世界天然气总交易量的 50% 左右(当前为 32%)。世界天然气消费主要需求增长中心是中国,中国天然气消费量增长(年均 5.4%,10.19×10^8 m³/d)超过国内产量的增大,使得进口天然气占总消费量的份额从 2015 年的 30% 升至 2035 年的近 40%。分部门来看,对消费量增长贡献最大的是工业部门(燃烧和非燃烧使用加起来占新增消费的 45%),其次是电力部门(36%)。

世界煤炭需求量增速相对过去急剧下降(年均 0.2%,过去 20 年年均 2.7%),预计在 2025 年左右达到峰值。到 2040 年,世界煤炭需求量将增长 2.14×10^8 t 油当量,比 2025 年预计的 4.85×10^8 t 油当量减少一半还多。分析认为,煤炭消费量放缓主要由于中国经济转向更可持续的增长模式,以及政府政策促使从煤炭转向清洁低碳燃料,煤炭在中国能源需求中的份额将从 66.7% 降至 2035 年的不到 45%。美国和欧洲经合组织成员的煤炭需求量预计将下降 50%。印度展现了最大的煤炭消费量增长,其在世界煤炭需求量中的占比从 2015 年的 10% 左右翻倍至 2035 年的 20%,取代美国成为世界第二大煤炭消费国。

图 3-4 为 BP 预测的 2035 年世界能源消费比例。核电发电量预计在展望期内将稳步增长,年均增速 2.3%,大致保持其在电力部门中的份额。中国的快速核电扩张计划(年均 11%)占世界新增核电发电量的近 75%。可再生能源预计是增长最快的能源(年均 7.6%),在能源结构中的比重也将由目前的 4% 上升至 10%。其中,风能提供了 50% 以上的增量,而太阳能则贡献了几乎 33.4% 的增量。

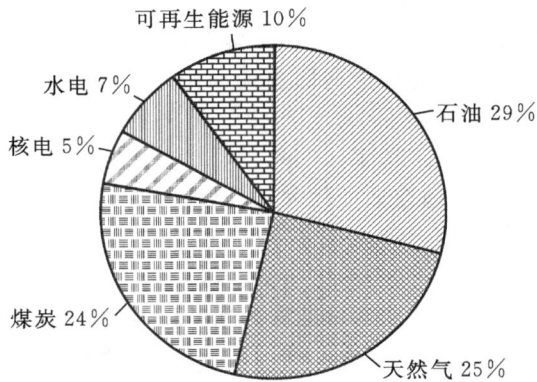

图 3-4 2035 年世界能源消费比例预测

到 2035 年，生物燃料占运输燃料的比例将扩大到 4%。美国计划将生物燃料消费量从 2008 年的 9×10^9 gal 增加到 2020 年的 36×10^9 gal[①]。

碳排放量将在 2020 年左右达到峰值，到 2035 年比 2015 年低 12%，世界能源强度和碳强度以前所未有的速度下降。碳排放量放缓反映了能源强度下降的速度和能源变化的速度大幅加快，其中煤炭消费量急剧放缓，而天然气与可再生能源、核能和水电消费量一起占展望期内能源增量的近 80%。

2016 年世界能源消费增长依旧缓慢，连续三年徘徊在 1% 左右，除欧洲和欧亚地区外，世界其他地区的能源消费增速均低于 1.8% 的 10 年平均值。以中国和印度为代表的发展中经济体引领能源消费增长，中国增长 1.3%，连续 16 年成为增速最快的市场。世界石油探明储量、产量和消费量均小幅增加；天然气探明储量和产量微增，消费量增速放缓；煤炭产量和消费继续下滑；可再生能源发展快速。在科技进步和环境需求的作用下，能源朝着更清洁、更低碳的方向转变。

预计到 2035 年，世界能源需求年增长率 1.3%，主要来自新兴经济体，其中液体燃料需求将达 1.1×10^8 桶/d。石油仍是世界主导燃料并持续增长；煤炭增速急剧放缓，其需求将在 2025 年达到峰值；天然气消费增长率要高于煤炭与石油，并在 2035 年取代煤炭成为第二大化石燃料；核电、水电和再生能源在一次能源中的占比有望上升至 23%；太阳能和风能增长迅速[1]。

3.1.2 能源格局多极化

世界能源消费重心加速东移，发达国家能源消费基本趋于稳定，发展中国家能源消费继续保持较快增长，亚太地区成为推动世界能源消费增长的主要力量。美洲油气产能持续增长，成为国际油气新增产量的主要供应地区，西亚地区油气供应一极独大的优势弱化，逐步形成西亚、中亚-俄罗斯、非洲、美洲多极发展新格局。

近年来，世界油气格局发生了重大变化，主要表现在：全球油气生产重心西移，消费重心东移；原油定价权正从石油输出国手中滑落，国际天然气贸易规则也已发生重要变化。

1. 美国油气出口冲击全球市场

在过去 10 年里，美国页岩革命的爆发不仅改变了世界油气工业的版图，打破了国际油气

---

① 1 gal≈3.7854 L。

贸易的原有格局,也让全球能源格局发生了颠覆性变化。

美国的页岩革命,气革命先爆发,油革命后爆发。在酝酿了数十年后,美国页岩气产量开始大增,并推动美国天然气产量连续创造历史最高纪录。在2008—2015年,美国天然气产量年均增长276亿m³。2009年,美国天然气产量超过俄罗斯,成为世界第一大天然气生产国,之后至今"一骑绝尘",领先得越来越多。

随着非常规油气的开发日趋成熟和壮大,美洲地区有望成为"第二个中东"。从发展速度看,美国尤其令人瞩目。美国很有可能在2020年以后成为石油的净出口,而据BP的保守预测,美国也将在2030年成为石油的净出口国。以上表明,美国"能源独立"战略将成为可能。另外,更值得一提的是加拿大。加拿大可能成为新的能源超级大国,据IEA预测数据,到2030年,加拿大的石油产量将达到30~60百万桶/日。美洲能源的高地崛起,进一步加强了能源供应的多极化趋势。

2012年起,美国页岩油大幅增产,并推动美国石油产量快速回升。从2012年至2015年,美国石油产量在四年时间内共增长490万桶/d,折合约2.45亿t/a,这四年的增量比中国原油年产量还高约25%。

美国曾长期是世界最大的石油进口国。2015年底,美国政府解禁原油出口,之后至今,美国的原油出口量猛增,如今已升至200万桶/d左右,约等于伊朗等传统原油出口大国的出口量,从而回归世界最大原油出口国行列。预计美国原油出口量还将继续增长,到2022年将达到400万桶/d以上。

同样,美国也曾经是天然气进口大国。在天然气供不应求的前些年,美国墨西哥湾沿岸的德克萨斯、路易斯安那等州曾建设了一些液化天然气进口设施。如今美国国内天然气供过于求,导致进口设施被改造为出口终端。2017年,美国在60年之后重新成为天然气净出口国,这是一个划时代的变化。美国能源署预计,未来美国LNG出口量将保持快速增长,2020年达到近700亿m³,是2016年的19倍。

2. 世界石油生产出现三足鼎立格局

近年来,世界产油国的位次已发生变化,美国石油产量持续增加,已经超越沙特阿拉伯成为世界第二大产油国,并预计将在今年或明年超过俄罗斯,成为世界第一。再加上世界重要产油国的加拿大和墨西哥,北美已成为名副其实的"新中东"。

美国页岩革命爆发并导致其原油产量大增后,沙特阿拉伯等老牌石油出口大国曾经试图通过增产、打价格战把美国页岩油生产商赶出市场,但后来发现打压无效。2016年11月30日,沙特阿拉伯领导的欧佩克在时隔8年后,首次决定减产保价;12月10日,以俄罗斯为首的11个非欧佩克产油国加入了减产行动。它们的联合减产行动抬高了国际油价。美国页岩油生产商迅速做出反应,纷纷增产,成为减产行动的最大受益者。自此,全球石油生产行业中出现沙特阿拉伯、俄罗斯和美国三足鼎立的格局。

全球天然气生产格局也发生相似变化。美国天然气出口正搅动着国际天然气贸易格局。今后,美国天然气出口量势必继续增大,它不仅将加剧全球天然气供应过剩,使俄罗斯、卡塔尔等传统天然气出口大国承受更大的竞争压力,还将使全球天然气贸易规则变得更加灵活、合理,更加有利于进口国的利益。

3. 世界油气消费重心东移

在全球油气生产重心西移的同时,消费重心则东移。以中国、印度为代表的亚洲国家的油气消费正快速增长,在全球消费总量中的占比持续上升。

中国石油消费量快速增加,已成为仅次于美国的世界第二大石油消费国。2017 年石油对外依赖度已上升到 67%,比美国历史上石油对外依存度的峰值 60%(2005 年)还高 7%。而且,预计今后中国的领先"优势"还会越来越大。

近年来,印度政府的经济改革推动了其经济的增长,并带动了印度石油消费的较快增长。2015 年,印度石油消费量超越日本,成为世界第二大石油消费国。目前,印度石油消费量的全球占比约为 4.8%,为中国的 1/3 和美国的 22%。预计今后印度石油消费量增速将明显超过中国和美国,在全球消费总量中的占比将继续增加。

世界天然气消费的重心也正在东移,亚洲在全球天然气消费中的地位持续上升。从促进环保、改善能源消费结构等考虑,亚洲各国政府积极支持天然气的发展,导致近年来各国天然气消费量快速增长,其中中国表现得特别突出。从 2000 年至 2016 年,中国天然气消费量增长了 7.3 倍,而同期全球天然气消费量只增长了 47%。2017 年,中国天然气消费增势旺盛,同比增长约 15%,达到约 2400 亿 m^3,对外依存度达到约 40%。中国目前已经是世界第一大天然气消费国,预计在 2030 年之前,中国将超过俄罗斯,成为世界第一大天然气消费国。除了中国外,印度、东南亚等亚洲国家和地区的天然气消费量预计也将快速增长。国际能源署(IEA)预测,从 2016 年至 2040 年,印度天然气消费量将年均增长 5.2%,高于中国的 4.6%;同期,东南亚天然气消费量将年均增长 1.9%,虽然明显不及中国和印度,但也高于世界平均增速[2]。

3.1.3　能源结构低碳化

世界能源低碳化进程进一步加快,天然气和非化石能源成为世界能源发展的主要方向。经济合作与发展组织成员天然气消费比重已经超过 30%,2030 年天然气有望成为第一大能源品种。欧盟可再生能源消费比重已经达到 15%,预计 2030 年将超过 27%。日本福岛核事故影响了世界核电发展进程,但在确保安全的前提下,主要核电大国和一些新兴国家仍将核电作为低碳能源发展的方向。

世界上能源大国的能源结构转型趋势及路径,对国内能源结构转型及能源行业发展有重要的借鉴意义。能源结构的转变通常需要经历很长一段时间,且与过去相比,当前寻找低碳清洁的替代能源的难度要大得多,能源结构转型可能的方式也很多。

目前,德国和美国在能源结构转型上都已经取得了一定的成绩,不过两国选择的是两条不尽相同的典型路径。德国更关注低碳清洁转型,其转型路径主要是发展可再生能源以及淘汰核能、逐步减少煤炭使用;从效果来看,德国可再生能源占能源生产和消费结构的比重提高,碳排放量降低。美国则在关注低碳清洁转型的同时,更加关注能源安全,其转型路径既包括非常规油气的大规模开采,也关注可再生能源的前期研发;从效果来看,大大提高了美国的能源安全保障,能源对外依存度逐年下降,并减少了碳排放量。当然,两国在能源结构转型过程中也存在一些问题。从德国和美国的经验可知,能源结构转型需要经历一个很长的过程,当前化石能源仍占据主体地位,而技术进步是能源结构转型的根本保障。我国一方面应加强新能源(包括非常规油气)和可再生能源的开发,加大对技术研发的支持和投入力度;另一方面也要进一步加强化石能源,尤其是煤炭的清洁高效利用外,应充分进行前瞻性的战略规划和布局处理好能源结构转型与经济增长能源行业整体健康发展之间的平衡关系。

能源作为重要的战略资源,其结构转型、生产与消费方式的转变是影响社会发展的重要因素。近年来,在气候变化和能源安全等问题的推动下,能源结构转型越来越引起关注。

这里以德国和美国为代表,选取两种典型能源转型路径进行比较分析,旨在为我国能源结构转型和能源行业发展提供借鉴和参考。

当前,全球能源消费结构仍以化石能源为主,在世界主要能源需求中,石油、煤炭和天然气等化石能源占80%左右。2013年,德国化石能源消费占能源消费总量的82.7%,仍占据主体地位,其中石油占34.5%,天然气占23.2%,煤炭占25.0%;美国也是如此,化石能源合计占86.4%,其中石油占36.7%、天然气占29.6%,煤炭占20.1%。德国可再生能源消费占据相对更多的份额,而核能应用相对更少。2013年德国和美国能源消费结构如图3-5所示。

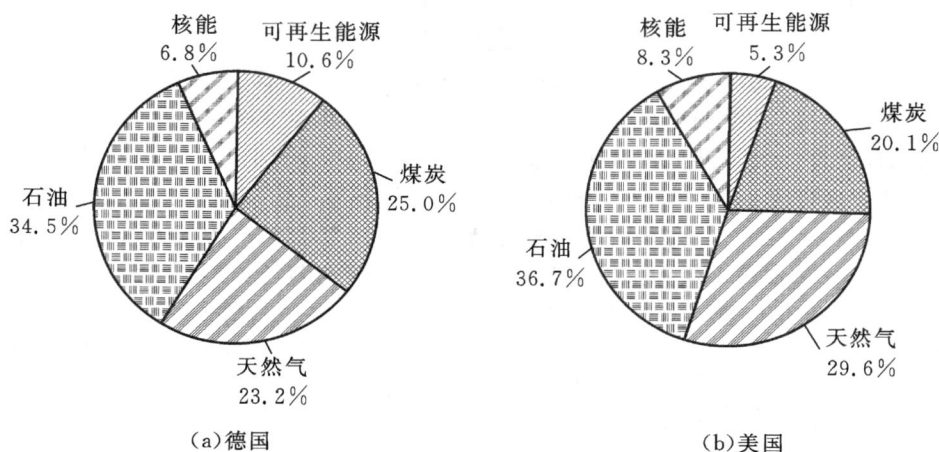

图3-5 2013年德国和美国能源消费结构

德国自2006年起,能源消费总体呈逐渐下降趋势,2000—2013年,德国能源消费结构发生了较大变化。可再生能源占比逐年增加且增幅较大,从2000年的2.5%增长到2013年的10.6%。化石能源合计占比从2000年的85.9%降至2013年的82.7%,其中天然气略有增加,从21.5%提高到23.2%;石油占比逐年下降,从39.0%减少到34.5%;煤炭消费占比从2000年的25.5%微降至2013年的25.0%。由于德国计划减少煤炭的使用,因此2000—2009年煤炭消费量及其占比逐渐减少,2009年曾下降至23.3%,但之后受"去核化"、煤炭价格下跌以及欧洲碳价下降等因素影响,煤炭作为廉价、稳定的传统能源,消费量又逐渐增加。另外,德国核能消费占比从2000年的11.5%减少到2013年的6.8%。

美国自2007年起能源消费总体呈下降趋势,2000—2013年,美国能源消费结构亦发生了较大的变化。可再生能源消费量略有增加,占比逐步增大,从2000年的3.5%增长到2013年的5.3%。化石能源合计占比从2000年的88.8%下降到2013年的86.4%,且化石能源消费结构也发生了较为显著的变化,其中天然气占比明显提高,从25.9%增加到29.6%,这主要受益于天然气价格的下降;煤炭和石油占比逐年下降,煤炭从24.6%减少到20.1%,石油从38.2%减少到36.7%。美国核能占比并不大,但也在逐年增加,2000年时为7.8%,2013年增加到8.3%。

与美国相比,德国化石能源的产量相对较低,由于较高的能源对外依存度,德国能源生产结构与消费结构差别很大。在两国2013年能源生产结构中,德国化石能源合计占48.5%,其中煤炭占39.4%,天然气占6.8%,石油占2.3%;而美国化石能源仍占据能源生产的主体地位,合计占83.6%,其中石油占23.7%,天然气占33.3%,煤炭占26.6%。德国除了煤炭之外,可再生能源是产量排在第二位的能源品种,占31.4%;而美国可再生能源仅占6.4%。核

能是德国产量第三的能源,占 20.1%;美国核能占 10.0%。2013 年德国和美国能源生产结构
如图 3-6 所示。

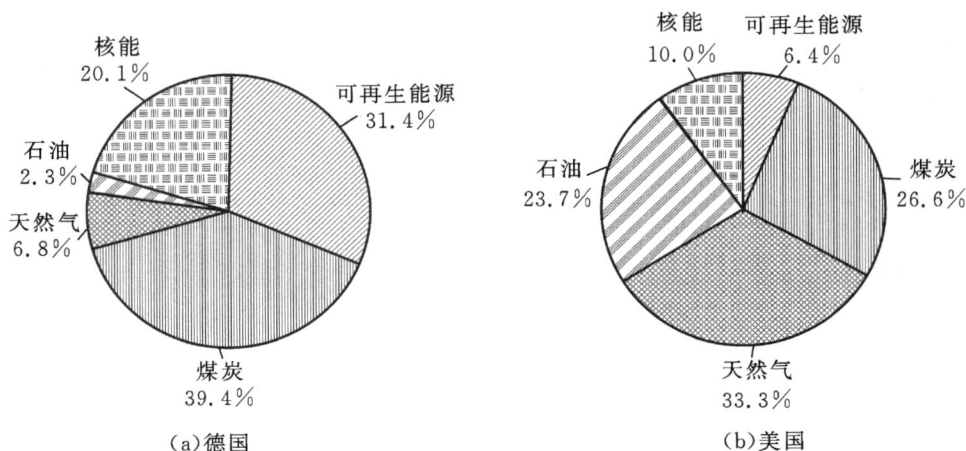

（a）德国　　　（b）美国

图 3-6　2013 年德国和美国能源生产结构

　　德国能源生产总量自 2006 年起总体呈下降趋势。从能源生产结构变化来看,2000—2013
年,德国可再生能源在能源生产结构的占比从 6.9% 增加到 31.4%,增幅巨大;化石能源生产
量占比从 61.4% 降至 48.5%,其中煤炭从 46.5% 减少到 39.4%,天然气从 12.5% 减少到
6.8%,石油从 2.4% 减少到 2.3%;核能占能源生产结构的比重逐年下降,从 31.6% 减少到
20.1%,而且最终将停止使用。美国能源生产总量自 2005 年开始呈现逐渐上升的趋势。从能
源生产结构变化来看,2000—2013 年,美国可再生能源占能源生产结构的比重略有增加,从
4.8% 增加到 6.4%;虽然化石能源生产量合计占比从 84.4% 下降到 83.6%,但其中天然气、
石油产量增长迅速,在能源生产结构的占比也分别从 2000 年的 29.6% 和 20.8% 增加到 2013
年的 33.3% 和 23.7%,这主要得益于页岩气、页岩油等非常规油气的大规模开发,而煤炭产量
占比逐年下降,从 34.1% 减少到 26.6%;核能占比略有减少,从 10.7% 减少到 10.0%。随着
能源结构转型,德国和美国与能源相关的碳排放量也明显下降,但美国较之德国总体偏高。
德国自 2000 年开始碳排放量呈现总体下降趋势,2013 年比 2000 年下降 11.1%;而美国从
2007 年才开始出现总体下降趋势,2013 年比 2000 年下降 8.0%。德国和美国碳排放量的
变化都非逐年下降,总体下降过程中都呈现小幅震荡。近两年,德国于 2012 年出现碳排放
量小幅回升,而美国于 2013 年出现类似情况,这与煤炭价格、尤其是褐煤价格较低有一定
关系。德国于 2013 年加大鼓励天然气发电及清洁煤发电替代原有传统煤电的力度,在一
定程度上抑制了本国碳排放量的增加。2000—2013 年德国和美国与能源相关的碳排放量
变化如图 3-7 所示。

　　德国国内能源资源相对贫乏,大部分依赖进口。虽然德国可再生能源发展迅速,在能源消
费结构和生产结构中占比越来越大,但由于"去核化"和减少煤炭使用,当前德国能源对外依存
度改善并不明显,仍在 60% 左右波动,近年来甚至有继续走高的趋势。相对而言,美国的能源
结构转型对其能源安全影响较大,自 2005 年美国能源对外依存度逐年下降,2013 年其国内能
源生产能够满足美国 83.1% 的能源需求,能源自给率上升至近 20 年来的最高水平。2000—
2013 年德国和美国能源对外依存度变化如图 3-8 所示。

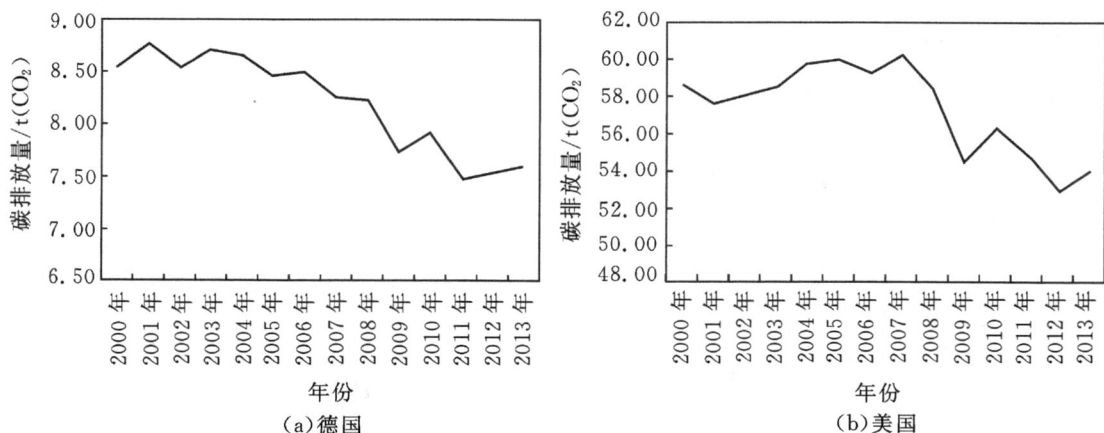

图 3-7 2000—2013 年德国和美国与能源相关的碳排放量变化

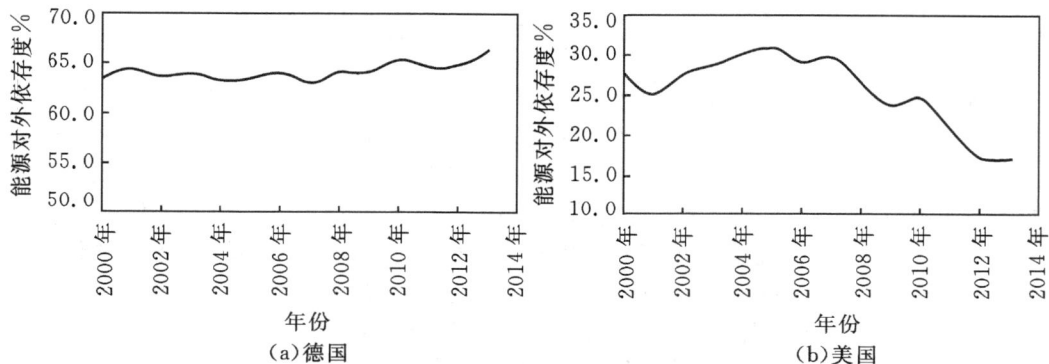

图 3-8 2000—2013 年德国和美国能源对外依存度变化

德国能源结构转型的主要目的是减少对进口石油和天然气的依赖、逐步停止使用核能、减缓气候变化等,其能源结构转型路径主要包括扩大可再生能源的使用以及淘汰核能、逐步减少煤炭的使用等两方面。扩大可再生能源的使用和加强能源技术开发是德国能源结构转型的一个显著特点,也是德国能源战略的重要支撑点。德国可再生能源的快速发展,与政府的政策扶持密不可分。通过 2000 年《可再生能源法》的实施,德国能源利用结构呈现出明显的多元化特征。2010 年,《能源方案》进一步提出到 2050 年完成"能源转型",将围绕"经济合理、供应安全、环境友好"三大核心原则进行,通过重点发展可再生能源等综合措施到 2050 年前实现以可再生能源为主的能源供应体系,完成从传统"化石能源"时代向"可再生能源"时代的整体迈进。当前,德国可再生能源发展迅速,其中增长较快的是风力发电、太阳能光伏发电以及生物质能。从 2000—2013 年德国可再生能源构成变化来看,风力发电占比从 20.3% 增长到 35.2%,太阳能光伏发电/发热从 0.2% 增长到 19.8%,生物质能/地热等从 12.7% 增长到 31.5%(图 3-9)。

虽然目前生物质能增长较快,利用途径日趋多元化,但可持续生物质能的潜力仍然有限,德国的政策也因此重在促进残渣与废弃物的利用。德国风力发电和太阳能光伏发电已居于世界领先地位,是德国能源转型的两大关键支柱和政府重点扶持的发展方向。目前,德国风力发电产能占全球产能 30% 左右,排名第一;太阳能光伏发电产能占全球产能的 12%,排名第三

（中国 27％，美国 21％）。2012 年，德国约有 7％ 的电力来自风力发电，且大部分来自陆上风力发电；约有 4％ 的电力来自太阳能光伏发电。

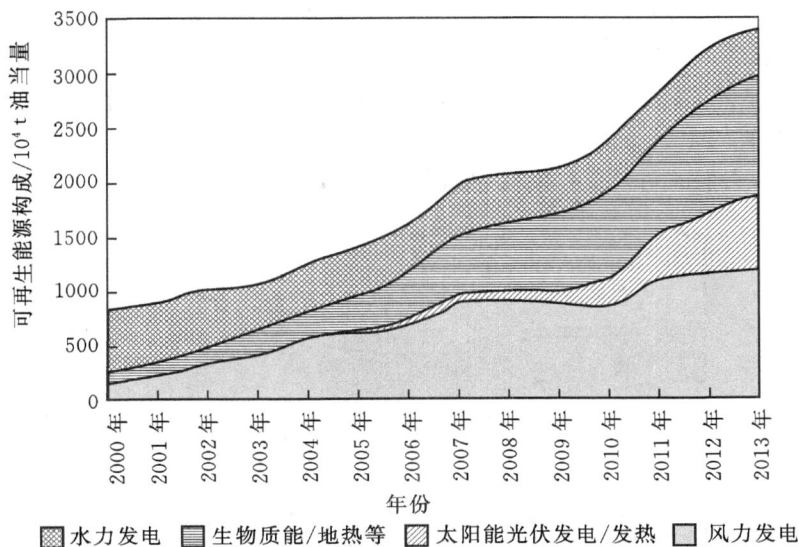

图 3 - 9　2000—2013 年德国可再生能源结构变化

　　德国风力发电和太阳能光伏发电的推广，主要得益于德国政府对于风力发电和光伏发电的优惠扶持政策以及先进的技术。从《可再生能源购电法》到《可再生能源法》《能源方案》《市场促进计划》等，德国政府分别从补贴、优惠政策、优惠贷款等方面，对风力发电和光伏发电予以扶持。而技术进步带来的成本下降也促进了两个产业的发展，尽管钢铁制造业原材料成本上升，德国风电成本自 1990 年以来还是降低了约 50％；太阳能光伏组件的价格在过去几年也持续下降，2008—2013 年间下降了近 50％，光伏发电已比海上风力发电便宜，足以与生物质能竞争，且能够在可预见的未来与风力发电竞争。

　　2011 年 3 月，日本福岛核事故的发生，使德国政府再次决定彻底淘汰核能，德国政府决定 2022 年前关闭其境内全部 17 座核电站。为了达到应对气候变化的目标，德国必须减少煤炭的使用，德国政府逐步削减对煤炭开采业的补贴，并逐渐淘汰关闭煤矿。与此同时，淘汰核能所带来的供电缺口，使得相对廉价的燃煤发电受到欢迎；而风力发电和太阳能光伏发电的不稳定性，也需要燃煤发电或燃气发电加以补充。由于以上两方面因素，导致德国减少煤炭使用的计划不能完全实施。德国在 2000—2009 年按照计划逐渐减少煤炭的使用，但之后受上述两方面因素的影响，加之煤炭价格下跌，煤炭消费量自 2009 年开始又逐渐增加，这也导致德国与能源相关的碳排放量在 2010 年和 2012 年出现回升。2013 年德国加大了替代传统燃煤发电的力度，从而在一定程度上抑制了本国碳排放量的增加。

　　美国自奥巴马政府上台以来，开始实施能源新政，主要内容包括两方面：一方面是集中力量调整美国的能源结构，力求以美国本土的资源满足国内的能源需求；另一方面是加强对核能、风能和太阳能等清洁能源的开发利用。其能源结构转型路径主要包括大规模开采非常规油气以及加强可再生能源技术研发。

　　美国的非常规油气，尤其页岩气、页岩油等发展迅猛。2012 年，美国页岩气产量已从 2000

年的 0.30×10^{12} ft³① 增至 9.72×10^{12} ft³,占天然气总产量的比例从 0.78％增加到 25.30％,EIA 预计 2013 年的产量约 9.35×10^{12} ft³;2012 年,美国页岩油产量已从 2000 年的 26×10^4 bbl/d (1bbl/d＝159 升/天)提高至 225×10^4 bbl/d,占液体燃料的比例从 2.96％增加到20.33％,EIA 预计 2013 年的产量约 348×10^4 bbl/d。在这种情况下,美国的天然气对外依存度逐渐下降,已经从 2000 年的 17.5％下降到 2013 年的 6.5％,同时液体燃料的对外依存度也从 2006 年的 67.3％下降到 2013 年的 46.3％。2000—2013 年美国天然气和液体燃料产量变化分别如图 3-10 和图 3-11 所示,它们的对外依存度变化如图 3-12 所示。

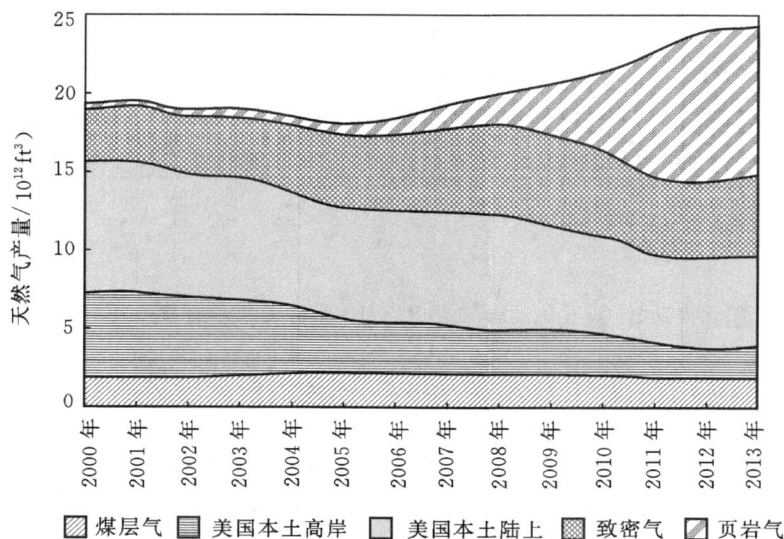

图 3-10　2000—2013 年美国天然气产量变化
（说明：资料源自美国能源信息署(EIA),2013 年为预计产量）

　　美国非常规油气的繁荣发展,亦受益于其能源政策的鼓励以及先进技术的研发。美国政府实施了一系列鼓励非常规油气发展的税收激励或补贴政策,包括《能源税收法案》《原油暴利税法案》《美国能源政策法案》等,通过对非常规油气实施税收优惠或减免、财政补贴以及政府投资技术研发等方式支持非常规油气的发展。美国联邦政府对页岩油气、开发提供的财政支持主要集中在技术研发方面,如专门设立非常规油气资源研究基金以支持非常规油气勘探开发项目、政府持续投资支持非常规油气研发等,从而最终取得了页岩油、气开采关键技术(水平钻井、水力压裂、随钻测井、地质导向钻井、微地震检测等)的突破以及在美国的率先应用。

　　美国可再生能源的生产和消费逐年增加,但总体应用仍然有限、发展较慢。究其原因,一是可再生能源相对于化石能源成本较高;二是可再生能源,尤其是风力发电、太阳能光伏发电等电源的不稳定性。近年来,美国可再生能源发展速度逐渐加快,主要是由于石油和天然气相对较高的价格以及国家和部分州政府对于可再生能源的鼓励政策。

---

①1 ft³＝0.0283 m³。

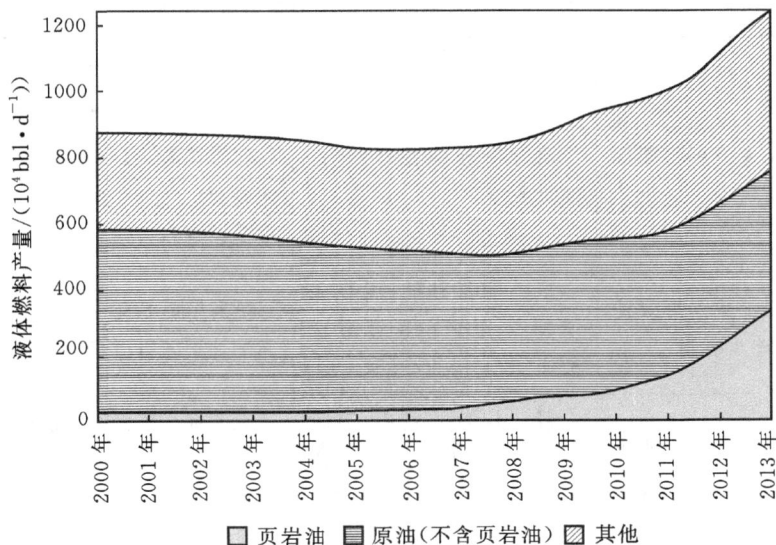

图 3-11　2000—2013 年美国液体燃料产量变化

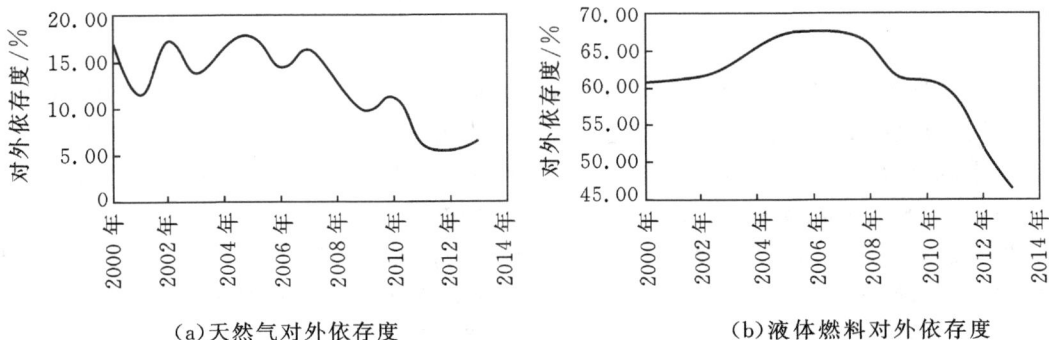

（a）天然气对外依存度　　　　　　　（b）液体燃料对外依存度

图 3-12　2000—2013 年美国天然气、液体燃料对外依存度变化

（资料来源：BP Statistieal Beview of World Energy 2014）

　　美国在可再生能源领域仍着重于加大科研投入，目前重点加强的一是陆上风电，二是太阳能光伏组件。美国政府多年来对风电的积极支持和大量技术研发资金的投入，使得风电技术日趋成熟，风电机组可靠性不断提高，发电成本也显著降低。太阳能是发展潜力最大的可再生能源技术，目前美国的太阳能光伏发电成本仍然较高，这其中不仅包括太阳能光伏组件的价格，同时也包括准入和安装费用，也就是所谓的"软费用"，在美国这部分费用是德国的 5 倍（例如，安装屋顶太阳能板，美国成本约为 3.34 美元/W，而德国约为 0.62 美元/W）。

　　德国和美国选择了两条不尽相同的能源结构转型路径，德国更关注低碳清洁转型，其转型路径主要是发展可再生能源以及淘汰核能、逐步减少煤炭使用；而美国则在关注低碳清洁转型的同时，更加关注能源安全，因此其转型路径既包括非常规油气的大规模开采，也关注可再生能源的前期研发。两者的转型路径比较如表 3-1 所示。

表 3-1　德国与美国能源结构转型路径比较

国家	主要路径	政策支持	能源结构转型效果
德国	扩大可再生能源的使用	政府补贴、优惠政策、优惠贷款等	可再生能源占能源生产结构和消费结构的比重提高，碳排放量降低；由于德国较高的能源对外依存度，可再生能源对改善能源安全影响尚有限
	逐步减少煤炭使用、淘汰核能	取消煤炭补贴，逐步关闭燃煤电厂；逐渐淘汰核能	随着核电站逐年关闭，煤炭用量增加，反而增加了碳排放量
美国	大规模开采非常规油气	税收优惠或减免、财政补贴以及政府投资技术研发等	大大提高了美国的能源安全，能源对外依存度逐年下降；天然气对煤炭的替代，减少了碳排放量
	加强可再生能源技术研发	加大可再生能源的科研投入等	成本仍然较高，虽然可再生能源占一次能源消费的比例上升，但尚未形成大规模的替代效应

　　德国能源结构转型取得了一系列成果，包括可再生能源占能源生产和消费结构的比重提高、碳排放量降低等。但是，在转型过程中也存在着一些挑战：在经济方面，由于可再生能源电价与常规电价存在成本差异，德国政府多年来持续不断地为其提供巨额补贴，当前德国电价居高不下，能源成本的增加使企业和个人难以承受；在技术方面，风力发电和太阳能光伏发电的不稳定性对电网安全带来较大影响，可再生能源的发展面临着电网和储能设备两大迫切需要解决的技术问题；在环境方面，"去核化"后，不得不增加燃煤发电，导致碳排放量上升。

　　美国能源结构转型通过非常规油气的大规模开采，大大提高了美国能源安全保障，同时以燃气发电代替燃煤发电，促进了节能减排。目前美国面临的挑战：一是可再生能源的发展相对德国而言较慢、成本仍较高，尚未形成大规模的替代效应；二是非常规油气储量和技术是否能够维持预测的产量增长速度。

　　由德国和美国的经验可知，能源结构转型是一个庞大的系统工程，需要经历一个很长的过程，包括渐变期或过渡阶段。目前，化石能源在德国和美国的能源消费结构中仍占据重要地位。德国近期煤炭使用量的增长，也表明风力发电和太阳能光伏发电尚不成熟，仍需要燃煤发电互为补充。而欧盟其他强调节能减排的国家，如法国、英国、西班牙、意大利等，在金融危机期间煤炭消费量及其占能源消费总量的比例也由降转升，2013 年煤炭消费量的增加更为明显。目前，技术进步已基本解决了煤炭大规模使用中二氧化硫、氮氧化合物和粉尘等的排放问题，二氧化碳减排也取得了重要进展，煤炭的清洁高效利用在此次能源转型推进过程中仍占据重要地位。同时，从美国非常规油气的大规模开采也可以看到，化石能源在能源结构转型中仍起到重要作用，尤其是天然气具有灵活性和环境效益，在能源结构转型过渡阶段具有重要意义，从长远来看将会处于繁荣发展的地位。

　　我国作为以煤炭为主要能源的发展中国家，能源结构转型更不可能一蹴而就，一方面应该加强新能源(包括非常规油气)和可再生能源的开发;另一方面也要进一步加强化石能源,尤其是煤炭的清洁高效利用。

随着人们对全球气候变化的愈发关注,能源结构低碳清洁转型已成为能源领域的一个重大课题。从长期来看,要应对气候变化,使用清洁能源、可再生能源是最根本的方法。尽管德国和美国选择了不尽相同的能源结构转型路径,但却都在可再生能源发展方面给予了政策扶持和大量的科研投入。

目前,德国和美国增速较快、政府重点扶持的可再生能源是风力发电和太阳能光伏发电。就全球而言,风力发电和光伏发电同样也增长迅速,IEA 预计,到 2035 年,可再生能源将占全球发电能力增长的一半,其中风力发电和太阳能光伏发电占比将达到 45%。虽然风力发电和太阳能光伏发电已经取得了很大进展,但从德国和美国的应用经验来看,仍存在成本较高、供电不稳定以及配套的电网和储能设备不足等问题,要形成大规模的替代效应还有待时日。

我国一直重视可再生能源的开发利用,风力发电和太阳能光伏发电等也在政府的支持下稳步发展。但是,我国可再生能源技术应用仍不成熟,在发展过程中应该充分认识到当前存在的技术瓶颈,合理布局产业规模,同时应加大对关键核心技术的研发投入。

技术进步是德国和美国能源转型的根本保障。德国高度重视与能源转型相关技术的研发,先后出台多期能源研究计划,不断加强对关键技术的研发投入。目前,德国在太阳能光伏发电、风力发电等领域居于全球技术前沿,而其当前可再生能源发展需要迫切解决的瓶颈也正是技术问题。美国对页岩油气开发提供的财政支持主要集中在技术研发方面,目前美国已率先掌握了页岩油气开采的关键技术(水平钻井、水力压裂等),对其非常规油气的发展起到了至关重要的推动作用。

我国的能源结构转型刚刚起步,技术薄弱、研发能力不足、技术产业化和市场化程度落后。应当积极吸取德国和美国技术进步的经验,加大对新能源和可再生能源技术研发的支持和投入力度,同时加强在该领域的技术合作与交流。

在能源结构转型过程中,当新的能源技术尚未成熟时,政府扶持、市场调节、环境目标并不能完全达成一致;同时,原有市场供给关系、能源企业、能源消费者等利益相关方必然受到冲击。当前,德国能源转型最大的挑战就是平衡经济增长与能源结构转型之间的矛盾——可再生能源靠政府补贴难以持续、市场机制选择的经济型能源与应对气候变化目标相违背。而美国在非常规油气与可再生能源的相互补充下,虽然应对气候变化的效果不如德国,但能源对外依存度逐渐降低,能源结构转型相对平稳持续。

我国在目前能源结构转型的趋势下,更应该充分进行前瞻性的战略规划和布局,处理好能源结构转型与经济增长、能源行业整体健康发展之间的平衡关系[3]。

3.1.4　能源系统智能化

能源科技创新加速推进,新一轮能源技术变革方兴未艾,以智能化为特征的能源生产消费新模式开始涌现。智能电网加快发展,分布式智能供能系统在工业园区、城镇社区、公用建筑和私人住宅中开始应用,新能源汽车产业化进程加快,越来越多的用能主体参与能源生产和市场交易,智慧能源新业态初现雏形。

"能源互联网"这一设想的出现改变了人们对于能源系统的认知。当前,能源互联网的内涵、架构及主要功能等概念正在不断完善,但到底应当如何建设,尚不明确,仍需借鉴国外先进的经验。美国、德国和丹麦作为较早开展能源系统转型研究的发达国家,在智能电网、需求侧响应和分布式能源系统等方面已积累了较多发展经验,能为我国能源互联网建设提供有益参考。已经介绍了美国、德国这两个国家能源系统转型的发展背景、发展历程和发展方向,阐述了各国在能源系统转型中的建设理念、工程实践和发展蓝图等。在此基础上,结合上述国家地理位置、资源状况及文化背景等特点,总结这 3 个国家在能源系统转型中各自的发展侧重点。

放眼国内,自改革开放以来,中国在能源领域取得了举世瞩目的成就,但同时也面临着严峻的挑战。首先,化石燃料的大规模使用导致我国环境污染日益严重,据统计,2015 年我国遭受雾霾的地区达到 90％。雾霾问题已经影响到了人们的日常出行及身体健康。其次,我国可再生能源虽发展迅速,风电装机容量世界第一,但弃风现象十分严重,2015 年全国平均弃风率15％,甘肃等地弃风率甚至达到 39％。能源利用率、可再生能源的消纳、环境污染等一系列问题制约着我国社会经济的可持续发展,急需一场能源革命来改造升级现有的能源系统,能源互联网由此被国内各界广泛关注。

能源互联网展示了一个多能源网与互联网深度融合的开放、平等、互动和共享的能源系统,能实现资源的最优利用。诚然,能源互联网的这一愿景十分美好,但要把现有的以化石燃料为支撑的能源系统改造成为清洁高效的多能源系统还有很长一段路要走。就国内而言,目前对能源互联网的发展尚停留在讨论阶段,其建设应如何起步,还不明确。反观国外,美国、德国、丹麦等发达国家虽未明确提出能源互联网这一战略,但对能源系统转型所做的研究能为我国建设能源互联网如何起步提供宝贵的经验。美国作为最早提出发展智能电网的国家,在构建智能电网方面已取得诸多成就并且积累了大量经验,为进一步构建新型能源系统奠定了坚实的基础。德国是最早实践能源互联网的国家,于 2008 年提出E-Energy 计划,力图打造新型的信息化能源网络,重点强调用户在整个能源系统中的突出地位。丹麦是欧盟众多国家中新能源技术的领跑者,风电消纳技术国际领先,同时丹麦的热电联产发展迅速,热电联产配合风电机组的协同优化模型取得了巨大的经济效益。因此,重点介绍美国、德国和丹麦能源系统转型的发展背景、发展历程及未来发展方向,总结并讨论这 3 个国家各自发展的特点。

美国自然资源丰富,化石资源总探明量居世界前列,是世界上重要的能源生产大国。同时,美国作为世界最大的经济体,资源消耗量巨大,也是世界上能源消费大国。早期高速、粗犷式的能源利用方式导致美国碳排放量巨大,环境问题日益严峻,这使得美国在国际谈判中一直处于被动地位。此外,2008 年爆发的金融危机使得美国经济低迷,失业率持续上升,社会矛盾较为尖锐。在内外双重压迫的情况下,奥巴马上台后提出新能源政策,大力发展智能电网、可再生能源和分布式能源等,以此来促进美国经济复苏和创造就业机会,同时加快推动能源结构的转型,构建清洁、高效的能源系统。早期美国虽没有明确提出"能源互联网"这一战略,但是其发展的智能电网和能源互联网在电网层面上较为相似。智能电网强调信息技术与电网技术深度融合,可看作能源互联网中热、气等多类型能源互相转换的枢纽,是发展能源互联网的基石。

智能电网是以现代信息和电网技术为支撑的、适应可再生能源接入的新一代智能化电网,坚强性、自愈性、兼容性、经济性、集成性和优化性是智能电网的六大特征。在功能上,智能电网能实现电能高可靠性、高质量供应,即使电网在受到大规模扰动时仍能保持供电能力;能适应可再生能源、分布式能源的大规模接入,实现用能的清洁化;能实时在线对电网进行安全评估,实现故障快速诊断隔离以及系统自我恢复;能持续性优化电网运行,实现各类资源的合理高效利用;采用统一标准的信息化管理平台,实现电网信息的互通共享。

电网层面,发电侧接入风力发电等可再生能源,减少发电环节的碳排放量,提高资源利用率;输配电侧安装智能电表、相量测量装置等设备,同时引入广域测量技术实时采集电网数据进行分析,实现电网的智能管理以及故障快速恢复;用电侧引入分布式能源、智能家居和电动汽车,利用价格信号引导用户改变自身消费行为,以此来实现需求侧响应。

信息层面,智能电网的信息管理平台由信息网络接入层、分析层和调度层三部分构成,以此来实现电网的智能管理。安装在电网侧的智能电表、相量测量装置等设备实时采集电网运行的相关数据,通过无线传输或专用信道发送到信息管理平台的接入层,由信息存储设备进行储存。之后由信息网络分析层将储存的信息取出后进行信息筛选、信息综合等步骤,转化为有用的信息,然后对其进行信息建模,以此来做出最优化决策发给调度层。调度层将决策形成调度命令发给各个主动响应设备,控制各设备完成调度指令。

截至 2010 年,美国已经在迈阿密、博尔德和德州等地区建设 99 个示范项目。项目内容主要包括智能电表设施建设、用户侧智能系统、智能输配电系统和综合能源系统等。以博尔德为例,由艾克希尔能源公司牵头在该地区投资建设了智能电网城市项目,项目包括建立新型的电能测量系统,实时监测各个节点的运行状况;升级电网支持独立的储能设备接入,包括电动汽车、锂电池等;改造升级现有的变电站,以便远程监测数据;建立风光储能系统,实现风电高效利用。据评估报告,自项目建成后 4 年时间,输配电网投资每年节省 120 万美元;碳排量下降 2.5%,每年减排量高达 100 万 t;高峰负荷削减 6.5%;变压器过载故障率下降 25%,取得显著收益。

随着电压源换流器、晶闸管控制电容器等电力电子技术及大数据分析、云计算等信息通信技术的发展,智能电网的各项技术正在逐步被完善,美国未来也将继续构建以智能电网为核心的能源系统。其主要通过智能电网将各类微型能源系统进行互联,同时运用互联网技术实现对微型能源系统的优化控制。

基于以上基础,2008 年,美国北卡罗纳州立大学提出了未来可再生能源传输和管理(Future Renewable Electric Errergy Delivery and Management,FREEDM)系统,希望构建各类分布式设备即插即用的新型电力系统,以此作为未来能源互联网发展的最初模型,主要包括物理层面和信息层面。物理层面上,69 kV 高压输电网和 FREEDM 系统通过 1 座高压电力变电站相连,实现能量的交换以及电压的变换。FREEDM 系统则由 12 kV 的智能配电网母线与各个独立的分布式模块通过能量管理设备相连,由能量管理设备实现对分布式能源、分布式储能装置以及各类型负载的自动管理。信息层面上,通过可靠的通信装置将各个节点采集后的信息送往分布式智能电网的大脑中,利用云计算和大数据等手段来完成智能分析,实现对各个节点的最优控制。

通过分析可以看出,能量管理设备类似于能量代理机构(aggregator),由其负责协调自己管理的分布式设备。此时,分布式智能电网的大脑并不会关心每个分布式设备的状况,而只关心各个能量管理设备处电能的流入流出情况,因此在调度时直接将调度指令发给能量代理机构,从而实现智能电网的分层分区管理。

基于上述框架,未来在分布式能源系统中逐步加入热电联产(Combined Heat and Power,CHP)电动汽车等设备,能量管理设备就逐步演变成了能量路由器(energy hub),12 kV 智能电网母线逐步变成了智能电网、智能气网、智能热网互相耦合的多能源网,电力市场最终也将演变成能量市场,此时 FREEDM 的框架即为未来美国发展的能源互联网的最初模型。

相较于美国、中国等,德国自然资源比较匮乏,矿物原料和能源主要依赖于进口。作为欧盟最大经济体和世界第五大能源消费国,德国工业尤其发达,早期能源主要依赖于进口的煤矿和石油,化石能源的大量使用使得环境污染严重,同时二十世纪七八十年代以来德国先后爆发了 2 次能源危机,德国政府先后出台了《能源经济法》等一系列政策鼓励开发风能、太阳能等可再生能源,以此来减轻对化石能源的依赖,调整能源消费结构。需要注意的是,受 2011 年日本福岛核危机的影响,德国决定放弃核能,重点加快推进新能源战略的实施,实现能源转型。

为大力加强对能源互联网的实践,德国联邦经济技术部于 2008 年投资 1.4 亿欧元启动了 E-Enemy 计划,在 6 个区域建设示范工程项目,旨在联合企业和高校,积极推动基于信息通信技术的高效能源系统的建设。该计划被誉为德国的"灯塔项目",其采取的措施及取得的成果如表 3-2 所示。

表 3-2　E-Energy 计划的主要措施及重要成果

序号	主要措施	重要成果
1	设计多种电价套餐,引入灵活的电价机制	研究用户满意度较高的电价套餐;用户通过智能电表了解多个时段的电力电价,根据电价高低手动调节用电设备,达到节约电费的效果
2	推广智能电表及智能家居,完善需求侧响应	通过智能电表采集的用户负荷数据定制每个用户的负荷曲线;根据每个用户的用电状况、电力价格及电网参数自动调节智能家居的运行,实现需求侧资源的整体调控
3	集中管理多类型分布式能源和大型负荷,构建虚拟电厂	冰库等大型负荷根据电价及风电出力的波动自主调节功率,减少了 16% 的风电出力不确定性,节约了 13% 的电能;构建区域性能源市场,实现区域能源最优管理
4	引入智能能源管家集中管理能源生产者、消费者和网络运营商,构建以消费者为核心的能源市场	实现用户侧与需求侧的直接互联并构建了新型的能源体系架构,证明以消费者为核心的能源体系的重要性
5	协调优化可再生能源发电设备、抽水蓄能水电站和智能家居,构建能源互联网的雏形	整合抽水蓄能电站、电动汽车等储能设备和可再生能源设备、智能家居组成虚拟电站直接参与电力市场交易,为分布式能源设备参与电力市场提供参考,同时论证区域市场实现 100% 清洁能源供电可行

通过分析上述措施可以看出,德国把建设新型能源系统的落脚点放在用户侧,改变了传统能源系统中用户处于被动的地位,强调用户自主响应对于整个能源系统的突出作用。因此,E-Energy 计划把研究重点放在如何将信息通信技术与能源系统融合起来,从而建设一个能自我调节的信息化能源系统,最大限度发挥用户侧资源的作用,实现用户侧资源的自我协调与优化配置。在用户侧资源管理方面,除了表 3-2 中提到的利用灵活电价机制引导用户改变用能方式、构建"能源管家"集中管理用户的智能家居和储能设备等措施外,德国还重点培养用户从能源消费者向能源产消者(prosumer)转变的意识,支持用户通过分布式发电装置满足自身的用电需求,努力构建"人人都是能源生产者,人人都是能源消费者"的格局,而这正是我国能源互联网所希望实现的。

在 E-Energy 计划后,德国并未停止对新型能源系统的研究,而是不断将"互联网+"的思维融入到能源系统的改造中,并且联合许多企业、高校陆续建设了未来能源网(Future Energy Grid)等多个示范项目,形成"企业主导,万众创新"的热潮。在政策激励与创新意识的大环境下,"互联网＋"的理念正在逐步落地,互联网精神正在逐步渗透到用户生活中,利用互联网更好地服务于用户这一理念逐步被德国社会接受。大到西门子、博世等大公司,小到只有几百名员工的福岛公司,都在努力推动着德国"互联网＋"产业的发展。例如,西门子前不久推出了基于大数据的智慧停车系统,通过安装在街头路灯上的传感器实时扫描周围停车位的使用状况,将扫描的数据结果通过智能手机 APP 传输给司机,通知司机哪边有潜在的空余停车位,然后导航仪会自动引导用户过去。如此,不仅司机停车困难、市区交通拥堵的情况得到了改善,城市的市政效益也获得了提升。

此外,受传统工业大国文化的熏陶,德国推出了工业 4.0 战略,提出要应用信息通信技术将互联网与传统产业相结合,实现对各行各业的产业升级,这使得"互联网＋"不再悬在空中,而是更接地气,更能引导社会各界积极参与。工业 4.0 更强调用户至上,通过信息物理融合系统实现人、设备与产品三者之间的实时联通交流,允许用户参与到产品的设计、加工、制造等过程中去,最终实现产品按照个人意愿生产。

丹麦占地面积很小,自然资源较为匮乏,除石油天然气外,其余资源较少,但是风能与生物质能比较丰富。20 世纪 70 年代以前,丹麦一直依赖石油作为主要能源,后来爆发的 2 次石油危机使得油价迅速上涨,丹麦由此决定改变依赖传统能源的消费模式,先后推出了《可再生能源利用法案》等政策鼓励开发风能、生物质能等可再生能源,同时推动废物回收利用和热电联产技术(Combined Heat and Power,CHP),使得各类能源能被高效利用。目前,在风能利用方面,丹麦已经处于世界领先水平,2011 年实现了可再生能源占比达到 20%。同时,CHP 系统也发展迅速,通过 CHP 产出的热能实现区域供热,满足了丹麦 60% 以上家庭的供暖需求。

丹麦是较早发展分布式能源和区域供热的国家,在发展分布式能源的政策制定、技术手段等方面积累了丰富的经验。分布式能源强调用户侧能源自给自足,是能源互联网在用户侧的具体体现,也是发展新型能源系统的重点。

丹麦分布式能源主要以 CHP 为主,早期丹麦的 CHP 厂规模较大且燃料接近 90% 是煤,后来随着经济和技术的发展,考虑到风电发展迅速且天然气逐步被开采,现在丹麦的 CHP 逐步趋于分散化且燃料开始以天然气为主。目前,丹麦已经有 670 座分散式与集中式 CHP 机组,满足大部分丹麦家庭供热及用电需求,同时,这些大大小小的 CHP 机组还能提供辅助服务帮助丹麦更好地消纳风电。热网和电网实现耦合互联,该模型可看作是能源互联网的雏形。

CHP 主要以天然气为燃料带动燃气发电设备运行,产生的电力加上风力发电共同满足用户用电需求;CHP 排出的热量外加电取暖产生的热量满足用户用热需求。CHP 产生的热量与电量是正相关,产生的电量越多,排除的余热也越多。在保证系统可靠运行的前提下,整个系统通过电价这只"无形的手"来实现优化运行。当风力发电不足,电价过高时,CHP 尽量多发电,同时产生的热量也较多,能满足用户需求;当风力发电过剩,电价较低时,CHP 尽量少发电,此时产生的热量可能难以满足用户需求,因此可利用风力过剩的电量通过电取暖满足用户用热需求。通过以上的热电交互在保证用户舒适度和系统安全可靠的前提下,可使整个系统的运行成本最小,同时 CHP 还能配合风电调峰,一举多得。

基于上述的热电交互模型,2011 年,欧盟在丹麦博恩霍尔姆岛开展了生态电网示范项目 Ecogrid EU 的实践。在原有的市场体系中,加入了以 5 min 为时间尺度的 Ecogrid EU 实时电力市场,实现电热气的联合优化。该项目包括 37 MW 的热电联产机组、柴油机组和 30 MW 的风力发电机组等电源,涉及 1800 多家装有智能电表的居民用户,鼓励小容量用户参与市场。系统运营商会根据系统的运行状况每 5 min 计算出电价后发给用户,用户的智能控制器会根据电价信号实时调节热泵、电取暖等可调度负荷,在不影响用户舒适的前提下满足用户的用能需求。该项目论证了实际电力系统中超过 50% 可再生能源运行的可行性,为后期新型能源系统的建设奠定基础。未来,丹麦的新型能源系统建设将在 Ecogrid EU 项目的基础上,继续引入电动汽车、锂电池等储能设备和储热水箱等储热设备,当发电或发热过剩时可将能量储存起来,等到发电或发热不足时使用,这样便突破发电和用电必须满足瞬时平衡的限制,实现"源—荷—储"在多时空尺度上的协调优化。此外,这些 CHP 机组作为较好的调峰资源,丹麦将继续升级改造国内现有的电力系统互联 CHP 机组,实现 CHP 机组与风力发电的广域优化,为 2050 年之前建立一个完全摆脱化石能源依赖的新型能源系统奠定基础[4]。

3.1.5 国际竞争复杂化

能源国际竞争焦点从传统的资源掌控权、战略通道控制权向定价权、货币结算权、转型变革主导权扩展。能源生产消费国利益分化调整,传统与新兴能源生产国之间角力加剧,全球能源治理体系加速重构。

近年来,国际能源市场的油气价格出现严重下跌,其主要原因包括:全球油气生产重心西移,供需对比发生巨变,主要能源出口国恶性竞争加剧等。截至目前来看,国际市场的油气价格很有可能在一个较长的时期里继续保持低位态势,这对于中国的能源安全战略既是机遇,也是挑战,一方面可能有利于中国从多方面提升自身能源安全水平,另一方面可能对中国的减排任务、海外能源投资与宏观能源管理产生新挑战。此次国际油气市场的波动,再度证明中国要重视能源安全风险,合理布局与利用能源,从中国实际情况出发,制定符合中国国情的能源安全战略。

从 2014 年下半年开始,国际原油价格陡然出现了断崖式的下跌,令整个国际市场深感震惊,之后的市场走势证明此次价格暴跌并非偶然现象,它表现出了强烈的持续性与长期性。在已经过去的两年中,国际石油与天然气的价格不断出现骤然下跌的情况,直至今日,市场观察者与产业界依然没有看到太多油气价格得以回涨的积极因素,国际油气市场很有可能继续维持低价位的现状。国际能源市场的基本格局已经发生了重大转变,这对于中国而言既是机遇又是挑战,需要进行认真的分析。

国际油气市场此轮低价态势的出现,并非偶然出现的意外事件,在其背后是国际能源格局的重大转变,主要体现在三个方面:生产重心的西移,供需对比发生重大变化,能源出口国恶性竞争加剧。全球市场中碳氢类能源生产重心原本位于东半球,尤其是集中于中东、非洲与俄罗斯,目前生产重心的西移主要指美国境内页岩油、气开发出现了高度的繁荣。经过美国联邦政府长达数十年的研究资助,美国页岩油、气开采技术在新世纪之后实现了实质性的突破,并被迅速应用于产业当中,这使得美国本土的页岩油、气产量在近年里突然出现了井喷式的急剧增长。2010 年,美国正式超越俄罗斯成为世界第一大天然气生产国,这一记录不仅保持至今,而且没有丝毫减弱的势头。英国石油公司发布的《2015 年度世界能源统计年鉴》的数据显示,全球其他地区的天然气出产增长率均面临不同程度的下降,俄罗斯、欧洲等国家和地区甚至出现了产量下跌的情况,然而美国的天然气产量却实现了破纪录的 6.1% 的增长率,占据全球天然气增产总量的 77%。

　　伴随着页岩气产量的迅速增加,用于开发页岩油与致密油的水平钻井与水力压裂法的技术也不断进步,导致美国国内非常规原油的产量出现了前所未有的急剧增长。得益于页岩油的开采成就,2014 年第一季度,美国的原油日均生产量超过 1100 万桶,超越了俄罗斯与沙特两大能源出口大国。英国石油公司的最新统计报告显示,2015 年,美国的天然气与原油产量均超越了俄罗斯,成为了世界上最大的碳氢类能源生产国。

　　美国页岩油、气生产的繁荣使得全球碳氢能源供应总量剧增,整个国际能源市场的供需结构也随之发生重大变化,简单来说,就是美国更多转向消费本国生产的能源,国际市场出现供大于求的情况。西方世界第一次石油危机之后,美国国会于 1975 年立法禁止境内绝大多数种类的原油出口,这一法律至今仍然有效。天然气出口所面临的情况也是类似的,法律规定美国只能向若干与其签署自由贸易协定的国家自由进、出口天然气,其余国家则需要能源部按例审批。这些限制意味着,美国本土页岩繁荣所带来的巨额油气产量基本上只能由美国自己消耗。根据英国石油公司的数据来看,2014 年美国境内原油产量为 11644 百万桶,消耗量为 19035 百万桶,天然气产量为 7283 亿 m^3,消耗量为 7594 亿 m^3;美国消耗了本国出产的全部天然气及超过出产量一半的原油。多年来美国一直是国际原油市场的最大买家,如今它已经转向主要依赖本国出产的原油与天然气,这直接导致美国急剧减少了从海外进口的油气能源的数量。美国是世界上最大的原油消耗国之一,多年来其日均石油与石油制品进口量一直保持在平均 1000 万桶以上,然而从 2014 年下半年开始至今,美国的每日进口石油与石油制品量已经缩减到了 500 万桶左右,这使得国际石油市场上出现了大量的产量冗余。

　　国际油气市场的供应端出现了冗余,消费需求端也出现了问题。在过去近十年中,中国、印度、南非等国作为全球城市化与工业化速度最快的新兴经济体,对进口油气能源保持了不断高涨的需求,是全球排名靠前的能源消耗国与进口国。然而从去年开始,中国经济增速放缓,使得国内对于进口油气能源的需求量也出现了较大幅度的回落,印度、南非等国也出现了类似的问题,传统的能源消耗大国对国际市场油气产品的需求欲望已经大大减少了。

　　国际市场油气价格的巨跌迫使沙特、俄罗斯等传统能源出口大国不得不开始思考如何应对这一新形势。出于对抢占市场份额的考虑,有关国家最终都选择不减产的策略,希望以此来与其他产油国竞争对手进行一场"价格战"。这一做法的直接结果就是国际市场上油气产品进一步增加,供大于求的态势进一步恶化,油气价格也因此进一步下跌。油气出口国之间的恶性竞争导致了冗余不断增加、价格不断下跌的连锁反应。国际能源署指出 2016 年的全球原油增量需求将进一步减少,与此同时 OPEC 的产油量却在进一步增加,这意味着油价的走低势头可能并未停止。受困于原油低价位的影响,同时由于中、日、韩等传统天然气进口大国的经济疲软、需求降低,天然气价格也呈现出一路走低的态势。

　　总的来看,国际原油与液化天然气市场的价格下跌趋势还会继续保持,且各种数据表明,这种供需失衡的局面在未来数年间将会进一步强化,国际市场的油气低价位局面有可能持续较长一段时间[5]。

3.2　国内能源发展趋势

3.2.1　能源消费增速明显回落

钢铁、有色、建材等主要耗能产品需求预计将达到峰值,能源消费将稳中有降。在经济增速趋缓、结构转型升级加快等因素共同作用下,能源消费增速预计将从"十五"以来的年均9%下降到2.5%左右。

我国在2005年实现钢材进出口平衡后,国内粗钢表观消费量开始小于粗钢产量,进入净出口阶段。2013年,国内第三产业开始超过第二产业,这也是各国钢铁工业达到峰值的一个普遍性规律。我国在2013年粗钢表观消费出现7.63亿t的一个峰值,人均粗钢消费量达到562 kg,超过了发达工业化国家峰值时的平均值(545 kg)。但中国各区域经济发展的不平衡,决定了中国不会像其他发达国家那样,在峰值年之后出现断崖式的需求衰减,而是会出现一个高位消费波动的峰值平台区。这个峰值平台区运行若干年后波动下行,直至达到后工业化阶段一个新的平台区。

"十三五"期间,中国经济将由工业主导型转向服务业主导型,由传统产业主导型转向创新主导型,由投资主导型转向消费主导型。预计2018年,中国钢铁需求将进入峰值平台区。从GDP构成和投资构成的变化情况分析,我国钢材消费强度不断降低。2005年,万元GDP消耗钢材200 kg,而2014年为110 kg,平均每年降低12 kg。预计"十三五"末,我国万元GDP耗钢量将降到20~30 kg。同时,中国在2016—2017年化解过剩钢铁产能1.5亿t左右,取缔地条钢产能1.2亿~1.5亿t。在需求放缓和化解过剩产能的双重影响下,中国钢铁产量将呈现下降的趋势。

我国经济发展进入新常态,以大型基础设施投资为主体的发展模式也将发生转变,对建材产品消费需求量的增长将逐步减弱,耐火材料等传统建材产品需求总量将达到饱和点或趋于下降。同时,经济持续发展和工业化水平不断提高,使得耐火材料的消费需求和消费结构也在逐步升级。随着供给侧结构性改革的推进,供应侧结构与需求侧变化同步升级,耐火材料市场空间已由过去高速增长转换为平稳过渡状态。随着产品功能提升与用途的开发,传统产业将从产品创新、技术提升、延长产业链、增加下游产业新需求中寻求新的增长点。耐火材料主要下游行业市场预测如下。

钢铁行业:钢铁工业发展今后将以化解过剩产能为核心,积极稳妥实施去产能,实现"十三五"期间粗钢产能净减少1亿~1.5亿t的目标;以降低能源消耗为目标,全面实施节能减排升级改造,能源消耗总量和污染物排放总量双下降的目标,分别下降10%和15%以上;通过兼并重组,优化行业区域布局,推进行业升级发展。预测到2020年,我国粗钢产量将下降到7亿t,生铁产量约6亿t。钢铁行业耐火材料年需求量约910万t。

建材行业:解决产能过剩,特别是化解水泥、平板玻璃行业产能严重过剩是决定行业转型升级、稳定增长的关键。根据建材工业"十三五"发展规划,2020年前,要淘汰落后水泥产能5亿t以上,淘汰平板玻璃2亿重量箱以上,其他建材产业至少压减产能15%以上。预测未来几年,建材行业对于耐火材料需求量将减缓,到2020年,我国水泥产量约20亿t,以水泥、玻璃、陶瓷等为代表的建材工业耐火材料年需求量约120万t。

有色金属行业:"十三五"期间,我国有色金属工业产业结构将进一步优化,发展质量和效益提高,行业对高技术、高附加值的耐火材料制品需求量将提高,耐火材料制品总需求量将继续维持平稳增长态势。同时,随着有色金属冶炼技术进步及耐火材料行业本身技术进步,吨产品冶炼需要的耐火材料量也将呈下降趋势。预测"十三五"期间,有色行业对耐火材料的需求量年均增长率约为5%。2020年有色金属行业耐火材料年需求量将各达到220万t。

《中国煤炭峰值预测》课题组对中国煤炭市场需求趋势、煤炭需求峰值等热点问题进行研究,并在2014年3月发布研究结论。煤炭工业规划设计研究院有限公司在此基础上,开展了煤炭峰值预测后续研究。根据新的宏观形势变化和相关行业发展趋势,对上述煤炭需求预测结果进行了调整。研究采用部门耗煤法,分三种 GDP 情景预测了煤炭峰值。推荐 GDP 中速发展情景下的预测结论:中国煤炭消费将在 2020 年左右达到峰值,约为 43.6 亿 t。

实行能源消费总量和强度双控制,是党的十八大提出的大方略,是推进生态文明建设的重点任务。综合考虑我国经济社会发展阶段、能源消费趋势变化等因素,经过充分论证并广泛征求各方面意见,《能源发展"十三五"规划》提出:"到 2020 年把能源消费总量控制在 50 亿吨标准煤以内",与国民经济和社会发展规划纲要保持一致。从年均增速看,"十三五"能源消费总量年均增长 2.5% 左右,比"十二五"低 1.1%,符合新常态下能源消费变化新趋势。从能源强度看,按照规划目标测算,"十三五"期间单位 GDP 能耗下降 15% 以上,可以完成《纲要》提出的约束性要求。

为确保能源安全,应对能源需求可能回升较快和局部地区可能出现的供应紧张局面,《能源发展"十三五"规划》考虑了相关对策,给保障能源安全供应留有了一定余地和弹性,主要是通过提高现有发电机组利用率、提升跨区调运和协同互济保供能力等措施,确保能源充足稳定供应。

3.2.2　能源结构双重更替加快

"十三五"时期是我国实现非化石能源消费比重达到 15% 目标的决胜期,也是为 2030 年前后碳排放达到峰值奠定基础的关键期。煤炭消费比重将进一步降低,非化石能源和天然气消费比重将显著提高,我国主体能源由油气替代煤炭、非化石能源替代化石能源的双重更替进程将加快推进。

2017 年,我国新增发电装机连续第 4 年超过 1 亿 kW,尤其是非化石能源发电装机继续大幅增加,在全部新增发电装机中的比重达到 65% 左右,连续 5 年超过一半以上,非化石能源已成为我国新增电力装机中的主力。特别是光伏发电新增装机再创纪录,超过 5000 万 kW,相当于 2015 年全球新增光伏发电装机总量。

随着发电装机容量增加,清洁电力生产量也明显增加。根据初步估算,2017 年,全国水电全年发电量约 1.2 万亿 kW·h,风电和光伏发电分别首次超过 3000 亿 kW·h 和 1000 亿 kW·h,核电发电量也达到 2500 亿 kW·h 左右,生物质发电约 800 亿 kW·h,全年非化石能源发电量预计接近 2 万亿 kW·h,同比增加约 10%。非化石能源电量在全部发电量中的比重接近 30%,再创历史新高。

2017 年,风电、光伏发电及生物质发电等非水可再生能源发电累计发电量约 5000 亿 kW·h,仅风电、光伏发电及生物质发电三项的新增发电量就超过 1200 亿 kW·h,相当于 2016 年三峡电站发电量的 1.3 倍。值得注意的是,2017 年,风电、光伏发电和生物质发电的能源贡献总量已超过 1.5 亿吨标煤,在能源消费量中的比重约为 3.5%,同比提高约 0.8%,是"十二五"以来增幅最高的一年。加上水电和核电两项,全部非化石能源在能源消费中的比重超过了 14%,距离国家提出的到 2020 年非化石能源在一次能源消费中比重达到 15% 的目标已经非常接近。

关于能源结构调整。优化能源结构,实现清洁低碳发展,是推动能源革命的本质要求,也是我国经济社会转型发展的迫切需要。《能源发展"十三五"规划》提出,"十三五"时期天然气消费比重力争达到 10%,煤炭消费比重降低到 58% 以下。按照规划相关指标推算,非化石能源和天然气消费增量是煤炭增量的 3 倍多,约占能源消费总量增量的 68% 以上。可以说,清洁低碳能源将是"十三五"期间能源供应增量的主体。

实现《能源发展"十三五"规划》确定的结构调整目标,既有现实基础,又有一定的难度和挑战,要突出从三个方面抓落实。一是继续推进非化石能源规模化发展。做好规模、布局、通道和市场的衔接,规划建设一批水电、核电重大项目,稳步发展风电、太阳能等可再生能源。二是扩大天然气消费市场。创新体制机制,稳步推进天然气接收和储运设施公平开放,鼓励大用户直供,降低天然气利用成本,大力发展天然气分布式能源和天然气调峰电站,在民用、工业和交通领域积极推进以气代煤、以气代油,提高天然气消费比重。三是做好化石能源,特别是煤炭清洁高效利用这篇大文章。在今后较长时期内,煤炭仍是我国的主体能源,这是最基本的国情。要坚定不移化解过剩产能、淘汰落后产能、发展先进产能,优化煤炭生产结构,要坚定不移地发展煤炭洗选加工和超低排放燃煤发电,推进煤制油气、煤制烯烃升级示范,走符合中国国情的煤炭清洁开发利用道路。同时,加快推进成品油质量升级,推广使用生物质燃料等清洁油品,提高石油消费清洁化水平。

3.2.3 能源发展动力加快转换

能源发展正在由主要依靠资源投入向创新驱动转变,科技、体制和发展模式创新将进一步推动能源清洁化、智能化发展,培育形成新产业和新业态。能源消费增长的主要来源逐步由传统高耗能产业转向第三产业和居民生活用能,现代制造业、大数据中心、新能源汽车等将成为新的用能增长点。

关于能源发展布局。受资源禀赋等因素制约,我国重要的能源基地大都分布在西北部,长期以来形成了西电东送、西气东输、北煤南运的能源格局和流向。但经济进入新常态后,主要能源消费地区市场空间萎缩,对接受区外能源的积极性普遍降低,能源输送因地区之间利益影响矛盾加剧。根据新形势的变化,综合考虑资源环境约束、可再生能源消纳、能源流转成本等因素,《能源发展"十三五"规划》对"十三五"时期的重大能源项目、能源通道作出了统筹安排。其中,在能源发展布局上做了一些调整,主要是将风电、光伏布局向东中部转移,新增风电装机中,中东部地区约占58%,新增太阳能装机中,中东部地区约占56%,并以分布式开发、就地消纳为主。同时,输电通道比规划研究初期减少了不少,还主动放缓了煤电建设节奏,严格控制煤电规模。在规划实施过程中,将密切跟踪布局及这些调整措施的变动情况和实施效果,动态评估新变化,分析新问题,研究采取新对策。

3.2.4 能源供需形态深刻变化

随着智能电网、分布式能源、低风速风电、太阳能新材料等技术的突破和商业化应用,能源供需方式和系统形态正在发生深刻变化。"因地制宜、就地取材"的分布式供能系统将越来越多地满足新增用能需求,风能、太阳能、生物质能和地热能在新城镇、新农村能源供应体系中的作用将更加凸显。

关于提高能源系统效率和发展质量。当前,随着能源供应出现阶段性宽松,我国能源发展不平衡、不协调、综合效率不高等问题逐步显现。突出表现在煤炭产能过剩、煤电利用小时数下降、系统调节能力与可再生能源发展不相适应等。解决好这些问题是一项长期任务,主要途径是优化能源系统,对此,《能源发展"十三五"规划》提出了四个方面的对策措施:一是有效化解过剩产能。坚决把国务院确定的煤炭去产能的部署落实到位。需要强调的是,去产能主要运用市场化、法治化手段,更加注重运用安全、环保、技术、质量等标准,淘汰落后产能。二是加快补上能源发展的短板。增强电力系统调峰能力,加快抽水蓄能电站、天然气调峰电站建设,同时加大既有的热电联产机组、煤电机组灵活性改造力度。统筹推进油气管网建设,在提升骨干网输送和进口接收能力的同时,加强支线管网建设,打通"最后一公里"。推进城镇配电网建设,既要补欠账又要上水平,在健全网架的同时加快智能化升级。三是深入推进煤电超低排放和节能改造。"十三五"期间要完成煤电机组超低排放改造 4.2 亿 kW,节能改造 3.4 亿 kW。四是严格控制新投产煤电规模,力争将煤电装机控制在 11 亿 kW 以内。

3.2.5　能源国际合作迈向更高水平

"一带一路"倡议和国际产能合作的深入实施,推动能源领域更大范围、更高水平和更深层次的开放交融,有利于全方面加强能源国际合作,形成开放条件下的能源安全新格局。

关于提升能源安全战略保障能力。《能源发展"十三五"规划》既强调了要牢固树立底线思维,坚持立足国内,增强能源自主保障能力;又考虑了要抓住当前国际市场供需宽松的机遇,充分利用国际能源资源。在增强国内供应能力方面,提出要夯实油气供应基础,着力提高两个保障能力。一是加大新疆、鄂尔多斯盆地等地区勘探开发力度,加强非常规和海上油气资源开发,提高资源的接续和保障能力。二是有序推进煤制油、煤制气示范工程建设,推广生物质液体燃料,提升战略替代保障能力。在利用国际资源和市场方面,提出要抓住"一带一路"建设的重大机遇,推进能源基础设施互联互通,加大技术装备和产能合作,积极参与全球能源治理,实现开放条件下的能源安全。同时,"十三五"期间还要坚持节约优先的方针,着力推进相关领域石油消费减量替代,重点提高汽车燃油经济性标准,大力推广新能源汽车,大力推进港口、机场等交通运输"以电代油""以气代油"。

3.3　能源展望

综合对全球能源供需格局的展望结果,虽然不同机构对未来各种能源的发展势头预测各不相同,但总体而言,2030 年全球能源格局不会发生大的改变。

全球一次能源需求增速逐步放缓,化石能源仍将是目前到 2030 年期间世界能源的主导。未来 15 年,随着经济社会的发展,能源需求总量持续增加,2030 年将达到 230 亿～260 亿吨标煤,其中煤炭、石油和天然气等化石能源将占据能源需求总量的 80% 左右。虽然煤炭消费量持续下降,但是石油和天然气消费量仍会保持较高水平,化石能源仍旧是未来能源消费的主力。

非化石能源将在未来 15 年间取得重大发展,一次能源需求结构将逐步向清洁能源转型。非化石能源增长速度将超过传统化石能源,到 2030 年,非化石能源占一次能源总量的比重将超过 20%,清洁替代效果显著。

工业、交通和居民及其他部门是终端能源需求的主体,终端能源供应的主体将逐步由传统化石能源向电能转换。2030 年,工业、交通和居民及其他部门的终端能源需求占比均超过 25%。2030 年,电力需求总量达 32 万亿～37 万亿 kW·h,年均电力需求增速快于一次能源需求增速。2030 年,电能占终端能源消费的比重较 2010 年增长 2%～6%,电能替代效果显著。

随着电力系统清洁能源消纳能力的提升,非化石能源的发电规模逐年提高。在化石能源方面,2030 年,煤电和气电的比重分别超过 30% 和 20%,油电发电量下降显著,2030 年的比重低于 3%。在非化石能源方面,2030 年的核电发电比重在 10%～16%,水电及其他非化石能源的发电规模增速迅速,大多数机构普遍认为 2030 年其发电比重将超过 20%。

3.3.1 能源需求预测

能源需求增长放缓:中国能源需求增长年均 1.9％,不到过去 20 年年均增速(6.3％)的 1/3。2035 年,中国能源消费增长 47％(全球平均增长 31％),在全球能源消费中的占比从 2015 年的 23％升至 2035 年的 26％。

控制传统能源增长:煤炭需求在 2025 年达到峰值,2026—2035 年将以年均 1.1％的速度下降。2035 年,煤炭需求下降 2％,占 2035 年全球煤炭需求的 47％。石油需求增长 61％,天然气需求增长 186％。

能源强度下降:对比全球年均降幅 2％,2015—2035 年,中国的能源强度以年均 3％的速度下降。随着中国经济增长 167％,2035 年中国的能源强度下降 45％。

清洁能源快速增长:2015—2035 年可再生能源发电增长 695％,核电增长 644％,且中国占全球核能发电量的 31％,水电增长 38％。

一次能源需求总量随着经济发展和人口增长而不断增加,但需求增速明显放缓。总体来看,2020 年全球一次能源需求总量将达到 200 亿吨标煤左右,增速从 2010—2020 年的 1.1％～1.7％降至 2020—2030 年的 0.7％～1.5％,2030 年一次能源需求总量达到 230 亿～260 亿吨标煤。从机构预测的情况来看,国网能源研究院和美国能源信息署对能源需求增长态势比较乐观,预计 2030 年的一次能源需求总量超过 250 亿吨标煤,而埃克森美孚、中国石油经济技术研究院和国际能源署的估计则比较保守,预计 2030 年仅为 230 亿吨标煤。随着经济的持续增长和人民收入的提高,人均能源需求量将会稳定上升,2020 年和 2030 年的人均能源需求量分别为 2.5～2.9 吨标煤和 2.5～3.1 吨标煤。仅有埃克森美孚认为 2020 年的人均能源需求量(2.8 吨标煤)与 2010 年(2.8 吨标煤)基本持平,2030 年的人均能源需求量略有下降(2.7 吨标煤)。2020 年与 2030 年全球能源需求总量与人均需求量预测如图 3-13 所示。

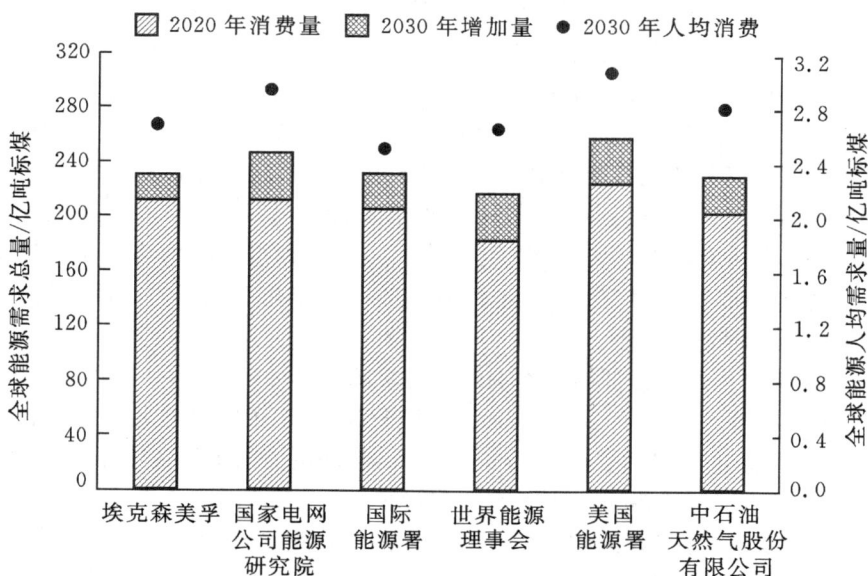

图 3-13 2020 年与 2030 年全球能源需求总量与人均需求量预测

全球终端能源需求总量持续增加,工业、交通和居民及其他部门的消费量均同步增长。具体来看,2020 年全球终端能源需求总量将达到 131 亿～146 亿吨标煤,增速将从 2010—2020 年的 1.6%～1.8% 降至 2020—2030 年的 1.1%～1.6%,2030 年的终端能源需求总量达到 153 亿～164 亿吨标煤。终端能源消费增速的放缓,一方面是由于以中国为代表的发展中国家逐步完成工业化,钢铁、建材等高耗能产品的需求进入峰值平台期;另一方面是由于各国提高对节能减排的重视程度,加大了对其支持力度,单位产品能耗趋于下降。分部门来看,工业、交通和居民及其他部门的终端能源需求将分别由 2020 年的 44 亿～45 亿吨标煤、32 亿～42 亿吨标煤和 54 亿～61 亿吨标煤增至 2030 年的 47 亿～51 亿吨标煤、42 亿～46 亿吨标煤和 64 亿～68 亿吨标煤,年均增速分别为 1.4%～1.5%、1.5%～1.8% 和 1.1%～1.8%。

电力需求增速超过一次能源消费增速,电能替代是全球终端能源利用的基本趋势。2020 年全球电力需求总量将达到 32 亿～34 亿吨标煤,年均电力需求增速为 2.0%～2.7%,较同期一次能源需求增速高出 0.6%～1.0%;2030 年电力需求总量达到 39 亿～45 亿吨标煤,年均电力需求增速约为 2.0%～2.9%,较同期一次能源需求增速高出 1.0%～1.8%。各家机构普遍认为,电能占终端能源消费的比重逐年提高,其中国网能源研究院的展望报告对电能的发展最为乐观,2030 年将达到 27%,略高于当前世界发达国家的电能占比,较 2010 年提高 6%。其他 5 家机构认为,2030 年的电能占比将较 2010 年提高 2%～4%,预示着电能在终端能源供应体系中承担越来越重要的作用。2020 年和 2030 年电力需求及电能占终端能源消费比重如图 3-14 所示。

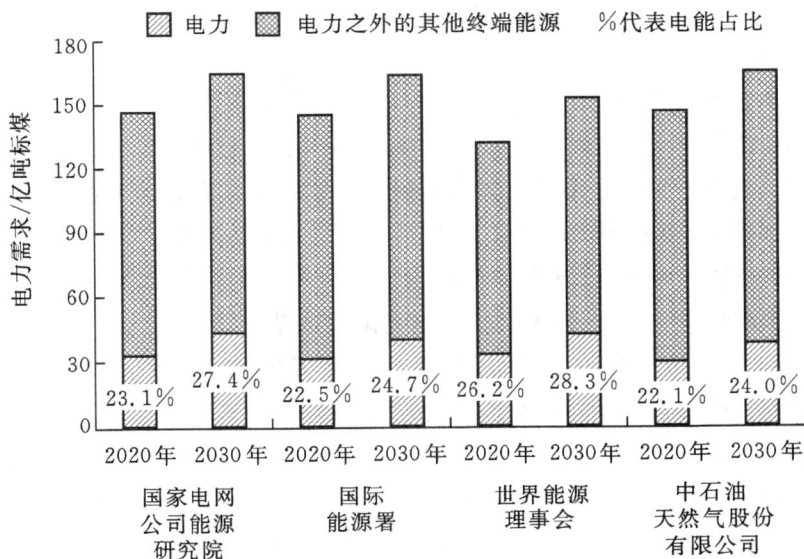

图 3-14　2020 年和 2030 年电力需求及电能占终端能源消费比重

化石能源方面,煤炭和天然气作为最重要的化石能源发电来源,2030 年的发电比重分别超过 30% 和 20%,油电发电量下降显著,2030 年的油电发电量占总发电量的比重将低于 3%,其中世界能源理事会的展望报告中甚至预测 2030 年的油电发电量为零。非化石能源方面,2030 年的核电发电比重比较稳定,在 10%～16%,水电及其他非化石能源的发电规模增速迅速,大多数机构普遍认为 2030 年其发电比重将超过 20%,其中国网能源研究院和国际能源署对其估计最为乐观,预计将超过 30%[6]。2020 年和 2030 年全球分品种发电比重如图 3-15 所示。

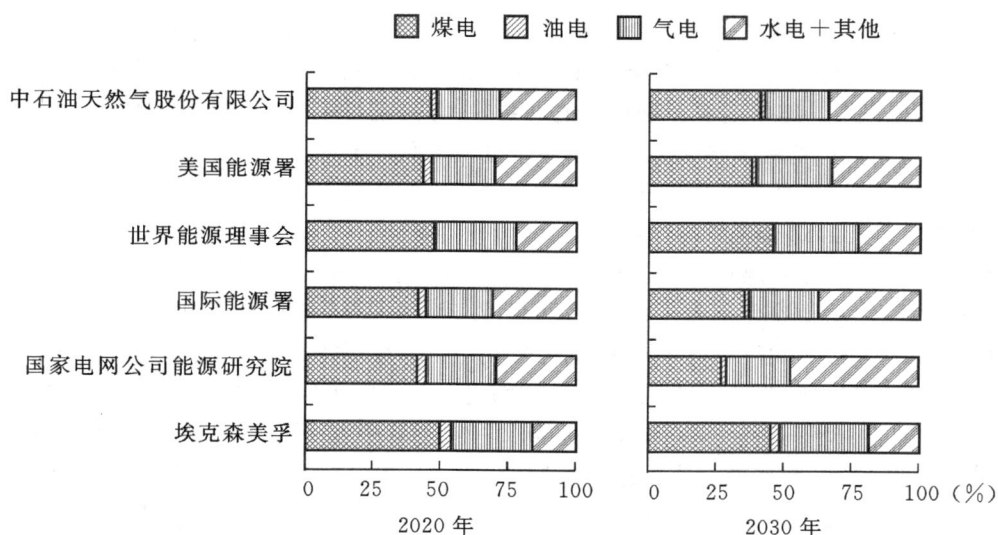

图 3-15　2020 年和 2030 年全球分品种发电比重

3.3.2　能源生产预测

能源产量进一步增长：中国能源产量增长 38％（全球平均增长 29％），2035 年在全球能源产量中占比 20％。

化石燃料产量继续增长：天然气 46％和煤炭 1％的增长超过石油产量 13％的减少。到 2035 年，中国将成为仅次于美国的第二大页岩气生产国，产量增至 124 亿立方英尺/d[①]。

到 2035 年，世界石油产量增长主要由掌握大规模和低成本石油资源的中东、美国和俄罗斯等国家和地区推动；中东欧佩克国家、俄罗斯和美国在石油产量中的份额从 2015 年的 56％升至 2035 年的 63％。届时，美国石油产量预计可达 19×10^6 桶/d，俄罗斯预计可达 12×10^6 桶/d，巴西产量增加 2×10^6 桶/d，其他非欧佩克国家产量下降，其占液体能源份额从 2015 年的 30％下降到 2035 年的 24％，这将是 BP 自 1965 年开始做统计数据以来的最低份额。

石油消费量还会增加，但其增速会逐步放缓（预计年均 0.7％）。主要是非燃烧使用的需求取代交通需求成为石油需求增长的主要来源。所有油品需求增长均来自新兴经济体，而经合组织需求下降趋势持续。但随着燃料效率显著提高和非石油燃料加快推广，石油燃料来自交通需求增长的推动逐渐减弱。交通石油需求增长的减缓导致石油总需求增长的逐渐减慢，从近期的 1×10^6 桶/d 的增量下降到 2035 年的 4×10^5 桶/d 的增量。

在今后一段时间内，世界天然气产量增速将快于石油和煤炭，预计 2015—2035 年世界天然气产量年均增长 1.6％。分地区看，中东、俄罗斯和澳大利亚将引领常规天然气产量的增长（年均 0.7％）。页岩气产量（年均增长 5.2％），约占天然气供给增长的 60％，并由美国驱动（美国页岩气产量翻倍至 12.18×10^8 m³/d）。页岩气约占世界天然气供给增长的 66.7％，到

---

①1 立方英尺/d≈0.02832 m³。

2035 年,页岩气占天然气总产量的 25%,届时中国将成为世界第二大页岩气供给国。世界 LNC 产量在展望期内强劲增长,美国(5.38×10^8 m³/d)和澳大利亚(3.68×10^8 m³/d)引领增长。LNC 以近 300% 于国际天然气贸易增长的速度增长,到 2035 年将占世界天然气总交易量的 50% 左右(当前为 32%)。世界天然气消费主要需求增长中心是中国,中国天然气消费量增长(年均 5.4%,10.19×10^8 m³/d)超过国内产量,使得进口天然气占总消费量的份额从 2015 年的 30% 升至 2035 年的近 40%。分部门来看,对消费量增长贡献最大的是工业部门(燃烧和非燃烧使用加起来占新增消费的 45%),其次是电力部门(36%)。

世界煤炭需求量增速相对过去急剧下降(年均 0.2%,过去 20 年年均 2.7%),预计在 2025 年左右达到峰值。到 2040 年,世界煤炭需求量将增长 2.14×10^8 m³/d 油当量,比 2025 年预计的 4.85×10^8 m³/d 油当量减少一半还多。分析认为,煤炭消费量放缓主要是由于中国经济转向更可持续的增长模式,以及政府政策促使从煤炭转向清洁低碳燃料,煤炭在中国能源需求中的份额将从 66.7% 降至 2035 年的不到 45%。美国和欧洲经合组织国家的煤炭需求量预计将下降 50%。印度展现了最大的煤炭消费量增长,其在世界煤炭需求量中的占比从 2015 年的 10% 左右翻倍至 2035 年的 20%,取代美国成为世界第二大煤炭消费国。

BP 预测 2035 年世界能源消费比例(图 3-16),核电发电量预计在展望期内将稳步增长,年均增速 2.3%,大致保持其在电力部门中的份额。中国的快速核电扩张计划(年均 11%)占世界新增核电发电量的近 75%。在水电方面,主要是中国水力发电量增长(43×10^{10} kW·h)相对于过去 10 年大幅增速放缓,巴西和印度弥补了一些差距,两国在展望期内各新增超过 10^{12} kW·h 的水力发电量。可再生能源预计是增长最快的能源(年均 7.6%),在能源结构中的比重也将由目前的 4% 上升至 10%。其中,风能提供了 50% 以上的增量,而太阳能则贡献了几乎 33.4% 的增量。

到 2035 年,生物燃料占运输燃料的比例将扩大到 4%。美国计划将生物燃料消费量从 2008 年的 9×10^9 gal 增加到 2020 年 36×10^9 gal[①]。

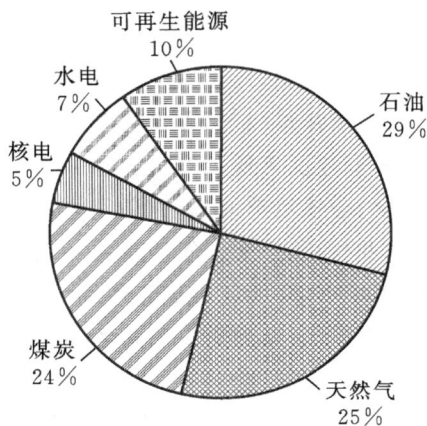

图 3-16　2035 年世界能源消费比例预测

① 1 gal=3.7854 L。

碳排放量将在 2020 年左右达到峰值,到 2035 年比 2015 年低 12％,世界能源强度和碳强度以前所未有的速度下降。碳排放量放缓反映了能源强度下降的速度和能源变化的速度大幅加快,其中煤炭消费量急剧放缓,而天然气与可再生能源、核能和水电消费量一起占展望期内能源增量的近 80％[7]。

3.3.3 能源安全预测

能源自给情况堪忧:能源产量在消费中的比重从 2015 年的 84％降至 2035 年的 79％,中国仍是世界最大能源净进口国。

能源依存度进一步增加:中国能源进口依存度从 2015 年的 16％升至 2035 年的 21％;石油进口依存度从 2015 年的 61％升至 2035 年的 79％;天然气进口依存度从 2015 年的 30％升至 2035 年的 40％。

近 10 年来,受经济增长速度减缓等因素的影响,全球能源需求放缓,但能源结构却在加快调整,在需求放缓和结构调整中,中国和美国都起到了重要作用。美国能源转向天然气,能源自给率上升,美国将通过石油美元加强对全球能源转型的影响,为了维持其能源地位,美国也许会成为影响世界能源最终向可再生能源转型的阻力。英国与德国等欧洲国家虽然是低碳经济和能源转型的发源国,但是其经济体量和能源规模小,对全球能源转型的推动力有限。中国结束以煤为主的高速发展,转向高质量的发展,中国能源转型的方向对全球的影响将是引领性的。能源转型会造成能源安全风险的演化,主要表现在非传统安全问题上,但同时也会促进能源合作,气候变化问题和网络安全问题将增加能源合作的基础。

能源安全是国家安全的重要组成部分。制定中国新时代的能源安全战略要有新的思路,概括起来,就是用国家总体安全观解决好能源安全问题,用战略思维处理国际能源关系,用系统思维处理新能源与传统能源的关系,用底线思维考虑能源安全战略措施。

为我国两个一百年奋斗目标提供支撑保障是国家能源安全的根本要求。按照总体国家安全观的要求,能源安全战略应处理好近期安全与远期安全、数量安全与质量安全、全局安全与局部安全、总量安全与品种安全、绝对安全与相对安全、传统安全与非传统安全、国家安全与全球安全等多种关系。我国当前能源安全状况是:能源供应总量安全,但不同能源品种出现区域性、结构性的供需失衡。天然气需求快速增加,季节性供需矛盾突出。煤炭市场供需偏紧,局部地区出现供应短缺。原油对外依存度有所上升,但对中东地区的依赖逐渐减弱。电力消费增速趋稳回升,但煤电产能过剩问题依然严峻,新能源发电依然存在着利用不充分的问题。相对于其他主要能源消费国相比,我国的能源安全总体状况相对较差,能源安全指数仅高于印度。其主要原因是能源自给率逐年下降,能源供应仍然以煤炭为主,生态环境恶化严重。能源储备不足,能源价格缺乏国际话语权,短期内应对风险的能力相对不足。环境、效率、政府管理和国际化水平的安全状态也处于较低的等级。

据分析和测算,我国近期能源安全风险仍集中以传统安全问题为主,风险主要来源于外部,地缘政治变动是影响传统安全的主要因素。非传统安全问题在 2030 年之后会比较突出,但近期风险主要来源于内部,自身能力不足是风险的主要原因。为此,我国在继续加强国内油气资源的勘探开发的同时,要进一步加强与油气输出国的经贸与外交关系,分散进口渠道。一是加强与俄罗斯、沙特等油气输出国的关系,在能源合作的基础上,形成多层次的产业合作;强化与北美地区的能源联系,扩大能源投资,在经济可行的条件下,从北美进口油气。二是与东南亚等周边国家强化能源基础设施的互联互通,扩大电力贸易。继续扩大在非洲国家的能源投资,并以能源投资与基础设施的建设带动其他产业走出去,采用实施就地生产与就地消费的模式,不追求国内生产总值,但要追求国民生产总值。

自 2008 年以来,全球经济一直处于调整恢复阶段,全球一次能源消费增速逐步放缓。有预测分析,2035 年全球化石能源消费达到顶峰,到 2045 年后能源消费增速将处于停滞。在经济增速减缓、产业结构变化以及节能减排措施的影响下,中国能源消费增速也开始减缓,预期2020 年前后,年均增速将降至约 3%。中国一次能源消费总量在 2030—2035 年将达到峰值,化石能源消费 2025 年后增长基本停滞。从长期趋势来看,我国与全球能源供需关系由偏紧转向偏松,但从近期来看,局部的短缺和供给不足依然存在。底线思维注重的是对危机、风险的防范,侧重于防范负面因素、堵塞管理漏洞,注重人为因素,避免因政策、措施、管理的疏忽等人为因素带来的破坏。在能源安全方面,我国要根据油气需求变化的特点,加紧建立油气的调峰储备,做好战略储备。在资源勘探、开采、加工、收储、贸易等具体环节采用相应的资源政策、产业政策、贸易政策、环保政策、财税政策体系,以确保在能源转型过程中的能源安全。完善能源、资源的价格形成机制是保证能源安全和稀有矿产资源安全的根本性措施,也是形成合理的战略储备的基础,因此要加快市场机制建设,做好能源安全保障[8]。

3.3.4　能源结构预测

清洁替代是全球一次能源供应结构变化的基本趋势,但传统化石能源仍是世界能源主导。具体来看,国网能源研究院的能源展望报告对清洁能源的发展最为乐观,预计 2030 年非化石能源的比例将超过 30%,这主要得益于储能技术的快速发展,显著地提升清洁能源的消纳能力和消纳规模;而三大化石能源的消费比重大幅下降,其中煤炭下降最为明显,2030 年仅占18%,石油和天然气分别占 1/4 左右。其他 5 家机构则认为非化石能源虽然取得大规模发展,但占比仍处于 20% 左右,三大化石能源的消费比较均衡,煤炭、石油和天然气的消费占比分别为 23%～27%,29%～33% 和 23%～26%。虽然各机构对未来能源消费结构的预测存在一定差异,但都认同清洁能源消费增速要超过化石能源的消费增速这一观点,可见各机构均比较看好未来非化石能源的发展前景[9]。2030 年全球一次能源分品种消费结构如图 3 - 17 所示。

到 2030 年,工业、交通和居民及其他部门占终端能源需求总量的比重均超过 25%。2020年和 2030 年全球终端能源分部门需求预测如图 3 - 18 所示,2015—2035 年中国能源结构变化预测如图 3 - 19 所示。

图例：非化石能源 天然气 石油 煤炭

机构	非化石能源	天然气	石油	煤炭
埃克森美孚	21.0	23.9	32.5	22.7
国家电网公司能源研究院	33.7	23.6	24.2	18.4
国际能源署	23.7	22.8	28.6	25.0
世界能源理事会	18.4	24.3	30.4	27.9
美国能源署	20.7	24.1	30.9	24.3
中石油天然气股份有限公司	17.3	26.3	31.9	24.5

纵轴：消费结构/%

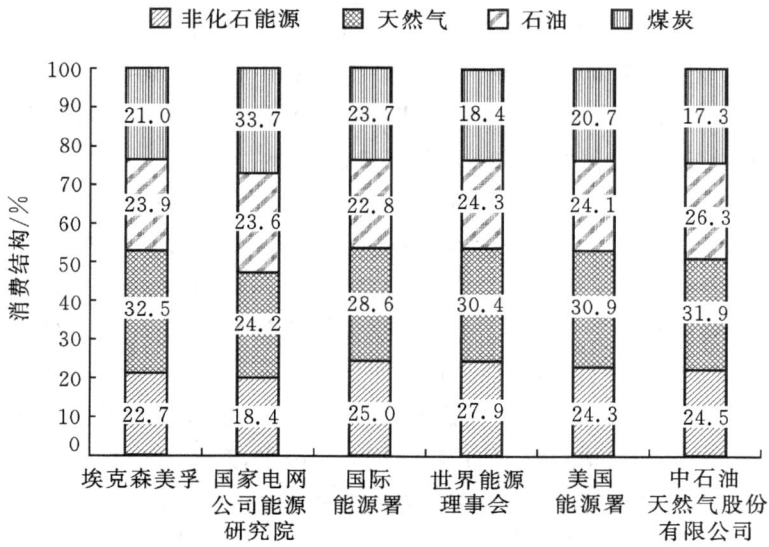

图 3-17 2030 年全球一次能源分品种消费结构

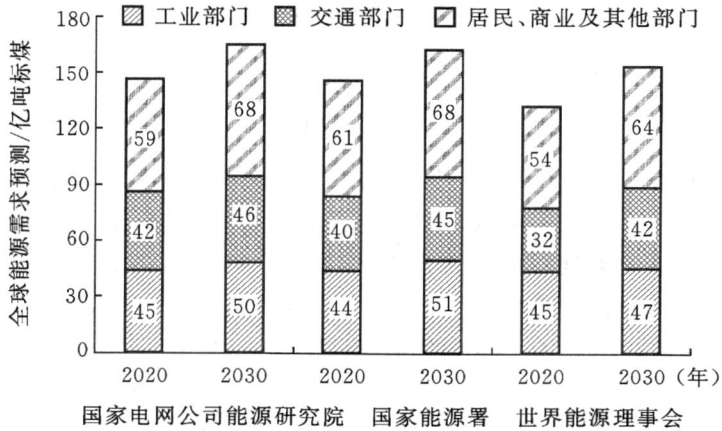

图例：工业部门 交通部门 居民、商业及其他部门

纵轴：全球能源需求预测/亿吨标煤

机构	年份	居民、商业及其他部门	交通部门	工业部门
国家电网公司能源研究院	2020	59	42	45
国家电网公司能源研究院	2030	68	46	50
国家能源署	2020	61	40	44
国家能源署	2030	68	45	51
世界能源理事会	2020	54	32	45
世界能源理事会	2030	64	42	47

图 3-18 2020 年和 2030 年全球终端能源分部门需求预测

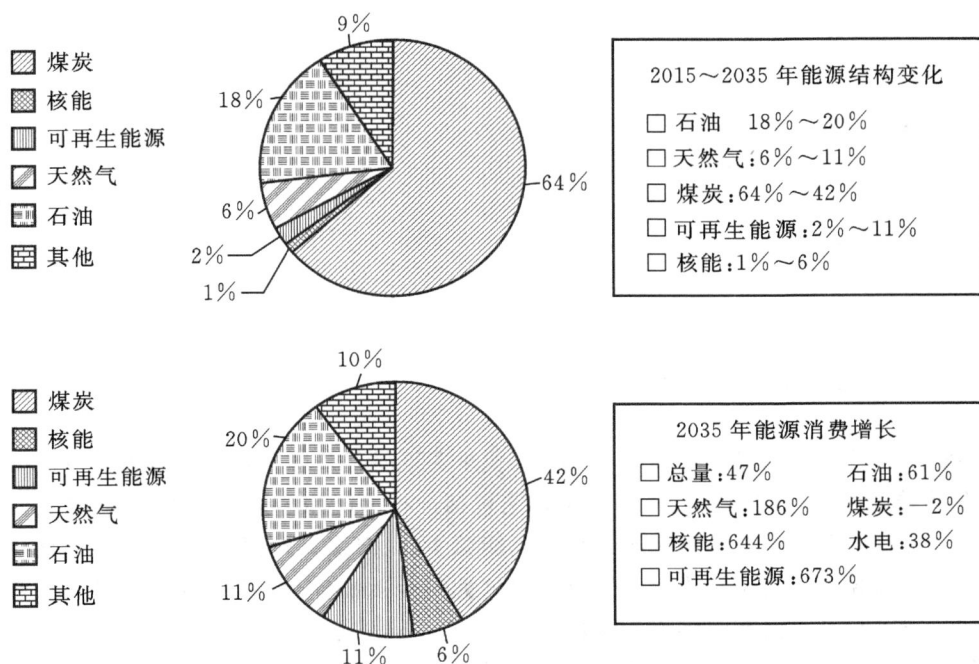

图例	饼图	2015～2035 年能源结构变化
煤炭		□ 石油　18%～20%
核能		□ 天然气：6%～11%
可再生能源		□ 煤炭：64%～42%
天然气		□ 可再生能源：2%～11%
石油		□ 核能：1%～6%
其他		

图 3-19　2015—2035 年中国能源结构变化预测

参考文献

[1] 代晓东，王余宝，毕晓光，等. 2016 年世界能源供需情况分析与未来展望——基于《BP 世界能源统计年鉴》与《BP 世界能源展望》[J]. 天然气与石油，2017,35(6):8-12.

[2] 代晓东，王潇潇，毕晓光，等. 2015 年世界能源供需解读——基于《BP 世界能源统计年鉴》[J]. 天然气与石油，2017,1:1-4,7.

[3] 董娟. 国际能源结构转型趋势及典型路径比较分析[J]. 中外能源，2014,10:13-20.

[4] 包铭磊，丁一，邵常政. 国际能源系统转型对我国能源互联网建设的借鉴[J]. 分布式能源，2017,2:11-19.

[5] 戚凯. 中国应对国际油气市场低价位的战略思考[J]. 江淮论坛，2017,1:80-85.

[6] 邱丽静. 2030—2040 年全球能源发展趋势展望[J]. 新能源经贸观察，2017,5:36-41.

[7] 李景明，王红岩，赵群. 中国新能源资源潜力及前景展望[J]. 天然气工业，2008,1:149-153,179-180.

[8] 史丹. 中国对能源转型的引领、风险演化及应对思路[J]. 中国能源，2017,11:19-23.

[9] 马丁，单葆国. 2030 年世界能源展望——基于全球能源展望报告的对比研究[J]. 中国能源，2017,2:21-24.

第 4 章

能源经济

4.1 能源经济概述

能源的开发及利用过程涉及市场、价格、供求关系等经济学问题。能源经济（energy econo-my）是指能源生产与再生产的经济关系。它包括进行生产和再生产过程中，与社会发生的关系以及与自然界发生的关系。能源经济包括能源生产、交换、分配和消费的全部经济活动。

人类对能源经济的研究历程大致上可划分为四个逐渐深化的阶段：①研究某一种具体能源产品的开发利用及其有效供给。煤炭经济学、石油经济学等许多能源工业的部门经济学均在此阶段形成。②研究各类能源之间相互替代与互补关系，以及能源与经济发展相互关系。能源经济研究由第一阶段进入第二阶段的推动因素是 20 世纪 70 年代由石油危机诱发的经济危机。③研究能源开发利用的外部影响。人们对经济增长与人类进步不同步，以及由消耗大量资源式的经济增长引发的生态环境问题等现象的思考，是进入该阶段的原因。④研究碳排放及由此引出的社会、经济等问题。能源供需平衡下的低碳经济、低碳技术以及与之相适应的生产、消费方式的改变等，已成为备受关注的热点问题。由此可以看出，能源经济的研究范畴在不断扩大，人类在能源经济的研究方面已经做出了很大努力。

能源经济的大规模研究兴起于 20 世纪 70 年代爆发的石油危机，此后，大批研究成果开始涌现。由于石油危机的爆发，经济增长率大幅度下降，经济学家们开始普遍关注能源对经济的影响问题，于是开展了大量的能源经济研究。Merklein 于 1975 年出版的《能源经济学》被视为能源经济作为经济学新分支的标志。我国对能源经济研究起步较晚。改革开放前，能源经济的研究仅限于从技术角度看如何有效生产和消费能源。改革开放后，一方面继续研究能源技术问题；另一方面结合我国经济建设的需要，探讨能源与经济发展、能源管理、能源工程项目评价、能源规划等经济问题。如今，我国的能源经济研究已经取得了巨大的进步，但与国外相比仍然存在较大差距，研究力量有待壮大，研究水平有待提高。

能源经济包含的研究内容极其丰富，对我国而言，众多学者认为能源经济的研究应至少包括以下七个方面：能源与经济增长、社会发展的关系；能源与环境污染的关系；能源资源的优化配置；能源价格和税收；节能与循环经济；能源的内部替代和外部替代；能源的国际贸易与国家能源安全。我国要大力开展对能源经济的研究，以指导能源政策的制定并有效解决面临的各种能源问题[1-3]。

4.2　能源与经济的关系

能源是现代化生产的主要动力来源,所有现代化生产过程几乎都离不开能源的消费。生产对能源的依赖性会随着社会经济的逐步发展而变得越来越强。因此,能源与经济的协调发展是我国实现经济可持续发展和全面小康战略目标的基本前提[4]。能源与经济之间有着极为密切的关系,下面予以阐明。

4.2.1　能源消费对经济增长的影响

一直以来,我国的 GDP 增长主要依赖能源消费的推动,经济学界曾存在"一番保两番"的说法,即能源消费翻一番,经济增长翻两番。我国 2002—2016 年能源消费增长率和 GDP 增长率曲线如图 4-1 所示。2003—2005 年,我国高耗能产业产能的爆发导致了能源消费增速和 GDP 增速异常波动。之后随着我国能源结构和产业结构的不断调整,能源消费增速开始低于 GDP 增速[5]。

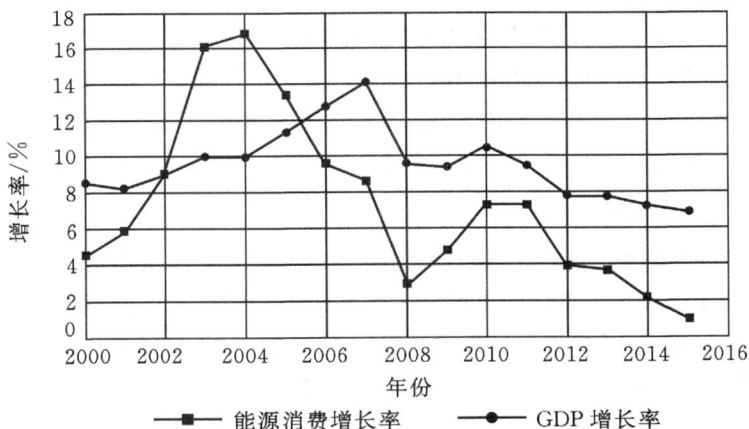

图 4-1　2000—2016 年能源消费增长率和 GDP 增长率曲线[5]

能源消费对经济增长的影响主要体现为以下四点。

1)能源消费推动生产发展

大量煤炭应用于蒸汽机,从而极大地提高了劳动生产率。19 世纪中叶石油的开发利用,使工业化国家在短短几十年内创造出了史无前例的物质文明。19 世纪末电气化的普及,使社会生产力得到极大发展,人类社会的面貌焕然一新。

2)能源消费使投入具有活力

经济增长的前提条件是劳动、资本、技术及资源等要素的投入。如果没有能源提供动力支持,即使具备了其他所有的要素,工厂也不能正常运转,即能源供给制约着工厂运转的规模和程度。据有关资料分析,由能源不足造成的国民生产总值损失,大约是所缺能源本身价值的20~60 倍。

3）能源消费推动技术进步

迄今为止，尤其是在工业交通领域，几乎每一次重大的技术进步都是由"能源革命"推动的。电力驱动了电动机的运转，交通运输的进步则与煤炭、石油、电力的利用直接相关。同时，以矿物能源为原料的煤化工、石油化工等工业的崛起，不仅使其本身成为带动了一批新兴产业迅猛发展的支柱产业，还为传统产业的改造创造了条件。

4）能源消费产生的负面影响威胁经济的可持续发展

在能源的开发及利用过程中，会产生大量的废气、废水和固体废弃物。三废的排放会对环境产生十分恶劣的影响，为治理环境污染，人类不得不付出巨大的经济代价，同时必须承担由环境污染引发的自然灾害所带来的严重后果。因此，发展经济必须考虑能源消费过程可能产生的负面影响，而不能一味地只追求经济增长。

4.2.2　经济增长对能源发展的影响

经济增长对能源发展的影响主要体现为以下三点。

1）经济增长增加能源需求

蒸汽机在工业和交通领域的广泛采用极大地刺激了煤炭工业的发展；柴油、汽油发动机的广泛运用极大地促进了石油工业的发展。从历史发展看，能源产品不论是总量增加、质量提高还是品种扩大，都是在经济增长所引起的需求拉动下实现的。毫无疑问，若没有由经济增长提供的市场，能源产业也不可能发展到今日的水平。

2）经济增长丰富能源利用途径

能源的开发利用水平与科学技术的发展程度息息相关。经济增长促进了科学教育的迅速发展，科技水平迅猛提高，人类对能源科学原理和能源利用技术的探索和认知不断深入。除研究能源利用新技术外，还可对传统的利用技术进行改进，以提高能源利用效率，产生更好的经济效益。与此同时，科技进步也为人类开发利用新能源提供了手段。

3）经济增长为能源开发和消费提供财力、物力保证

从近代煤炭的大规模开发起，能源工业就成为投资大、建设周期长的产业部门之一。海底油田开发、水电站与核电站的建设等都是需要消耗大量财力、物力的能源工业，需要经济的支撑。

综上所述，能源与经济的关系大体上可以概括为能源消费既促进又制约经济增长，经济增长推动能源发展。正确地认识能源消费与经济增长之间的关系，对能源、经济、社会的可持续发展至关重要[4-6]。

4.3　低碳经济

近些年，气候变化问题已引起了国际社会的普遍关注。为应对气候变化，"低碳经济"的概念在西方发达国家应运而生，并被迅速而广泛地传播到世界各地。有专家断言，低碳经济会成为发达国家引领世界经济发展的新潮流和国际经济秩序的新规制[7]。

4.3.1　低碳经济的兴起及内涵

如今,以变暖为主要特征的气候变化,是世界各国共同面临的巨大挑战。在 1979 年第一次世界气候大会上,气候变化首次作为引起国际社会关注的问题被提上议事日程。联合国于 1988 年建立了政府间气候变化专门委员会以监测和报告全球气候变化。科学家发现:世界能源结构中对化石能源的过度依赖是温室气体(CO_2)浓度快速上升的根源,也是人类现代工业文明所形成的高碳经济和高碳社会的客观基础[8]。在气候变暖已经成为全人类威胁的今天,各国正在努力走向"低碳经济"。英国是全球最早提出"低碳经济"的国家。作为第一次工业革命的先驱和资源并不丰富的国家,英国充分意识到了气候变化的威胁,在 2003 年颁布的能源白皮书《我们能源的未来:创建低碳经济》中,正式提出将实现低碳经济作为英国能源战略的首要目标[9]。低碳经济一经提出,便得到了国际社会的广泛认可。联合国环境规划署将 2008 年"世界环境日"的主题定为"转变传统观念,推行低碳经济",更是希望国际社会能够重视并采取措施把低碳经济的共识纳入决策之中。

低碳经济是低碳发展、低碳产业、低碳技术、低碳生活等一类经济形态的总称,它以低能耗、低排放、低污染为基本特征,以应对碳基能源对气候变化的影响为基本要求,以实现经济社会的可持续发展为基本目的。低碳经济的实质在于提升能源的高效利用、推行区域的清洁发展、促进产品的低碳开发和维持全球的生态平衡,即低碳经济是从高碳能源时代向低碳能源时代演化的一种新的经济发展模式[10]。

4.3.2　低碳经济——中国的必然选择

如何发展低碳经济,走出一条适合自己的低碳经济之路,各国都在探索中前进。中国作为世界上最大的发展中国家,同时又是一个高耗能国家,低碳经济为我国带来了挑战[11]。挑战主要有以下几个方面。

首先,挑战来源于我国当前经济发展阶段。中国正处在工业化、城市化、现代化进程之中,高碳气体排放的大量增加是难以避免的。中国是世界上最大的发展中国家,占世界人口的 1/5,工业化、城市化、现代化进程尚在进行。21 世纪上半叶,我国仍把重点放在发展,大规模的基础设施建设、工业化、城市化、人民生活小康化等社会经济发展态势都会导致巨大的能源需求量。此外,长期以来,我国粗放式的经济发展高度依赖能源,经济增长主要依靠高排放的第二产业,特别是重工业,这些情况会进一步加剧能源需求及其高碳特征。

其次,以煤为主的能源结构是中国向低碳发展模式转变的一个长期制约因素。我国能源资源结构为"富煤、贫油、少气"的高碳结构,经过改革开放 40 年的努力,能源消耗结构虽然得到了优化,但由于煤炭的资源优势和价格优势,我国以煤为主的能源生产消费比重仍然很高,这一格局在相当长时间内难以改变。与天然气相比,单位能源煤释放的二氧化碳量要高出两倍。因此,以煤为主的能源消耗结构必然会产生较高的碳排放。

再次,总体技术水平落后是中国发展低碳经济的严重阻碍。我国在节能技术、可再生能源技术、洁净煤技术、车辆燃料技术、碳捕获与封存技术以及氢能技术等方面研发水平还比较落后,科研成果转化能力还比较弱,能源加工、转换、储存和终端综合利用率还比较低。尽管《联合国气候变化框架公约》规定,发达国家有义务向发展中国家提供技术转让,但实际情况与之相比存在很大差异。

最后,我国搞市场经济的历史严格说来(自1992年算起)也只有20多年,本身资本积累不足,必须对外开放吸引外资。发达国家转移重工业和化工工业,将节能减排的国际责任和压力转移到中国,不可避免地加重了中国的污染排放。一些研究表明,从某种意义上说,中国部分地方已经成为"污染避难所"。在这种情况下,如果提高引进外资的低碳性与环境标准要求,会大大减少外资的引进量,从而影响中国经济的快速发展[12,13]。

虽然中国发展低碳经济面临着重重压力,但无论是从中国经济可持续发展的角度考虑,还是从履行减排温室气体的国际责任角度考虑,中国都必须抓住这次低碳工业革命的新契机,处理好能源、环境与经济发展的关系,加快发展低碳经济[12]。也就是说,低碳经济是中国的必然选择。要实现低碳与发展的双赢,必须选择适合中国国情的策略,以应对发展低碳经济带来的多重挑战。

(1)加强制度创新,加快低碳经济相关立法,制定低碳经济模式下的政策体系。从我国目前的情况来看,低碳经济发展的制度体系正在逐步建立,但现有制度还远远不能满足低碳经济的制度功能需要。因此,需要继续研究制定国家低碳经济发展战略,建议从以下这些方面开展工作:进行社会经济发展碳排放评价,指导和引领政府、企业、居民的行为方式和行动方向;建立健全完善的法律法规,完善税收优惠政策,形成制度创新与科技创新的长效机制,并制定缜密科学的考评与奖惩制度;研究低碳经济模式下的财政、税收、产业政策体系;研究并推出气候变化税、气候变化协议、排放贸易机制、碳信托基金等多项经济政策;加强财政政策支持力度,支持建立低碳技术体系。

(2)调整产业结构和能源结构。长期以来,我国粗放式的经济发展高度依赖能源,产业结构不合理,同时"富煤、贫油、少气"的能源结构加剧了我国经济的高碳特征。首先,要加大高碳产业技术攻关力度,实现高碳产业"低碳化"。高碳和低碳是相对的,即便是高碳产业,也不一定就不能发展,问题在于这些产业要通过技术进步不断减少碳排放。虽然高碳产业碳排放量大,但其减排的空间也很大。因此,要通过产业政策调整,鼓励高碳产业增强自主创新能力,积极研发低碳技术及产品,利用技术进步来带动产业升级。要鼓励企业引进先进的节能减排技术,增强对清洁能源的开发和利用,强制淘汰高碳产业的落后产能。同时,要制定和完善产业扶持政策,加快发展新兴低碳产业。大力发展洁净煤技术,对可再生能源进行技术创新,逐步改变煤基能源结构,发展核能、风能、太阳能等新能源及可再生能源。总之,优化产业结构,加快产业升级,转变经济发展方式,调整能源结构,对实现低碳经济尤为重要。

(3)鼓励低碳技术的研发与创新。低碳技术可分为三大类型:减碳技术如电力、交通、建筑、冶金、化工等高能耗、高排放领域的节能减排技术,煤的清洁利用、油气资源和煤层气的勘探等开发技术;无碳技术如核能、太阳能、风能、生物质能、潮汐能、地热能、氢能等可再生能源技术;去碳技术如碳捕获与封存技术、温室气体的资源化利用技术等。发展低碳经济的核心是加强低碳技术的研发和创新,低碳技术的创新能力在很大程度上决定了我国低碳经济的发展。要积极开展低碳经济的科研工作,制定长期发展规划的同时对现有的低碳技术加以推广与应用[13]。

(4)加强国际技术交流与合作。国际上的碳减排合作是发展低碳经济的重要途径,既能增强中国在全球气候变化谈判中的话语权,又能表达中国发展低碳经济的利益诉求。中国低碳经济发展存在技术短板,在加大自主研发的同时,应加强国际低碳技术交流与合作,只有这样,才能在发展低碳经济的过程中少走弯路,促进中国经济较快发展、转型[14,15]。

(5)推进低碳经济试点工作。2008 年初,世界自然基金会启动了以上海和保定两市为试点的"低碳城市"发展示范项目,希望从这两个城市的建筑节能、可再生能源和节能产品制造与应用等领域中,总结出可行模式,陆续向全国推广,这是一个良好的开端。发展低碳经济应先选择若干典型城市进行试点,制订试点地区和行业的低碳经济发展规划,也可以在电力、交通、建筑、冶金、化工、石化等高能耗、高污染的行业率先试点,逐步建立地区和行业的低碳经济发展评价指标体系,并探索低碳经济发展的区域模式和产业模式,以推动低碳经济的发展,为全国建设低碳城市、低碳社会指明方向。

(6)公众参与,建立低碳生活方式和消费理念。在不断提高居民生活水平的前提下,摒弃过度消费、超前消费、奢侈消费等消耗大量能源、排放大量温室气体的消费方式,倡导低碳生活、低碳消费理念以及可持续发展的社会价值观。企业应该将低碳理念延伸到自身的各个环节和领域,使企业成为真正的绿色低碳企业。消费者应该合理消费,用自身的真正需求指导消费行为。政府除进行绿色采购外,还要充分发挥其对企业及社会其他公众的榜样效应,以促进全社会低碳意识的形成。具体措施包括培育公众低碳意识、完善激励公众参与的措施、强化宣传教育三方面[13]。

4.4　循环经济

循环经济和低碳经济都是我国目前拥有最大影响力以及被国家和社会广泛推行的重要经济形态[16]。2003 年 2 月 6 日,国家环保总局局长解振华在联合国环境规划署第 22 届理事会举行的全球部长级环境论坛"可持续生产与消费"专题下,发表了题为"走循环经济之路,实现可持续生产与消费"的引导性发言[17]。发展循环经济是 21 世纪的大趋势。

4.4.1　循环经济的定义及起源

人类社会在经济发展过程中经历了三种经济模式。第一种是传统线性经济模式,即由"自然资源—产品—废物排放"流程组成的开放式线性经济,其特点是高消耗、低效率、高排放。线性经济是通过不断地加重地球生态系统的负荷来实现经济增长。从根本上说,人口膨胀、资源衰竭、环境恶化等全球危机,正是工业化时代以来线性经济模式所带来的累积性负面效应。第二种是传统末端治理经济模式,此模式强调在生产过程的末端采取措施治理污染。但由于治理的技术难度大、治理成本高,生态恶化难以遏制,经济效益、社会效益和环境效益都难以达到预期目的[2]。第三种经济模式是循环经济模式,即"资源—产品—再生资源"的物质反复循环流动的经济运行模式,使得整个经济系统以及生产和消费过程基本上不产生或只产生很少的废弃物[18]。

循环经济是指在人、自然资源和科学技术的大系统内,在资源投入、企业生产、产品消耗及其废弃的全过程中,强调遵循生态学规律,合理利用自然资源和环境容量,在物质不断循环利用的基础上发展经济,实现经济活动的生态化,把传统的依赖资源消耗的线性增长的经济,转变为依靠生态规律来发展的经济。

循环经济倡导的是自然资源的低投入、高利用和废物的低排放或零排放,核心是废物减量化(reduce)、资源的再使用(reuse)和再循环利用(recycle)的"3R"原则。

1)减量化原则

减量化是循环经济的第一法则。它属于输入端控制原则,要求以尽可能少的原料和能源投入来达到预定的生产目的和消费目的,在经济活动的源头就对节约资源和减少污染给予足够的重视,也被称为减物质化。人们在生产源头就必须充分考虑资源的替代与节省、提高资源的综合利用率、控制废弃物的产生,而不是将重点放在生产过程的末端治理上。在生产中,减量化原则要求制造商通过优化设计制造工艺等方法来减少产品的物质使用量。在消费过程中,主要体现为适度消费、层次消费,而不是过度消费,提倡改革产品的过度包装,淘汰一次性物品,这样不仅可以减少对物质的过度需求,同时也达到了减少废物产生和排放的目的。

2)再利用原则

再利用原则属于过程性控制原则,其目的是通过反复利用产品或延长产品的使用寿命来减少资源的使用量和污染物的排放量。在生产中,再利用原则要求制造商提供的产品易于拆解、组装和更换零部件,提倡拆解、修理和组装旧的或部分零部件损坏的物品,而不是一次性消费,从而避免产品过早成为垃圾。制造商可以按照国际统一标准(如标准尺寸、标准协议等)设计和制造产品,以实现不同产品之间的兼容配套,实现部分优化替代,防止产品因部分元件损坏而导致整个产品的报废,造成不必要的浪费。在消费中,再利用原则要求人们以初始形式多次和反复使用消费品,或对其进行修理而不是频繁更换。提倡二手货物市场化,人们可以将自己不再需要的或闲置的物品返还市场体系或捐献出来,以供别人使用。另外,再利用原则还要求制造商和消费者应尽量延长产品的服务和使用寿命,而不是频繁的更新换代。

3)再循环原则

再循环原则属于输出端控制原则,目的是通过把废弃物资源化来减少资源的使用量和污染物的排放量。再循环原则实际上是指将废弃物转变为资源以便再利用,包括三种情况:第一种是废弃物转化,即将废弃物转化为再生原材料,重新生产出原产品(如用废纸再生纸张、易拉罐再生易拉罐等)和次级产品;第二种是废弃物热回收,当废弃物不能转化为再生原材料重复使用时,可以对其进行热回收,如利用由焚烧垃圾产生的热量来发电;第三种是废弃物直接利用,如用 CO_2 驱替地下深层石油,这样既可以减少温室气体,又可以解决深层石油难以开采的问题[2]。

循环经济的思想萌芽起源于 20 世纪 60 年代。1966 年,美国经济学家鲍尔丁受到太空中宇宙飞船的启发,将地球看作一个与飞船一样的孤立无援的系统,它们的共同特征是生活在其中的人类不断消耗其内部的有限资源,并改变内部的环境。一旦内部资源被消耗殆尽,内部环境就不再适合人类生存,人类就会在其内部灭亡。因此,必须不断重复利用其有限的资源,保持内部良好的环境,人类才可能延长这个系统的运转寿命并在其中生存下去。地球内部资源对于不断增加的资源消耗者即人类来说,是非常有限的。与此同时,地球资源再生能力、自然平衡与生态恢复能力也是有限的。人类消耗地球资源的速度和对生态系统的破坏速度,都已远高于其恢复的速度。由此鲍尔丁主张建立既不会使资源枯竭,又不会造成环境污染和生态破坏、能循环使用各种资源的循环式经济,以代替过去的线性经济。鲍尔丁的循环式经济概念,可以看作是循环经济思想的基础。"循环经济"作为科学名词是英国环境经济学家皮尔斯(Pearce)和特纳(Turner)于 1990 年在其《自然资源和环境经济学》(*Economics of Natural Resources and the Environment*)著作中首次提出来的。20 世纪 90 年代后期,循环经济这一概念被引入中国并很快得到国内环境保护部门和从事生态环境保护工作的专家、学者和高层领导的重视。以解振华局长为首,国家环境保护总局在 2000 年开始提倡在中国发展循环经济[2,19,20]。

4.4.2 大力发展循环经济

循环经济的产业体系具体体现在经济活动的三个重要层面上,即企业层面、区域层面和社会层面,形成循环经济的三种运行模式:企业层面的"小循环"模式、区域层面的"中循环"模式以及社会层面的"大循环"模式。

1)企业层面的"小循环"模式

"小循环"是指单位内部的循环。它以一个企业为单位,根据生态效率的理念,推行清洁生产,使所有的资源、能源都得到有效的利用,最终达到无害排放或零排放目标的经济运行模式。例如,四川峨眉半导体材料厂在工业生产中建立"生态链"和无废、少废的清洁生产工艺,对废弃物进行循环再利用,既改善了企业内的生态环境质量,又取得了显著的经济效益和社会效益。山东鲁北化工股份有限公司将磷铵、硫酸、水泥三套生产装置有机地组合为一体,使副产品和废物在系统内得到充分的利用。两公司都比较成功地实践了"小循环"经济发展模式。

2)区域层面的"中循环"模式

"中循环"是指单位之间的物质循环。该模式也可被称为生态工业园层面的企业共生关系模式,它按照工业生态学原理,将一定区域内的工厂或部门联接起来,形成共享资源和互换副产品的产业共生组合,使一个企业或生产过程产生的废气、废热、废渣、废物成为另一个企业或生产过程的原料和能源,并通过企业间的物质集成、能量集成和信息集成,形成企业间的工业代谢和共生关系,建立生态工业园区[2]。典型案例有广西贵港国家生态工业(制糖)示范园区,该园区堪称广西推行循环经济建设的工业园区中的楷模。该示范园区根据制糖工业污水多、废气大、废渣可利用等特点,精心设计循环经济工业链,以贵糖(集团)股份有限公司为核心骨干企业,将各生产系统划分为蔗田种植、制糖、酒精、造纸、热电联产、环境综合处理 6 个基本单元,各基本单元通过中间产品和废弃物的交换而相互联接,构成一个比较完整且闭合的生态工业网络。例如,制糖产生的废糖蜜可用来生产酒精,生产酒精所产生的废液可用于生产甘蔗专用复合肥,复合肥可用于甘蔗田种植甘蔗。物质和能量在这些加工链中得到了最大化利用,同时有效地提高了污废物的净化率和转化率,减少了工业生产成本,实现了价值增值并取得了良好的生态经济效益。贵糖循环经济工业产业链示意图如图 4 - 2 所示[21]。

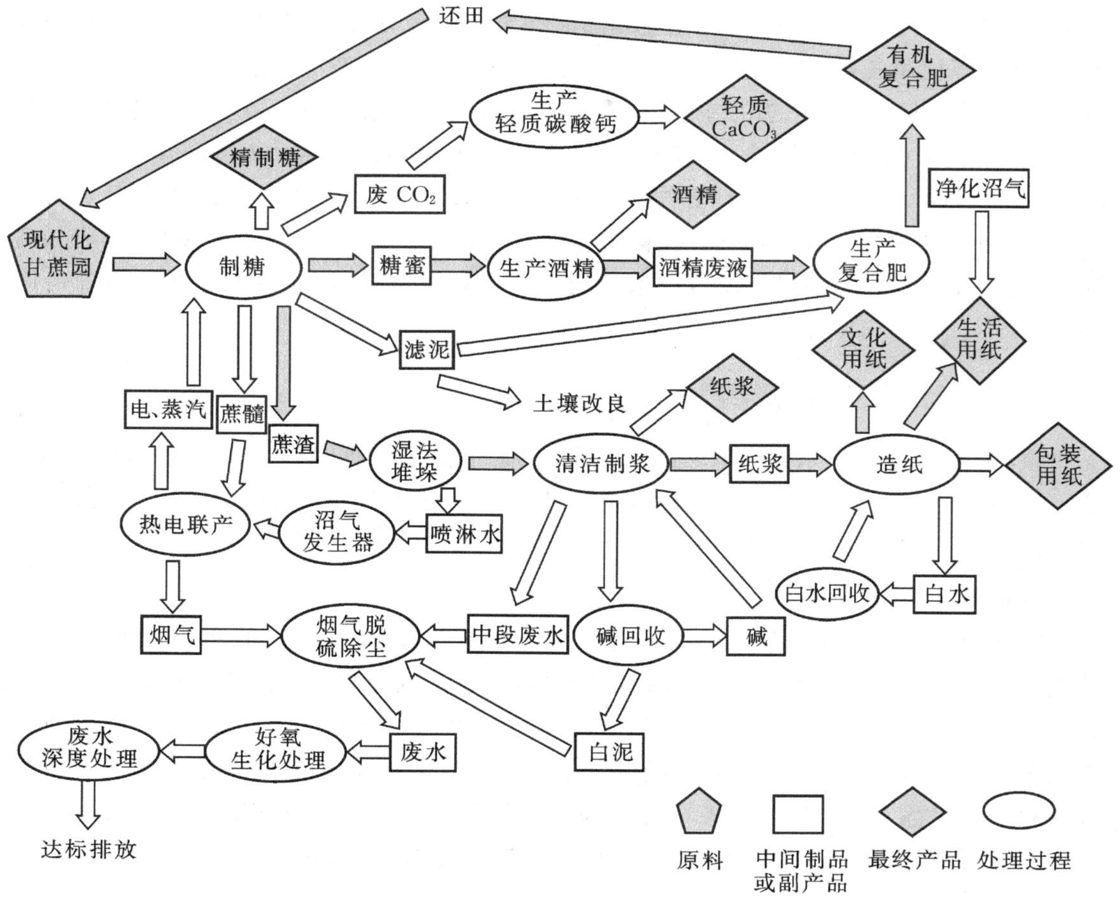

图 4-2 贵糖循环经济工业产业链示意图[21]

3)"大循环"模式

"大循环"模式是循环经济在社会层面上的体现,指在整个经济社会领域,通过建立资源循环型社会来实现工业、农业、城市、农村的全领域物质循环。辽宁省是国家环保总局确定的我国第一个循环经济示范省,提出了"3+1"循环经济模式,即创建循环经济型企业、生态工业园区、城市资源循环型社会和建设区域性的资源再生产业基地。贵阳市是环保总局确立的第一个循环经济试点城市,也是西部地区发展循环经济进行跨越式战略转型的首次尝试。通过试点,提出发展循环经济的重大技术和项目领域,进一步完善促进再生资源循环利用、降低污染排放强度的政策措施,为加快发展循环经济提供实践经验和示范借鉴[2,22]。

经过近 20 年的发展,从理论引入到政府、生产者、公众的三方参与,循环经济在我国得到了各方面的发展,取得了显著成果。但是,通过和发达国家发展循环经济的主要经验进行对比可以发现,我国仍然存在很多不足之处,需要从以下几方面予以加强。

(1)注重法律法规生态化。发达国家循环经济发展都是以政府立法推进进行的,并配套相应的法律法规作为支撑。经过多年发展,我国也已经构建起了由《清洁生产促进法》和《循环经济促进法》为统领,《资源综合利用目录》《行业清洁生产标准》《生态工业园区标准》等为支撑的循环经济法律法规体系。但是,作为相关支撑配套的法律法规还不够完善,在生态文明建设的大背景下,法律法规体系构建下一步任务应注重我国法律体系的生态化,将循环经济、生态文明的内涵融入其中,并明确其重要地位。

(2)进一步推广循环经济发展模式。发达国家的循环经济发展都由政府、企业和公众共同参与,参与程度因国家而异。目前,我国的循环经济发展是以政府为主导,企业和公众共同参与。在未来的发展中,政府仍应发挥主导作用,尤其是在推广循环经济发展模式方面。我国发布的 60 个典型循环经济模式案例具有代表性,应由中央政府统一主导,各地政府积极配合,进一步面向地方区域、工业园区和行业企业进行推广,以实现区域层面构建循环型社会,园区层面实现废物循环利用和污染物减排,行业企业层面延伸产业链并实现供给侧改革。

(3)加大技术支撑力度。企业是生产和消费领域的主体,是循环经济发展成败的主要实施群体。发达国家在发展循环经济过程中,分别从废弃物再利用、延伸产业链和废弃物集中处理等各个方面对企业进行引导以减少能耗、物耗及污染物排放,而这些都需要关键理论和技术的支撑。2016 年,我国印发了《实施〈中华人民共和国促进科技成果转化法〉若干规定》以促进研究开发机构、高等院校实施技术转移,激励科技人员创新创业,这为循环经济相关技术的开发和使用创造了良好的条件。下一步应制定具体实施细则,以使循环经济相关技术快速地转化为生产力,在技术层面对我国循环经济的发展起到支撑作用。

(4)优化公众参与机制。发达国家在发展循环经济的过程中高度重视环境教育,通过培养环保意识,使社会公众更倾向于接受绿色化产品,这也促使企业在产品生产中有了更多绿色化考量。目前,我国在循环经济发展方面,政府和企业参与较多,公众参与水平仍然较低。下一步,应通过学校教育和社会宣传,培育公众的环保意识,倡导绿色消费,以消费行为倒逼生产行为绿色化,促进资源循环利用,构建循环型社会。同时,要求生产企业发布环境绩效报告,发挥非政府环保组织的作用,对生产企业进行环境监督[23]。

4.5　世界与中国能源经济发展

4.5.1　世界能源经济形势与发展趋势

能源供给是经济发展的重要保障,是一个国家发展的命脉。基辛格曾说过:"如果你控制了石油,你就控制住了所有国家。"能源战略一直是全球经济发展中的热点问题。时至今日,由单一的化石能源消费结构造成的环境污染和气候变化问题已成为实现经济、社会可持续发展的最大威胁。为此,许多国家都在致力于清洁能源和可再生能源的开发和利用以转变传统的能源经济结构[24]。世界能源经济发展现状主要表现为以下四点:世界能源消费总量保持增长、世界能源结构仍以化石能源为主、清洁能源发展较快以及世界能源贸易保持增长。

近年来,世界能源供需格局发生新变化,国际能源经济发展出现新趋势。能源科技领域的重大突破导致能源结构的重大调整,能源供应能力不断提高。同时,受世界经济增速放缓和产业结构调整等因素影响,全球能源需求疲软,供过于求,能源价格低迷。能源的清洁低碳发展已是大势所趋,煤炭在一次能源消费量中所占比重降低,石油取代煤炭成为最主要的消费能源,天然气消费量占比不断提升,新能源消费量占比稳步增加[25]。世界能源经济的发展趋势可以总结为以下几点。

1)全球能源需求总量持续慢速增长

根据 BP、EIA 等权威能源机构的预测,全球能源需求总量将持续慢速增长。尽管当前能源需求呈疲软态势,但亚洲、南美洲和非洲等新兴市场国家经济仍有较大发展空间,未来将成为全球能源需求增长的主要推动力。各机构对世界能源需求总量及增速的预测统计结果如图 4-3 所示。其中,IEA、中国石油和 EIA 预测未来能源需求增速将放缓,欧佩克预测到 2030 年能源需求增速仍能达到 1.5%,埃克森美孚认为未来能源利用效率的大幅提高将有效减少能源消费,预测 2030 年全球能源需求增速仅为 0.5%。

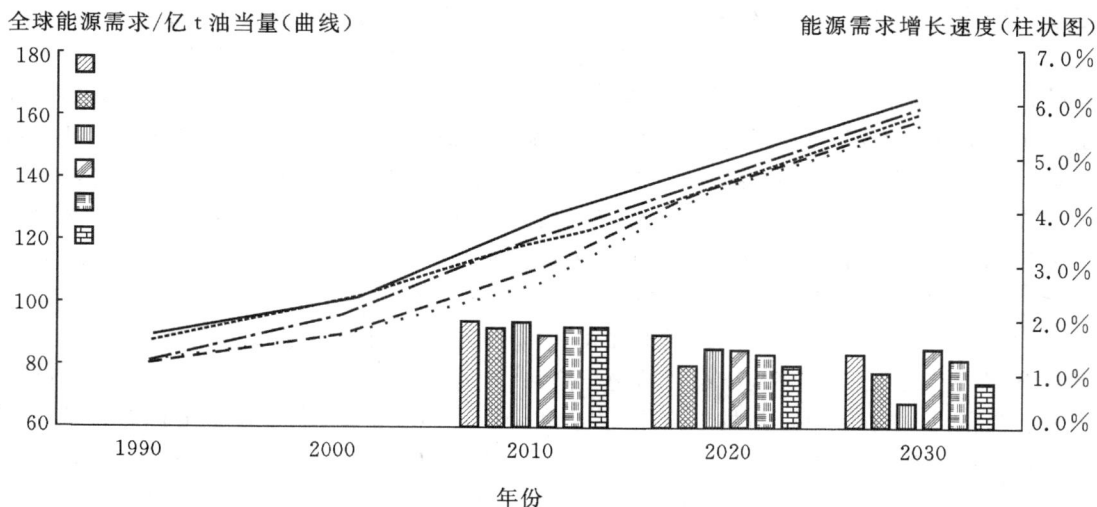

图 4-3 全球能源需求总量及增速预测[26]

2)未来几十年能源消费结构仍以化石能源为主

BP 预计,到 2035 年,尽管化石燃料总体比重将从 2013 年的 86% 降至 81%,但很明显,全球大部分能源需求将继续依赖化石燃料。然而,能源结构将倾向于更低碳的燃料:未来 20 年,约 1/3 的新增能源需求由天然气满足,1/3 由石油和煤炭共同满足,1/3 由非化石燃料满足。与 BP 的预测不同,IEA 假设了三种不同的情景来预测未来的能源结构。这三种情景间的差异在于:为应对全球气候变化问题,各国将采取何种强度的行动。总之,尽管不同机构的预测存在一些差异,但只要各国采取一定的措施解决气候变化问题,未来几十年内能源结构变化的趋势大体相同,即化石燃料仍将在能源构成中占主导地位[26]。

3)能源供应向多元化方向发展

随着需求的变化和技术的发展,主导能源不断升级,总体是朝着更加低碳的方向发展。从薪柴到煤炭、石油、天然气,到水能、核能、风能、太阳能以及其他清洁能源的发展过程,就是逐步减少碳排放的过程。环保成为能源结构调整的主要推手,未来高增长的能源主要有页岩气、煤层气、核能、风电等行业[24]。

美国的页岩气革命引起了全世界的瞩目,页岩气革命对美国本国经济的发展产生了巨大的积极影响。据统计,2015 年,页岩气工业为美国 GDP 贡献了 1182 亿美元,预计 2035 年将会增长至 2311 亿美元。因此,促进经济增长是美国大力开发页岩气的重要目标之一。此外,页岩气是一种相对清洁的化石能源,据测算,与煤炭、石油等传统化石能源相比,在碳排放方面,页岩气燃烧所产生的 CO_2 比煤炭少 43%,比石油少 30%。因此,开发页岩气有助于美国实现低碳经济,顺应了当前经济发展的要求[27]。受页岩气革命影响,美国、加拿大、巴西和委内瑞拉等美洲国家丰富的油气资源得以开发利用。随着非常规油气开发的日趋成熟和壮大,美洲地区有望成为"第二个中东"。

4)能源贸易中心向非经合组织国家转移

在能源贸易方面,各大机构均发布了自己的预测结果,认为到 2040 年,非经合组织国家能源需求将大幅增长。EIA《国际能源展望 2016》发布的数据显示,非经合组织亚洲国家贡献了全球能源消费增长总量的 55%。IEA《世界能源展望 2015》预测,到 2040 年时,全球电力占能源消费总量的 1/4,其中非经合组织国家占新增电力需求的 7/8。据 BP 预测,到 2035 年,亚洲占区域间净进口的比重将接近 80%,且超过 40% 的一次能源需求将依赖于进口,基本贡献了全部新增能源贸易量。埃克森美孚公司 2016 版《2040 年能源展望》认为,2014—2040 年,全球能源需求将增长 25%。预计非经合组织国家能源需求将增长 45%,而经合组织国家仍将保持低迷状态[26]。

4.5.2　中国能源经济发展现状及前景

中国是世界上最大的发展中国家,进入 21 世纪之后,我国经济一直保持着飞速发展,成为世界能源经济市场的重要组成部分。纵观中国能源经济的发展进程,不难发现,我国总能源的供需缺口十分巨大,除煤炭资源外,石油需求量的迅速激增导致其供不应求,形成对进口石油的依赖,加之以煤炭能源作为主发展动力,我国的经济发展给自然环境带来了灾难性的影响。面对日益激烈的国际竞争、经济发展的能源利用和环境污染等重大挑战,国家政府开始高度重视能源经济的可持续发展,努力协调能源、经济、人口和环境之间的发展矛盾,促进生态效益、经济效益和社会效益之间的统一,谋求建立一个可持续发展的资源环境友好型社会[28]。

当前,中国经济已进入"新常态","十三五"规划正在稳步推进,"供给侧改革"也进入了深化和攻坚阶段,对国民经济的一些重要行业和能源领域产生了重大影响。能源供给侧改革聚焦去产能和推进改革落地两个方面:去产能方面,解决煤炭、煤电等行业存在的产能过剩问题以及清洁能源领域的弃水、弃风、弃光等"三弃"问题;推进改革落地方面,进一步推动电力改革,释放降电价、促发展等改革红利,出台油气体制改革的配套文件,加快企业改革等。目前,我国的能源经济形式主要表现为:能源消耗量不断加大、以利用传统能源为主和能源利用率低。虽然经过不断地改革和努力之后,我国的能源经济发展与过去相比取得了长足的进步,但是想要守住这份进步,并且对其进行超越,就需要对我国的能源经济发展前景做出一些合理的判断[29-31]。以下为对我国能源经济发展的几点建议。

1)制定合理的能源经济发展规划

发展规划的制定要依据国民经济增长速度,即能源的发展要与经济增长相协调,既不能滞后,也不能超前。只有当能源供给既能满足经济增长需要而又不相对过剩时,国民经济才能持续、快速、健康增长。此外,在依据经济增长速度制定规划时,还应充分考虑各地的实际情况,即发展能源经济要因地制宜[32]。

2）完善我国能源税收政策

税收的调控作用在节能减排、维护生态平衡方面效果显著。税收既能引导消费者自觉节约能源，又能引导能源企业的投资方向，还能弥补市场"看不见的手"的失灵，从而促进环境成本内部化[33]。

3）节约能源，提高能源利用率

能源浪费和利用效率低成为了目前制约我国经济社会发展的最大瓶颈。如果只是单纯加大能源建设力度而不从根本上节约能源、提高能源利用效率，那么中国的能源问题将无从解决。因此，要想克服目前我国能源经济所面临的挑战，必须改善经济增长的质量，坚持走新型工业化道路。要在全国形成节约高效的生产和消费模式，发展节能经济，构建节约型社会。

4）优化能源经济结构

目前，我国仍是以煤炭、石油为主的能源经济结构，要改善这一现状，优化能源经济结构，主要应从以下两方面努力：一是推动传统能源的清洁利用，如煤炭的气化和液化；二是加大新能源的开发和推广力度，提高新能源在能源经济结构中的比重。

5）解决能源环保问题

大量消耗能源的同时也造成了生态破坏和环境污染，在追求经济增长和社会进步的同时，应力争做到能源经济发展与环境相协调[34]：一是减小能源开发和利用过程对环境的影响；二是对已造成的环境问题加以改善和解决。

6）加强国际能源合作

国家经济安全的基本支撑是能源安全。中国一方面要立足于国内的能源；另一方面要抓住经济全球化的机遇，积极参与并开展国际能源合作，以确保中国能源的安全有效供给，保障工业化和城市化进程的顺利进行[35]。

中国特色社会主义已经进入了新时代，在新时期背景下，我国要正视发展能源经济面临的机遇与挑战，采取有效措施促进能源经济效益的提升，促进能源经济发展与环境相协调，这样既能为国民经济建设注入源源不竭的动力，又服务于美丽中国的建设[30]。

参考文献

[1]田立新，杨列勋，纪军.能源经济学的发展与未来[J].能源技术与管理，2011(05)：178.
[2]黄素逸，龙妍.能源经济学[M].北京：中国电力出版，2010.
[3]李虹.简说能源经济学[J].前线，2007(6)：58-59.
[4]李宏岳.能源消费和中国经济增长关系研究[J].经济问题探索，2012(1)：14-19.
[5]寇许.新时期中国能源消费与GDP的关系研究[J].内蒙古煤炭经济，2018(6)：22-23.
[6]吴明明.中国能源消费与经济增长关系研究[D].武汉：华中科技大学，2011.
[7]杨春平.循环经济与低碳经济内涵及其关系[J].中国经贸导刊，2009(24)：21.
[8]鲍健强，苗阳，陈锋.低碳经济：人类经济发展方式的新变革[J].中国工业经济，2008(4)：153-160.
[9]龚建文.低碳经济：中国的现实选择[J].江西社会科学，2009(7)：27-33.
[10]冯之浚，周荣.低碳经济：中国实现绿色发展的根本途径[J].中国人口·资源与环境，

2010,20(4):1 - 7.

[11]胡涑洋. 低碳经济与中国发展[J]. 科学与社会,2008(1):11 - 18.

[12]任力. 低碳经济与中国经济可持续发展[J]. 社会科学家,2009(2):47 - 50.

[13]吴丹. 我国低碳经济发展路径选择[J]. 安徽农业科学,2015(10):263 - 265.

[14]周杰,李金叶. 英国发展低碳经济的实践经验对中国低碳经济发展之路的探讨[J]. 世界农业,2015(6):155 - 159.

[15]李红翠. 浅析低碳经济与中国经济发展模式转型[J]. 现代经济信息,2015(9):13.

[16]黄应童. 探究循环经济与低碳经济的未来发展路径[J]. 现代商业,2017(7):131 - 132.

[17]解振华. 走循环经济之路 实现可持续生产与消费[J]. 环境保护,2003(3):3 - 4.

[18]余德辉,王金南. 发展循环经济是 21 世纪环境保护的战略选择[J]. 经济研究参考,2001(10):36 - 38.

[19]李兆前,齐建国. 循环经济理论与实践综述[J]. 数量经济技术经济研究,2004,21(9):145 - 154.

[20]李新生. 循环经济视角下的社会主义新农村建设规划初探[J]. 经济视野,2013,(7):25 - 26.

[21]蒋和平. 广西工业园区循环经济建设路径研究[J]. 学术论坛,2015,38(1):78 - 82.

[22]李士金. 辽宁省循环经济的发展现状及对策研究[J]. 科技创新与应用,2016(31):281.

[23]沈鹏. 发达国家循环经济发展经验及启示[J]. 环境保护,2016,44(23):68 - 71.

[24]董鹏,俞丽晴. 全球能源市场格局之巨变[J]. 环球市场信息导报,2017(4):20 - 23.

[25]王璟. 国内外能源发展趋势分析[J]. 现代经济信息,2017(21):297 - 300.

[26]邱丽静. 2030—2040 年全球能源发展趋势展望[J]. 新能源经贸观察,2017(5):36 - 41.

[27]刘猛. 美国页岩气革命及其影响研究[D]. 长春:吉林大学,2017.

[28]潘磊. 中国能源经济可持续发展展望[J]. 投资与合作,2014(7):42.

[29]郝宇,郑少卿,彭辉. "供给侧改革"背景下中国能源经济形势展望[J]. 北京理工大学学报(社会科学版),2017,19(2):28 - 34.

[30]金毅. 论能源经济形势、机遇挑战和政策建议[J]. 商情,2016(44):34.

[31]李志红. 中国能源经济的发展和前景[J]. 中国化工贸易,2017,9(10):2.

[32]李爱芝. 浅论经济发展与能源经济[J]. 农家参谋,2018(1):239 - 240.

[33]邹莉莉. 促进我国能源可持续利用的税收政策研究[D]. 沈阳:辽宁大学,2011.

[34]董蕾. 浅析中国能源经济面临的挑战及其对策[J]. 商业文化,2012(2):153.

[35]陈凯. 中国能源消费与经济增长关联关系的实证研究[D]. 太原:山西财经大学,2010.

第 5 章

能源技术革命

　　能源是人类生存和文明发展的重要物质基础,我国已成为世界上最大的能源生产国和消费国,能源供应能力显著增强,技术装备水平明显提高。同时,我国也面临着世界能源格局深度调整、全球应对气候变化行动加速、国家间技术竞争日益激烈、国内经济进入新常态、资源环境制约不断强化等挑战。为积极应对挑战,党中央、国务院审时度势,在中央财经领导小组第六次会议上作出了推动能源消费、供给、技术和体制革命,全方位加强国际合作的战略部署。党的十八届五中全会进一步明确建设清洁低碳、安全高效的现代能源体系。科技决定能源的未来,科技创造未来的能源。能源技术创新在能源革命中起决定性作用,必须摆在能源发展全局的核心位置。

5.1　能源技术的发展形势

5.1.1　世界能源技术发展趋势

　　当前,新一轮能源技术革命正在孕育兴起,新的能源科技成果不断涌现,正在并将持续改变世界能源格局。非常规油气勘探开发技术在北美率先取得突破,页岩气和致密油成为油气储量及产量新增长点,海洋油气勘探开发作业水深记录不断取得突破;主要国家均开展了 700 ℃超超临界燃煤发电技术研发工作,整体煤气化联合循环技术、碳捕捉与封存技术、增压富氧燃烧等技术快速发展。燃气轮机初温和效率进一步提高,H 级机组已实现商业化,以氢为燃料的燃气轮机正在快速发展;三代核电技术逐渐成为新建机组主流技术,四代核电技术、小型模块式反应堆、先进核燃料及循环技术研发不断取得突破;风电技术发展将深海、高空风能开发提上日程,太阳能电池组件效率不断提高,光热发电技术开始规模化示范,生物质能利用技术多元化发展;电网技术与信息技术融合不断深化,电气设备新材料技术得到广泛应用,部分储能技术已实现商业化应用。可再生能源正逐步成为新增电力重要来源,电网结构和运行模式都将发生重大变化。

　　近年来,主要能源大国均出台了一系列法律法规和政策措施,采取行动加快能源科技创新。美国发布了《全面能源战略》等战略计划,将"科学与能源"确立为第一战略主题,提出形成从基础研究到最终市场解决方案的完整能源科技创新链条,强调加快发展低碳技术,已陆续出台了提高能效、发展太阳能、四代和小型模块化核能等清洁电力等新计划。日本陆续出台了《面向 2030 年能源环境创新战略》等战略计划,提出了能源保障、环境、经济效益和安全并举的方针,继续支持发展核能,推进节能和可再生能源,发展新储能技术,发展整体煤气化联合循环(Interg rated Gasification Combined Cycle,IGCC)、整体煤气化燃料电池循环等先进煤炭利用技术。欧盟制订了《2050 能源技术路线图》等战略计划,突出可再生能源在能源供应中的主体地位,提出了智能电网、碳捕集与封存、核聚变以及能源效率等方向的发展思路,启动了欧洲核聚变联合研究计划[1]。

纵观全球能源技术发展动态和主要能源大国推动能源科技创新的举措,可以得到以下结论和启示。一是能源技术创新进入高度活跃期,新兴能源技术正以前所未有的速度加快迭代,对世界能源格局和经济发展将产生重大而深远的影响。二是绿色低碳是能源技术创新的主要方向,集中在传统化石能源清洁高效利用、新能源大规模开发利用、核能安全利用、能源互联网、大规模储能和先进能源装备以及关键材料等重点领域。三是世界主要国家均把能源技术视为新一轮科技革命和产业革命的突破口,制定各种政策措施抢占发展制高点,增强国家竞争力和保持领先地位。

5.1.2　我国能源技术发展形势

近年来,我国能源科技创新能力和技术装备自主化水平显著提升,建设了一批具有国际先进水平的重大能源技术示范工程。初步掌握了页岩气、致密油等勘探开发关键装备技术,煤层气实现规模化勘探开发,3000 m 深水半潜式钻井船等装备实现自主化,复杂地形和难采地区油气勘探开发部分技术达到国际先进水平,千万吨炼油技术达到国际先进水平,大型天然气液化、长输管道电驱压缩机组等成套设备实现自主化;煤矿绿色安全开采技术水平进一步提升,大型煤炭气化、液化、热解等煤炭深加工技术已实现产业化,低阶煤分级分质利用正在进行工业化示范;超超临界火电技术广泛应用,投运机组数量位居世界首位,大型 IGCC、CO_2 封存工程示范和 700 ℃超超临界燃煤发电技术攻关顺利推进,大型水电、1000 kV 特高压交流和 $\pm$800 kV 特高压直流技术及成套设备达到世界领先水平,智能电网和多种储能技术快速发展;基本掌握了 AP1000 核岛设计技术和关键设备材料制造技术,采用"华龙一号"自主三代技术的首堆示范项目开工建设,首座高温气冷堆技术商业化核电站示范工程建设进展顺利,核级数字化仪控系统实现自主化;陆上风电技术达到世界先进水平,海上风电技术攻关及示范有序推进,光伏发电实现规模化发展,光热发电技术示范进展顺利,纤维素乙醇关键技术取得重要突破。

虽然我国能源科技水平有了长足进步和显著提高,但与世界能源科技强国和引领能源革命的要求相比,还有较大的差距。一是核心技术缺乏,关键装备及材料依赖进口问题比较突出,三代核电、新能源、页岩气等领域关键技术长期以引进消化吸收为主,燃气轮机及高温材料、海洋油气勘探开发技术装备等长期落后。二是产学研结合不够紧密,企业的创新主体地位不够突出,重大能源工程提供的宝贵创新实践机会与能源技术研发结合不够,创新活动与产业需求脱节的现象依然存在。三是创新体制机制有待完善,市场在科技创新资源配置中的作用有待加强,知识产权保护和管理水平有待提高,科技人才培养、管理和激励制度有待改进。四是缺少长远谋划和战略布局,目前的能源政策体系尚未把科技创新放在核心位置,国家层面尚未制定全面部署面向未来的能源领域科技创新战略和技术发展路线图。

5.1.3　我国能源技术战略需求

我国能源技术革命应坚持以国家战略需求为导向,一方面为解决资源保障、结构调整、污染排放、利用效率、应急调峰能力等重大问题提供技术手段和解决方案;另一方面为实现经济社会发展、应对气候变化、环境质量等多重国家目标提供技术支撑和持续动力。

（1）围绕"两个一百年"奋斗目标提供能源安全技术支撑。我国正处于实现"两个一百年"奋斗目标和中华民族伟大复兴的中国梦的关键阶段，能源需求在很长时期内还将持续增长。这要求通过能源技术创新加快化石能源勘探开发和高效利用，大力发展新能源和可再生能源，构建常规和非常规、化石和非化石、能源和化工以及多种能源形式相互转化的多元化能源技术体系。

（2）围绕环境质量改善目标提供清洁能源技术支撑。我国正在建设"蓝天常在、青山常在、绿水常在"的美丽中国，这要求通过能源技术创新，大幅度减少能源生产过程污染排放，提供更清洁的能源产品，加强能源伴生资源综合利用，构建清洁、循环的能源技术体系。

（3）围绕二氧化碳峰值目标提供低碳能源技术支撑。我国对世界承诺，到 2030 年单位国内生产总值二氧化碳排放比 2005 年下降 $60\%\sim65\%$、非化石能源占一次能源消费比重达到 20% 左右。这要求通过能源技术创新，加快构建绿色、低碳的能源技术体系。在可再生领域，要重点发展更高效率、更低成本、更灵活的风能、太阳能利用技术，生物质能、地热能、海洋能利用技术以及可再生能源制氢、供热等技术。在核能领域，要重点发展三代、四代核电，先进核燃料及循环利用和小型堆等技术，探索研发可控核聚变技术。在二氧化碳封存利用领域，要重点发展驱油驱气、微藻制油等技术。

（4）围绕能源效率提升目标提供智慧能源技术支撑。我国能源利用效率总体处于较低水平，这要求通过能源技术创新，提高用能设备设施的效率，增强储能调峰的灵活性和经济性，推进能源技术与信息技术的深度融合，加强整个能源系统的优化集成，实现各种能源资源的最优配置，构建一体化、智能化的能源技术体系。要重点发展分布式能源、电力储能、工业节能、建筑节能、交通节能、智能电网、能源互联网等技术。

（5）围绕能源技术发展目标提供关键材料装备支撑。能源技术发展离不开先进材料和装备的支撑。根据重点能源技术需要，重点发展特种金属功能材料、高性能结构材料、特种无机非金属材料、先进复合材料、高温超导材料、石墨烯等关键材料；重点发展非常规油气开采装备、海上能源开发利用平台、大型原油和液化天然气船舶、核岛关键设备、燃气轮机、智能电网用输变电及用户端设备、大功率电力电子器件、大型空分、大型压缩机、特种用途的泵、阀等关键装备。

5.2　能源技术革命的重点任务

5.2.1　煤炭无害化开采技术创新

1.战略方向

（1）煤炭资源安全高效智能开发。重点在煤炭开采隐蔽灾害探查、重大灾害综合治理、应急救援技术及装备、煤系共生伴生资源综合高效开发利用、煤炭资源回收率提高、煤炭智能开采、地下气化开采等方面开展研发与攻关。

（2）煤炭资源绿色开发与生态矿山建设。重点在绿色高效充填开采、绿色高效分选技术与装备、采动损伤监测与控制、采动塌陷区治理与利用、保水开采、矿井水综合利用及深度净化处理、生态环境治理等方面开展研发与攻关。

2.创新行动

(1)地质保障与安全建井关键技术。研究西部煤田地质勘探技术、大深度和智能化的地质钻探技术及装备、直升机时间域航空电磁技术、无人机航磁技术、环境地质和灾害地质的评价及煤矿安全地质保障技术;研究千米冲积层立井施工、西部弱胶结软弱岩层钻井法凿井和大斜长沿轴线斜井冻结等安全建井关键技术。

(2)隐蔽致灾因素智能探测及重大灾害监控预警技术。研发煤矿水害、火灾、瓦斯、顶板及冲击地压等主要灾害隐蔽致灾因素智能探测技术与装备,研究重大灾害危险源及前兆信息识别与自分析评价技术,研发事故隐患相关基础参数、工程参数、人员及设备运行状态与故障参数等信息监测技术及装备以及重大灾害智能预警技术。

(3)深部矿井煤岩、热动力灾害防治技术。研发深部矿井采场及围岩控制技术与装备、以区域卸压增透和致裂卸压增透为主的深部矿井煤岩瓦斯灾害治理技术及装备,研发以阻化泥浆和液氮为主的深部矿井自然发火综合防治技术、工艺与装备;研究以集中降温和局部降温为主的深部矿井热害综合治理技术。

(4)矿山及地下工程重大事故应急救援技术及装备。研发煤矿重大事故灾区高可靠性无人侦测技术、救援通道快速构建技术及装备、灾变环境应急通信及遇险人员搜求技术与装备,以及分布式联合仿真救援培训演练系统与综合管理信息平台。

(5)煤炭高效开采及智能矿山建设关键技术。研发煤矿智能化工作面成套技术及装备、巷道高效快速掘进技术与装备,以及薄和较薄、大倾角-急倾斜及特厚的煤层高效高回收率开采技术与装备;研发千万吨级矿井大型提升装备、煤矿智能供配电与节能技术;研究矿山海量数据存储管理和并行分析技术、基于云服务和大数据技术的煤矿智能预测和决策系统,以及矿业感知、管控、诊断与维护技术。

(6)与煤系共伴生资源综合开发利用技术。研究煤矿区煤炭及伴生资源条件探测和精细识别技术,以及矿井水井下储存、深度净化处理、综合利用与水环境保护技术;研发西部煤田控火及热能利用技术、煤与煤层气共采及瓦斯高效抽采利用技术与装备;开发"煤-水-气-热-铀"多资源共采关键技术。

(7)煤炭绿色开采与生态环境保护技术。研发井下采选充一体化技术及装备、绿色结构充填控制岩层沉陷关键技术,以及大型露天矿连续、半连续开采工艺生产系统关键技术与装备。开展无煤柱连续开采、保水开采、矿区环境遥感监测、采动损伤监测与控制、高强度大规模开采、西部浅埋煤层开采覆岩移动与控制等技术研究,研发毛煤井下分选与矸石井下充填处置技术与装备。

(8)煤炭高效分选关键技术与装备。研发煤炭精细化重介质分选技术、高效干法选煤技术、煤炭产品质量监测与选煤过程智能控制技术、千万吨/年模块化洗选技术与装备以及矿区煤泥综合利用技术。

(9)矿区地表修复与重构技术。研究煤炭开采与城镇化建设协调开发技术、煤炭高强度开采沉陷与生态演变精准监测及修复治理技术,以及赤泥与煤矸石混合堆存技术;研发矿区地貌、土壤、植被、水体重构和景观再造技术。

(10)煤炭地下气化开采技术。研究气化煤层的赋存条件判识,以及高可靠性的地下气化炉燃烧工作面位置监测方法,研发拉管法后退式注气装备与工艺,以及地下气化的燃空区充填及气化工作面组的接替技术与工艺。

5.2.2 非常规油气和深层、深海油气开发技术创新

1.战略方向

(1)非常规油气勘探开发。重点在页岩油气赋存机理、资源和选区评价等基础理论与技术,页岩油气藏地质建模、动态预测和开采工艺,页岩油气长水平井段水平井钻完井及压裂改造技术和关键装备等方面开展研发与攻关;在深层煤层气开发、复杂储层煤层气高效增产、低阶煤层气资源评价与开发、煤层气开发动态分析与评价以及煤层气井高效排水降压工艺等方面开展研发与攻关;在天然气水合物勘探目标预测及评价、钻井及井筒工艺、高效开采,以及环境影响评价和安全控制等方面开展研发与攻关。

(2)深层油气勘探开发。重点在深-超深层油气层藏地质理论及评价、储层地震预测及安全快速钻井、深层超高压油气流体评价以及复杂储集层深度改造和开发配套等方面开展研发与攻关。

(3)深海油气开发技术与装备。重点在深远海复杂海况下的浮式钻井平台工程、水下生产系统工程、海底管道与立管工程、深水流动安全保障与控制、深水钻井技术与装备以及基于全生命周期经济性的开发技术评价及优选等方面开展研发与攻关。

2.创新行动

(1)页岩油气富集机理与分布预测技术。针对我国海、陆相页岩层系特点,研究页岩油气赋存机理与分布规律,开展页岩储层微观孔隙结构定量表征、页岩含气量测定、页岩油可流动性评价、页岩油气资源评价与选区评价、页岩油气测井综合评价和“甜点”地球物理预测技术等研究,形成适合于我国地质特点的页岩油气地质理论与勘探技术体系。

(2)页岩油气流动机理与开发动态预测技术。针对我国页岩油气藏的地质特点,以油气藏精细描述和地质建模研究为基础,借助现代油藏工程的技术手段,开展页岩油气多尺度耦合流动机理、物理模拟、产能预测和动态分析方法、数值模拟技术等基础研究,揭示页岩油气藏开发过程中的流动规律,发展页岩油气藏工程理论和技术方法,为页岩油气高效开发提供理论和技术支撑。

(3)页岩油气成井机制及体积压裂技术。开展高精度长水平段水平井钻完井、增产改造与测试工艺技术研究,重点研发海相深层页岩气水平井优快钻井与压裂改造技术、陆相页岩油气长水平段水平井钻完井与压裂改造技术、无水压裂技术、重复压裂技术,实现不同类型(海相、陆相、海陆过渡相)、不同深度(小于 3500 m 为浅层,大于 3500 m 为深层)页岩油气高效开发。

(4)页岩油气勘探开发关键装备与材料。针对页岩储层低孔、特低渗特点,研发适合于不同类型页岩的长水平段水平井钻完井关键装备、工具、钻井金属材料、油基钻井液和弹塑性水泥浆体系,开发制备低磨阻、低伤害、低成本的滑溜水压裂液体系和高效携砂、低伤害的冻胶压裂液体系,开展压裂返排液再利用技术研究,形成适合于中国页岩油气地质特点的钻完井关键装备、工具及材料,提高国产化比例,大幅度降低钻完井成本,实现页岩油气的高效开发。

(5)煤层气资源有效勘探开发技术。开展超低渗透煤储层改造技术、多煤层煤层气合采技术、深层煤层气开发技术、复杂储层煤层气高效增产技术、低煤阶煤层气资源评价与开发技术、煤层气开发动态分析与评价技术和煤层气井高效排水降压工艺技术等研究,保障我国煤层气产量稳步增长。

(6)天然气水合物勘探开发技术。研究水合物勘探目标预测评价技术、钻井及井筒工艺技

术、高效开采和复合开采技术、安全控制技术、开采环境监测技术,建设天然气水合物开采示范工程,掌握有效开采技术,实现天然气水合物安全高效开发。

(7)深层油气高效勘探开发技术。开展深层-超深层油气层藏地质理论及评价技术、深层-超深层油气储层地震预测技术、深层超高压油气流体评价技术、深层复杂储集层深度改造与开发配套技术以及深-超深层安全快速钻井技术等研究,实现深层油气高效开发。

(8)深海油气有效勘探开发技术与装备。开展深远海浮式钻井平台工程技术、水下生产系统工程技术、深水海底管道和立管工程技术、深水流动安全保障与控制技术以及深水大载荷采油装备关键设备轻量化技术、深水油气田全生命周期监测技术研究;研发水深 3000 m 领域油气资源的勘探开发技术与装备,建设海洋深水油气配套产业链;构建基于海洋工程大数据的全景式全生命周期应用研究技术;全面提升海洋工程装备从概念研发到总装设计及其建造的完整自主研发设计能力。

(9)海洋油气开发安全环保技术。研发海底管道运行监测技术、海洋油气泄漏应急处理技术与装备。针对深远海作业,开展海工装备零排放技术、节能技术,健康、安全与环境管理体系分析以及海底油气设备安全监测技术等研究。

(10)非常规及深海油气高效转化及储运技术。研究天然气水合物高效储运技术;针对海上及偏远地区油田,重点开展天然气就地高效转化紧凑型高通量转化技术研究。

5.2.3　煤炭清洁高效利用技术创新

1.战略方向

(1)煤炭分级分质转化。重点在先进煤气化、大型煤炭热解、加氢液化、焦油和半焦高效转化等方面开展研发与攻关。

(2)重要能源化工产品生产。重点在天然气、超清洁油品、航天和军用特种油品、基础化学品、专用和精细化学品的生产工艺技术等方面开展研发与攻关。

(3)煤化工与重要能源系统耦合集成。重点在与火力发电、炼油、可再生能源制氢、生物质转化、燃料电池等系统的耦合集成方面开展研发与攻关。

(4)煤化工废水安全高效处理。重点在提高复杂废水处理能力、降低成本、资源化利用和减少排放等方面开展研发与攻关。

(5)先进煤电技术。重点在常规煤电参数等级进一步提高、新型煤基发电和污染物一体化脱除等方面上开展研发与攻关。

2.创新行动

(1)先进煤气化技术。研发适应于高灰熔点煤的新型超高温气流床气化技术、处理能力3000 吨级/天以上大型气化炉、千吨级/天连续自动液态排渣床加压气化炉;突破大型流化床加压气化关键技术,开展 2000 吨级/天气化炉工业示范;研制日输送量千吨以上煤气化专用粉煤输送泵;开展新一代煤催化气化和加氢气化技术研究,并推进工业示范。

(2)先进低阶煤热解技术。研发清洁高效的低阶煤热解技术,开展百万吨级工业化示范。加强热解与气化、燃烧的有机集成,开发气化-热解一体化技术和燃烧-热解一体化技术,与燃气循环发电或蒸汽循环发电结合,开展油化电多联产工业示范;研究更高油品收率的快速热解、催化(活化)热解、加压热解和加氢热解等新一代技术。

(3)中低温煤焦油深加工技术。研发煤焦油轻质组分制对二甲苯、中质组分制高品质航空煤油和柴油、重质组分制特种油品的分质转化技术,开展百万吨级工业示范;研究中低温煤焦油提取精酚、吡啶、咔唑等高附加值精细化工产品技术;建设 50 万 t/a 中低温煤焦油全馏分加氢制芳烃和环烷基油工业化示范工程。

(4)半焦综合利用技术。研究半焦在民用散烧、工业锅炉、冶金、气化、发电等方面的高效清洁利用技术,完成清洁高效的民用炉灶和工业窑炉燃烧试验、示范及推广;完成半焦用于烧结、高炉喷吹、大型化气流床和固定床气化、粉煤炉和循环流化床锅炉工业化试验、示范及推广。

(5)超清洁油品和特种油品技术。研发温和反应条件下的新一代煤直接液化技术、高温费-托合成等新型煤间接液化技术;开发超清洁汽柴油以及军用柴油、大比重航空煤油、火箭柴油等特种油品生产技术;研究煤衍生油预处理、芳香化合物提取、分离及深加工技术;加强煤直接液化与间接液化、高温费-托合成与低温费-托合成的优化集成,完成百万吨级工业示范。

(6)煤制清洁燃气关键技术。开发煤经合成气完全甲烷化制天然气成套工艺技术,开展 10 亿 m³/a 工业示范;研究煤气化与变换、甲烷化的耦合集成技术,探索一步法煤制天然气技术;开发新一代氢气分离技术,中小型洁净煤气化制工业燃气成套技术。

(7)新一代煤制化学品技术。研发新型的氨、甲醇、煤制烯烃、煤制乙二醇合成技术和催化剂;突破甲醇制芳烃、石脑油与甲醇联合制烯烃、二甲醚羰基化/乙酸甲酯加氢制乙醇、合成气制高碳伯醇、煤制聚甲氧基二甲醚、甲醇甲苯烷基化制对二甲苯、煤氧热法制电石等技术,并开展大型工业示范;探索合成气一步法制烯烃、乙醇等技术;开展煤制化学品高效催化剂研发、放大与工业制备,设计制造配套的大型工业反应器及其他关键设备。

(8)煤油共炼技术。研究煤油共炼协同反应机理、原料匹配性调控技术,以及新一代高活性、高分散性催化剂制备技术;开发定向转化生产清洁油品、特种油品和芳烃技术;自主研制单台 150 万 t/a 大型浆态床加氢反应器、新型高压差减压阀、高压油煤浆输送泵等关键装备;研发含油残渣高效综合利用技术。

(9)煤化工耦合集成技术。研发煤与生物质和垃圾共气化、煤化工制(用)氢系统与风电(太阳能)制氢集成、煤化工与可再生能源电力储能和调峰集成、煤化工与整体煤气化联合循环发电集成、煤化工与燃料电池发电集成、煤化工与二氧化碳捕集、利用与封存集成等关键技术。

(10)高有机、高盐煤化工废水近零排放技术。开发典型污染物高效预处理、可生化性改善、去除特征污染物酚及杂环类和氨氮等高有机废水近零排放关键技术;开发包括臭氧催化氧化的深度处理技术及浓盐水分离、蒸发结晶组合技术;研究废水处理各项技术的优化组合,完善单质结晶盐分离流程和结晶盐利用,开展废水近零排放技术优化和工业示范;进一步研发基于新概念、新原理、新路线的煤化工废水全循环利用"零排放"技术。

(11)700 ℃ 等级镍基合金耐热材料生产和关键高温部件制造技术,以及主机和关键辅机制造技术。研发 700 ℃ 镍基合金高温材料生产和加工技术,耐热材料大型铸件、锻件的加工制造技术,高温部件焊接材料、焊接工艺及高温材料的检验技术等;研究 700 ℃ 机组主、辅机关键部件加工制造技术;研发 700 ℃ 超超临界发电机组锅炉、汽轮机及关键辅机和阀门国产化制造技术。

(12)新型煤基发电技术。研究 600 MW 及以上容量机组褐煤预干燥及水回收高效褐煤发电集成及设备开发技术,实现在 600 MW 等级或以上容量机组褐煤高效发电集成技术的工程应用;研发 1000 MW 等级超超临界褐煤锅炉配套风扇磨煤机设计制造技术;研究并掌握全燃准东煤锅炉燃烧技术,建设示范工程。

(13)多污染物(SO_2、NO_x、Hg 等)一体化脱除技术。研发具有自主知识产权的多污染物(SO_2、NO_x、Hg 等)一体化脱除技术,包括研发具有同时吸附多污染物的新型高效吸附剂及高效、低成本氧化剂、氧化工艺与设备以及高效催化剂等,研发多污染物一体化脱除技术工艺关键装置设计与制造技术,研究工艺流程优化技术等。

(14)煤电技术探索。重点探索研究基于富氧燃烧的超临界二氧化碳布雷顿循环发电及碳捕集技术、整体煤气化燃料电池联合循环(IGFC – CC)发电技术以及磁流体发电联合循环(MHD – CC)发电技术。

5.2.4　二氧化碳捕集、利用与封存技术创新

1.战略方向

(1)CO_2 的大规模、低能耗捕集。重点在燃烧后 CO_2 捕集上实现重大突破,并积极在燃烧前 CO_2 捕集及富氧燃烧等方面开展研发与攻关。

(2)CO_2 的大规模资源化利用。重点在 CO_2 的驱油、驱气、驱水及 CO_2 的矿化发电和生物化工规模化利用等方面开展研发与攻关。

(3)CO_2 的安全可靠的封存、监测及运输。重点在封存机理、适合我国地质特点的封存理论和工程技术体系建设、全流程的监测和预测(警)、安全高效的 CO_2 长管道运输及管网优化设计等方面开展研发与攻关。

2.创新行动

(1)新一代大规模低能耗 CO_2 捕集技术。研究新型高效 CO_2 吸收(附)剂和材料以及气、液二次污染物控制技术;研究新型捕集工艺及设备放大技术、吸收和再生过程强化技术、捕集系统与发电系统耦合集成技术,开发核心专有设备;研究 CO_2 与细微颗粒物、SO_2 等污染物的协同脱除技术。

(2)基于 IGCC 系统的 CO_2 捕集技术。研发新型吸附材料和膜分离材料、低能耗 CO_2 吸收(附)剂、合成气的高效变换技术和净化技术、碳捕集与富氢气体燃烧技术、新型化学链气化技术;研究基于 IGCC 的 CO_2 捕集系统集成优化技术。

(3)大容量富氧燃烧锅炉关键技术。研究大容量富氧燃烧系统放大技术、大容量富氧燃烧锅炉设计计算方法及工程放大规律、富氧燃烧用大型空分与锅炉系统动态匹配技术,研发适合于富氧燃烧烟气特点的压缩纯化技术(含酸性气体协同处理)以及富氧燃烧全厂系统动态特性、调节控制、节能(水)等技术。

(4)CO_2 驱油利用与封存技术。开发特殊油气藏 CO_2 驱油技术,研究 CO_2 与典型油藏混相机理,发展油藏多相多组分相态理论,开发适合驱油封存的调剖技术、混相促进技术、大规模驱油封存场地稳定性评价与控制技术,开发 CO_2 驱油与封存的动态跟踪与调控技术,优化油藏开采方案及相关配套监测方案;研究 CO_2/油/水多相渗流及油气藏 CO_2 封存机理,发展封存潜力评价、CO_2 驱油与封存协同优化方法。

(5)CO_2 驱煤层气与封存技术。研究低渗软煤的流固耦合作用理论,深化驱煤层气 CO_2 封存潜力的评估方法;突破并验证适合深度 1000 m 以上、渗透系数 1 mD 以下煤层中驱煤层气的注入性增强技术;开发适合于吸附态 CO_2 的监测技术,形成并验证驱煤层气监测技术体系。

(6)CO_2 驱水利用与封存技术。研究封存与驱水相互作用规律,提出驱水利用的潜力评价

方法与选址准则,并应用于典型盆地的目标区圈定;提出安全性、稳定性评价方法,开发封存与产水协同优化模型,构筑驱水利用全流程系统工艺。

(7)CO_2矿物转化、固定和利用技术。针对钢铁、化工等过程产生的大量工业固废,结合我国丰富的钾长石等天然矿物质,研发工业固废和典型钙镁基天然矿物中CO_2矿化的高选择性产品分离技术,形成多级多相反应与分离一体化大型装备,实现矿渣的高效综合利用。

(8)CO_2矿化发电技术。利用大规模工业碱性固废、天然碱性矿物矿化CO_2发电并联产化学品,研究CO_2矿化电池(CMC)的化学反应过程、催化材料及传输机制,有效利用矿化反应低位化学能发电;研究CO_2矿化电池的工程放大技术,形成可商业化电池堆;研发燃煤电厂低浓度烟气CO_2直接矿化发电技术,以及纯碱、镁盐、硅氧化物等化工加工过程中应用CO_2矿化电池发电的耦合技术。

(9)CO_2化学转化利用技术。研发CO_2与甲烷重整制备合成气技术;研究CO_2与氢气制液体燃料、甲醇、碳酸酯、丙烯酸等高值化学品以及可降解塑料的高效催化剂和专属反应器的放大技术;研究并验证光/电、光/热的CO_2转化技术、电解水与CO_2还原耦合的电能和化学能循环利用技术。

(10)CO_2生物转化利用技术。研发高效低成本的固碳优良藻类(菌种)的大规模培育及高效生物光反应器放大技术;研究CO_2微藻土壤改良、制备生物柴油和化学品、CO_2气肥等技术;探索微藻基因工程改良前沿技术。

(11)CO_2安全可靠封存与监测及运输技术。研究地质封存机理、长期运移规律和预测方法以及封存地质学理论与场地选址方法;开发注入过程和关井后的长期监测、风险预测、预警与应急管理技术与方法以及长寿命井下设备与工程材料;研究CO_2有效封存的计量和验证方法;研究长距离大输量CO_2运输的管道微损伤监测和止裂及自封堵技术、管线泄漏检(监)测技术、沿线高后果区智能报警技术。

(12)建设百万吨级碳捕集利用和封存系统示范工程。完成燃烧后CO_2捕集技术的放大研究、脱碳工程与电厂系统的工程化集成技术研究;建设百万吨级大型CO_2捕集系统示范工程,配合开展百万吨级CO_2驱油和封存的协同优化,保证封存的长期安全性。

5.2.5　先进核能技术创新

1.战略方向

(1)核能资源勘探开发利用。重点在深部铀资源勘探开发理论、新一代高效智能化地浸采铀以及非常规铀资源(主要包括黑色岩系型及海水中的铀资源等)开发利用等方面开展研发与攻关。

(2)先进核燃料元件。重点在自主先进压水堆核燃料元件示范及推广应用,更高安全性、可靠性和经济性的压水堆燃料元件自主开发,先进燃料技术体系完善以及智能制造在核燃料设计制造领域应用等方面开展研发与攻关。

(3)新一代反应堆。重点在快堆及先进模块化小型堆示范工程建设、先进核燃料循环系统构建、超高温气冷堆关键技术装备和配套用热工艺以及新一代反应堆的基础理论和关键技术等方面开展研发与攻关。

(4)聚变堆。重点在国际热核聚变反应堆的设计和建造、堆芯物理和聚变堆工程技术、聚变工程技术试验平台自主设计建造以及大型托卡马克聚变堆装置设计、建造和运行等方面开展研发与攻关。

2.创新行动

(1)深部铀成矿理论创新与一体化铀资源探测技术与装备。探索热液型铀多金属成矿带成矿体系、砂岩型铀矿超常富集机理和多能源矿产间作用关系、非常规铀资源富集模式与规律、纳米地学、铀成矿模拟试验以及铀矿地质大数据规律等;研究大探深、高精度地面和井中地球物理勘查技术、高效钻进技术、纳米测试技术、基于互联网的综合分析评价技术、智能化预测技术;研制铀多金属勘查新型放射性仪器。

(2)地浸采铀高效钻进与成井技术。研发专用地浸钻孔钻进设备,采铀工艺钻孔结构,基于随钻测斜、定向钻进的高效安全钻孔成井技术、地浸井场快速开拓和布置技术;研究复杂难浸铀资源地浸高效浸出技术;开展绿色、智能地浸采铀技术研究,建设数字化、绿色地浸矿山。

(3)黑色岩系型、磷块岩型的低品位铀资源开发技术及盐湖、海水提铀技术。研发工艺矿物学特征,选矿试剂合成、矿物分选工艺和选矿技术,铀高效浸出工艺及浸出装置、分离方法、产品制备及工艺废水处理技术,进行工业试验示范;研发盐湖和海水提铀装置、实验室平台,突破高性能提铀材料及功能材料提铀性能,建立国家级开放性的海水提铀方法测试平台,研究海水提铀与海水淡化耦合技术、铀酰化学技术。

(4)先进自主压水堆元件。推进自主先进锆合金包壳核燃料元件技术攻关和产业化应用。研发事故容错元件(ATF)高铀密度或掺杂燃料芯块,先进金属、新型复合的包壳材料;完善适用于 ATF 元件包壳堆内辐照考验及辐照后检查技术,研究燃料制备和性能评价关键技术;研究压水堆环形燃料堆芯和组件设计技术,开展环形燃料组件堆外热工水力等验证、小组件试验堆内辐照考验和先导组件商用堆内辐照考验。

(5)快堆及燃料元件设计与工程化技术。完善快堆法规、标准体系,突破大型商用快堆的热工水力、非能动事故余热排出等关键技术,形成快堆电站自主化的软件及设计集成技术,实现设备自主化;突破快堆 MOX 组件芯块设计与成型工艺技术,高性能结构材料,组件制造工程化技术,掌握快堆 MOX 换料运行技术;突破大增殖比的(U、Pu)Zr 金属元件及添加 MA 的金属燃料关键技术。

(6)超高温气冷堆关键技术及高温热工程应用技术。攻关 950 ℃超高温气冷堆关键技术,开展安全与事故分析、堆内构件材料及结构分析等;开发基于 HTR-PM 现有堆芯设计的气-气中间换热器,提供 700 ℃的工艺热生产煤气、油品和焦炭。

(7)先进小型堆关键技术及工程化。针对陆上模块式小型堆,突破关键设备、模块化建造技术、运行技术及安全审查技术,完善法规标准;针对海上核动力平台,开展工程设计、设备制造、工厂化总体建造和海上运行调试技术研究,建设示范工程,完善法规标准;开展大功率空间核反应堆电源技术研究,突破设计、关键材料、装备、运行技术等。

(8)钍基熔盐堆基础理论与关键技术。建立完善的研究平台体系,研究关键基础理论和关键工艺技术,突破熔盐制备技术、高温材料腐蚀机理及控制技术、回路技术、反应堆运行控制技术;探索钍-铀循环在线后处理技术,建成 2 MW 钍基熔盐实验堆。

(9)聚变物理研究。完善等离子体诊断、控制、加热、加料等手段,研究先进托卡马克等离子体实验,实现高比压、高约束的等离子体实验运行,提升对聚变等离子体的认识水平和控制能力,设计建造聚变工程技术试验平台(FETP)。

5.2.6　乏燃料后处理与高放废物安全处理处置技术创新

1. 战略方向

（1）乏燃料后处理。重点在大型商用水法后处理厂建设、全分离的无盐二循环流程研究、后处理流程经济性和环保性的提高以及适用于快堆等的先进燃料循环的干法后处理等方面开展研发与攻关。

（2）高放废物地质处置。重点在高放废物地质处置研发体系创新、高放废物处置地下实验室建设、地质处置和安全技术以及高放废物地质处置理论和技术体系完善等方面开展研发与攻关。

（3）高放废物处理。重点在高放废液处理、高放石墨处理、α废物处理以及冷坩埚玻璃固化高放废物处理等方面开展研发与攻关。

（4）放射性废物嬗变技术。重点在长寿命次锕系核素总量控制、次临界系统设计和关键设备研究、外中子源驱动次临界高效嬗变系统（含加速器驱动和聚变驱动）技术体系完善以及降低高放废物安全处理（置）难度等方面开展研发与攻关。

2. 创新行动

（1）先进乏燃料后处理工艺及关键技术设备。针对大型核燃料后处理厂，开展首端处理技术及新型无盐试剂二循环流程开发、工艺流程台架热试验及验证；建设后处理全流程数字模拟平台，研究脉冲萃取柱数字模拟与仿真技术，实现大型关键设备国产化；研发自动化控制技术、远程操作系统与设备、大型先进热室设计以及先进干法首端技术与干法分离技术。

（2）高放废物地质处置库技术。围绕地下实验室工程及现场试验，开展高放废物处置库选址研究，并形成完善的场址评价技术体系；重点研究以地下实验室为研发平台的地质处置工程（艺）技术和工程屏障、处置库概念设计、处置库开挖技术以及废物罐的运输、就位及回取技术和验证；研究处置库的核素释放和迁移、安全评价和安全全过程系统分析，掌握概率安全评价技术；开展处置库屏障系统安全特性演化试验和评价。

（3）先进废物处理技术。研究放射性石墨废物自蔓延处理技术；突破冷坩埚玻璃固化技术、有机污物超临界水处理技术以及高放卤渣热等静压陶瓷固化技术，研究废水螯合吸附技术。

（4）快堆嬗变技术。完成中国实验快堆中单个次锕系核素小样件的辐照，主要包括中国实验快堆嬗变靶件的设计和研制、嬗变靶件的辐照考验和辐照后检验以及辐照后芯块的化学分析与分离工艺研究等；完成示范快堆（CFR600）中嬗变组件的辐照和后处理，主要包括含次锕系元素的 MOX 燃料制造技术研究，批量使用含 MA 燃料的快堆堆芯设计、安全评价和随堆考验，批量使用含 MA 燃料的反应堆安全运行技术以及辐照后含 MA 燃料的后处理技术研究等。

5.2.7　高效太阳能利用技术创新

1. 战略方向

（1）太阳能高效晶体硅电池及新概念光电转换器件。重点在开发平均效率≥25％的晶体硅电池生产线（如异质结（HIT）电池和叉指背接触（IBC）电池或二者的结合），探索更高效率、更低成本的新概念光电转换器件及面向产业化技术等方面开展创新与攻关。

（2）高参数太阳能热发电与太阳能综合梯级利用系统。重点在超临界太阳能热发电、空气吸热器、固体粒子吸热器、50～100 MW 级大型全天连续运行太阳能热电站及太阳能综合梯级利用、电功率为 100 MW 的槽式太阳能热电站仿真与系统集成等方面开展研发与攻关。

（3）太阳能热化学制备清洁燃料。重点在太阳能热化学反应体系筛选、热化学在非平衡条件下的反应热力学和动力学机理及其与传热学和多项流的耦合作用机理探索、太阳能制取富含甲烷的清洁燃料等方面开展研发与攻关。

（4）智能光伏电站与风光热互补电站。重点在高能效、低成本智能光伏电站，智能化分布式光伏和微电网应用以及 50 MW 级储热的风光热互补混合发电系统等方面开展研发与攻关。

2. 创新行动

（1）新型高效太阳能电池产业化关键技术。研发铁电-半导体耦合电池、钙钛矿电池及钙钛矿/晶体硅叠层电池产业化的关键技术、工艺及设备，建立电池组件生产及应用示范线，建成太阳能产能大于等于 2MWp 的中试生产线，组件平均效率各为大于等于 14%、大于等于 15% 和大于等于 21%；探索新型高效太阳能电池技术，探索研发更高效、更低成本的铁电-半导体耦合电池、铁电-半导体耦合/晶体硅叠层电池、钙钛矿电池、染料敏化电池、有机电池、量子点电池、新型叠层电池、硒化锑电池、铜锌锡硫电池和三五(III-V)族纳米线电池等电池技术，实现至少一种电池达到世界最高效率。

（2）高效、低成本晶体硅电池产业化关键技术。研究低成本晶体硅电池、HIT 太阳电池、IBC 电池产业示范线关键技术和工艺，推进 HIT 太阳电池设备及原材料国产化，开发 IBC 与 HIT 结合型高效电池；建成设备国产化率大于等于 80% 的百兆瓦级电池示范生产线，产线电池平均效率各为大于等于 21%、大于等于 23% 和大于等于 23%；研制太阳能电池关键配套材料，开发高效电池用配套电极浆料关键技术，包括正银浆料制备技术以及无铅正面银电极、低成本浆料银/铜粉体功能相复合电极材料等。

（3）薄膜太阳能电池产业化关键技术。研究碲化镉、铜铟镓硒及硅等薄膜电池的产业化关键技术、工艺及设备，掌握铜铟镓硒薄膜电池原材料国产化技术；建成太阳能产能 100MWp 示范生产线，组件平均效率各为大于等于 17%、大于等于 17% 和大于等于 15%。

（4）高参数太阳能热发电技术。研究高温高效率吸热材料、超临界蒸汽发生器、二氧化碳透平；研发高温承压型空气吸热器、50 kW 级高温空气-燃气联合发电系统、高性能太阳能粒子吸热器；研究高温粒子储热、粒子蒸汽发生器的设计方法及换热过程、粒子空气换热装置的高温粒子与空气间换热规律。

（5）分布式太阳能热电联供系统技术。研究不同聚光吸热的分布式太阳能热电联供系统长周期蓄热材料、部件，研制单螺杆膨胀机、斯特林发动机、有机工质蒸汽轮机等低成本高效中小功率膨胀动力装置，提出不同聚光吸热的高效中小功率热功转换热力循环系统；建设 1～1000 kW 级分布式太阳能热电联供系统集成示范，掌握电站的动态运行特性和调控策略。

（6）太阳能热化学制取清洁燃料关键技术。研究热化学反应体系筛选及反应热力学和动力学以及金属氧化物还原反应制取清洁燃料、甲烷（催化）干湿重整过程、含碳物料的干湿重整过程等的反应热力学和动力学机理；研究太阳能高温热化学器内传热学与反应动力学的耦合作用机理、太阳能热化学制取清洁燃料的多联产系统热力学机理和动态过程。

（7）智能化分布式光伏及微电网应用技术。研究分布式光伏智能化技术、分布式光伏直流并网发电技术以及区域性分布式光伏功率预测技术,开展区域内基于不同类型智能单元的分布式光伏系统设计集成技术、光伏微电网互联技术的研究及示范。

(8)高能效、低成本智能光伏电站关键技术研究及示范。研究智能光伏电站设计集成和运行维护技术、高可靠智能化平衡部件技术、兆瓦级光伏直流并网发电系统关键技术,开展百万千瓦级大规模智能光伏电站群的运行特性及对电网的影响研究。

(9)大型槽式太阳能热发电站仿真与系统集成技术。建立电功率为 100 MW 的槽式太阳能热发电站仿真系统,搭建槽式集热器、导热油系统、储热系统、蒸汽发生系统、汽轮机仿真模型;研究大型槽式太阳能热发电站系统集成技术,实现气象条件与集热、储热、蒸汽发生与汽轮发电协同控制与调节技术;研究可复制、模块化的系统集成与集成控制技术,电站参数优化方法等。

(10)50~100 MW 级大型太阳能光热电站关键技术研究与集成应用。研究定日镜及大型定日镜场技术、塔式电站大型镜场在线检测技术、大型吸热器技术及大型高效储换热技术、适合光热发电系统的热力装备技术;研究塔式电站系统集成与控制技术、光热发电系统参与电网调节的主动式控制技术,建立可全天连续发电的 50 MW 级槽式太阳能高效梯级利用示范电站;研究 20 MW 级直接产生过热蒸汽型的多塔集成调控塔式太阳能热发电站集成应用。

(11)50 MW 级储热光伏、光热、风电互补的混合发电示范应用。研究储能光热电站(>10 MW)与光伏(>20 MW)/风电(>20 MW)混合发电站的整体设计技术,研究储能光热电站与光伏/风电互补发电的协调技术;研究混合发电站的控制技术及自动化运维技术,实现各种工况下光热-光伏/风电混合发电站的平稳发电以及突变条件下的快速响应;研究 50 MW 级储能光热电站与光伏/风电混合发电站整体系统集成、工程化及运营技术,实现示范应用。

5.2.8　大型风电技术创新

1.战略方向

(1)大型风电关键设备。重点在 10 MW 级及以上风电机组以及 100 m 级及以上风电叶片、10 MW 级及以上风电机组变流器和高可靠、低成本大容量超导风力发电机等方面开展研发与攻关。

(2)远海大型风电系统建设。重点在远海大型风电场设计建设、适用于深水区的大容量风电机组漂浮式基础、远海风电场输电以及海上风力发电运输、施工、运维成套设备等方面开展研发与攻关。

(3)基于大数据和云计算的风电场集群运控并网系统。重点在典型风资源特性研究与评估、基于大数据大型海上风电基地群控、风电场群优化协调控制和智能化运维、海上风电场实时监测及智能诊断技术装备等方面开展研发与攻关。

(4)废弃风电设备无害化处理与循环利用。重点在风电设备无害化回收处理、风电磁体和叶片的无害化回收处理等方面开展研发与攻关。

2.创新行动

(1)100 m 级及以上叶片设计制造技术。研究 100 m 级及以上叶片三维设计方法与设计体系、叶片载荷与破坏机理和优化校核方法以及基于高效叶片气弹、轻量化结构和新材料技术相结合的一体化设计技术;研究 100 m 级及以上叶片结构轻量化设计技术、叶片碳-玻材料混杂及铺层优化设计技术;研制 100 m 级及以上大型海上风电机组叶片,研究大型叶片测试技术,推动具有自主知识产权的系列化风电叶片产业化。

（2）大功率陆上风电机组及部件设计与优化关键技术。研究大功率风电机组整机一体化优化设计及轻量化设计技术;开展大功率机组叶片、载荷与先进传感控制集成一体化降载优化技术,大功率风电机组电气控制系统智能诊断、故障自恢复免维护技术以及大功率陆上风电机组及关键部件绿色制造技术研发。

（3）陆上不同类型风电场运行优化及运维技术。研究风电机组和风电场综合智能化传感技术、风电大数据收集及分析技术;研究复杂地形、特殊环境条件下风电场与大型并网风电场的设计优化方法以及基于大数据的风电场运行优化技术;研究基于物联网、云计算和大数据综合应用的陆上不同类型风电场智能化运维关键技术以及适合接入配电网的风电场优化协调控制、实时监测和电网适应性等关键技术。

（4）典型风资源特性与风能吸收方法研究及资源评估。研究陆上和海上复杂条件影响下的风特性并揭示脉动特性,研究边界层风垂直变化并分析不同海域的热力稳定度。根据海上典型风资源特征,探明多尺度叶片流场复杂特性和描述方法,获得不同尺度流场特征参数相互耦合的物理机制,开展适合我国风资源特性的高性能大型风电机组的专用翼型族研究。普查陆上和海上典型风资源并分析数据,建立风资源评估数值模型,开发具有自主知识产权的风资源评估系统。

（5）10 MW级及以上海上风电机组及关键部件设计制造关键技术。研究适合我国海况和海上风资源特点的风电机组精确化建模和仿真计算技术;研究10 MW级及以上海上风电机组整机设计技术,包括风电机组、塔架、基础一体化设计技术以及考虑极限载荷、疲劳载荷、整机可靠性的设计优化技术;研究高可靠性传动链及关键部件的设计、制造、测试技术以及大功率风电机组冷却技术;研制具有自主知识产权的10 MW级及以上海上风电机组及其轴承和发电机等关键部件。

（6）10 MW级及以上海上风电机组控制系统与变流器关键技术。研究海上风电机组在风、波浪、洋流耦合下的运行特性;研究风电机组智能化控制技术、极端工况（覆冰、台风）下的载荷安全控制技术;研究风电机组变流器和变桨距控制系统等的模块化设计技术以及中高压变流技术、新型变流器冷却技术;研制大型海上风电机组智能型整机控制系统、变流器及变桨距控制装备,并推广应用。

（7）远海风电场设计建设技术。研究海上风电场建设选址技术,提出适合我国远海深水区风资源条件的风电机组优化布置方法,开展极端海洋环境荷载作用下海上风电机组结构的非线性荷载特性、远海深水区极端海况条件下大容量海上风电机组基础的荷载联合作用计算方法等研究;开发远海风电机组施工与建造技术、远海风电场并网技术、深水电缆铺设及动态跟随风电机组的柔性连接技术、风能与海洋能综合一体化互补利用技术与装备。

（8）大型海上风电机组基础设计建设技术。研究提出适用于我国远海深水区大容量风电机组的海上基础结构型式,探索远海深水区大容量海上风电机组基础的疲劳发生机理与控制方法,开展极端海洋环境荷载作用下的失效模式与分析方法研究,提出其反应控制策略与防灾减灾对策;研究大容量风电机组基础设计制造技术,研制远海海洋环境荷载特点下满足施工与制造要求的新型漂浮式基础。

（9）大型海上风电基地群控技术。建立包含海上风电场群运行数据、实测气象数据以及天气预报数据的大数据平台,研发基于大数据的海上大型风电基地运行优化技术、风电场群发电功率一体化预测技术、风电场群协同控制优化技术、风电场及场群真实能效评估和优化策略；研究海上风电场群电能的多效利用技术，研究储能系统的功率和容量选取以及混合储能系统的协调控制问题。

（10）海上风电场实时监测与运维技术。分析影响海上风电场群运维安全及成本的因素，研究海上风电场运维技术，开发基于寿命评估的动态智能运维管理系统；研发海上风电场的运行维护专用检测和作业装备及健康模型与状况评估、运行风险评估、剩余寿命预测和运维决策支持等技术；研究海上机组的新型状态监测系统装备技术及智能故障预估的维护技术、关键部件远程网络化监控与智能诊断技术。

（11）风电设备无害化回收处理技术。研究叶片无害化回收处理技术，研究适合叶片性能要求和大尺度几何结构的易回收或降解的树脂体系及其成型技术；研发不同类型风电叶片组成材料的高效分离回收技术和装备以及不可回收材料无害化处理技术与装备；研发不同类型风电磁体回收与无害化处理关键技术与装备；研究不同组成材料的永磁体高效清洁分类回收技术与永磁材料再利用技术，并研制回收处理设备。

5.2.9 氢能与燃料电池技术创新

1. 战略方向

（1）氢的制取、储运及加氢站。重点在大规模制氢、分布式制氢、氢的储运材料与技术以及加氢站等方面开展研发与攻关。

（2）先进燃料电池。重点在氢气/空气聚合物电解质膜燃料电池、甲醇/空气聚合物电解质膜燃料电池等方面开展研发与攻关。

（3）燃料电池分布式发电。重点在质子交换膜燃料电池、固体氧化物燃料电池、金属空气燃料电池以及分布式制氢与燃料电池的一体化设计和系统集成等方面开展研发与攻关。

2. 创新行动

（1）大规模制氢技术。研究基于可再生能源和先进核能的低成本制氢技术，重点突破太阳能光解制氢和热分解制氢等关键技术，建设示范系统；突破高温碘-硫循环分解水制氢及高温电化学制氢，完成商业化高温核能分解水制氢方案设计；研发新一代煤催化气化制氢和甲烷重整/部分氧化制氢技术。

（2）分布式制氢技术。研究可再生能源发电与质子交换膜/固体氧化物电池电解水制氢一体化技术，突破高效催化剂、聚合物膜、膜电极和双极板等材料与部件核心技术，掌握适应可再生能源快速变载的高效中压电解制氢电解池技术，建设可再生能源电解水制氢示范并推广应用；研究分布式天然气、氨气、甲醇、液态烃类等传统能源与化工品高效催化制氢技术与工艺以及高效率低成本膜反应器制氢和氢气纯化技术，形成标准化的加氢站现场制氢模式并示范应用。

（3）氢气储运技术。开发 70 MPa 等级碳纤维复合材料与储氢罐设备技术、加氢站氢气高压和液态氢的存储技术；研发成本低、循环稳定性好、使用温度接近燃料电池操作温度的氮基、硼基、铝基、镁基和碳基等轻质元素储氢材料；发展以液态化合物和氨等为储氢介质的长距离、大规模氢的储运技术，设计研发高活性、高稳定性和低成本的加氢/脱氢催化剂。

（4）氢气/空气聚合物电解质膜燃料电池氢气/空气聚合物电解质膜燃料电池技术。针对清洁高效新能源动力电源的重大需求，重点突破氢气/空气聚合物电解质膜燃料电池的低成本长寿命电催化剂、聚合物电解质膜、有序化膜电极、高一致性电堆及双极板、模块化系统集成、智能化过程检测控制、氢源技术等核心关键技术,解决氢气/空气聚合物电解质膜燃料电池性能、寿命、成本等关键问题,并实现氢气/空气聚合物电解质膜燃料电池电动汽车的示范运行和推广应用。

(5)甲醇/空气聚合物电解质膜燃料电池技术。针对清洁高效新能源动力电源的重大需求,重点突破甲醇/空气聚合物电解质膜燃料电池耐高温长寿命电催化剂、新型耐高温聚合物电解质膜、有序化膜电极、一体化有机燃料重整、高温条件下电堆系统集成优化、智能控制等核心关键技术,并实现甲醇/空气聚合物电解质膜燃料电池在电动汽车上应用的示范运行和推广应用(无需制氢、储氢和加氢站)。

(6)燃料电池分布式发电技术。重点研发质子交换膜燃料电池及氢源技术、固体氧化物燃料电池技术,以及金属空气燃料电池技术。在分散电站工况条件下,突破质子交换膜燃料电池、固体氧化物燃料电池、金属空气燃料电池关键材料、核心部件、系统集成和质能平衡管理等关键技术,建立分布式发电产业化平台,实现千瓦至百千瓦级质子交换膜燃料电池系统在通信基站和分散电站等领域的推广应用;实现百千瓦至兆瓦级固体氧化物燃料电池技术发电分布式能源系统示范应用,发电效率达 60% 以上,并开发适于边远城市和工矿企业的等分布式电站;实现金属空气燃料电池系统在智能微电网、通信基站和应急救灾等领域的示范运行或规模应用。

5.2.10　生物质、海洋、地热能利用技术创新

1. 战略方向

(1)先进生物质能与化工。重点在生物航油(含军用)制取、绿色生物炼制升级、生态能源农场构建等方面开展研发与攻关。

(2)海洋能开发利用。重点在海洋能源高效开发利用、远海海域海洋能开发利用、海洋能利用技术应用领域扩展等方面开展研发与攻关。

(3)地热能开发利用。重点在干热岩开发利用、水热型地热系统开发利用升级等方面开展研发与攻关。

2. 创新行动

(1)生物航油(含军用)制取关键技术。突破纤维素及非粮生物质的水热降解、中间体加氢脱氧等技术,研究油脂提取及加氢异构技术、油脂与木质纤维素生物航油的加氢精制技术、油脂与木质纤维素原料互补的燃油组成及能质性能调控技术、生物航油适应性燃烧技术;提升基于纤维素和油脂类原料互补、生物航油高洁净精制和副产物高质化利用等的技术体系;打造生物航油产业化研发平台并研制全产业链制备装备,建立千(万)吨级示范工程,加强自主技术集成与工业应用示范。

(2)绿色生物炼制技术。突破烃类大宗化学品绿色炼制转化的共性关键技术,研发分散生物质原料高效清洁收集模式,升级生物能源、生物基材料和化学品联产技术,建立生物质生化转化技术平台;研制大型连续高效发酵转化关键设备,研发国产化、成套化、标准化的生物质绿色制造和多联产装备体系,优化废弃物原料智能化收集、高效转化和资源综合利用等关键技术体系,推进生物质能源与化工产品的配额应用,形成产业化应用模式。

(3)生态能源农场。研究能源植物高效光合固碳、细胞壁生物合成、油脂合成、糖合成代谢

网络及其调控机制,选育能源植物新品种;突破能源植物资源在非农耕边际土地或废水中高产、低成本、规模化培育技术,研究能源植物生态影响调控技术,建立生态能源农场资源数据库;研发智能化生物质原料收运储技术装备,建立多元化、多渠道、智能化的新兴生物质原料持续供给体系,建设生态能源农场示范。

(4)生物质能源开发利用探索技术。重点探索研究基于仿生学的生物质生物转化技术、基元结构保持的催化转化技术等。

(5)波浪能利用技术。突破海上生存能力技术、波浪能利用关键元器件和功能部件设计制造技术,研究高转换率波浪能发电技术与工艺,研发兆瓦级波浪能发电装置群;研发海上多能互补发电制淡水综合平台,开展波浪能在海洋仪器供电/驱动、海水淡化和海洋综合养殖业等方面的应用;实现波浪能装置设计制造及电场运行的标准化,推进波浪能技术产业化。

(6)潮流能利用技术。研发潮流能发电机组水下密封技术,开发高效率的潮流叶轮及适合潮流资源特点的翼型叶片,突破发电机组水下密封、低流速启动、模块设计与制造等关键技术;研发兆瓦级潮流能发电装置群,研究潮流能发电场建设技术与标准体系;建设示范工程,推进规模化利用。

(7)温(盐)差能利用技术。研究温(盐)差能发电热力循环技术,研制温(盐)差能实际海况试验样机,突破安装施工方面的技术瓶颈,建设温(盐)差能利用技术示范工程,并推广应用成熟技术。

(8)干热岩开发利用技术。研发靶区定位和探测的技术设备、大体积压裂技术设备及配套施工技术;突破人工裂隙发育延伸控制技术及施工工艺、裂隙网络优化技术、宽负荷耦合发电技术、干热岩中高温发电工艺,开发高效热电转换地面发电设备,掌握系统高压全封闭运行设计工艺;研究干热岩开发利用系统稳定运行优化控制方法、成井测试及微地震监测装置,形成开发利用环境影响评价方法与指标体系,建立开发利用工程化技术体系和标准,建设示范工程。

(9)水热型地热系统改造与增产技术。突破储层物性综合测试技术及相应测试方法和手段、储层增效技术,掌握孔隙和裂隙型热储动态开发回灌示踪与评价方法,研制示踪、酸化处理材料及储层酸化技术配套装备,形成完善的增效工艺;研究群井开发动态测试、预测与评价技术;研发储层、井筒、输运系统和发电系统核心部件防除垢技术,形成整套工艺;研发规范化取样和测试设备与工艺、结垢预测热动力学软件、阻垢剂加注工艺与设备;形成水热型地热热储可持续开发利用的创新理论、技术体系、行业标准与大数据信息化技术平台。

5.2.11 高效燃气轮机技术创新

1.战略方向

(1)先进材料与制造。重点在高性能复合材料、高温耐热合金材料涂层、大尺寸高温合金(单晶、定向结晶)铸造、复杂结构高温合金无余量精密铸造、高精度与高质量3D打印及智能制造等方面开展研发与攻关。

(2)燃气轮机机组设计。重点在微型燃气轮机领域的高效径流式叶轮及系统一体化设计、中小型燃气轮机领域的高效多级轴流压气机设计、重型燃气轮机领域的先进气动布局与通流设计等方面开展研发与攻关。

(3)高效清洁燃烧。重点在低污染燃烧室、分级燃烧燃烧室、回流燃烧室、贫预混与预蒸发燃烧室和可变几何燃烧室以及低热值燃料稳燃与多燃料适应性、富氢与氢燃料燃烧等方面开展研发与攻关。

2. 创新行动

(1)高温合金涡轮叶片制造。开展高温合金涡轮铸造叶片模具技术、叶片铸造成形技术、大型高温合金涡轮叶片精铸件晶体取向与组织控制技术和尺寸形状精度控制技术、叶片服役损伤的检测体系和评估技术与损伤修复技术以及高温合金涡轮叶片焊接、特种加工和涂层技术研究,掌握高温合金涡轮叶片制造核心关键技术,形成自主研发能力。

(2)燃气轮机装备智能制造。开展燃气轮机关联设计与多学科优化设计技术、燃气轮机快速工艺设计与仿真优化设计、部件和整体虚拟装配技术、燃气轮机在线(位)检测与制造过程智能管控技术、高精度 3D 金属/合金打印技术、燃气轮机全寿命期的大数据与智能决策技术以及高效、高精度、高柔性和高集成度的燃气轮机智能生产线技术研究,掌握燃气轮机研制、生产和服务所涉及的智能制造关键技术。

(3)先进径流式、回热循环微型燃气轮机。开展整体插拔式单筒燃烧室和回流燃烧室高效低污染设计技术、离心压气机和向心涡轮设计加工与试验验证、高效回热器设计与验证、燃气轮机与高速电机一体化设计和气浮轴承与磁悬浮轴承技术研究,掌握 1 MW 及以下功率等级分布式供能燃气轮机技术;建设示范工程,形成具有完全自主知识产权并有国际竞争力的产品。

(4)先进轴流式简单循环小型燃气轮机。开展高效轴流式动力涡轮设计、伴生气和煤制气等低热值燃料燃烧室研制,掌握 1~10 MW 功率等级简单循环小型燃气轮机技术;建设示范工程,实现分布式供能用轴流式小型燃气轮机的产品化与型谱化。

(5)压裂车(船)用燃气轮机。研制满足页岩油气开发需求且性能达到国际目前先进水平的压裂车(船)用燃气轮机装置,研究压裂车(船)用燃气轮机装置集成总体设计及优化技术、高功率密度和轻量化燃气轮机装置系统集成设计技术;完成样机制造,建设示范工程。

(6)F 级 70 MW 重型燃气轮机。开展具有完全自主知识产权的燃气轮机整机设计制造与系统集成、全尺寸燃烧室的全温全压性能试验、透平叶片冷却试验,以及整机空负荷试车试验与带负荷发电试验,掌握 F 级 70 MW 等级重型燃气轮机核心技术;建立示范工程。

(7)F 级 300 MW 等级重型燃气轮机。研制 F 级 300 MW 等级重型燃气轮机整机装备,开展整机设计、关键部件试验与工业考核以及整机制造与系统集成、整机空负荷试验与带负荷发电试验验证,实现装备从部分国产化制造到自主设计、制造及保障;建设示范工程。

(8)高参数燃氢燃气轮机。开展燃氢燃气轮机稳燃技术、燃氢燃气轮机高效低 NO_x 燃烧室设计技术、有效防止氢脆和提高机组寿命的新型合金材料以及燃氢燃气轮机高温涡轮叶片冷却技术研究。

(9)燃气轮机试验平台建设。建设燃气轮机试验与示范平台、高性能微型和小型燃气轮机整机验证平台、30 MW 等级天然气管线燃气轮机增压试验站示范平台,以及 70 MW、300 MW 等级重型燃气轮机示范电站,满足各功率挡燃气轮机试验与示范需要。

5.2.12　先进储能技术创新

1. 战略方向

(1)储热/储冷。重点在太阳能光热的高效利用、分布式能源系统大容量储热(冷)等方面开展研发与攻关。

(2)物理储能。重点在电网调峰提效、区域供能的物理储能应用等方面开展研发与攻关。

(3)化学储能。重点在可再生能源并网、分布式及微电网、电动汽车的化学储能应用等方面开展研发与攻关。

2.创新行动

(1)储热/储冷技术。研究高温(≥500 ℃)储热技术,开发高热导、高热容的耐高温混凝土、陶瓷、熔盐、复合储热材料的制备工艺与方法;研究高温储热材料的抗热冲击性能及机械性能间关系,探究高温热循环动态条件下材料性能演变规律;研究 10 MW·h 级以上高温储热单元优化设计技术。开展 10~100 MW·h 级示范工程,示范验证 10~100 MW·h 级面向分布式供能的储热(冷)系统和 10 MW 级以上太阳能光热电站用高温储热系统;开发储热(冷)装置的模块化设计技术,研究大容量系统优化集成技术、基于储热(冷)的动态热管理技术。研究热化学储热等前瞻性储热技术,探索高储热密度、低成本、循环特性良好的新型材料配对机制;突破热化学储热装置循环特性、传热特性的强化技术;创新热化学储热系统的能量管理技术。

(2)新型压缩空气储能技术。突破 10 MW/100 MW·h 和 100 MW/800 MW·h 的超临界压缩空气储能系统中宽负荷压缩机和多级高负荷透平膨胀机、紧凑式蓄热(冷)换热器等核心部件的流动、结构与强度设计技术;研究这些核心部件的模块化制造技术、标准化与系列化技术。突破大规模先进恒压压缩空气储能系统、太阳能热源压缩空气储能系统、利用 LNG 冷能压缩空气储能系统等新型系统的优化集成技术与动态能量管理技术;突破压缩空气储能系统集成及其与电力系统的耦合控制技术;建设工程示范,研究示范系统调试与性能综合测试评价技术;研发储能系统产业化技术并推广应用。

(3)飞轮储能技术。发展 10 MW/1000 MJ 飞轮储能单机及阵列装备制造技术。突破大型飞轮电机轴系、重型磁悬浮轴承、大容量微损耗运行控制器以及大功率高效电机制造技术;突破飞轮储能单机集成设计、阵列系统设计集成技术;研究飞轮单机总装、飞轮储能阵列安装调试技术;研究飞轮储能系统应用运行技术、检测技术、安全防护技术;研究飞轮储能核心部件专用生产设备、总装设备、调试设备技术和批量生产技术。研究大容量飞轮储能系统在不同电力系统中的耦合规律、控制策略;探索飞轮储能在电能质量调控、独立能源系统调节以及新能源发电功率调控等领域中的经济应用模式;建设大型飞轮储能系统在新能源方面的应用示范。

(4)高温超导储能技术。探索高温超导储能系统的设计新型原理,突破 2.5 MW/5 MJ 以上高温超导储能磁体设计技术;研究高温超导储能系统的功率调节系统 PCS 的设计、控制策略、调制及制造技术;研究高温超导储能低温高压绝缘结构、低温绝缘材料和制冷系统设计技术;研究高性能在线监控技术、实时快速测量和在线检测控制技术。布局基于超导磁和电化学及其他大规模物理储能的多功能全新混合储能技术,重点突破混合储能系统的控制技术及多时间尺度下的能量匹配技术,开发大型高温超导储能装置及挂网示范运行。

(5)大容量超级电容储能技术。开发新型电极材料、电解质材料及超级电容器新体系。开展高性能石墨烯及其复合材料的宏量制备,探索材料结构与性能的作用关系;开发基于钠离子的新型超级电容器体系。研究高能量混合型超级电容器正负电极制备工艺、正负极容量匹配技术;研发能量密度为 30 W·h/kg、功率密度为 5000 W/kg 的长循环寿命超级电容器单体技术。研究超级电容器模块化技术,突破大容量超级电容器串并联成组技术。研究 10 MW 级超级电容器储能装置系统集成关键技术,突破大容量超级电容器应用于制动能量回收、电力系统稳定控制和电能质量改善等的设计与集成技术。

(6)电池储能技术。突破高安全性、低成本、长寿命的固态锂电池技术,以及能量密度达到

300 W・h/kg 的锂硫电池技术、低温化钠硫储能电池技术；研究比能量＞55 W・h/kg，循环寿命＞5000 次(80％DOD)的铅炭储能电池技术；研究总体能量效率≥70％的锌镍单液流电池技术；研究储能电池的先进能量管理技术、电池封装技术、电池中稀有材料及非环保材料的替代技术。研究适用于 100 kW 级高性能动力电池的储能技术，建设 100 MW 级全钒液流电池、钠硫电池、锂离子电池的储能系统，完善电池储能系统动态监控技术。突破液态金属电池关键技术，开展 MW 级液态金属电池储能系统的示范应用。布局以钠离子电池、氟离子电池、氯离子电池、镁基电池等为代表的新概念电池技术，创新电池材料、突破电池集成与管理技术。

5.2.13　现代电网关键技术创新

1.战略方向

(1)基础设施和装备。重点在柔性直流输配电、无线电能传输、大容量高压电力电子元器件和高压海底电力电缆等先进输变电装备技术以及用于电力设备的新型绝缘介质与传感材料、高温超导材料等方面开展研发与攻关。

(2)信息通信。重点在电力系统量子通信技术应用、电力设备在线监测先进传感技术、高效电力线载波通信、推动电力系统与信息系统深度融合等方面开展研发与攻关。

(3)智能调控。重点在可再生能源并网、主动配电网技术、大电网自适应/自恢复安全稳定技术、适应可再生能源接入的智能调度运行、电力市场运营、复杂大电网系统安全稳定等方面开展研发与攻关。

2.创新行动

(1)先进输变电装备技术。研发高可靠性、环保安全(难燃、低噪声)、低损耗、智能化及紧凑化的变压器；研制高电压、大电流、高可靠性和选相控制的替代 SF6 的新型气体介质断路器及真空和固态断路器，并开展示范应用；研制安全高效的新型限流器；突破高压海底电力电缆的制造和敷设技术，研发新型电缆材料、先进附件；研发高质量在线监测/检测装备和系统。

(2)直流电网技术。研究直流电网架构及运行控制技术，建立直流电网技术装备标准体系；开展新型电压源型换流器、直流断路器、直流变压器、直流电缆、直流电网控制保护等核心设备研发和工程化；建设包含大规模负载群、集中/分布式新能源、大规模储能在内的直流电网示范工程。

(3)电动汽车无线充电技术。以电动汽车无线充电为突破点和应用对象，研发高效率、低成本的无线电能传输系统，实现即停即充，甚至在行驶中充电。形成电动汽车无线充电技术标准体系，研究电动汽车无线充电场站的负荷管理，建设电动汽车无线充电场站示范工程。

(4)新型大容量高压电力电子元器件及系统集成。研究先进电力电子元器件及应用；开展新一代大容量、高电压电力电子器件的材料研发和关键工艺技术研究；研发用于高电压、大容量直流断路器和断路保护器的高性能电力电子器件；建设高水平生产线，提高质量、降低成本，推进国产化。研究高压大容量固态电力电子变压器、大容量双向/多向换流器、多功能并网逆变器、智能开关固态断路器、固态电源切换开关、软常开开关设备。

(5)高温超导材料。研究高温超导基础理论、各系材料配方及制备工艺；开展面向超导电力装备的应用型超导材料研究；推动高温超导材料的实用化，并研究其成套工程技术；开展高温超导在超导电缆、变压器、限流器、超导电机等领域的示范和应用。

(6)信息通信安全技术。研究电力线频谱资源动态、高效地感知与使用；研究降低对已有通信业务干扰的关键技术,形成宽带电力线通信技术标准体系。建设能源互联网量子安全通信技术与常规网络融合应用示范,提出电网量子安全通信加密理论、量子通信协议及量子安全通信与经典网络通信融合的模型。形成适合我国电网量子安全通信要求的低成本、量子级安全可靠的通信技术解决方案。采用低功耗通用无线通信技术,实现电网末端海量信息的采集和传输。

(7)高效电力线载波通信技术。研究进一步提高电力线载波通信频谱效率的通信方式,提高工作带宽并充分考虑利用电力线三相之间形成的多输入多输出构架,使电力线载波通信系统物理层的传输速率达到 GbIs;使电力线通信应用范围扩展到包括互联网接入、家庭联网、家庭智能控制、新能源监控及电力安全生产等众多领域。

(8)可再生能源并网与消纳技术。制定大规模清洁能源发电系统并网接入技术标准和规范。研究并实现基于天气数据的可再生能源发电精确预测。研发并推广增强可再生能源并网能力的储能、多能源互补运行与控制、微电网、可再生能源热电联产等技术。发挥电力大数据和电力交易平台在促进可再生能源并网和消纳中的作用。实现电网和可再生能源电源之间的高度融合,促进可再生能源高效、大容量的分布式接入及消纳。

(9)现代复杂大电网安全稳定技术。研究交直流混合电网、智能电网、微电网构成的复杂大电网稳定机理分析技术,在线/实时分析技术和协调控制技术;建立能源大数据条件下的现代复杂大电网仿真中心,研究满足大规模间歇性能源/分布式能源/智能交互/大规模电力电子设备应用的、高效精确的电力系统仿真技术;加强电网大面积停电的在线/实时预警和评估技术研究。

(10)全局协调调控技术。研究大规模风电/光伏接入的输电网与含高比例分布式可再生能源的配电网之间协调互动的建模分析、安全评估、优化调度与运行控制技术,建立多种特性发电资源并存模式下的输配协同运行控制模式;针对未来电网中多决策主体、多电网形态特点,构建具有高度适应性的调度运行控制体系,开展"分布自律-互动协调"的源-网-荷协同的能量管理技术研发与示范应用。

5.2.14　能源互联网技术创新

1. 战略方向

(1)能源互联网架构设计。重点在能源互联网全局顶层规划、功能结构设计、多能源协同规划、面向多能流的能源交换与路由等方面开展研发与攻关。

(2)能源与信息深度融合。重点在能量信息化与信息物理融合、能源互联网信息通信等方面开展研发与攻关。

(3)能源互联网衍生应用。重点在能源大数据、能量虚拟化、储能及电动汽车应用与管理、需求侧响应以及能源交易服务平台、智慧能源管理与监管支撑平台等方面开展研发与攻关。

2. 创新行动

(1)能源互联网生产消费智能化技术。研究可再生能源、化石能源智能化生产,以及多能源智能协同生产技术;研究智能用能终端、智能监测与调控等能源智能消费技术;研究综合能源和智能建筑集成技术,将分布式能源发电和天然气网、建筑节能等相结合实现冷、热、电三大能源系统的整合优化运行。

(2)多能流能源交换与路由技术。研究灵活高效、标准化的能源互联网网络拓扑结构。研究能源路由器、能源交换机、能量网卡等关键设备;研究适用于能源互联网的新型电力电子器件、超导材料等基础技术;研究多能流能源交换与路由机制与方法,建立标准化的能源交换机与路由器系统架构与功能指标;研究多能耦合的能源互联网运行及控制可靠性技术,确保能源互联网的高可靠性运行。

(3)能量信息化与信息物理融合技术。研究能量信息数字化处理的理论架构和方法;研究信息-能量耦合的统一建模与安全分析技术;研究系统结构优化、多元信息物理能源系统的网络协同控制等信息物理能源系统融合技术;研究开放的信息物理能源融合技术接口标准;研究利用能量信息化与网络化管控盘活碎片化存量灵活性能源资源技术。

(4)能源互联网信息通信技术。研究面向能源互联网的新型海量信息采集技术体系架构与高效传输处理核心技术;研究支撑大规模分布式电源和负荷计量、监测等功能的各类新型传感器件;研究信息物理系统数据、终端客户信息、物理网络数据等能源互联网海量信息技术处理与融合技术;研究能源互联网信息安全技术。

(5)能源大数据及其应用技术。研究能源互联网用户大数据、设备大数据、运行大数据、交易大数据、金融大数据等各类大数据集成技术;研究多源数据集成融合与价值挖掘关键技术;研究能源大数据在引导政府决策、提升企业业务水平与服务质量以及创新能源产业商业模式等方面的支撑技术。

(6)能源虚拟化技术。研究虚拟电厂、分布式能源预测、区域多能源系统综合优化控制及复杂系统分布式优化技术;研究能源虚拟化技术参与多能源系统的能量市场、辅助服务市场、碳交易市场等支撑技术;在能源系统自动化程度较高、分布式能源较为丰富的地区开展能源虚拟化技术参与市场交易试点工作。

(7)能源互联网储能应用与管理技术。研发能源互联网各类应用场景下的支持即插即用、灵活交易的分布式储能设备和电动汽车应用技术;研发支撑电、冷、热、气、氢等多种能源形态灵活转化、高效存储、智能协同的核心装备;研发支撑储能设备模块化设计、标准化接入、梯次化利用与网络化管理关键技术。

(8)需求侧响应互动技术。研究基于智能用能的需求侧响应互动技术;研究基于用户行为心理学等交叉学科手段进行需求响应建模技术;研究需求响应资源辨识与量化、需求响应计量、需求响应参与辅助服务结算等关键技术;研究需求响应参与系统调峰、调频等辅助服务市场支撑技术。

(9)能源交易服务平台技术。研究满足能源互联网各类功能的市场交易平台技术;研究能源结构生态化、产能用能一体化、资源配置高效化的全新市场架构设计技术;研发基于身份识别的自动交易和实时结算技术体系;研究基于能源互联网的金融服务技术;开发服务于能源生产、传输、储存和消费等全寿命周期的能源互联网金融产品与融资工具;研究能源自由交易情景下能源系统安全保障技术。

(10)智慧能源管理监管平台技术。研究基于能源大数据,支撑能源规划、改革和决策的智慧能源精准管理技术;研究基于能源互联网,覆盖能源生产、流通、消费和国际合作等全领域,且和智慧能源发展水平相适应的现代能源监管技术。

5.2.15 节能与能效提升技术创新

1.战略方向

(1)现代化工业节能。重点在高效工业锅(窑)炉、新型节能电机、工业余能深度回收利用等相关领域以及基于先进信息技术的工业系统节能等方面开展研发与攻关。

（2）新型建筑节能。重点在建筑工业化、装配式住宅、被动式节能技术与产品等相关领域以及高效智能家电、制冷、照明、办公等终端用能产品开展研发与攻关。

（3）先进交通节能。重点在高效节能运输工具、制动能量回馈系统、船舶推进系统、数字化岸电系统等相关领域以及基于先进信息技术的交通运输系统开展研发与攻关。

（4）全局优化系统节能。重点在能源全局优化系统集成，能源梯级利用等相关领域，包括系统优化、多能互补、多能转化、智能调度等方面开展研发与攻关。

2. 创新行动

（1）高效工业锅（窑）炉技术。开发新型高效煤粉锅炉、大型流化床锅炉、燃气锅炉烟气全热回收、高炉煤气锅炉蓄热稳燃、高效低氮解耦燃烧（层燃）、新型低温省煤器、智能吹灰优化与在线结焦预警系统等工业锅炉节能技术；研究新型蓄热式燃烧、低热导率纳米绝热保温材料、黑体强化辐射和预混式二次燃烧等工业窑炉节能技术；建设绿色锅炉示范工程，运行效率提高到 90% 以上，促进高效节能锅炉应用。

（2）新型节能电机及拖动设备。研究新型自励异步三相电机、磁阻电机、稀土永磁同步电机、变极起动无滑环绕线转子感应电动机等新型高效电机节能技术与设备；研究大型往复压缩机流量无级调控、磁悬浮离心式鼓风机、曲叶型离心风机、新型高效节能水泵等拖动设备节能技术；开展电机能效提升工程，改造电机系统调节方式，建设基于互联网的电机系统节能提效研发平台，鼓励高效耗能设备替代，加快系统无功补偿改造。

（3）工业余能深度回收利用技术。重点研发冶金渣余热回收、冶金余热余压能量回收同轴机组应用、全密闭矿热炉高温烟气干法净化回收利用、焦炉荒煤气余热回收、转炉煤气干法回收、化工生产反应余热余压利用、高效长寿命工业换热器、螺杆膨胀动力驱动、有机朗肯循环（ORC）低品位余热发电等工业余能深度回收利用技术和设备，提高工业余能回收利用效率。

（4）工业系统优化节能技术。研究开发钢铁、建材、石化等高耗能工业领域的可视化能源管理优化系统；开发基于智能化控制的燃料及蒸汽高效利用技术。研究应用机电设备再制造、建筑材料薄型化生产、玻璃瓶罐轻量化制造等资源减量化与循环化利用技术；研发高档数控机床、机器人、操作系统及相关工业软件、信息通信设备等工艺系统优化节能技术；建设绿色制造工程，实现制造业绿色发展，主要产品单耗达到世界先进水平。

（5）先进节能建筑技术。重点研究建筑工业化、装配式住宅、超低能耗建筑等先进建筑节能技术；研发高效能热泵、磁悬浮变频离心式中央空调机组、温湿度独立控制空调系统、排风余热与制冷机组冷凝热回收等主动型建筑节能技术；研发高防火性墙体保温材料、节能型材、热反射镀膜玻璃、低辐射玻璃、建筑遮阳等被动式节能技术与产品；推进光伏建筑一体化、太阳能空调等节能技术在建筑上的应用，开发高效智能空调、电冰箱、洗衣机等节能电器；推进现代木结构、新型钢结构建筑及装配式住宅的示范应用。

（6）绿色交通技术。开发先进高速重载轨道交通装备和新能源汽车等高效节能运输装备；研究开发城市轨道交通牵引供电系统制动能量回馈、轨道车辆直流供电变频空调、缸内汽油直喷发动机、车用燃油清洁增效、基于减小螺旋桨运动阻力的船舶推进系统、数字化岸电系统等交通运输节能技术；开发应用沥青路面冷再生、LED 智能照明、大功率氙气灯照明等交通道路系统节能技术。

（7）节能监测和能源计量。研发快速准确的便携或车载式节能检测设备，在线能源计量、检测技术和设备,热工检测便携式设备、在线设备和检测技术;研究石油、化工、冶金等流程工业领域压缩机、水泵、电机等通用设备运行效能评估及节能改造技术;研究建筑能耗数据监测与评估诊断技术。

(8)全局优化技术。研究提高能源生产侧与消费侧响应效率、实现跨部门能源规划布局的全局优化建模技术;研究非石油资源能源转化利用的最优路径比选技术,以及能源转化过程超结构全局优化集成技术;研发油气跨区域最优管网布局设计;研究能源系统智慧化建设最优路径比选与全局优化的系统设计;研究具有耦合金融、匹配供需、精准计量、身份识别、自动交易、实时结算、适时监管等功能的能源全局动态优化调度技术,攻克一批智能互联互通、支撑智慧化架构节点的全局优化构建技术。

5.3　先进能源系统

据权威机构预测,到 2025 年,全球能源消费量将比 2001 年增长 54％。其中,工业国家的能源消费将以平均每年 1.2％的速度增长。而包括中国、印度在内的亚洲发展中国家的能源需求将比目前需求增加约一倍,占到全球能源需求增长量的 40％和发展中国家增长量的 70％。因此,能源问题将成为制约各国经济发展的瓶颈,发展先进、安全的能源系统、提高能源利用率技术以及开发利用新能源也随之成为世界各国共同关心的热点课题。

先进能源系统主要包括智能热网系统、智能电网系统、分布式能源系统、各能源综合协同利用系统等。

5.3.1　智能热网系统

1.智能热网系统的定义

智能热网系统是指通过应用智能化数字技术,以信息网络平台为依托,实现热介质安全、可靠、高效的生产、分配、输送和使用的系统,将促进城市供热热能资源的优化配置,提升供热安全性、可靠性及高效性。

2.智能热网系统的特点

(1)智能热网系统能够有效实现热能资源的合理配置,解决常规热网热力不平衡问题,对于温度不够热的末端可以实现远程自动调节,实现各部分均衡供热。

(2)管网系统数字化、信息化的实现,有助于职能部门随时掌握各用热单位的运行参数,对用热过程出现的问题进行实时跟踪分析,保障安全、稳定运行。

3.智能热网系统的基本组成

智能热网系统主要由热源自动化生产管理系统、换热站自动化控制系统、门栋流量分配调节系统、用户计量采集控制系统、一级管网泄露检测系统、热网地理信息管理系统、热网运行工况优化系统、重点区域图像监控系统等组成。智能热网系统如图 5-1 所示。

智能热网系统以上述 8 套系统为基础进行构建,各系统可以独立存在,也可以进行系统的海量数据双向传输和决策运算,因此还需要建立一套可靠的双向数据传输渠道。除视频监控系统外,其余 7 套系统都有各自数据库,因此可以采用数据库接口作为双向数据传输的渠道。为降低数据库软硬件采购成本和便于统一管理,这 7 套系统和智能热网系统都可以采用同一套数据库平台,如 Oracle 构建数据库集群,提高数据库存储容量,保证数据库运行的稳定性[2]。

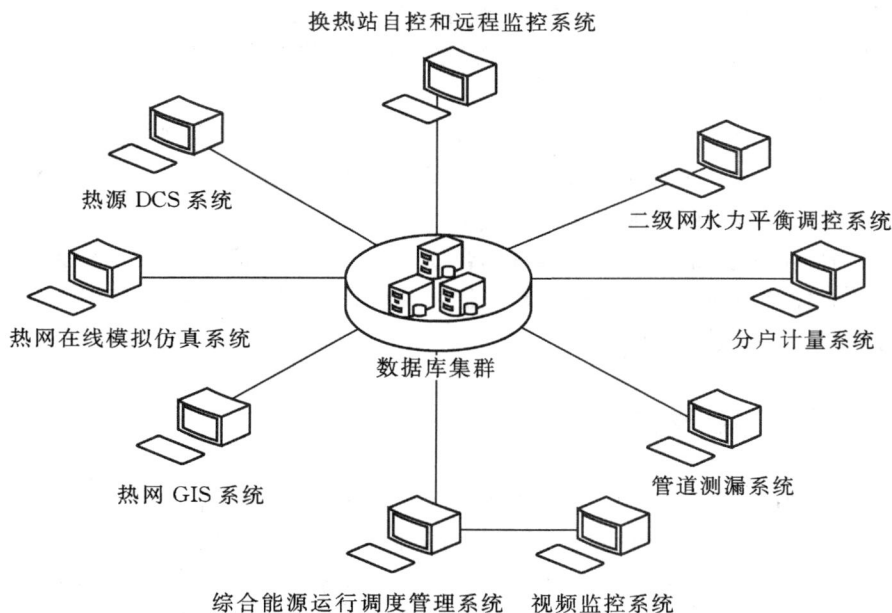

图 5-1　智能热网系统基本组成

4.智能热网系统的发展前景

2015 年,"十二五"规划收官;2016 年,"十三五"规划起步。纵观世界经济、技术的发展趋势,在全面建成小康社会、全面深化改革、全面依法治国、全面从严治党的"四个全面"的指导方针下,我国新的经济转型必然在新的五年规划发展中有重大突破。而在国民经济中占有基础地位的供热行业,也必须紧跟时代发展步伐,做出新的适合供热行业特点的战略发展部署[3]。

目前,我国集中供热面积已达 110 亿 m^2,而且每年都以 2%～3%的发展速度增长。全国每年用于供暖、空调的能耗约占全国总能耗的近 10%。供热工程作为能源工程,其目标应为"不多不少",即在实现室温"不冷不热"的同时,还要满足"按需供热",做到需要多少热量供应多少热量。要真正实现"不多不少",供热系统的能效必须大幅提高,向着"三零"的目标努力。所谓"三零",就是水力平衡时没有节流损失、流量调节时没有过流量存在(按最佳流量运行)和热量控制时没有剩余热量浪费。为此,我国的供热系统能效要从现在的 30%,朝 60%～70%的目标努力,其节能潜力约 30%～40%。实现了这一目标,同时也超越了现在发达国家 50%的系统能效指标。

为实现"不冷不热"、节约能耗的目标,必须进行供热工艺的发展和革新,随着互联网、信息技术的发展,智能热网系统必将成为供热行业新的发展趋势[4]。

5.3.2　智能电网系统

1.智能电网系统的定义

美国能源部《Grid 2030》:智能电网系统是一个完全自动化的电力传输网络系统,能够监视和控制每个用户和电网节点,保证从电厂到终端用户整个输配电过程中所有节点之间的信息和电能的双向流动的传输网络。

欧洲技术论坛:智能电网系统是一个可整合所有连接到电网用户所有行为的电力传输网

络系统,以有效提供持续、经济和安全的电力。

国家电网中国电力科学研究院:智能电网系统是以物理电网为基础(中国的智能电网是以特高压电网为骨干网架、各电压等级电网协调发展的坚强电网为基础),将现代先进的传感测量技术、通信技术、信息技术、计算机技术和控制技术与物理电网高度集成而形成的新型电网系统[5]。

智能电网系统如图 5-2 所示。

图 5-2　智能电网系统

2. 智能电网系统的主要特征

自愈、激励和包括用户、抵御攻击、提供满足 21 世纪用户需求的电能质量、容许各种不同发电形式的接入、启动电力市场以及资产的优化高效运行。

3. 智能电网系统的组成

智能电网系统由很多部分组成,可分为:智能变电站、智能配电网、智能电能表、智能交互终端、智能调度、智能家电、智能用电楼宇、智能城市用电网、智能发电系统、新型储能系统。

4. 建立智能电网系统的目的及意义

以充分满足用户对电力的需求和优化资源配置,确保电力供应的安全性、可靠性和经济性,满足环保约束,保证电能质量,适应电力市场化发展等为目的,实现对用户可靠、经济、清洁、互动的电力供应和增值服务。

5. 智能电网系统的实现途径

第一步就是建立高速、双向、实时、集成的通信系统,这是实现智能电网的基础。由于智能电网的数据获取、保护和控制都需要这样的通信系统的支持,如果没有这样的通信系统,任何智能电网的特征都将无从实现。

第二步就是将通信系统和电网同时深入到千家万户,这样就形成了两张紧密联系的网络——电网和通信网络,只有这样才能实现智能电网的目标和主要特征。高速、双向、实时、集成的通信系统使智能电网成为一个动态的、实时信息和电力交换互动的大型基础设施。当这样的通信系统建成之后,它不仅能提高电网的供电可靠性和资产的利用率,繁荣电力市场,而且能抵御电网受到的攻击,大幅提高电网价值[6]。

6.微电网系统

随着我国经济增长速度的加快,电力需求也越来越大,大规模联网所带来的问题逐渐显露出来,如调度困难、安全性和可靠系数不高等。同时,由于能源危机的加重,作为一个以煤电为主要电力结构的发展中国家,我国在环境治理上耗费了大量人力、物力和财力,但治理效果并不明显。分布式发电以其灵活、环保等诸多优势正在逐渐赢得广大市场,而大量分布式电源的并网也给电力系统的保护、实时调度和电网可靠性等带来了一些难题。为整合分布式发电的优势,削弱分布式发电对电网的冲击和负面影响,充分发挥分布式发电系统(Distributed Generation System,DGS)的效益和价值,电力人员和专家提出了微电网系统的概念。

1)微电网系统的定义

微电网(Micro-grid)系统也称为微网系统,是一种新型网络结构系统。目前,国际上对微电网的定义没有统一的标准。

美国电气可靠性技术解决方案联合会给出的微电网定义为:微电网系统是一种由负荷和微源共同组成的系统,它可向用户同时提供电能和热能;微电网系统内的电源主要由电力电子器件负责能量的转换,并提供必需的控制;微电网系统相对于外部大电网表现为单一的受控单元,并可满足用户对电能质量和供电安全等方面的要求。相应微电网系统结构如图5-3所示。它采用微型燃气轮机和燃料电池作为主要的电源,储能装置连接在直流侧与分布式电源一起作为一个整体通过电力电子接口连接到微电网系统。其控制方案相关研究重点是分布式电源的"即插即用"式控制方法。

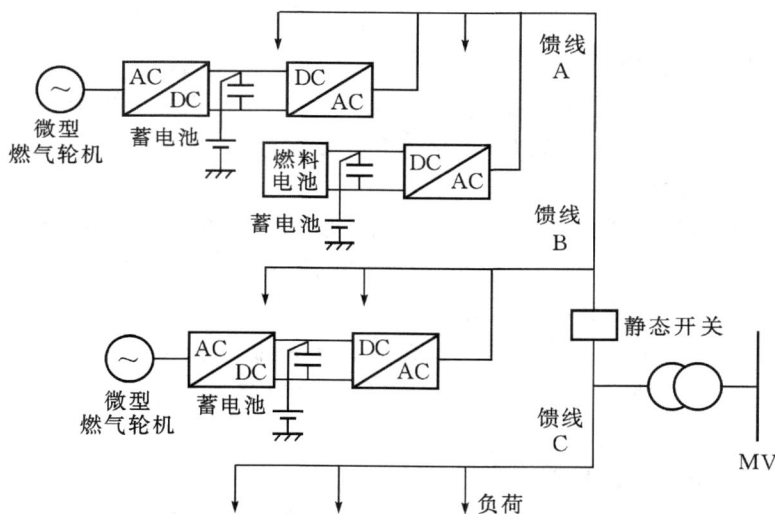

图5-3 美国微电网结构图

欧盟微电网项目(European Commission Project Micro-grids)给出的定义是:微电网系统是一种小型电力系统,它可充分利用一次能源,提供冷、热、电三联供,配有储能装置,所使用的微源分为不可控、部分可控和全控三种,使用电力电子装置进行能量调节。欧盟微电网结构如图5-4所示,光伏(PV)、燃料电池和微型燃气轮机通过电力电子接口连接到微电网系统,小的风力发电机直接连接到微电网系统,中心储能单元被安装在交流母线侧。其微电网系统采用分层控制策略。

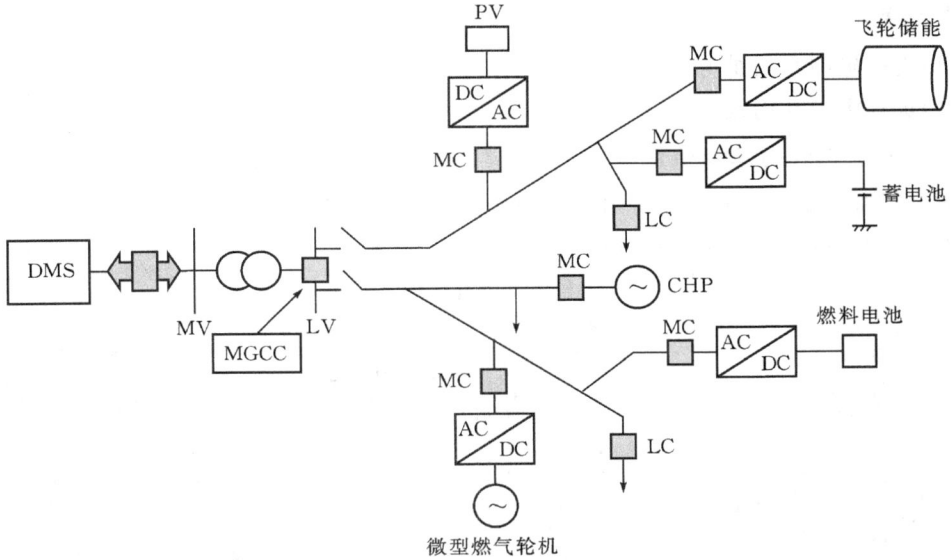

图 5-4　欧盟微电网结构图

　　美国威斯康星麦迪逊分校（University of Wisconsin-Madison）的 Lasseter 给出的定义是：微电网系统是一个由负载和微型电源组成的独立可控系统，为当地提供电能和热能。这种概念提供了一个新的模型来描述微电网的操作；微电网系统可被看作在电网中一个可控的单元，它可以在数秒钟内反应来满足外部输配电网络的需求；对用户来说，微电网系统可以满足他们特定的需求：增加本地可靠性，降低馈线损耗，保持本地电压，通过利用余热提供更高的效率，保证电压降的修正或者提供不间断电源。图 5-5 是威斯康星大学新能源实验室的微电网系统结构图[7]。

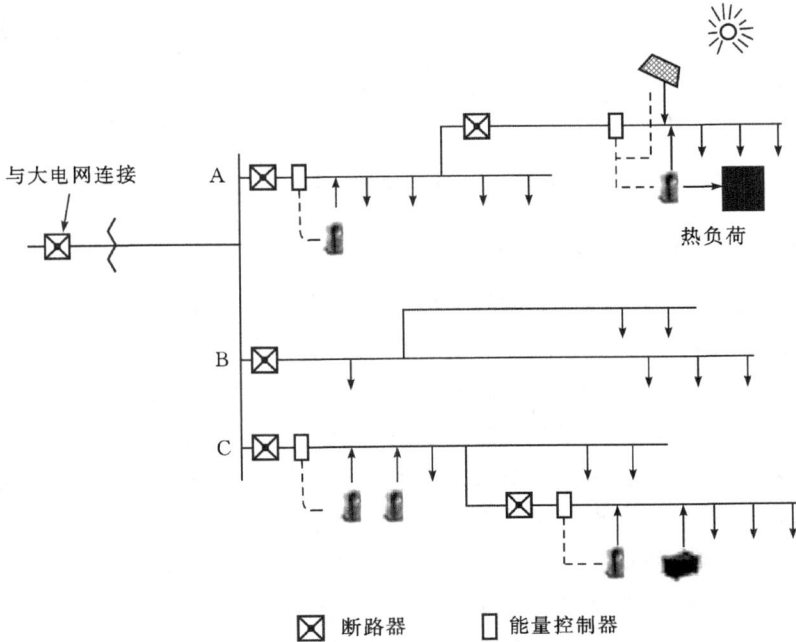

图 5-5　威斯康星大学新能源实验室的微电网系统结构图

2)微电网系统的主要优点

(1)提高电网系统供电安全可靠性。

(2)提高电力利用效率。

3)微电网系统的基本组成

微电网系统是由分布式电源、储能装置、能量转换装置、相关负荷和监控、保护装置汇集而成的小型发配电系统,如图5-6所示。

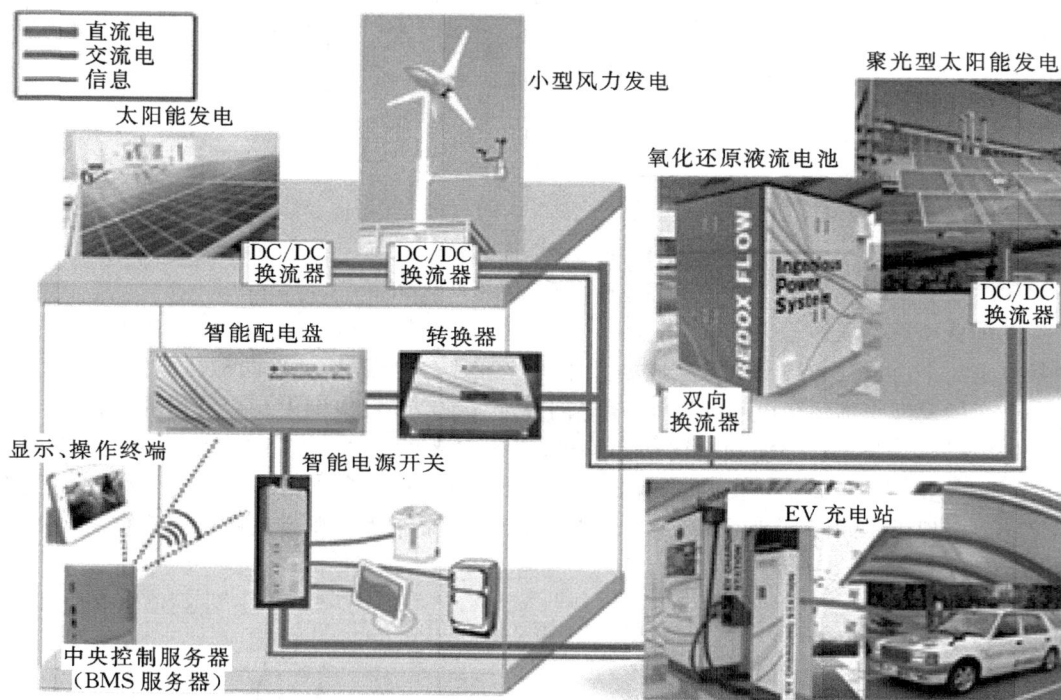

图5-6　微电网系统基本组成

4)微电网系统的研究现状

随着经济的高速发展和能耗的日益增加,各国的电力工业面临着一系列前所未有的严峻挑战:能源危机、系统老化、污染问题、一次能源匮乏、能源利用率低以及用户对电能质量的要求越来越高等。由于微电网在DGS的高效应用以及灵活、智能控制方面表现出极大的潜能和优势,因此发展微电网已经成为很多发达国家发展电力行业、解决能源问题的主要战略之一。目前,北美、欧盟、日本等已加快进行对微电网的研究和调试,并根据各自的能源资源、能源政策和电力系统的现有状况,提出了具有不同特色的微电网概念和发展规划[8]。

(1)北美的微电网系统研究。美国电力可靠性技术解决方案协会(CERTS)最早提出微电网的概念,也是所有微电网概念中最具代表性的一个。CERTS对微电网的主要思想和关键技术问题进行了详细地概述,说明CERTS微电网主要有静态开关和自治微型电源2个部件,并系统阐述了微电网的结构、控制方式、继电保护以及经济性评价等相关问题。目前,美国

CERTS 微电网的初步理论和方法已在美国电力公司 Walnut 微电网测试基地得到了成功验证。由美国北部电力系统承接的 Mad River 微电网是美国第一个微电网示范性工程,微电网的建模和仿真方法、保护和控制策略以及经济效益在此工程中得到了验证,关于微电网的管理条例和法规得到了完善,因此 Mad River 微电网成为美国微电网工程的成功范例。同时美国能源部制订了"Grid 2030"发展战略,即以微电网形式整合和利用微型分布式发电系统的阶段性计划,详细阐述了今后微电网的发展规划。此外,加拿大 BC 和 Quebec 两家水电公司已经开始开展微电网示范性工程的建设,测试微电网的主动孤网运行状况,旨在通过合理地安置独立发电装置改善用户侧供电可靠性[9]。

(2)欧盟的微电网系统研究。从电力市场自身需求、电能安全供给以及环境保护等方面进行综合考虑后,欧盟在 2005 年也提出了"智能电网"的计划,并在 2006 年出台了该计划的技术实现方案。作为欧盟 2020 年及后续电力的发展目标,该计划指出未来欧盟电网应具有灵活、可接入、可靠和经济等特点。为此,欧盟提出要充分使用 DGS、智能技术、先进的电力电子技术等实现集中式供电与分布式发电的高效整合,积极鼓励独立运营商和发电商共同参与电力市场交易,并快速推进电网技术发展。从长远来看,微电网必将成为欧盟未来电网发展的重要组成部分。

(3)日本的微电网系统研究。根据本国资源日益缺乏、负荷需求增长迅速的发展现状,日本也大力开展了微电网研究。目前,日本已在国内建立了多个微电网工程。近年来,可再生能源和新能源一直是日本电力行业关注的重点之一,新能源与工业技术发展组织大力支持一系列微电网示范性工程,并鼓励可再生和分布式发电技术在微电网中的广泛应用。日本在微电网的网架拓扑结构、微电网集成控制、热电冷综合利用等方面开展了一系列研究,为 DGS 和基于可再生电源的大规模独立系统的应用提供了较为广阔的发展空间。日本方面十分重视分布式供能系统与大电网相互关系,制定了分布式供能与大电网互联的《分布式电源并网技术导则》,且日本新能源与工业技术发展组织分别在青森、爱知和京都开展了示范性工程,并取得了良好效果。

(4)中国的微电网系统研究。国内微电网研究处于起步探索阶段,国家电网公司是微电网技术研究的主要机构。2011 年 8 月,国网电科院微电网技术体系研究项目通过验收。该项目首次提出了中国微电网技术体系,其中涵盖了微电网核心技术框架、电网应对微电网的策略、技术标准和政策等,制定了我国微电网发展线路和技术路线图,并对我国微电网不同发展阶段提出了相应的、积极的意见和建议。

2015 年 8 月,烟台长岛分布式发电及微电网接入控制工程通过国家发改委验收,并正式竣工投运。这是我国北方第一个岛屿微电网工程,可以在外部大电网瓦解的情况下,实现孤网运行,保证对重要用户的连续供电,极大地提高长岛电网的供电能力和供电可靠性。

2015 年 7 月 21 日,国家能源局对外公布了《关于推进新能源微电网示范项目建设的指导意见》,要求在电网未覆盖的偏远地区、海岛等,优先选择新能源微电网方式,探索独立供电技术和经营管理新模式。利用微电网使用示范项目数量和全球市场容量份额这两种方法进行估算,中国"十三五"期间微电网增量市场约为 200 亿～300 亿元,其中还不包括原有的光伏、配网、电动汽车和储能需求。

总体来讲,微电网是智能电网领域的重要组成部分,是大电网的有力补充,在工商业区域、城市片区及偏远地区有十分广泛的应用前景。随着微电网关键技术及设备的高速开发、利用和完善,微电网将进入快速发展期[10]。

5.3.3 分布式能源系统

1.分布式能源系统的定义

国际分布式能源联盟(WADE)对分布式能源系统的定义:分布式能源系统指安装在用户端的高效冷/热电联供系统,系统能够在消费地点(或附近)发电,高效利用发电产生的废能——生产热和电;现场端可再生能源系统包括利用现场废气、废热以及多余压差来发电的能源循环利用系统。

中国能源网:分布式能源系统就是指分布在需求侧的能源梯级利用以及资源综合利用和可再生能源利用系统。

2.分布式能源系统的主要特征

作为新一代供能模式,分布式能源系统是集中式供能系统的有力补充。它有以下四个主要特征。

1)分散布置

作为服务于当地的能量供应中心,它直接面向当地各用户的具体需求,布置在用户附近,可以极大地简化系统提供用户能量的输送环节,进而减少能量输送过程的能量损失与输送成本,同时大幅增加用户能量供应的安全性。

2)中、小容量规模

由于它不采用大规模、远距离输送能量的模式,而主要针对局部用户能量需求,因此系统的规模将受用户需求所制约,相对目前集中式供能系统均为中、小容量规模。

3)用户自主

随着经济、技术的发展,特别是可再生能源的大规模推广应用,用户的能量需求开始趋向多元化发展;同时伴随不同能源利用技术的发展和成熟,可供选择的技术也日益增多。而分布式能源系统作为一种开放性的能源系统,也开始呈现出多功能的趋势,既包含多种能源输入,又可同时满足用户多种能量需求。

4)多功能综合

人们的观念在不断转变,对能源系统也不断提出新的要求(高效、可靠、经济、环保、可持续性发展等),新型分布式能源系统通过选用合适的技术,经过系统优化和全面整合,可以更好地同时满足这些要求,实现多个功能目标[11]。

3.分布式能源系统的优点

(1)能源综合梯级利用,综合能源效率高,节能率高。

(2)没有或有很低输配电损耗,无需建设配电站。

(3)供电可靠性提高,不受大规模停电事故影响。

(4)满足特殊场合的需求,如工厂、宾馆、偏远地区等。

(5)具有良好的环保性能,减少了环保压力。

(6)网络化、智能化控制和信息化管理。

(7)为高品位能源和可再生能源的利用开辟新的途径。

4. 发展分布式能源系统的意义

1)经济性

由于分布式能源可用发电的余热来制热、制冷,因此能源得以合理利用,从而提高能源的利用效率(达 70%~90%)。由于分布式电源并网技术的发展,减少或缓建了大型发电厂和高压输电网,节约了投资。大型输配电网的减少,也大幅度降低了网损。

2)环保性

由于采用天然气做燃料或以氢气、太阳能、风能为能源,因此可大幅减少有害物的排放总量,减轻环保的压力;大量的就近供电减少了大容量、远距离、高电压输电线的建设,由此减少了高压输电线的电磁污染、高压输电线的征地面积、线路走廊,减少了对输电线路下树木的砍伐,有利于环境保护。

3)能源利用的多样性

分布式发电可利用多种能源,如清洁能源(天然气)、新能源(氢)和可再生能源(风能和太阳能等),并同时为用户提供冷、热、电等多种能源应用方式,因此是解决能源危机、提高能源利用效率和能源安全问题的一种合理的、可行的途径。

4)调峰作用

夏季和冬季往往是负荷的高峰时期,此时如果采用以天然气为燃料的燃气轮机等冷、热、电三联供系统,不但可满足夏季的供冷与冬季的供热需要,同时也提供了一部分电力,实现对电网的削峰填谷作用。此外,也部分解决了天然气供应时的峰谷差过大问题,发挥了天然气与电力的互补作用。

5)安全性和可靠性

当大电网出现大面积停电事故时,具有特殊设计的分布式发电系统仍能保持正常运行,由此可大幅提高供电的安全性和可靠性[12]。

5. 分布式能源系统的主要形式

分布式能源技术是未来世界能源技术的重要发展方向,它具有能源利用效率高、环境负面影响小、提高能源供应可靠性和经济效益好等特点。我国发展分布式能源的主要形式包括燃气热电冷三联产技术、分布式煤气化能源系统、分布式煤层气能源系统、分布式可再生能源系统、分布式生物质能源系统、以垃圾为燃料的分布式能源系统、分布式发电能源系统[15]。

1)燃气冷、热、电三联产系统

这是分布式能源的典型形式。天然气是一种清洁原料,它的烟气中不含 SO_2,因此其中的水蒸气的冷凝潜热 90%以上都被利用。由于在燃气轮机中 30%~40%的能量直接转化为电能,一次转化效率也高于一般火电机组,再加上排气和能量利用,如加热、制冷,用于各种不同能级的用户,整个系统实现能量的梯级利用,使总能量利用效率达到最高。因此,利用天然气作为能源的系统中,效率最高的就是热电冷三联产系统,如图 5-7 所示。

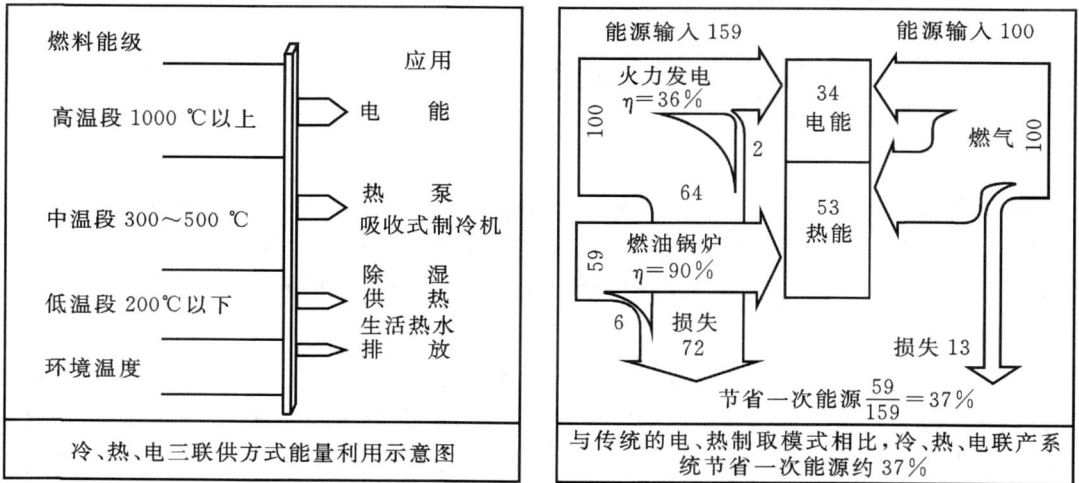

图 5-7　燃气冷、热、电三联产系统

2)分布式煤气化能源系统

分布式煤气化能源系统联合循环发电就是以煤气化得到的煤气作为燃料,来代替常规系统中的气体或液体燃料,以达到提高热效率的目的。其流程为:将煤气化产生的煤气经过脱硫等净化处理,把煤气中的灰、含硫化合物等杂质除掉,成为清洁的、具有一定压力的洁净煤气,供给燃气轮机做功发电,其尾气供给余热式溴化锂吸收式制冷/制热系统以向用户提供空调、供暖以及生活热水。在我国富煤区可大力发展分布式煤气化能源系统,通过燃气输配管道将气化产物供给用户,可以达到高效利用能源的目的。分布式煤气化能源系统如图 5-8 所示。

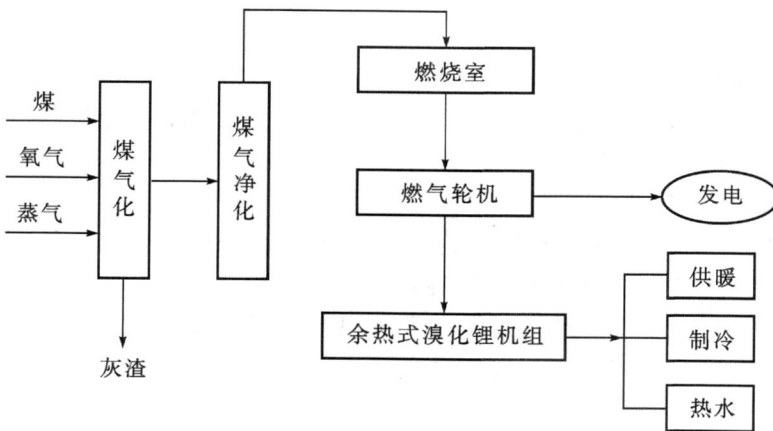

图 5-8　分布式煤气化能源系统

3)分布式煤层气能源系统

我国有丰富的煤层气资源,现已查明的浅层煤层气就有 30 多万亿 m³,相当于 400 亿 t 标准煤。若全部用于发电的话可发电达 100 万亿 kW·h,这一巨大资源是建设分布式能源系统的物质基础。由于煤矿的生产需要很多电力,因此煤层气的产地多在煤矿附近。用煤层气就地建设一个分布式能源系统,平时可供给煤矿部分生产用电力,故障时也可供给保安电力。这不仅省去大量的输变电系统的建设和运行费用,也省去了输变电过程中约 7% 的电能损耗,大幅度提高能量利用效率。分布式煤层气能源系统与传统发电比较如图 5-9 所示[13]。

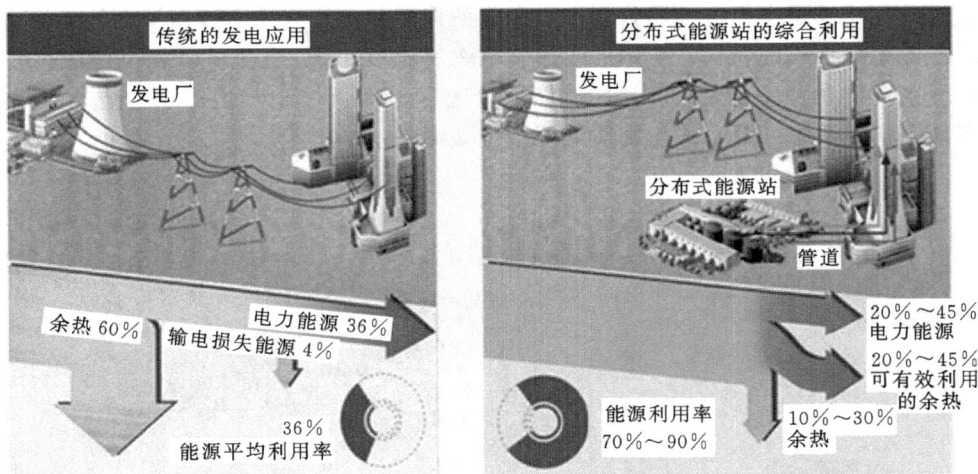

图 5-9　分布式煤层气能源系统与传统发电比较

4)分布式可再生能源系统

分布式能源系统适于与太阳能、地热、风能等系统规模小、能量密度低的可再生能源相结合,为可再生能源的利用提供了新的思路。分布式可再生能源系统是分布式能源系统未来的一个重要发展方向。在这种分布式能源系统中,产出的将不只是冷、热、电,还有一些化学品或其他产品。但由于可再生能源本身的一些特点和现有利用技术水平的限制,在当前一段时间内,它与常规能源互补的分布式系统更为现实可行,这也将进一步促进可再生能源利用技术的发展。分布式可再生能源系统如图 5-10 所示。

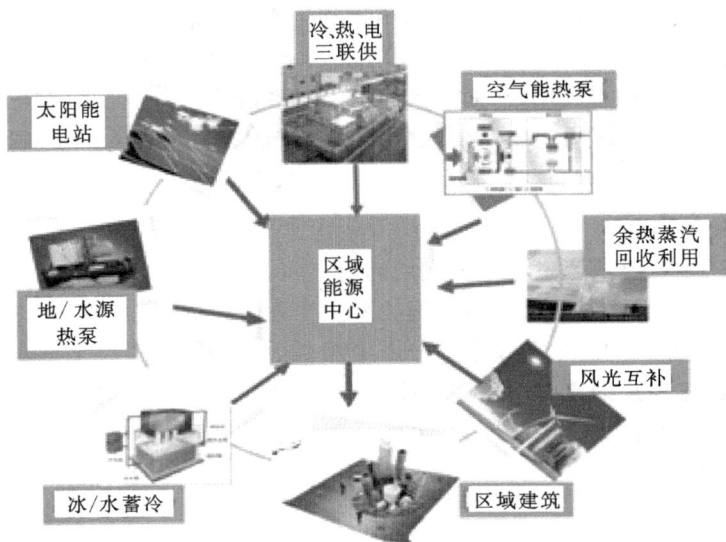

图 5-10　分布式可再生能源系统

5）分布式生物质能源系统

生物质包括各种速生的能源植物及各种废弃物,是洁净的可再生能源。作为唯一能转化为液体燃料的可再生能源,生物质以总产量巨大、可储存、碳循环等优点已引起全球的广泛关注。生物质气化或裂解产生的燃料气和高品位液体燃料可作为小型或微型燃气轮机为核心的分布式能源系统理想的燃料。我国的清洁液体燃料十分匮乏,当前可以将生产液体燃料的分布式能源系统作为发展重点(可同时或以后生产氢),也可将发电与生产燃料结合,建立协调综合的多能源输出系统。分布式生物质能源系统如图 5 - 11 所示。

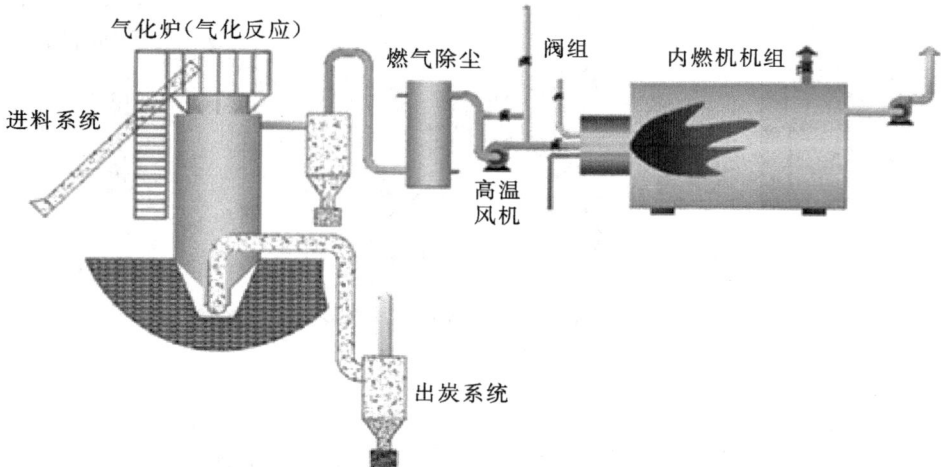

图 5 - 11　分布式生物质能源系统

6）以垃圾为燃料的分布式能源系统

从生态角度看,垃圾是一种污染源,而从资源角度看,垃圾是地球上唯一正在增长的资源。能源专家测算,2 t 城市垃圾焚烧所产生的热量相当于 1 t 煤燃烧的能量。如果我国能将垃圾分类处理并充分有效地用于发电,每年将节省煤炭 5000 万 t～6000 万 t。通过水煤浆技术处理,变垃圾直接焚烧为加工利用,从而达到简化焚烧系统复杂性、提高燃烧效率和控制二次污染等多重目的。因此,垃圾发电将是形成分布式能源系统和电力生产"一次能源"多样性的重要内容。以垃圾为燃料的分布式能源系统如图 5 - 12 所示。

7）分布式发电能源系统

目前,分布式发电已成为世界电力发展的新方向。从自然科学角度看,它的未来发展主要从高效发电方式、新型储能技术、并网关键技术三个方面进行突破,其大规模应用将对能源,尤其是电力系统的产业结构调整和技术进步产生深刻的影响。由于分布式能源用途的多样性,应当发展多形式、多用途的复合型分布式能源系统,如与可再生能源利用相结合,既可降低可再生能源的利用难度,扩大其应用范围,也使分布式能源系统有更大的用武之地和发展前景。分布式发电系统如图 5 - 13 所示。

图 5-12　以垃圾为燃料的分布式能源系统

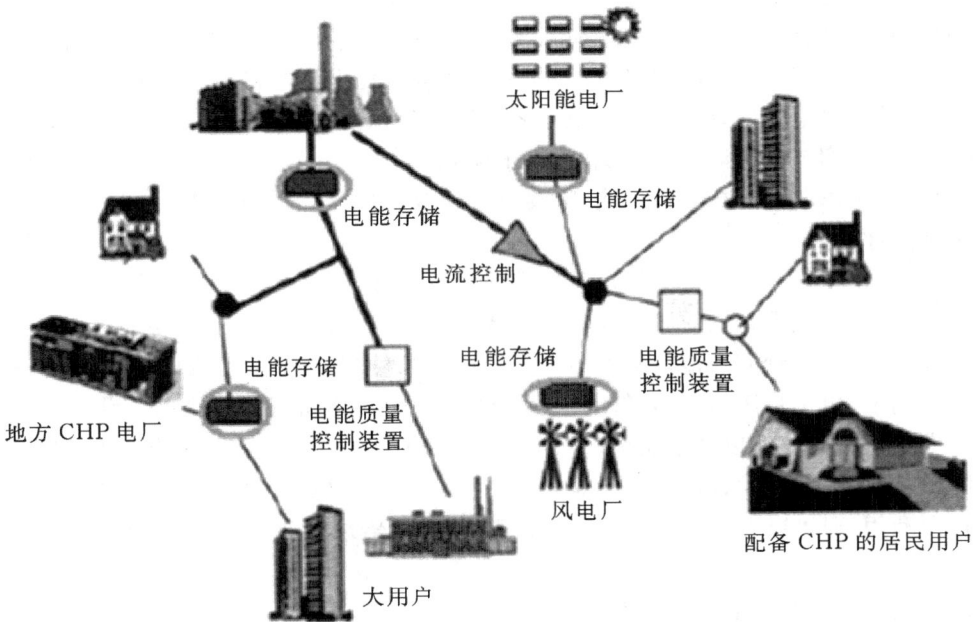

图 5-13　分布式发电系统

5.3.4　各能源综合协同利用系统

1.能源互联网系统

1)能源互联网系统的定义

能源互联网系统是综合运用先进的电力电子技术、信息技术和智能管理技术,将大量由分布式能量采集装置、分布式能量储存装置和各种类型负载构成的新型电力网络、石油网络、天然气网络等能源节点互联起来,以实现能量双向流动的能量对等交换与共享网络系统。

2）能源互联网系统的主要特征

能源互联网系统的主要特征：可再生、分布式、互联性、开放性、智能化。

3）能源互联网系统的基本组成

能源互联网其实是以互联网理念构建的新型信息能源融合"广域网"，它以大电网为"主干网"，以微电网为"局域网"，以开放对等的信息能源一体化架构，真正实现能源的双向按需传输和动态平衡使用，因此可以最大限度地适应新能源的接入。

4）能源互联网系统的意义及作用

（1）能源互联网是现实意义下能源可持续发展切实可行的道路。

（2）能源互联网天然支持分布式可再生能源的接入。

（3）能源互联网在安全、可靠、稳定以及利用率等方面技术优势明显。

（4）能源互联网是源用混合场景下对现有输配网的有益补充。

2. 化石能源和可再生能源的协同利用系统

以可再生能源中的风电为例，2010 年，中国风机装机容量达 $4.1827 \times 10^7 \mathrm{kW}$，位居世界第一，但是中国已安装的风机约有 30％没有并网，即使有些风场已并网，也被限制发电，造成发电能力的浪费。因此，大规模风电如何与其他能源综合协同利用是需要解决的难题。

科技部"十一五"的"973"项目中的"非并网风电"，提出风电和网电的协同利用。根据实际情况，可以采取风电为主，网电为辅，或反之，或有其他的分配比例。已初步取得成果的有电解铝（采取保温和调节电解液成分）、氯碱、海水淡化、电解水生成 H_2 和 O_2 及为油田抽油机供电等。另外，还可以研究开拓其他用途，只要对电的波动性没有严格要求，网电可用来对风电进行互补和支撑。

近年来，由于很多大城市希望得到更多的清洁能源，很多煤资源丰富地区（尤其是边远的新疆）和大企业都把眼光投向合成天然气的新产业链。虽然目前从煤转换成合成天然气（Synthetic Natural Gas，SNG），能效只有 60％左右，但长输气管线在远距离输运方面更为高效。在终端应用上，由于是清洁气体燃料，可以采用各种先进用能系统、技术与设备（如分布式供能，热、电、冷三联供）加以高效应用。从整个产业链考虑，这样能提高总体能源利用效率和减排 CO_2。但是，其中的关键问题仍是煤制 SNG 时 CO_2 的排放和处理。若把风电和 SNG 两者综合协同利用，通过风电电解水得到 O_2 和 H_2，则能成倍地增加每单位煤量 SNG 的产出，大大减少 CO_2 的排放。

3. 蓄能和各种能源协同互补系统

太阳能、风能分布的间歇性、随机性，导致其开发利用十分困难。如果一些随机电源接入电网，当份额较小时，不会对电网造成大的不利影响；但大规模、大比例份额的随机电源接入，仍然是技术上尚未解决的难题。随着可再生能源的不断发展，非并网利用和能量存储问题显得越来越重要。

电的储存技术虽然经过多年努力，但大规模储电技术还没有根本性突破。未来，由于可再生能源的不断推广应用，一些中小型的分布式电网在整个电力系统中将占一席之地，蓄能（也包括蓄电）装置就是关键。在这个过程中，蓄能以什么为载能介质是值得深入研究的问题。

根据各国的具体条件，应该关注可持续发展能源系统的高度协同发展，要做到扬长避短。不连续、随机性较强的能量（如各大型发电装置的多余电量、风力发电、太阳能发电）变成大规模高效利用、可调度的能量,是现代电力系统面临的重大战略课题,高效大、中、小规模储能问题越来越突出。大规模蓄能系统中,除抽水蓄能外,有巨大发展潜力的有压缩空气蓄能(与不稳定风电协同),布雷顿循环和兰金整体化循环(与核电和超超临界的发电协同)等。

4. 集中和分布式供能的协同利用系统

现代化的能源系统不仅要求高效率而且需要足够的灵活度和安全性。此外,能源供应和终端能源需求在形式和距离上也应当更加靠近,减少转换、输运、存储的环节和消耗。因此,当前世界各国又开始重点研究从集中式能源系统转向集中和分布式能源系统的协同利用。

由于分布式能源具备能量利用效率高、能量输配损失小、协同利用效率高、能源系统安全性高等优势,且可弥补集中式能源系统在效率和可靠性上的不足,将来的能源系统应当是分布式能源和集中式能源协同供应的能源系统以及在分布式能源系统内部,各种能源的协同利用。分布式能源系统在欧洲已有大规模发展和应用,尤其在丹麦、荷兰、芬兰等国的分布式能源的发展水平居世界领先水平。美国、加拿大、英国、澳大利亚等在经历了大规模停电事故后也充分意识到建立分布式能源系统的重要性,这也促使他们推进分布式能源系统的建立和完善。

5. 电网、天然气网、热(冷)网及水网的四网协同利用系统

近年来,由美国发起,世界各国都在积极发展智能电网。建设智能电网最主要的是调动各种电源点的潜力和"积极性",尤其要接入不同规模的可再生能源,大到兆瓦级的大风电场,小到个人屋顶发电。各种余热、余压发电,各种生产过程的联产发电以及各种分布式微电网都能发挥其应有的作用。从发展角度来看,电源与用户一体化的倾向越来越强。

电力需求只是人们对能源服务的最主要方面,此外还有供热、供冷、气体燃料、用水的需求。因此,随着电力网的发展,城市天然气网、热(冷)网和用水网,也得到了相应的发展。这些网从本质上来说是相互协同、相互耦合、相互支撑的,可统称为能源网。为了更好地协同利用各种能源,除电网已逐步向智能电网发展,天然气网、热(冷)网、水网也必然向智能化发展,将四网(或更多)进行综合协同利用,形成以智能电网为主干的智能能源协同利用系统是大势所趋。

参考文献

[1]国家发展改革委,国家能源局.能源技术革命创新行动计划(2016—2030 年)[J].电力与能源,2016,3:85 - 97.

[2]于畅,于天成.智能热网监控系统应用案例分析[J].自动化与仪器仪表,2017,s1:93 - 94.

[3]国海龙.城市智能热网综合管控系统应用研究[D].北京:华北电力大学,2014.

[4]周青.城市集中供热智能化与智能热网的构建研究[D].济南:山东大学,2015.

[5]陈树勇,宋书芳,李兰欣,等.智能电网技术综述[J].电网技术,2009,33(8):1 - 7.

[6]张文亮,刘壮志,王明俊,等.智能电网的研究进展及发展趋势[J].电网技术,2009,33(13):1 - 11.

[7]董朝阳,赵俊华,福拴,等.从智能电网到能源互联网:基本概念与研究框架[J].电力系统自动化,2014,38(15):1 - 11.

[8]鲁宗相,王彩霞,闵勇,等.微电网研究综述[J].电力系统自动化,2007,31(19):100 - 107.

[9]王成山,武震,李鹏.微电网关键技术研究[J].电工技术学报,2014,29(2):1 - 12.

[10]苏玲,张建华,王利,等.微电网相关问题及技术研究[J].电力系统保护与控制,2010,38

(19):235 - 239.

[11]董福贵,张也,尚美美. 分布式能源系统多指标综合评价研究[J]. 中国电机工程学报,2016,36(12):3214 - 3222.

[12]王惠,赵军,安青松,等. 不同建筑负荷下分布式能源系统优化与政策激励研究[J]. 中国电机工程学报,2015,35(14):3734 - 3740.

[13]冉鹏,张树芳,郭江龙,等. 分布式能源系统的研究现状与应用前景[J]. 热力发电,2005,34(3):1 - 3.

第6章
我国能源国策

　　能源是人类社会生存发展的重要物质基础,攸关国计民生和国家战略竞争力。当前,世界能源格局深刻调整,供求关系总体缓和,应对气候变化进入新阶段,新一轮能源革命蓬勃兴起。我国经济发展步入新常态,能源消费增速趋缓,发展质量和效率问题突出,供给侧结构性改革刻不容缓,能源转型变革任重道远。

　　全球气候变化危及地球生态安全和人类社会生存与发展。已经生效的《巴黎协定》确立了全球控制温升 2 ℃以内并努力争取 1.5 ℃的目标,全球温室气体排放到 2030 年需从 2010 年 500 亿 t 二氧化碳当量下降到 400 亿 t,并到 21 世纪下半叶实现零排放。对能源体系而言,尽管全球变革趋势加速,2016—2030 年的 15 年与 2000—2015 年的 15 年相比,GDP 的二氧化碳排放强度年下降率将加倍,二氧化碳排放增长率也将由 2%以上下降为 1%以下,但到 2030 年全球二氧化碳排放总量仍将比 2010 年增长约 20%,与实现全球控制温升 2 ℃目标存在巨大减排缺口。全球应对气候变化的紧迫目标和形势,将倒逼更大力度的能源变革。

　　《能源发展"十三五"规划》提出对能源消费总量和能耗强度实施双控,根本扭转能源消费粗放增长方式,要求 2020 年煤炭消费在一次能源中的比重降到 58%以下,非化石能源与天然气等低碳能源的联合占比达到 25%。在此基础上,《能源生产和消费革命战略(2016—2030)》提出了进一步的能源革命目标。2030 年,"可再生能源、天然气和核能利用持续增长,高碳化石能源利用大幅减少。"非化石能源占能源消费总量比重达到 20%左右,天然气占比达到 15%以上,即低碳能源联合占比达到 35%,新增能源需求主要依靠清洁低碳能源满足;推动化石能源清洁高效利用,二氧化碳排放 2030 年左右达到峰值并争取尽早达峰;单位 GDP 能耗达到目前世界平均水平(2015 年我国单位 GDP 的能耗是世界平均水平的 1.5 倍);能源科技水平位居世界前列。展望 2050 年,"能源消费总量基本稳定,非化石能源占比超过一半",建成绿色、低碳、高效的现代化的能源体系[1]。

　　同时,《能源生产和消费革命战略(2016—2030)》指出,我国能源发展正进入从总量扩张向提质增效转变的全新阶段。这是我国供给侧结构性改革、提升经济发展质量的需要,是破解资源环境约束、治理大气和水污染、推进生态文明建设的需要,是积极应对气候变化、实现长期可持续发展的需要,更是增加能源公共服务、惠及全体人民、加快国家现代化建设的需要[2]。

6.1　推动能源消费革命

　　目前我国的能源消费尚存在三个方面的问题:①一次能源消费中,我国化石能源消费比例(89.16%)虽与美国(86.28%)、欧洲(79.30%)及世界平均(86.31%)消费占比相差不大,但煤炭消费占比(66.04%)远高于美国(19.81%)、欧洲(16.84%)及世界平均水平(30.03%),而清洁能源天然气的消费占比(5.62%)远低于美国(30.38%)、欧洲(32.11%)及世界平均水平(23.71%),相对清洁的石油消费占比(17.51%)也明显低于美国(36.09%)、欧洲(30.35%)及世界平均水平(32.57%);②经济发展过程中对能源依赖度高,能源密集型产业技术落后,第二产业特别是高耗能工业能源消耗比重过高,导致能源利用效率低;③我国单位GDP能耗远高于世界平均水平[3]。

《能源生产和消费革命战略(2016—2030)》(下称《战略》)把能源消费革命概括为"开创节约高效新局面",并提出:①实施能源消费总量和强度"双控"行动,把双控作为约束性指标,推动形成经济转型升级的倒逼机制。《战略》中提出,2020年能源消费总量控制在50亿t标准煤以内,2030年控制在60亿t标准煤以内,需要重点控制煤炭消费总量和石油消费增量,鼓励可再生能源消费。②调整产业结构,推进节能和减排。推动工业部门能耗尽早达峰,推进工业绿色制造和循环式生产。对钢铁、建材等高耗能行业实施严格的能效和排放标准,提高建筑节能标准,遏制不合理的"大拆大建",构建绿色低碳交通运输体系。建立健全排污权、碳排放权初始分配制度,培育和发展全国碳排放权交易市场。③推动城乡新型电气化、低碳城镇化,以电代煤、以电代油(随着电源结构的优化,将不再是以煤代油)。淘汰煤炭在建筑终端的直接燃烧,增加可再生电力供电和热(冷)。提升农村电力普遍服务水平,推进农业生产电气化,实施光伏(热)扶贫工程,大力发展太阳能、地热能、生物质能、农林固废资源化利用,使农村成为新能源发展的"沃土"。通过信息化手段,全面提升终端能源消费智能化、高效化水平。④大力倡导合理用能的生活方式和消费模式,以政策鼓励合理的生活住房和小排量、新能源公民车,引导公众有序参与能源消费各环节的监督。

强化约束性指标管理,同步推进产业结构和能源消费结构调整,有效落实节能优先方针,全面提升城乡优质用能水平,从根本上抑制不合理消费,大幅度提高能源利用效率,加快形成能源节约型社会[2]。

6.1.1 坚决控制能源消费总量

长期以来,我国依靠大量化石能源投入的发展模式日益受到资源禀赋和生态环境的约束,作为发展中大国,在控制能源消费总量增长的同时,又必须满足经济社会发展对能源的需求,这就需要通过提高能效和集约高效利用能源来控制消费总量,重点是要将削减煤炭等化石能源消费总量与改善生态环境质量有效结合起来,抑制不合理能源消费,实现能源消费增长与效益增长的协调统一。

控制能源消费总量是实现能源消费增长方式革命的重要途径——要求以总能耗作为约束条件,以经济增长、提高服务水平作为目标函数,其本身就是发展理念上的革命。传统发展理念是以经济增长(增加国内生产总值)和提高服务水平(增加舒适性)作为约束条件,以降低能耗作为目标函数,寄希望于发展可再生能源和节能技术,实现高经济增长和高服务标准下的低能耗。而实际上,这导致了高耗能、能源浪费的现象愈演愈烈——发展高耗能产业最容易增加国内生产总值。因而要求各行业、各地区在给定的总能耗约束条件下做文章,以创新来驱动发展:寻求以技术和管理的重大创新来换取经济增长和服务水平的提高;若缺乏创新,就只能约束经济增长和服务水平提高。

以控制能源消费总量和强度为核心,完善措施、强化手段,建立健全用能权制度,形成全社会共同治理的能源总量管理体系。

实施能源消费总量和强度"双控"。把能源消费总量、强度目标作为经济社会发展重要约束性指标,推动形成经济转型升级的倒逼机制。合理区分控制对象,重点控制煤炭消费总量和石油消费增量,鼓励可再生能源消费。建立控制指标分解落实机制,综合考虑能源安全、生态环境等因素,贯彻区域发展总体战略和主体功能区战略,结合各地资源禀赋、发展现状、发展潜力,兼顾发展质量和社会公平。实施差别化总量管理,大气污染重点防控地区严格控制煤炭消费总量,实施煤炭消费减量替代,扩大天然气替代规模。东部发达地区化石能源消费率先达到峰值,加强重点行业、领域能源消费总量管理。严格节能评估审查,从源头减少不合理能源消费。

实行能源消费总量和强度双控制,是党的"十八大"提出的大方略,是推进生态文明建设的重点任务[4]。综合考虑我国经济社会发展阶段、能源消费趋势变化等因素,经过充分论证并广泛征求各方面意见,《能源发展"十三五"规划》提出到 2020 年把能源消费总量控制在 50 亿 t 标准煤以内,与《国民经济和社会发展规划第十三个五年纲要》保持一致。从年均增速看,"十三五"能源消费总量年均增长 2.5% 左右,比"十二五"低 1.1%,符合新常态下能源消费变化新趋势。从能源强度看,按照规划目标测算,"十三五"期间单位 GDP 能耗下降 15% 以上,可以完成《国民经济和社会发展"十三五"规划纲要》提出的约束性要求。为确保能源安全,应对能源需求可能回升较快和局部地区可能出现的供应紧张局面,《能源发展"十三五"规划》考虑了相关对策,给保障能源安全供应留有了一定余地和弹性,主要是通过提高现有发电机组利用率、提升跨区调运和协同互济保供能力等措施,确保能源充足稳定供应。

构建用能权制度。用能权是经核定允许用能单位在一定时期内消费各类能源量的权利,是控制能源消费总量的有效手段和长效机制。建立健全用能权初始分配制度,确保公平、公开。推进用能预算化管理,保障优质增量用能,淘汰劣质低效用能,坚持节约用能,推动用能管理科学化、自动化、精细化。培育用能权交易市场,开展用能权有偿使用和交易试点,研究制定用能权管理的相关制度,加强能力建设和监督管理。

6.1.2 打造中高级能源消费结构

大力调整产业结构,推动产业结构调整与能源结构优化互驱共进,使能源消费结构迈入更加绿色、高效的中高级形态。

以能源消费结构调整推动传统产业转型升级。提高市场准入标准,限制高能耗、高污染产业发展及煤炭等化石能源消费。推动制造业绿色改造升级,化解过剩产能,依法依规淘汰煤炭、钢铁、建材、石化、有色、化工等行业环保、能耗、安全生产不达标和生产不合格落后产能,促进能源消费清洁化。统筹考虑国内外能源市场和相关产业变化情况,灵活调节进出口关税,推进外贸向优质优价、优进优出转变,减少高载能产品出口。

以产业结构调整促进能源消费结构优化。大力发展战略性新兴产业,实施智能制造工程,加快节能与新一代信息技术、新能源汽车、新材料、生物医药、先进轨道交通装备、电力装备、航空、电子及信息产业等先进制造业发展,培育能耗排放低、质量效益好的新增长点。提高服务业比重,推动生产性服务业向专业化和价值链高端延伸、生活性服务业向精细化和高品质转变,促进服务业更多使用清洁能源。通过实施绿色标准、绿色管理、绿色生产,加快传统产业绿色改造,大力发展低碳产业,推动产业体系向集约化、高端化升级,实现能源消费结构清洁化、低碳化。

6.1.3　深入推进节能减排

推动能源消费革命的主要目标是节约能源,提高能源利用的技术效率和经济产出效益。从"十一五"到"十三五"国民经济和社会发展规划中,都制定了单位 GDP 能耗强度下降的约束性目标,并将其分解到各个省市,强化各级政府的目标责任制[4]。

坚持节能优先总方略,把节能贯穿于经济社会发展全过程和各领域,健全节能标准和计量体系,完善节能评估制度,全面提高能源利用效率,推动完善污染物和碳排放治理体系。

把工业作为推动能源消费革命的重点领域。综合运用法律、经济、技术等手段,调整工业用能结构和方式,促进能源资源向工业高技术、高效率、高附加值领域转移,推动工业部门能耗尽早达峰。对钢铁、建材等耗煤行业实施更加严格的能效和排放标准,新增工业产能主要耗能设备能效达到国际先进水平。大力推进低碳产品认证,促进低碳生产。重构工业生产和组织方式,全面推进工业绿色制造,推动绿色产品、绿色工厂、绿色园区和绿色供应链全面发展。加快工艺流程升级与再造,以绿色设计和系统优化为重点,推广清洁低碳生产,促进增产不增能甚至增产降能。以新材料技术为重点推行材料替代,降低原材料使用强度,提高资源回收利用水平。推行企业循环式生产、产业循环式组合、园区循环式改造,推进生产系统和生活系统循环链接。充分利用工业余热、余压、余气,鼓励通过"能效电厂"工程提高需求侧节能和用户响应能力。

充分释放建筑节能潜力。建立健全建筑节能标准体系,大力发展绿色建筑,推行绿色建筑评价、建材论证与标识制度,提高建筑节能标准,推广超低能耗建筑,提高新建建筑能效水平,增加节能建筑比例。加快既有建筑节能和供热计量改造,实施公共建筑能耗限额制度,对重点城市公共建筑及学校、医院等公益性建筑进行节能改造,推广应用绿色建筑材料,大力发展装配式建筑。严格建筑拆除管理,遏制不合理的"大拆大建"。全面优化建筑终端用能结构,大力推进可再生能源建筑应用,推动农村建筑节能及绿色建筑发展。

全面构建绿色低碳交通运输体系。优化交通运输结构,大力发展铁路运输、城市轨道交通运输和水运,减少煤炭等大宗货物公路长途运输,加快零距离换乘、无缝衔接交通枢纽建设。倡导绿色出行,深化发展公共交通和慢行交通,提高出行信息服务能力。统筹油、气、电等多种交通能源供给,积极推动油品质量升级,全面提升车船燃料消耗量限值标准,推进现有码头岸电设施改造,新建码头配套建设岸电设施,鼓励靠港船舶优先使用岸电,实施多元替代。加快发展第三方物流,优化交通需求管理,提高交通运输系统整体效率和综合效益。

实施最严格的减排制度。坚决控制污染物排放,主动控制碳排放,建立健全排污权、碳排放权初始分配制度,培育和发展全国碳排放权交易市场。强化主要污染物减排,重点加强钢铁、化工、电力、水泥、氮肥、造纸、印染等行业污染控制,实施工业污染源全面达标排放行动,控制移动源污染物排放。全面推进大气中细颗粒物防治,构建机动车船和燃料油环保达标监管体系。扩大污染物总量控制范围,加快重点行业污染物排放标准修订。提高监测预警水平,建立完善全国统一的实时在线环境监控系统,加强执法监督检查。依法做好开发利用规划环评,严格建设项目环评,强化源头预防作用和刚性约束,加快推行环境污染第三方治理。

6.1.4　推动城乡电气化发展

结合新型城镇化、农业现代化建设,拓宽电力使用领域,优先使用可再生能源电力,同时推进电气化和信息化建设,开创面向未来的能源消费新时代。

大幅度提高城镇终端电气化水平。实施终端用能清洁电能替代,大力推进城镇以电代煤、以电代油。加快制造设备电气化改造,提高城镇产业电气化水平。提高铁路电气化率,超前建设汽车充电设施,完善电动汽车及充电设施技术标准,加快全社会普及应用,大幅度提高电动汽车市场销量占比。淘汰煤炭在建筑终端的直接燃烧,鼓励利用可再生电力实现建筑供热(冷)、炊事、热水,逐步普及太阳能发电与建筑一体化[2]。

探索发展城镇"煤改电"。为减少燃煤污染物排放,对天然气管道难以延伸到的居民区推行"煤改电",通过电网增容和电表改造,使居民冬季采暖告别蜂窝煤炉子而改用电暖气,这是近年来我国许多城市积极实施的一项重要举措[3],具有提高居民生活品质和保护大气环境的双重作用。"煤改电"涉及增加相关设备和维护,包括变压器、电表、取暖器、电线等基础设施的重新安装,还包括新增加的房屋保温层和其他保证房屋更加严实的修缮。与燃煤相比,"煤改电"使用成本也较高,需要政府部门补贴政策支持,使居民享受优惠电价。在实施"煤改电"过程中,还存在居民担心的用电安全等问题,推进过程存在一定难度,但如果政策落实到位、基础设施保障到位、电价补贴落实到位,用户一般都能够接受。

全面建设新农村新能源新生活。切实提升农村电力普遍服务水平,完善配电网建设及电力接入设施、农业生产配套供电设施,缩小城乡生活用电差距。加快转变农业发展方式,推进农业生产电气化。实施光伏(热)扶贫工程,探索能源资源开发中的资产收益扶贫模式,助推脱贫致富。结合农村资源条件和用能习惯,大力发展太阳能、浅层地热能、生物质能等,推进用能形态转型,使农村成为新能源发展的"沃土",建设美丽宜居乡村[2]。

推广使用沼气、液化石油气、电能、太阳能等。目前我国农村生活用能主要依靠电力、燃煤和秸秆燃烧,但用电成本高且燃煤和秸秆燃烧会造成环境污染,这是农村能源消费中的普遍问题。要想从根本上降低农村用能成本,改变农村分散烧煤、秸秆、柴草等的污染问题,应该从源头抓起,从普及推广各种环保热源替代工程等方面考虑,如通过秸秆气化工程发展沼气,使秸秆充分利用,并减少环境污染。近年来,我国许多农村加大发展沼气这一传统清洁能源。

发展分布式能源。传统的集中式供能系统采用大容量设备、集中生产,再通过专门的输送设施(大电网、大热网等)将各种能量输送给较大范围内的众多用户。分布式能源则是直接面向用户,按用户的需求就地生产并供应能量,具有多种功能,可满足多重目标的中、小型能量转换利用系统。分布式能源的发展在我国尚处于初级阶段。由于我国各地能源资源特点差异较大,发展分布式能源应根据地区资源特点,在国家相关政策的扶持下,因地制宜择优发展太阳能、风能、天然气、地热能分布式能源。可以预见,随着我国经济社会快速发展,城镇化的迅速推进和作为城镇主体形态的城市群空间格局的形成,分布式能源系统将会在大城市和有天然气资源的城市群中得到较快发展。在广大农村地区,根据资源特点因地制宜,发展太阳能发电、生物质发电等分布式能源也具有较好的前景。

加速推动电气化与信息化深度融合。保障各类新型合理用电,支持新产业、新业态、新模式发展,提高新消费用电水平。通过信息化手段,全面提升终端能源消费智能化、高效化水平,发展智慧能源城市,推广智能楼宇、智能家居、智能家电,发展智能交通、智能物流。培育基于互联网的能源消费交易市场,推进用能权、碳排放权、可再生能源配额等网络化交易,发展能源分享经济。加强终端用能电气化、信息化安全运行体系建设,保障能源消费安全可靠。

6.1.5 树立勤俭节约消费观

充分调动人民群众的积极性、主动性和创造性,大力倡导合理用能的生活方式和消费模式,推动形成勤俭节约的社会风尚。

增强全民节约意识。牢固树立尊重自然、顺应自然、保护自然的理念,加强环保意识、生态意识,积极培育节约文化,使节约成为社会主流价值观,加快形成人与自然和谐发展的能源消费新格局,把节约高效作为素质教育的重要内容。发挥公共机构典型示范带动作用,大力提倡建设绿色机关、绿色企业、绿色社区、绿色家庭。加强绿色消费宣传,坚决抵制和反对各种形式的奢侈浪费和不合理消费。

培育节约生活新方式。开展绿色生活行动,推动全民在衣食住行游等方面加快向文明绿色方式转变。继续完善小排量汽车和新能源汽车推广应用扶持政策体系。适应个性化、多元化消费需求发展,引导消费者购买各类节能环保低碳产品,减少一次性用品使用,限制过度包装,推广绿色照明和节能高效产品。

完善公众参与制度。增强公众参与程度,扩大信息公开范围,使全体公民在普遍享有现代能源服务的同时,保障公众知情权。健全举报、听证、舆论和公众监督制度。发挥社会组织和志愿者作用,引导公众有序参与能源消费各环节。

推行能源消费革命并不是要遏制经济发展,而是要在发展经济的同时实现能源消费增长方式的根本变革,提高整个经济发展过程中用能的效率和效益,避免不合理的能源消费[5]。可能导致能源大量浪费的问题包括:①最终形成的经济结构、生活方式和用能方式不合理,导致推倒重来,再次经历大拆大建的改造过程,造成巨大的能源浪费;②发展过程中建设和运行的管理粗放,导致大量固定资产和基础设施的利用率或寿命不足,带来严重的建设能耗浪费;③没有及时采用先进适用技术,导致能效落后而带来的能源浪费[5]。

从系统学角度看,能源消费革命可以理解为是能源消费系统的一个彻底的、激烈的变化过程。能源消费系统从静态的角度看,由生产(工业、农业、建筑业等)、建筑(商业和民用建筑)、交通(客运和货运)等终端用能系统构成。它们消费电力、燃料、热等能源载体,利用终端用能设备产生有用能,驱动生产过程、电器、机动交通工具等被动系统提供人们所需的最终服务,如热舒适性、照明、结构性支撑、周转量等。能源消费革命首先需要该系统在最终稳定下来并形成一个合理的结构和高效的用能方式,这需要极大地降低产业的能源强度,并提高单位能耗创造的附加值。

此外,需要严格控制建筑、交通的服务量和极大地提高用能效率。从全球形势来看,在能源安全和气候变化问题日益严峻的情况下,我国需要实现比历史上中等发达国家更低的人均能耗和更高的能效,才能称得上是"革命"。此外,能源消费革命要求优化系统的动态过程,以最小的能耗代价完成从现在的能源消费系统到最终稳定下来的能源系统的平稳过渡。这要求对于过程涉及的大范围、大规模技术更替有良好的控制,要求设施设备均能得到寿命周期内的充分利用,减少建设型能耗的浪费:要求先进适用技术及时得到应用,并加速新技术的采用,不断提高技术能效。这需要彻底将目前粗放的、以服务量为主要考核目标的经济、社会运行管理方式,转变成以能耗为约束条件、强调能源精心利用的运行管理方式。

6.2 推动能源供给革命

立足资源国情,实施能源供给侧结构性改革,推进煤炭转型发展,提高非常规油气规模化开发水平,大力发展非化石能源,完善输配网络和储备系统,优化能源供应结构,形成多轮驱动、安全可持续的能源供应体系。

《能源生产和消费革命战略(2016—2030)》把能源供给革命概括为"构建清洁低碳新体系"。首先,立足现实优存量,推进煤炭清洁高效开发、集中利用[4]。以多种优质能源替代民用散煤,推广煤改气、煤改电工程。建设高效、超低排放煤电机组,实现燃煤电厂污染物排放达到燃气电厂水平,防止煤电出现新的产能过剩。推动化石能源外部环境成本内部化,合理确定煤炭税费水平。其次,实现能源增量需求主要依靠清洁新能源,开启低碳能源供应新时代。推动可再生能源高比例发展,提高水能、风能、太阳能并网率,降低发电成本。因地制宜开发多种形式的生物质能、地热能、海洋能。采用最新安全标准,安全高效发展核电,加强核电全产业链的协调配套发展。积极推动天然气(含非常规天然气)倍增发展,力争 2030 年天然气供应能力比2015 年增加两倍。推动分布式天然气和分布式可再生能源成为重要的能源利用方式。最后,全面建设"互联网+"智慧能源网络,促进能源与现代信息技术深度融合。加强电力系统的智能化建设,集中式的智能电网与分布式能源网络相互结合互动,建设基于用户侧的分布式储能设备,依托新能源、储能、柔性网络和微电网等技术,实现分布式能源的高效、灵活接入及生产、消费一体化,建设"源—网—荷—储—用"协调发展、集成互补的能源互联网。

6.2.1 推动煤炭清洁高效开发利用

煤炭是我国主体能源和重要工业原料,支撑了我国经济社会快速发展,还将长期发挥重要作用。实现煤炭转型发展是我国能源转型发展的立足点和首要任务。

实现煤炭集中使用。多种途径推动优质能源替代民用散煤,大力推广煤改气、煤改电工程。制定更严格的煤炭产品质量标准,逐步减少并全面禁止劣质散煤直接燃烧,大力推进工业锅炉、工业窑炉等治理改造,降低煤炭在终端分散利用比例,推动实现集中利用、集中治理。

大力推进煤炭清洁利用。建立健全煤炭质量管理体系,完善煤炭清洁储运体系,加强煤炭质量全过程监督管理。不断提高煤电机组效率,降低供电煤耗,全面推广世界一流水平的能效标准。加快现役煤电机组升级改造,新建大型机组采用超超临界等最先进的发电技术,建设高效、超低排放煤电机组,推动实现燃煤电厂主要污染物排放基本达到燃气电厂排放水平,建立世界最清洁的煤电体系。结合棚户区改造等城镇化建设,发展热电联产。在钢铁、水泥等重点行业以及锅炉、窑炉等重点领域推广煤炭清洁高效利用技术和设备。按照严格的节水、节能和环保要求,结合生态环境和水资源承载能力,适度推进煤炭向深加工方向转变,探索清洁高效的现代煤化工发展新途径,适时开展现代煤化工基地规划布局,提高石油替代应急保障能力。

促进煤炭绿色生产。严控煤炭新增产能,做好新增产能与化解过剩产能衔接,完善煤矿正常退出机制,实现高质量协调发展。实施煤炭开发利用粉尘综合治理,限制高硫、高灰、高砷、高氟等煤炭资源开发。强化矿山企业环境恢复治理责任,健全采煤沉陷区防治机制,加快推进历史遗留重点采煤沉陷区综合治理。统筹煤炭与煤层气开发,提高煤矸石、矿井水、煤矿瓦斯等综合利用水平。加强煤炭洗选加工,提高煤炭洗选比例。促进煤炭上下游、相关产业融合,加快煤炭企业、富煤地区、资源枯竭型城市转产转型发展。

我国未来新增能源需求将主要依靠增加清洁能源供应满足,而煤炭消费量则趋于饱和甚至开始下降,煤炭在总能源消费中的比例将持续下降[6]。煤炭长期以来占总能耗比例在70%左右,2015年已下降到64.4%,到2030年将下降到50%以下,但在今后相当长时期内仍将占据主体能源的地位,因此煤炭高效清洁利用仍是能源革命的一项重要任务。要努力提高煤炭利用效率,引领世界清洁煤技术发展水平和方向,不断降低供电煤耗,2020年新建机组供电煤耗低于300 g标准煤/(kW·h),2030年超低污染物排放煤电机组占全国80%以上。控制和减少散煤利用,降低煤炭在终端能源利用中的比例。由于可再生能源的快速发展,一次能源消费中用于发电的比例将不断提高,电力在终端能源利用中的占比也将不断提高,加上天然气在终端利用中比例增加,煤炭在终端消费中的比例和数量均将持续下降,将有效控制煤炭利用的污染物排放。积极研发和示范燃煤发电和煤化工过程中的二氧化碳捕集和埋存(Carbon Capture and Storage,CCS)技术,探讨煤炭利用低碳排放的技术途径。以能源体系的革命保障环境质量全面改善和气候变化长期目标的实现。

6.2.2　实现增量需求主要依靠清洁能源

大力发展清洁能源,大幅增加生产供应,是优化能源结构、实现绿色发展的必由之路。推动清洁能源成为能源增量主体,开启低碳供应新时代。

推动非化石能源跨越式发展。坚持分布式和集中式并举,以分布式利用为主,推动可再生能源高比例发展。大力发展风能、太阳能,不断提高发电效率,降低发电成本,实现与常规电力同等竞争。因地制宜选择合理技术路线,广泛开发生物质能,加快生物质供热、生物天然气、农村沼气发展,扩大城市垃圾发电规模。创新开发模式,统筹水电开发经济效益、社会效益和环境效益。在具备条件的城市和区域,推广开发利用地热能,开展海洋能等其他可再生能源利用的示范推广。采用我国和国际最新核安全标准,安全高效发展核电,做好核电厂址保护,优化整合核电堆型,稳妥有序推进核电项目建设,加强铀资源地质勘查,实行保护性开采政策,规划建设核燃料生产、乏燃料后处理厂和放射性废物处置场。

《可再生能源发展"十三五"规划》提出到2020年,水电装机达到3.8亿kW(其中含抽水蓄能电站4000万kW),风电装机达到2.1亿kW以上,太阳能发电装机达到1.1亿kW以上,生物质能发电装机达到1500万kW,地热供暖利用总量达到4200万t标准煤的发展目标,是紧紧围绕2020年非化石能源在一次能源消费总量中占15%的比重目标要求,综合考虑了各类非化石能源的资源潜力、重大项目前期工作进度、经济性指标改善等多种因素,经过严格测算之后才确定的。上面这些目标加起来,到2020年商品化可再生能源年利用量将达到5.8亿t标准煤,再加上核电,基本上可以确保完成2020年15%的非化石能源发展目标,并为2030年实现非化石能源占一次能源消费比重20%的目标奠定扎实的基础[7]。

积极推动天然气国内供应能力倍增发展。加强天然气勘查开发,建设四川、新疆等天然气生产供应区,加快推动鄂尔多斯盆地、沁水盆地与新疆等地区不同煤阶煤层气以及四川盆地及外围、中下扬子地区、北方地区页岩气勘查开发,推动煤层气、页岩气、致密气等非常规天然气低成本规模化开发,稳妥推动天然气水合物试采。处理好油气勘查开发过程中的环境问题,严格执行环保标准,加大水、土、大气污染防治力度。

推动分布式成为重要的能源利用方式。在具备条件的建筑、产业园区和区域,充分利用分布式天然气、分布式可再生能源,示范建设相对独立、自我平衡的个体能源系统。根据分布式能源供应情况,合理布局产业集群,完善就近消纳机制,推动实现就地生产、就地消费。

6.2.3　推进能源供给侧管理

能源资源是国民经济发展的重要物质保障和经济增长动力源之一,是各行业发展不可或缺的中间投入品和生产要素,能源产品结构、价格及服务对供给侧结构性改革有重要影响。能源资源的开发利用、加工转换、输送等环节所形成的能源产业是我国国民经济中的基础产业,对经济增长有重要的支撑作用,能源领域的供给侧改革对其他领域的改革具有带动和示范作用。

针对我国能源行业产能严重过剩问题,供给侧改革要求淘汰过剩产能,形成与新常态下能源需求新形势相适应的生产能力[8]。新常态首先意味着经济增速放缓,能源需求不可能再像过去重化工业加速发展时期那样高速增长。同时,新常态还意味着经济结构优化升级以及增长动力转向创新驱动,这将深度改变能源消费与经济增长之间的相关关系。综合这两个方面的因素,随着我国经济增长由高速增长转向中高速增长,预计能源消费会进入中低速增长轨道,特别是煤炭消费已经进入峰值平台期,未来难有增长空间。在这种情况下,必须下定决心、加大力度化解产能过剩问题。特别是在煤炭和火电两个领域,在特定的体制机制下,过剩产能没有退出市场,存在大量的"僵死企业",这些过剩产能不清除,必将拖累整个行业健康发展。当务之急是要建立健全行业退出机制,最终构建适应新常态的能源基础设施体系,既保障行业健康发展,又降低经济社会发展的资本成本。

坚持严控能源增量、优化存量,着力提升能源供给质量和效率,扩大有效供给,合理控制能源要素成本,增强供给的适应性和灵活性。

建立健全能源生产、配送、交易管理市场化制度,推动能源优质优供,引导能源消费升级。完善产能退出机制,加快淘汰能源领域落后产能。分级分类建立能源产品标准体系并逐步完善提高,严禁不合格能源生产、交易和使用。通过技术进步降低清洁能源成本,完善支持清洁能源发展的市场机制,建立健全生态保护补偿机制,推动化石能源外部环境成本内部化,合理确定煤炭税费水平。建立多元化成品油市场供应体系,实现原油、煤炭、生物质等原料的生产技术和产品的协同优化。优化能源系统运行,打造能源高效公平流动基础设施平台。建立能源基础设施公平性接入的有效监督机制,降低输配成本,提高能源供给效率。

6.2.4　优化能源生产布局

关于能源发展布局。受资源禀赋等因素制约,我国重要的能源基地大都分布在西北部,长期以来形成了西电东送、西气东输、北煤南运的能源格局和流向。但经济进入新常态后,主要能源消费地区市场空间萎缩,对接受区外能源的积极性普遍降低,能源送受地区之间利益矛盾加剧[7]。

综合考虑能源资源禀赋、水资源条件、生态环境承载力以及能源消费总量和强度"双控"等因素,科学确定能源重点开发基地,统筹能源生产与输送。

合理布局能源生产供应。东部地区,充分利用国内外天然气,发展核电、分布式可再生能源和海上风电,积极吸纳其他地区富余清洁能源,率先减煤。中部地区,大力发展分布式可再生能源,做好煤炭资源保护性开发,总体上降低煤炭生产规模,加快发展煤层气,建设区外能源输入通道及能源中转枢纽。新增风电装机中,中东部地区约占 58%,新增太阳能装机中,中东部地区约占 56%,并以分布式开发、就地消纳为主[9]。在西南地区,建设云贵川及金沙江等水电基地,大力发展川渝天然气,积极发展生物质能源,加快调整煤炭生产结构。在西北地区,建设化石能源和可再生能源大型综合能源基地,保障全国能源平衡。在东北地区,加快淘汰煤炭落后产能,大力发展新能源和可再生能源,实现供需平衡,完善国外能源输入通道。加快建设海上油气战略接续区,稳步推进海洋能开发利用。按照炼化一体化、装置规模化、产业园区化、产品清洁化的要求,优化石油炼化产业布局。

有效衔接能源开发地与输送网。实行能源优先就地平衡,尽量减少远距离大规模输送。结合全国能源生产供应布局,统筹多种能源输送方式,推进能源开发基地、加工转换基地与能源输送通道的同步规划、同步建设。加快能源输送网络转型,减少网络冗余,提高系统运行效率,扩大可再生能源有效利用,推动能源输送网络运营调度升级提效。

6.2.5 全面建设"互联网+"智慧能源

互联网为能源转型发展提供技术支撑,从生产、传输、消费各环节进行变革,顺应了能源发展的趋势。互联网与能源融合,一方面可以基于互联网进行能源监测、调度和管理,提高可再生能源的入网比例,实现供能方式多元化,优化能源结构;另一方面,可以基于互联网进行能源的公平交易、高效管理和精准服务,促使供需对接,实现能源按需流动,促进资源的节约和高效利用,降低能源消耗总量[10]。

当前,全球经济快速发展,能源需求日趋增加,要素和环境约束趋紧,高耗能、高污染的生产和消费对生态环境破坏严重,环境承载能力接近极限,传统能源生产和消费模式难以为继,全球能源发展方式需要从粗放式发展向可持续发展转变。我国是全球雾霾影响最严重、温室气体排放最多的国家,面临的调整结构、提高能效、改善环境和保障能源安全的压力进一步加大,形势极其紧迫。互联网为能源转型发展提供技术支撑,从生产、传输、消费各环节进行变革,顺应了能源发展的趋势。

国务院《关于积极推进"互联网+"行动的指导意见》(以下简称《指导意见》)从能源生产、运输、消费各个环节,与互联网进行深度融合,实现从生产到消费的全方位变革,对我国能源发展具有重大意义。互联网为解决能源利用效率不高、供需不匹配、产业活力不足等问题提供了必要的技术支撑。

我国能源发展面临总量失衡、结构矛盾、效率偏低、体制障碍等一系列问题,矛盾突出,形势非常紧迫。互联网与能源融合,一方面可以基于互联网进行能源监测、调度和管理,提高可再生能源的入网比例,实现供能方式多元化,优化能源结构;另一方面,可以基于互联网进行能源的公平交易、高效管理和精准服务,促使供需对接,实现能源按需流动,促进资源的节约和高效利用,降低能源消耗总量。

促进能源与现代信息技术深度融合,推动能源生产管理和营销模式变革,重塑产业链、供应链、价值链,增强发展新动力。

"互联网+"智慧能源将是能源体制机制市场化的突破口,搭建基于互联网的能源交易平台,实现能源市场主体多元化,能源价格将通过协商、市场竞价等方式来自主确定。

推进能源生产智能化。鼓励风电、太阳能发电等可再生能源的智能化生产,推动化石能源开采、加工及利用全过程的智能化改造,加快开发先进储能系统。加强电力系统的智能化建设,有效对接油气管网、热力管网和其他能源网络,促进多种类型能流网络互联互通和多种能源形态协同转化,建设"源—网—荷—储"协调发展、集成互补的能源互联网。

能源生产智能化可大幅度提高能源生产效率和安全稳定运行水平。因此需鼓励能源企业建设智能工厂,运用大数据技术对设备状态、电能负载等数据进行分析挖掘与预测,开展精准调度、故障判断和预测性维护,提高能源利用效率和安全稳定运行水平。例如,南京金陵电厂采用 GE 的大数据解决方案,内嵌了 60 种分析模块,对燃机性能进行全生命周期预测,实现故障判断和预测性维护。远景能源公司每天处理将近千兆的数据,通过风功率预测、风机亚健康诊断、在线振动监测等,减少 15% 以上的风电场发电量损失,提升投资收益 20% 以上。

建设分布式能源网络。鼓励分布式可再生能源与天然气协同发展,建设基于用户侧的分布式储能设备,依托新能源、储能、柔性网络和微电网等技术,实现分布式能源的高效、灵活接入以及生产、消费一体化,依托能源市场交易体系建设,逐步实现能源网络的开放共享。

可再生能源在地理上较为分散,发电具有不连续、随机性、波动性和不可控等特点,传统电力网络集中统一的管理方式,难于适应可再生能源大规模利用的要求。当前风能、太阳能等可再生能源接入电网的比例不足 3%,存在严重的弃风、弃光现象。对于可再生能源的有效利用方式是"就地收集,就地存储,就地使用",因此建设太阳能、风能等可再生能源为主体的、多能源协调互补的能源互联网,提高可再生能源入网比例,对优化我国能源结构具有极大地促进作用。例如,天津中新生态城综合利用风、光、地热、冰蓄冷等多种能源,建设"光伏、风力、储能"三合一的实时协调控制的智能微电网系统,分布式清洁能源每月上网的发电量达到130 万 kW·h,基本满足了生态城所有居民的用电量,清洁能源就地消纳率达 100%。

能源互联网最大的特征是能源网络的民主化和去中心化,未来每个微型能源网络都将成为能源互联网的一个节点,能量可以在任意节点之间流动。在这个过程中,需突破分布式发电、储能、智能微电网、主动配电网等关键技术。在传统电网的基础上,能源互联网重点发展分布式微型能源网络,将分布式发电、储能、智能变电和智能用电等设备组成的微型能源网络设备互联起来,且每个微电网可以并网运行或离网运行。为此,需要构建智能化电力运行监测、管理技术平台,使电力设备和用电终端基于互联网进行双向通信和智能调控,从而实现分布式电源的及时有效接入。

发展基于能源互联网的新业态。推动多种能源的智能定制,合理引导电力需求,鼓励用户参与调峰,培育智慧用能新模式。依托电子商务交易平台,实现能源自由交易和灵活补贴结算,推进虚拟能源货币等新型商业模式。构建基于大数据、云计算、物联网等技术的能源监测、管理、调度信息平台、服务体系和产业体系。打造能源企业"大众创业、万众创新"平台,全面推进能源领域众创、众包、众扶、众筹。

电网和通信网分别建设可能造成一些资源浪费,发展基于电网的通信设施,能够实现电网和通信网的同缆传输、共建共享,避免重复建设。北京开展 10 万户电力光纤到户建设,实现能源流与信息流同步传输,用户可实时查询用电量、重要电器使用情况,可节能 20%。电力光纤能够满足多业务需求,通过智能电表和智能用电设备,依托智能电网,可以发展家庭能效管理等多种新型业务,实现家庭能效分析评估、能源使用可视化管理、用能情况分析、家电运行控制、节能目标预测与控制、用能优化策略和能源管理决策支持。例如,美国售电市场 50 家最大的售电公司中,有 27 家都是 Opower 的用户,Opower 拥有 37% 美国家庭的能源消费数据,通过数据分析为售电公司和用户提供节能分析报告。

6.3 推动能源技术革命

全球能源变革趋势将促进世界范围内经济发展方式的低碳转型,并伴随激烈的国际经济、贸易和技术竞争。随着可再生能源技术进步和大规模应用,其成本呈快速下降趋势,陆上风电和太阳能光伏发电成本近 5 年已分别下降 20% 和 60%,预计未来 10 年还将分别下降 25% 和 60% 左右,美国能源部预计 2020 年光伏发电成本可下降到 6 美分/(kW·h),2030 年下降到 3 美分/(kW·h),成为最有经济竞争力的发电技术。当前先进能源技术已成为国际技术竞争的前沿和热点领域,成为世界大国战略必争的高新科技产业,新能源和可再生能源产业以及智慧能源互联网的快速发展将吸引巨额投资,带来新的经济增长点、新的市场和新的就业机会。2015 年全球可再生能源产业就业人数已超过 800 万人,且以年均 5% 以上速度增长[6]。低碳技术和低碳发展能力越来越成为一个国家核心竞争力的体现。我国必须实施创新驱动战略,顺应全球能源变革趋势,加快能源革命的步伐,打造先进能源技术的竞争力和低碳发展优势,在新一轮能源体系革命中占据先机,才能在自身可持续发展的基础上,在全球能源变革和应对气候变化国际合作行动中占据主动和引领地位。

能源技术革命的首次提出,标志着能源技术创新已经摆在能源发展全局的核心位置,改革进入快车道。

立足自主创新,准确把握世界能源技术演进趋势,以绿色低碳为主攻方向,选择重大科技领域,按照"应用推广一批、示范试验一批、集中攻关一批"路径要求,分类推进技术创新、商业模式创新和产业创新,将技术优势转化为经济优势,培育能源技术及关联产业升级的新增长点。

6.3.1 普及先进高效节能技术

以系统节能为基础,以高效用能为方向,将高效节能技术广泛应用于工业、建筑、交通等各领域。

1)工业节能技术

作为能源消耗大户的工业是我国推进绿色发展的关键领域。随着工业化进程的不断发展,我国工业技术水平已经有了很大提高,单位工业能源强度不断下降,但工业能耗总量在增加并开始趋于稳定。工业能耗强度持续快速下降,消费总量峰值预期出现在 2020 年左右,且保持高位。随着淘汰落后产能的进一步深入、先进节能减排技术的推广和节能技改项目的实施,工业能效不断提高,单位工业增加值能耗不断下降。2016 年全国规模以上工业单位增加值能耗为 1.34 t 标准煤,与 2010 年相比下降了 30.2%。多项研究表明,我国工业部门能耗峰值很可能在 2020 年左右出现,较早地先于建筑、交通等能源消费部门。而这个"拐点"并不会明显出现在某一年,而是会伴随着能耗的逐渐稳定而略有反复。

工艺技术装备大型化趋势明显,部分行业技术装备达到甚至领先国际水平。近年来,我国主要工业产品中约有 40% 的产品质量接近或达到国际先进水平,行业节能先进技术开发和应用也取得显著突破,推动产品单位能耗持续下降,已有一大部分大型企业的工艺水平达到国际先进水平。例如,电解铝综合交流电耗、大型钢铁企业技术水平等处于国际先进水平,水泥企业凭借先进技术广泛参与国际工程服务领域竞争,占有国际水泥工程总承包建设市场 40% 以上份额。统计显示,2016 年工业粗铜单位产品综合能耗下降 9.45%,单位烧碱综合能耗下降

2.08%,每吨水泥综合能耗下降 1.81%。

以企业为主体的节能技术创新体系尚未形成,对工业绿色发展的科技支撑还不够显著。我国重点统计钢铁企业科技研发投入只占主营业务收入的 1.1%,远低于发达国家 3% 的水平。节能技术创新和成果产业化的配套政策不健全,中小型企业数量众多且节能技术研发和应用能力较弱,已有先进节能技术的市场化应用仍然存在障碍。以上原因使得许多高耗能工业产品的单位能耗平均水平比国际先进水平高出 15% 左右。例如,2014 年每吨新型干法水泥熟料综合能耗已降至 110 kg 标准煤,但是企业的能耗水平参差不齐现象突出。以 5000 t/d 水泥生产线为例,部分 5000 t/d 生产线的煤耗测试数据每吨煤耗最高值为 108.31 kg 标准煤,最低值达到 89.80 kg 标准煤,两者相差 18.51 kg 标准煤,部分企业能效指标还达不到新的能耗限额标准(GB16780—2012《水泥单位产品能源消耗限额》)要求。

工业节能离不开先进技术的研发和应用,未来节能技术仍将在保证工业能耗达峰、挖掘节能潜力和实现绿色转型发展上发挥重要作用。发展工业高效用能技术,加强生产工艺和机械设备节能技术研发,重点推动工业锅(窑)炉、电机系统、变压器等通用设备节能技术研发应用。深入推进流程工业系统节能改造,完善和推广工业循环利用、系统利用和梯级利用技术。广泛应用原料优化、工业余热、余压、余气回收利用和电厂烟气余热回收利用技术。推行产品绿色节能设计,推广轻量化、低功耗、易回收等技术工艺。

2)建筑节能技术

建筑节能技术在国内推广了几十年,得到了快速的发展,已由 20 世纪 80 年代仅仅注重建筑物围护结构,发展到注重建筑物全生命周期的能耗,从初期的侧重节能各项参数发展到低能耗建筑技术的应用,并最终建造近零能耗的建筑。我国建筑节能是以 1980—1981 年的居住建筑能耗为基础,在此基础上提高能效 30%,即通常说的第一步节能 30% 标准;第二步节能是在第一步节能的基础上再节约 30%,即节能 50% 标准;第三步节能是在第二步节能的基础上再节约 30%,即节能 65% 标准。

目前,我国住宅和公共建筑已强制执行节能 50% 的标准,一些大中城市开始执行节能 65% 的标准,北京、天津等城市在居住建筑方面已经开始执行节能 75% 的标准。建筑节能基本上是 50%、65% 和 75% 都在实施,一般情况是发达的省市节能率标准较高。针对建筑节能达到 75% 的指标以后,建筑节能如何实施和要求,是否再进一步制定百分比的节能目标,对此有不同的意见,有的提出再以 75% 为起点,然后制定两个百分比形成对应 30%、50% 和 65% 指标后的第二个深入三步节能。而在国际上,建筑节能先进国家已提出近零能耗建筑的概念和技术,并开始实施。

我国建筑节能的发展方向及目标是建筑近零能耗甚至是零能耗。住建部制定的《被动式超低能耗绿色建筑技术导则(试行)(居住建筑)》标准实施,将对于建筑节能得到进一步的提升。2016 年 7 月,由中国建筑科学研究院会主编的国家标准《近零能耗建筑技术标准》开始编制。

推广超低能耗建筑技术以及绿色家居、家电等生活节能技术,发展新型保温材料、反射涂料、高效节能门窗和玻璃、绿色照明、智能家电等技术,鼓励发展近零能耗建筑技术和既有建筑能效提升技术,积极推广太阳能、地热能、空气热能等可再生能源建筑规模化应用技术。

3)交通运输节能技术

交通运输是国民经济和社会发展的基础性和服务性行业,同时也是国家建设生态文明、发展绿色低碳经济的重点领域。过去的几十年间,交通运输业是全球石油消耗最多、石油消费需求和CO_2排放增长最快的部门。据国际能源署预测,全球交通运输部门CO_2排放将于2020年达到72亿t的峰值,并到2035年降至69亿t,2030年以后交通运输CO_2减排潜力将不断提高,成为第一减排大户,2050年37%的CO_2减排量将来自交通运输业。因此,加快交通运输低碳发展具有十分重要的战略意义。

交通运输低碳发展事关交通运输行业可持续发展,事关交通运输现代化和资源节约型环境友好型社会建设,使命光荣,责任重大。交通运输节能是一项复杂的系统工程,必须统筹部署推进,并在以下方面重点突破:突破新能源汽车核心技术,发展节能汽车技术,完善高铁、新型轨道交通节能关键技术,积极开发大型飞机、船舶材料及燃料加工技术;研发和推广交通与互联网融合技术,利用交通大数据,发展城市智能交通管理技术、车联网等交通控制网技术。

6.3.2　推广应用清洁低碳能源开发利用技术

近年来,联合国政府气候变化委员会一直在对全球的气候进行评估,从科学的角度给出了评估报告,明确提出了地球气候变暖,绝大部分是由于人类活动引起的。当室温气体浓度超过一定值的时候,就会引起海平面上升、海啸、病毒变异、生物物种减少等现象,将会直接危害到人类的生存和发展,因此采取有效手段控制室温气体的排放是世界各国的共同责任。欧盟国家率先发起控制气候变化的行动,并成为这一内容的领导者。美国也将减少室温气体排放确定为本国的一个长期目标。日本、澳大利亚等国也相继制定相应计划。我国在能源消费上处于世界第二位,二氧化碳的排放量在世界上将要占据首位,故我国在节能减排上有着巨大的压力。

我国是一个重工业大国,现在也正处于工业化发展的加速期,各个行业的发展以及城市化都需要消耗大量的能源,也将会排放出很多的温室气体。如果我国再不采取有效措施控制二氧化碳的排放,再不研发出科学的低碳排放技能技术,我国经济的发展将会受到很大的制约。

因此,无论是从国际的环境保护要求还是从国内重工业发展的要求看,中国都需要开发低碳能源技术,朝着低碳经济的方向发展。从技术经济来看,这也符合了我国的科技带动节能减排的发展战略、转变我国经济的增长方式和走新型工业化道路的做法[11]。

强化自主创新,加快非化石能源开发和装备制造技术、化石能源清洁开发利用技术应用推广。

(1)可再生能源技术。加快大型陆地、海上风电系统技术及成套设备研发,推动低风速、风电场发电并网技术攻关。加快发展高效太阳能发电利用技术和设备,重点研发太阳能电池材料、光电转换、智能光伏发电、风光水互补发电等技术,研究可再生能源大规模消纳技术。研发应用新一代海洋能、先进生物质能利用技术。

(2)先进核能技术。推动大型先进压水堆核电站的规模化、钠冷快中子堆核电厂示范工程和压水堆乏燃料后处理示范工程的建设以及高温气冷堆等新型核电示范工程建设;推进小型智能堆、浮动核电站等新技术示范,重点实施自主知识产权技术的示范推广。突破铀资源攻深找盲技术和超深大型砂岩铀矿高效地浸、铀煤协调开采等关键技术,探索盐湖及海水铀资源低成本提取技术,开展先进核电燃料的研究和应用,开发事故容错核燃料技术、先进核燃料循环后处理技术及高放废物处理处置技术。

(3)煤炭清洁开发利用技术。创新煤炭高效建井和智能矿山等关键技术、煤炭无人和无害化等智能开采、充填开采、保水开采以及无煤柱自成巷开采技术,开展矿井低浓度瓦斯采集、提纯、利用技术攻关。创新超高效火电技术、超清洁污染控制技术、低能耗碳减排和硫捕集封存利用技术、整体煤气化联合循环发电技术等,掌握燃气轮机装备制造核心技术,做好节水环保高转化率煤化工技术示范。

(4)油气开发利用技术。积极研究应用油气高采收率技术和陆地深层油气勘查开发技术,探索致密气、页岩气压裂新技术、油页岩原位开采技术。研发推广适合不同煤阶的煤层气抽采技术,推动深海油气勘查开发、海上溢油等事故应急响应和快速处理技术及装备研发,加快重劣质油组合加工技术等关键技术研发,积极推动油品质量升级关键技术研发及推广,突破分布式能源微燃机制造技术,推广单燃料天然气车船应用技术。

6.3.3　大力发展智慧能源技术

能源是人类生存的基础,是社会经济运行的动力。伴随着城镇化进程,我国能源消耗与日俱增。智慧能源是在“互联网＋”的背景下,基于互联网理念和技术,融合物联网、人工智能等信息技术与可再生能源为代表的新能源技术,构建开放型能源系统,将使能源使用效率提高,同时也将实现可再生能源的跨越式发展。“互联网＋”智慧能源以电力系统为核心纽带,构建多种类型能源互联网络,实现横向多源互补,能源与信息高度融合的新型能源体系。

智慧能源的核心在于“智慧”,通过互联网与能源行业的深度融合,利用通信技术与自动化技术,使能源生产更加智能化,使能源消费者得到质优价廉的服务。“互联网＋”智慧能源的发展分为两个层面:第一,能源互联。能源互联主要解决能源系统物理层面的互联问题。以电力系统为核心枢纽,用互联网理念对现有能源进行系统的改造,实现多种能源的互联互通。第二,信息互联。信息互联主要解决互联网与能源系统之间数据联通的问题。基于互联网,能源生产与管理能够实现高度智能化、便捷化,同时也将极大地促进可再生能源的发展和能源结构的优化调整。能源供需对接更加便利,能源按需流动更加顺畅,能源的利用率将大大提高。此外,能源互联网使能源市场更加透明,能够实现能源的公平交易、高效管理和精准服务,从而催生能源领域更加先进的商业模式。

我国能源消费存在的主要问题是能源利用粗放,能源利用效率低下。我国能源发展方式需要从粗放式发展向可持续发展转变,需要调整结构、提高能效、改善环境和保障能源安全。我国能源对外依存度高,供需总量失衡。可再生能源利用率偏低,能源结构性矛盾突出。

基于互联网技术,可以实现能源数据和设备信息的智能化、实时化、网络化管理,提高能源综合利用效率。只有在能源生产、传输、消费等环节推动智慧能源的发展,实现用户的智能化用能,才能深度挖掘能效提升的潜力。利用互联网技术解决可再生能源分布密度低的问题,实现就近配置,可以进一步提高可再生能源的入网比例,同时促进我国能源结构优化,降低我国对国外能源资源的依赖程度,提高能源利用率,实现降低能源消耗总量,减少污染排放,保护自然环境[10]。

推动互联网与分布式能源技术、先进电网技术、储能技术深度融合。

加强新能源并网、微电网等智能电网技术研发应用,推动先进基础设施和装备关键技术、信息通信技术及调控互动技术研发示范。完善并推广应用需求侧互动技术、电力虚拟化及电力交易平台技术,提升电网系统调节能力。发展可变速抽水蓄能技术,推进飞轮、高参数高温储热、相变储能、新型压缩空气等物理储能技术的研发应用,发展高性能燃料电池、超级电容等化学储能技术。研发支持即插即用、灵活交易的分布式储能设备。集中攻关能源互联网核心装备技术、系统支撑技术,重点推进面向多能流的能源交换路由器技术、能气交换技术、能量信息化与信息物理融合技术、能源大数据技术及能源交易平台与金融服务技术等。

6.3.4　加强能源科技基础研究

实施人才优先发展战略,重点提高化石能源地质、能源环境、能源动力、材料科学、信息与控制等基础科学领域的研究能力和水平。

开展前沿性创新研究。加快研发氢能、石墨烯、超导材料等技术,突破无线电能传输技术、固态智能变压器等核心关键技术,发展快堆核电技术。加强煤炭灾害机理等基础理论研究,深入研究干热岩利用技术。突破微藻制油技术、探索藻类制氢技术,超前研究个体化、普泛化、自主化的自能源体系相关技术。

重视重大技术创新。集中攻关可控热核聚变试验装置,力争在可控热核聚变实验室技术上取得重大突破。大力研发经济安全的天然气水合物开采技术,深入研究经济性全收集全处理的碳捕集、利用与封存技术。

要实现建设绿色、低碳、安全、高效、可持续的现代能源体系的总体目标,必须以能源技术创新作为基础,必须进一步加大技术研发应用力度,为建设现代能源体系提供技术支撑。

技术创新推动绿色能源发展:发展绿色能源,必须大力开发清洁无污染的新能源。技术创新是新能源由实验阶段走向大规模应用的关键一环,是传统能源通向绿色能源的捷径和根本,也是发展绿色能源的重要手段。

技术创新推动低碳能源发展:发展低碳能源,必须通过扩大产业规模,缓解经济发展和气候变化对碳排放产生的不同要求这一根本矛盾。技术创新是推动低碳产业快速发展的动力来源,是掌握低碳能源核心竞争力的决定性因素,是发展低碳能源的重要手段。

技术创新推动安全能源发展:发展安全能源,必须着眼于能源储量、能源多样性、能源可持续性、物理安全等多个方面。技术创新是带动产业模式和商业模式创新的重要引擎,是培育新增长点、带动产业转型升级的基础支撑,也是发展安全能源的重要手段。

技术创新推动高效可持续能源发展:发展高效可持续能源,必须通过新能源开发,降低污染、消耗同时增加能源利用效率,推进能源结构多元化[12]。技术创新是完善能源供给、丰富能源种类、提高能源质量的可靠保障,是构建可持续能源战略体系的有力翅膀,也是发展高效可持续能源的重要手段。

能源科技革命是能源生产与消费革命的支撑,也是抢占科技发展制高点,确保我国能源长远安全的战略保障。当前,全球能源技术创新进入高度活跃期,有力推动着世界能源向绿色、低碳、高效转型。我国能源必须大力推进技术创新、产业创新和商业模式创新,将技术优势转化为经济优势,培育能源技术及相关产业升级的新的增长点,在这场能源转型的国际竞赛中抢占先机。我国需要特别关注的是:高效节能技术;能源清洁开发、利用技术;智慧能源技术,包括互联网与分布式能源技术、智能电网技术与储能技术(含物理储能和化学储能)的深度融合;加强能源科技基础研究,大力开展前沿性创新研究,特别是与材料科学、信息技术……的交叉学科创新和颠覆性技术创新;强化与深化能源科技与管理的国际交流与合作,并推动我国能源体制革命取得新的实质性的突破[2]。

6.4　推动能源体制革命

由于能源在经济社会发展中的基础性、重要性以及其自身的特殊性和复杂性,单纯依靠市场或单纯依靠政府都难以管好能源产业,会导致严重的市场失灵或者政府失灵[13]。有效的能源管理体制是市场机制和政府干预的有机结合。以市场为基础,尽可能充分发挥市场机制配置能源的作用,同时政府通过加强管理和服务,积极发挥作用,弥补、矫正市场失灵,保证能源的生产和消费满足经济、社会发展目标的要求。

还原能源商品属性,加快形成统一开放、竞争有序的市场体系,充分发挥市场配置资源的决定性作用和更好发挥政府作用。以节约、多元、高效为目标,创新能源宏观调控机制,健全科学监管体系,完善能源法律法规,构建激励创新的体制机制,打通能源发展快车道。

推动能源体制革命,并将其作为生态文明制度建设的重要内容[6]。切实转变各级领导政绩观的导向和考核标准,强化节能和减排二氧化碳的目标责任制;创新能源宏观调控机制,建立健全能源法制体系,改革和完善促进低碳发展的财税金融政策体系、能源产品价格形成机制和资源环境税费制度;加强能源市场机制改革,加快形成统一开放、竞争有序的能源市场体系;倡导低碳生活方式和消费方式,探索中国特色的低碳城镇化道路。

6.4.1　构建有效竞争的能源市场体系

20 世纪 80 年代以来的发达国家能源市场化改革为能源转型发展建立了基础,具有先发制度优势,特别是在电力领域,纵观新能源发展规模较大、速度较快的美国、日本、德国和丹麦等国家,在其市场经济体制环境下,于 20 世纪 90 年代已完成了电力行业市场化改革历程,通过在发电侧和售电侧引入竞争机制,破除了电力垄断经营体制,形成了多元市场主体,建立了清晰透明市场规则,在此电力市场基础上制定扶持价格和补贴政策,为新能源发电提供了制度基础。由于各国制度环境、经济发展阶段、能源生产和消费结构、政府管理体制等存在很大差异,能源治理手段呈现一定差异性,如价格形成机制、政府管理体制、市场监管体系、行政性进入限制等,但市场化改革取向高度一致,通过放松管制、开放市场、打破垄断、引入竞争,最大限度地发挥市场机制在配置资源方面的决定性作用[14]。

虽然我国能源和电力行业改革已迈出了煤电分开、石油寡头竞争、电力厂网分开的第一步,但市场化改革远没有完成,油气等市场化定价机制尚不完善,电网企业依然拥有准入、交易、调度等公权力,各级政府也控制着能源项目、电价和电量分配权,跨省跨区交易由行政主导。由于电网企业的盈利性大于公益性、垄断制约开放、政府监管不到位等原因,市场开放度十分有限,中小企业和私人在一些领域的准入还十分有限,影响市场机制发挥有效作用,清洁电力发展的瓶颈开始显现。

坚持社会主义市场经济改革方向,加快形成企业自主经营、消费者自由选择、商品和要素自由流动的能源市场体系。

加快形成现代市场体系。政府减少对能源市场的干预,减少对能源资源直接分配和微观经济活动的行政管理,抓紧构建基础性制度,保障资源有序自由流动。全面推进能源行政审批制度改革,完善负面清单,鼓励和引导各类市场主体依法平等参与负面清单以外的能源领域投资运营。积极稳妥发展混合所有制,支持非公有制发展,实现市场主体多元化。建立完善的油气、煤炭、电力以及用能权等能源交易市场,确立公平、开放、透明、统一的市场规则。打破地区封锁、行业垄断,加强市场价格监管和反垄断执法,严厉查处实施垄断协议、滥用市场支配地位和滥用行政权力等垄断行为。

全面推进能源企业市场化改革。着力推动能源结构、布局、技术全面优化,实施国有能源企业分类改革,坚持有进有退、有所为有所不为,着力推进电力、油气等重点行业改革。按照管住中间、放开两头的原则,有序放开发电和配售电业务。优化国有资本布局,完善现代企业制度,提高投资效率,充分发挥在保护资源环境、加快转型升级、履行社会责任中的引领和表率作用,更好适应能源消费需求升级。增强国有经济活力、控制力、影响力、抗风险能力,做优做强,更好服务于国家战略目标。

6.4.2　建立主要由市场决定的价格机制

长时间以来,煤炭、电力、油、气被认为是特殊商品,应该由政府管制。事实上,能源虽然是关系国家安全的战略性资源,但也是商品,具有一般商品的基本属性,受价值律和供求关系调节,可由竞争优化配置,由供求决定价格。

能源价格是能源市场体系的核心,市场配置资源的决定性作用主要通过价格信号的引导来实现。长期以来,我国对能源价格采用严格管控的方式,抑制了市场自身调节机制的发挥,导致一定程度上的价格扭曲与倒挂,主要表现是:能源价格市场化程度不高,价格水平总体偏低,能源价格形成机制不完善,资源破坏和环境治理成本及代际成本没有反映在能源价格中,致使清洁能源的推广利用在现实中遭遇"价格瓶颈";能源产品市场体系不健全,作为全球能源生产和消费大国,缺失国际市场定价的话语权;无法利用价格信号合理引导投资,能源建设与需求时有脱节,盲目建设与投资不足并存;缺乏用户参与和需求侧响应机制,行业内外普遍不满,历次价格调整都面临较大的社会舆论压力。扭曲的能源价格破坏了正常的能源生产和消费方式,不利于我国经济发展方式的转变和产业结构升级,还将影响我国经济的可持续发展。

推动能源市场体系建设需要加快推进能源价格改革。首要的是区分行业的不同属性,明确各环节价格改革的方向和模式。应按照网运分开的原则,对相关产业链实施结构性改革,对油气管网、输电网络等自然垄断环节,核定其输配成本,确定企业的合理回报率,加强价格和成本监管;对于其他竞争性环节,则应打破垄断格局,鼓励多元主体参与竞争,形成市场化的价格机制。

界定好政府与市场的边界。政府支持能源市场的发展应当基于市场原则,坚持以市场作为资源配置的基础。要降低新能源成本、实现规模化产业发展,必须依靠市场的作用,在政府的引导下,通过行业内部的有序竞争,优化资源配置,加快能源发展。

全面放开竞争性环节价格,凡是能由市场形成价格的,都要交给市场。加强对市场价格的事中事后监管,规范价格行为。推动形成由能源资源稀缺程度、市场供求关系、环境补偿成本、代际公平可持续等因素决定能源价格机制,稳妥处理和逐步减少交叉补贴。

加强政府定价成本监审,推进定价公开透明。健全政府在重要民生和部分网络型自然垄断环节价格的监管制度,落实和完善社会救助、保障标准与物价上涨挂钩的联动机制,保障困难群众基本用能需求。

6.4.3　创新能源科学管理模式

能源发展系统性强,难以单一依靠市场选择实现系统最优,但我国仍缺乏统一的、明确的、有效执行的国家综合能源战略和能源改革规划,面临能源管理体制管理职能分散以及协调机制和监管体系尚不完善等问题。在能源行业监管的认识方面,也存在一定的误区[14]。一方面,能源行业具有自然垄断等特性,随着能源需求大幅提高,能源市场快速发展的同时也出现秩序混乱等问题,要求政府"加强市场监管"以维护基本的市场秩序、保证市场的有效运作;另一方面,行政性管理过多、过宽、低效,限制了能源产业发育发展和充分提高效率的问题。

世界各国都对能源领域的战略规划和规制(准入和监管)十分重视。能源项目规模大,投资集中,不能搞随意的竞争性上项目再自由淘汰。即使在发达的市场经济国家,对公用事业,特别是电力、燃气、供热等系统也有严格的规划和规制。带头搞电力"市场化"改革的美国加州也有过教训,结果是推动了规制体系的加强。

以加州的电力监管和运行机制为例[15]。加州对电力等公用事业进行严格的准入审批和监管。加州电力监管有三个机构,即加州公共事业委员会、加州能源委员会和加州独立系统运营中心。加州公共事业委员会每两年进行一次长期采购规划,评估电力投资需求、批准采购合同(包括相应的电价);加州能源委员会负责每两年一次的电力需求预测,审批装机容量在5 万 kW 及以上的火电厂和输电设施;加州独立系统运营中心代表所有本地公共事业公司,运营加州整个电力系统,包括调度、制定年度输电计划以及电力市场平衡。三个机构管理层还成立了联合机构指导委员会,协调政策,特别是电力预测和电力采购等关键政策条件;严格控制新增电力设备,确保新上项目的必要性,以及系统安全、环境影响等;经审批新建的项目可以获得相应的电力生产或运行采购。

每年秋季,三大机构的工作人员合作开发用于预测和规划的假设条件与研究情景,用于来年的长期采购规划流程和输电规划程序。加州公共事业委员会的工作人员会在第四季度公布假设条件草案,公开征求意见。在审议和采纳公众意见后,发布最终的假设和研究情景。加州能源委员会负责电力项目的许可证审批,审批过程将协调包括环保、国土等机构相关条款。开发商需提交"AFc 证书申请",申请费用为(268709 美元＋537 美元)/MW。所有获批项目以后还需交年费为 26872 美元。申请内容包括必要性、经济可行性、技术条件、环保条件、社会可接受条件,等等。审批时间一般至少要半年以上。目前加州电量中 90% 左右是按年度合同采购的,市场自由调节部分只有 10% 左右。

由于严管准入,又有比较合理的需求预测和运行管理,加州在降低能源成本、推动低碳能源发展方面在美国各个州中最有代表性。

加快政府职能转变,持续推进简政放权、放管结合、优化服务改革,建立健全战略谋划、规划实施、政策配套、监管到位的能源科学管理模式。

加强战略规划引领。加强能源重大问题的战略谋划,加强顶层设计,不断提高能源宏观管理的全局性、前瞻性、针对性。做好能源规划、年度计划及各类专项规划之间的有机衔接,建立规划实施、监督检查、评估考核机制,保障规划有效落实,进一步提高规划的科学性、权威性和约束力。创新和完善能源宏观调控,按照总量调节和定向施策并举、短期和中长期结合、国内和国际统筹、改革和发展协调的要求,推动实现能源总量和强度控制、优化能源结构、防控风险、保护环境。

创新宏观政策配套机制。完善鼓励清洁能源加快发展的产业政策和投融资机制。加强用能权与用水权、排污权、碳排放权初始分配制度以及土地有偿使用管理制度相衔接,统筹推进能源资源合理高效利用。研究完善矿产资源权益金及配套制度,维护资源所有者和投资者权益,健全政府依法有序投放、企业公开公平竞争的能源矿业资源管理机制。建立健全支撑能源绿色发展的财税、金融服务体系。健全能源统计制度,完善计量体系和能源消费总量、环境质量、节能减排等目标考核体系,推进能源管理体系认证。加强能源信息收集整理,及时跟踪研究国内外能源发展情况及动态。

重塑能源监管体系。统筹能源管理体制改革,明确中央与地方的能源监管职责。推进能源领域信用体系建设,保障政府科学决策、市场有序发展。完善监管协调机制,建立健全权责清晰、规则统一、方式得当、执法有力的现代能源监管框架。

持续提升监管效能。完善能源市场准入制度,统一准入"门槛",强化资源、环境、安全等技术标准。运用市场、信用、法治等手段,加强对能源市场主体行为的持续性动态监管,防范安全风险,维护市场秩序,保障社会公共利益和投资者、经营者、消费者合法权益。加强监管能力建设,创新监管方法和手段,提高监管的针对性、及时性、有效性。

6.4.4　建立健全能源法治体系

各国在推进能源体制改革过程中,普遍立法先行,加强法律法规指导规范作用,以建立合理的监管体制。德国以《可再生能源法》保障可再生能源优先接入电网和分布式利用模式,日本将清洁能源发展目标写入《能源基本法案》,美国在《经济复苏法案》中明确鼓励新能源发展的政府投资力度等。政府部门明确职责和权限,理顺协作机制,在部门设置、理念设想、规划制定、能源建设及标准规范等方面都采取更多开放协作工作方式。例如,德国联邦网络管理局统一管理通信、电力、燃气网络,便于智能电网建设和分散式可再生能源多能互补利用;欧盟将各种部门和行业间公共平台进行统筹规划、技术路线设计、标准制定等。不断完善的法律体系与监管制度是改革取得成功的前提条件,能源管理部门的权威性、综合性和统一性是保证能源改革与发展的组织保证,完善和有效的现代监管制度是能源部门健康发展的制度保证。

当前,我国能源立法逐渐规范,但从确保国家能源战略总体转型和建设法律体系的要求看还存在诸多问题。问题主要体现在宏观能源制度协调性不够,立法相对滞后,能源改革与发展中涉及的法律法规体系尚不健全。还较难准确把握市场经济体制下政府、电力企业、消费者等相关主体之间应有的关系,难以突出体现国家及政府对清洁能源产业的宏观调控和对电力市场的规制。

我国能源科技创新能力远不足以保障推动能源革命需求,引导和激励能源技术研发机制尚不健全、不完善。科技创新资金投入不足,重视能源装备制造产能的提高,但缺乏对关键技术研发的支持力度。知识产权和专利保护法律法规不完善,保护力度不够,使研发缺乏动力和激励。在经济和能源产业发展之初,通过引进和再研发等方式,发挥后发优势,迅速学习国外技术,通过扩大规模和压低成本方式获得一定的竞争能力。但长远来看,核心技术、新兴产业是高附加值环节,国外通过知识产权保护等不可能将核心技术提供给我国,或在技术转让过程中获取暴利,使我国先进能源技术和领域处于竞争劣势。我国新时期的能源战略要求相关行业尽快形成独立研发生产能力,并逐步达到国际先进水平,在 21 世纪中叶成为全球能源产业先进技术的引领者,以满足能源革命的科技支撑需求。因此,能源科技创新的引导和激励机制急需加强和完善[14]。

以能源法治平衡各方利益,以能源法治凝聚能源改革共识,坚持在法治下推进改革,在改革中完善法治。

建立科学完备、先进适用的能源法律法规体系。根据形势发展需要,健全能源法律法规体系,加强能源监管法律法规建设,研究完善相关配套实施细则,做好地方性法规与法律、行政法规的衔接。

及时修订废止阻碍改革、落后于实践发展的法律法规,增强能源法律法规的及时性、针对性、有效性。

6.5　加强全方位国际合作

能源是人类社会生存发展的重要物质基础,攸关各国国计民生和战略竞争力。世界能源发展呈现出能源供需宽松化、能源格局多极化、能源结构低碳化、能源系统智能化、能源竞争复杂化等趋势。推动能源全球化进程的目标是提高能源资源优化配置能力,实现能源市场深度融合,提升能源安全保障水平,满足能源消费需求,打造能源利益共同体[16]。

推动能源全球化进程的原则:一是互利共赢。寻求利益契合点和合作最大公约数,优势互补,共同发展。二是市场运作。遵循市场规律和国际通行规则开展能源合作,充分发挥市场在资源配置中的决定性作用。三是安全稳定。提高能源供应抗风险能力,共同维护国际能源生产和输送通道安全,构建安全高效的能源保障体系。四是绿色清洁。高度重视能源发展中的环境保护问题,积极推进清洁能源开发利用,严格控制污染物及温室气体排放,提高能源利用效率,推动能源绿色高效发展。

按照立足长远、总体谋划、多元合作、互利共赢的方针,加强能源宽领域、多层次、全产业链合作,构筑连接我国与世界的能源合作网,打造能源合作的利益共同体和命运共同体。

当前全球应对气候变化的合作进程以及全球能源变革的趋势,为我国推动能源生产和消费革命提供了良好的国际合作环境和共赢的机遇。全方位加强国际合作,要推动能源产业对外深度融合,打造世界范围内有竞争力的国际企业,积极参与国际能源体系的建设,扩大话语权和影响力。特别是注重和加强能源领域的南南合作,支持发展中国家能源变革和应对气候变化的能力建设,在全球能源和气候治理体制变革中发挥积极的引领作用,体现发展中大国的责任担当。

6.5.1　实现海外油气资源来源多元稳定

近年来,随着经济的发展,能源的对外依存度不断加大。目前,我国的石油对外依存度近60%,天然气对外依存度超过30%。"十三五"时期,我国的能源消费仍将刚性增长,对外依存度也将持续上升。随着全球政治环境变化,国际能源需求增加和资源争夺加剧,未来能源安全形势十分严峻。因此,我们应尽力做到以下几点。

完善海外重点合作区域布局,丰富能源国际合作内涵,把握好各方利益交集。

构建多元化供应格局。有效利用国际资源,加快重构供应版图,形成长期可靠、安全稳定的供应渠道。

打造命运共同体。把握和扩大能源国际合作各方的利益交集,充分照顾合作东道国现实利益,把我国能源合作战略利益与资源国经济发展和改善民生需求充分结合起来。能源走出去企业要切实履行当地社会责任,促进互利共赢。

"丝绸之路经济带"能源通道建设,一方面有利于拓宽我国油气资源供应渠道。我国能源供需缺口较大,能源生产远远低于能源需求,特别是油气资源严重依赖进口。根据国际能源署估计,到 2025 年,我国原油对外依存度或将达到 82%,我国将持续面临能源供需缺口的巨大压力[17]。"丝绸之路经济带"能源通道建设将大大丰富我国油气供应渠道,实现能源供给多元化,在一定程度上缓解我国能源需求压力。另一方面,有利于弱化我国对海上运输通道的依赖。我国油气进口通道高度依赖霍尔木兹海峡与马六甲海峡。目前,向我国出口石油资源的国家 75% 位于中东和非洲,石油运输的 80% 通过苏伊士运河—印度洋—马六甲海峡到达我国,但海上输油通道潜伏着巨大的安全隐患。而"丝绸之路经济带"能源通道的建设将是我国实现油路畅通、供应多元化的关键之举,有助于我国成功破解"马六甲困局"。

创新合作方式。坚持经济与外交并重、投资和贸易并举,充分利用高层互访、双多边谈判、对外经济援助等机会,创新完善能源国际合作方式。发挥资本和资金优势,推动资源开发与基础设施建设相结合。

6.5.2 畅通"一带一路"能源大通道

2013 年秋天,习近平总书记在哈萨克斯坦和印度尼西亚提出共建"丝绸之路经济带"和"21 世纪海上丝绸之路",即"一带一路"倡议。5 年来,全球 100 多个国家和国际组织积极支持和参与"一带一路"倡议,联合国大会、联合国安理会等重要决议也纳入"一带一路"倡议内容[17]。"一带一路"倡议逐渐从理念转化为行动,从愿景转变为现实,建设成果丰硕。在政策沟通方面,中国同有关国家协调政策、签署协议、发出倡议,实现了"1+1＞2"的效果;在设施联通方面,以中巴、中蒙俄、新亚欧大陆桥等经济走廊为引领,以陆海空通道和信息高速路为骨架,以铁路、港口、管网等重大工程为依托,一个复合型的基础设施网络正在形成;在贸易畅通方面,2014—2016 年,中国同"一带一路"沿线国家贸易总额超过 3 万亿美元,对其投资累计超过 500 亿美元。中国企业已经在 20 多个国家建设 56 个经贸合作区,为有关国家创造近 11 亿美元税收和 18 万个就业岗位;在资金融通方面,形成层次清晰、初具规模的"一带一路"金融合作网络;在民心相通方面,人们往来频繁,在交流中拉近了心与心的距离。这些丰硕的成果表明,"一带一路"倡议顺应时代潮流,适应发展规律,符合各国人民利益,具有广阔的前景。

巩固油气既有战略进口通道,加快新建能源通道,有效提高我国和沿线国家能源供应能力,全面提升能源供应互补互济水平。

确保能源通道畅通。巩固已有主要油气战略进口通道,推动建立陆海通道安全合作机制,做好通道关键节点的风险管控,提高设施防护能力、战略预警能力以及突发事件应急反应能力,建设安全畅通的能源输送大通道。

完善能源通道布局。加强陆海内外联动、东西双向开放,加快推进"一带一路"国家和地区能源互联互通,加快能源通道建设,提高陆上通道运输能力,推动周边国家电力基础网络互联互通。

推进共商共建共享。与相关国家和地区共同推进能源基础设施规划布局、标准规范、经营管理的对接,加强法律事务合作,保障能源输送高效畅通。以企业为主体,以基础设施为龙头,共建境外能源经贸产业园区。

新时代,中国以"一带一路"倡议为重点,打造国际合作新平台,增添共同发展新动力;坚持"引进来"和"走出去"并重,遵循共商共建共享原则,加强创新能力开放合作,形成陆海内外联动、东西双向互济的开放格局;拓展对外贸易,培育贸易新业态新模式,推进贸易强国建设;实行高水平的贸易和投资自由化、便利化政策,全面实行准入前国民待遇加负面清单管理制度,大幅度放宽市场准入,扩大服务业对外开放,保护外商投资合法权益;优化区域开放布局,加大西部开放力度;赋予自由贸易试验区更大改革自主权,探索建设自由贸易港;创新对外投资方式,促进国际产能合作,形成面向全球的贸易、投融资、生产、服务网络,加快培育国际经济合作和竞争新优势。

"一带一路"倡议,不是"独奏曲",而是"交响乐";不仅倡议国、沿线国家和参与国家受益匪浅,所有国家,包括发展中国家和发达国家,都可以从中受益;"一带一路"倡议的建设成果,不会只让少数人群享有,而是具有普惠性,让各国人民共享成果,有利于逐步缩小贫富差距。因此,"一带一路"倡议与国际社会交往中长期存在的"弱肉强食"的丛林法则、"赢家通吃"的零和博弈规则具有本质区别,促进"一带一路"国际合作是构建人类命运共同体的重要途径。

6.5.3　深化国际产能和装备制造合作

引技引智并举,拓宽合作领域,加大国际能源技术合作力度,推动能源产业对外深度融合,提升我国能源国际竞争力。

引进先进适用技术。通过相互投资、市场开放等手段,引进消化吸收和再创新清洁煤、乏燃料处理、智能电网等关键、适用能源技术,鼓励掌握先进技术的国外企业参与国内非常规油气勘查开发、清洁低碳能源开发利用等。

提升科技全球协同创新能力。积极参与前瞻性能源技术国际研发应用合作平台和机制建设,密切跟踪掌握关键重点领域前沿动态。加强政府间、企业间、研究机构间合作与交流,创新能源领域人才合作培养机制。积极参与制定先进能源技术标准,推动国内技术标准国际化。

融入全球能源产业链。发挥比较优势,培育一批跨国企业,增强国际竞争力,推动能源生产和高效节能装备、技术、服务"走出去"。联合技术先进国家共同开拓第三方国际市场,深度融入全球能源产业链、价值链、物流链。

发挥国家能源集团排头兵作用,国家能源集团作为代表国家参与国际能源竞争的重点骨干力量,要积极参与推动能源全球化进程,利用国际国内两个能源市场、两种能源资源,稳步提升国际化经营水平,加快形成国际能源合作和竞争新优势;要主动服务国家战略,积极参与"一带一路"倡议,加快推动能源基础设施互联互通等项目落地,加强国际能源产能合作,推动煤炭、煤电、煤化工、风电等优势产业走出去,带动中国装备制造、技术、标准和服务走向世界,不断提升企业国际影响力;要高度重视防范风险,加强项目可行性研究和论证,杜绝盲目投资并购、恶性竞争等非理性经营行为,切实防范国别法律风险、廉洁风险,主动保护环境,积极履行社会责任,坚决维护好国家形象;要着力提升全球影响力,加快全球资源配置步伐,投资稀缺资源,并购关键技术,优化全球布局,打造国际品牌,建设具有全球竞争力的世界一流综合能源企业,并发挥国家能源集团排头兵作用,推动能源全球化进程,促进"一带一路"国际合作,构建人类命运共同体,为中国人民谋幸福,为中华民族谋复兴。

6.5.4 增强国际能源事务话语权

积极参与国际能源治理。推动全球能源治理机制变革,共同应对全球性挑战,打造命运共同体。巩固和完善我国双边多边能源合作机制,积极参与国际机构改革进程。

积极承担国际责任和义务。坚持共同但有区别的责任原则、公平原则、各自能力原则,积极参与应对气候变化国际谈判,推动形成公平合理、合作共赢的全球气候治理体系。广泛开展务实交流合作,推动发达国家切实履行大幅度率先减排等《联合国气候变化框架公约》义务,支持发展中国家开发清洁能源和保护生态环境,树立负责任大国形象。

参考文献

[1]国家发展和改革委员会,国家能源局.能源发展"十三五"规划[EB/OL](2016 - 12 - 01)[2018 - 01 - 15].http://www.ndrc.gov.cn/zcfb/zcfbtz/201701/t20170117_835278.html.

[2]国家发展和改革委员会,国家能源局.能源生产和消费革命战略(2016 - 2030)[EB/OL](2016 - 12 - 0)[2018 - 01 - 15].http://www.ndrc.gov.cn/zcfb/zcfbtz/201704/t20170425_845284.html.

[3]李振宇,黄格省,黄晟.推动我国能源消费革命的途径分析[J].化工进展,2016,35(1):1 - 9.

[4]杜祥琬.对我国《能源生产和消费革命战略(2016—2030)》的解读和思考[J].财经界(学术版),2017,9:44 - 45.

[5]麻林巍,李政,倪维斗,等.对我国中长期(2030、2050)节能发展战略的系统分析[J].中国工程科学,2011,13(6):25 - 29.

[6]何建坤.实施能源革命战略 促进绿色低碳发展[J].科学中国人,2017,10:37 - 39.

[7]袁立明.中国"能源革命"五年路线图 国家能源局副局长李仰哲解读《能源发展"十三五"规划》[J].地球,2017,2:63 - 67.

[8]林卫斌,苏剑.理解供给侧改革:能源视角[J].价格理论与实践,2015,12:8 - 11.

[9]倪维斗,金涌,麻林巍,等.关于我国推行能源消费革命、控制能源消费总量的战略问题的初步探讨[J].中国工程科学,2015,17(9):111 - 117.

[10]刘鸿芳,郭军科,卢立秋,等."互联网+"智慧能源发展问题研究[J].中共郑州市委党校学报,2017,5:29 - 30.

[11]高文韬.低碳能源技术发展战略研究[J].科技风,2016,23:91.

[12]景春梅.能源技术革命:能源革命的动力源泉[J].经济研究参考,2016,48:5 - 8.

[13]苏明."十三五"时期推进能源革命的政策取向[J].经济研究参考,2015,62:81 - 89.

[14]谢旭轩,任东明,赵勇强.推动我国能源革命体制机制改革研究[J].中国能源,2014,36(4):16 - 19.

[15]周大地.推动能源体制革命,促进绿色低碳发展——能源革命要从具体问题抓起[J].国际石油经济,2016,24(12):1 - 4.

[16]黄清.能源全球化与命运共同体[J].中国发展观察,2018,7:48 - 49.

[17]郭菊娥,王树斌,夏兵."丝绸之路经济带"能源合作现状及路径研究[J].经济纵横,2015,3:88 - 92.

第7章

我国能源战略方针

能源是现代化的基础和动力,能源供应和安全事关我国现代化建设全局。新世纪以来,我国能源发展成就显著,供应能力稳步增长,能源结构不断优化,节能减排取得成效,科技进步迈出新步伐,国际合作取得新突破,建成了世界最大的能源供应体系,有效保障了经济社会持续发展。

当前,世界政治、经济格局深刻调整,能源供求关系深刻变化。我国能源资源约束日益加剧,生态环境问题突出,调整结构、提高能效和保障能源安全的压力进一步加大,能源发展面临一系列新问题、新挑战。同时,我国可再生能源、非常规油气和深海油气资源开发潜力很大,能源科技创新取得新突破,能源国际合作不断深化,能源发展面临着难得的机遇。

7.1 能源发展总体战略

能源战略是国家能源发展的方略,它影响和决定国家能源的基本的长期目标。具体的能源战略内容是选择国家达到既定能源目标所遵循的路线途径,需要考虑两大问题:①总体战略——选择适合国家发展的能源类型;②战略规划——选择适合国家能源发展的竞争或运行方式。所谓能源战略,实质上是国家在能源发展的各个层面上的竞争抉择。

有专家将能源战略定义为:能源战略是指一个国家或地区在一定时期内,为使能源的发展与国民经济发展、人民生活水平提高和环境相互协调所提出的能源发展目标,以及为实现这一目标所采取的方针、政策和选择的发展途径、步骤等。也有学者定义为:能源发展战略是有关能源发展全局的、总体的、长期的部署和规划,包括战略目标、战略步骤、战略重点以及重大战略措施。尽管定义的文字描述上略有不同,但其核心是共同的,即为保证实现可持续发展的目标,制定提供可持续的能源供应的方针、政策、措施。重点考虑因素是:经济发展对能源需求的影响;能源资源的保证程度;现有技术水平对能源开发利用的影响;生态环境约束;经济全球化;能源安全等。

当然,各国能源战略是具有一定差别的,主要源于各国能源具体情况的千差万别以及在重要因素的考虑上存有差异而形成的。

7.1.1 能源战略的演变过程

中国的能源战略是随着国内及国际的形势不断演变的过程,在不同历史时期呈现不同的能源战略,首先对中国能源战略历史进行回顾。

1)"以煤为主"的能源战略

中华人民共和国成立后,我国的能源战略在相当长时期内是建立在国内能源资源可供利用的基础上,遵循"自力更生"和"以煤为主"的原则,由供应决定需求。

2)"节约与开发并重,近期把节约放在优先地位"

20世纪80年代,在能源供应不能满足需求、出现能源短缺的情况下,在1981年的五届人大四次会议上,提出了"节约与开发并重,近期把节约放在优先地位"的能源战略方针。

3)"以煤为主"的能源结构调整战略

20世纪80年代,能源消费依靠市场推动向优质、高效、清洁的能源品种转变的趋势越来越显著。1995年,我国由石油净出口国变为石油净进口国,使以煤为主、依靠国内资源的能源发展战略发生了动摇。随着经济的持续增长和小康社会发展目标的提出,人们日益认识到节能对我国经济发展的重要意义。在1996年八届人大四次会议上,将能源发展战略修改为:"节约与开发并举,把节约放在首位"。突出节能和提高能源效率在能源发展战略中的地位。可持续的、开放的能源发展战略提到了议事日程上。2007年年底,国务院新闻办发表了《中国的能源状况与政策》白皮书。白皮书提出了中国能源发展战略和目标。中国能源战略的基本内容是:坚持节约优先、立足国内、多元发展、依靠科技、保护环境、加强国际互利合作,努力构筑稳定、经济、清洁、安全的能源供应体系,以能源的可持续发展支持经济社会的可持续发展。白皮书还指出,中国能源发展坚持立足国内的基本方针和对外开放的基本国策,以国内能源的稳定增长,保证能源的稳定供应,促进世界能源的共同发展。

从整个中国能源战略的发展历程来看,中国能源的战略是与时俱进的。中国能源发展战略以"提高效率,保护环境,保障供给,持续发展"十六个字为根本方针。

现阶段中国能源发展战略的基本框架是:节能效率优先,环境发展协调,内外开发并举;以煤炭为主体、电力为中心,油气和新能源全面发展;以能源可持续发展和有效利用支持经济社会的可持续发展。

7.1.2　指导思想与基本原则

1.指导思想

全面贯彻党的"十八大"和十八届三中、四中、五中、六中全会精神,更加紧密地团结在以习近平同志为核心的党中央周围,认真落实党中央、国务院决策部署,紧紧围绕统筹推进"五位一体"总体布局和协调推进"四个全面"战略布局,牢固树立和贯彻落实创新、协调、绿色、开放、共享的发展理念,主动适应、把握和引领经济发展新常态,遵循能源发展"四个革命、一个合作"的战略思想,顺应世界能源发展大势,坚持以推进供给侧结构性改革为主线,以满足经济社会发展和民生需求为立足点,以提高能源发展质量和效益为中心,着力优化能源系统,着力补齐资源环境约束、质量效益不高、基础设施薄弱、关键技术缺乏等短板,着力培育能源领域新技术、新产业、新业态、新模式,着力提升能源普遍服务水平,全面推进能源生产和消费革命,努力构建清洁低碳、安全高效的现代能源体系,为全面建成小康社会提供坚实的能源保障。

2.基本原则

(1)革命引领,创新发展。把能源革命作为能源发展的核心任务,把创新作为引领能源发展的第一动力。加快技术创新、体制机制创新、商业模式创新,充分发挥市场配置资源的决定性作用,增强发展活力,促进能源持续健康发展。

(2)效能为本,协调发展。坚持节约资源的基本国策,把节能贯穿于经济社会发展全过程,推行国际先进能效标准和节能制度,推动形成全社会节能型生产方式和消费模式。以智能高效为目标,加强能源系统统筹协调和集成优化,推动各类能源协同协调发展,大幅提升系统效率。

(3)清洁低碳,绿色发展。把发展清洁低碳能源作为调整能源结构的主攻方向,坚持发展非化石能源与清洁高效利用化石能源并举。逐步降低煤炭消费比重,提高天然气和非化石能源消费比重,大幅度降低二氧化碳排放强度和污染物排放水平,优化能源生产布局和结构,促进生态文明建设。

(4)立足国内,开放发展。加强能源资源勘探开发,增强能源储备应急能力,构建多轮驱动的能源供应体系,保持能源充足稳定供应。积极实施"一带一路"倡议,深化能源国际产能和装备制造合作,推进能源基础设施互联互通,提升能源贸易质量,积极参与全球能源治理。

(5)以人为本,共享发展。按照全面建成小康社会的要求,加强能源基础设施和公共服务能力建设,提升产业支撑能力,提高能源普遍服务水平,切实保障和改善民生。坚持能源发展和脱贫攻坚有机结合,推进能源扶贫工程,重大能源工程优先支持革命老区、民族地区、边疆地区和集中连片贫困地区。

(6)筑牢底线,安全发展。树立底线思维,增强危机意识,坚持国家总体安全观,牢牢把握能源安全主动权。增强国内油气供给保障能力,推进重点领域石油减量替代,加快发展石油替代产业,加强煤制油气等战略技术储备,统筹利用"两个市场,两种资源",构建多元安全保障体系,确保国家能源安全。

7.1.3 战略方针与目标

坚持"节约、清洁、安全"的战略方针,加快构建清洁、高效、安全、可持续的现代能源体系。重点实施以下四大战略。

(1)节约优先战略。把节约优先贯穿于经济社会及能源发展的全过程,集约高效开发能源,科学合理使用能源,大力提高能源效率,加快调整和优化经济结构,推进重点领域和关键环节节能,合理控制能源消费总量,以较少的能源消费支撑经济社会较快发展。到 2020 年,一次能源消费总量控制在 48 亿 t 标准煤左右,煤炭消费总量控制在 42 亿 t 左右。

(2)立足国内战略。坚持立足国内,将国内供应作为保障能源安全的主渠道,牢牢掌握能源安全主动权。发挥国内资源、技术、装备和人才优势,加强国内能源资源勘探开发,完善能源替代和储备应急体系,着力增强能源供应能力。加强国际合作,提高优质能源保障水平,加快推进油气战略进口通道建设,在开放格局中维护能源安全。到 2020 年,基本形成比较完善的能源安全保障体系。国内一次能源生产总量达到 42 亿 t 标准煤,能源自给能力保持在 85% 左右,石油储采比提高到 14~15,能源储备应急体系基本建成。

(3)绿色低碳战略。着力优化能源结构,把发展清洁低碳能源作为调整能源结构的主攻方向。坚持发展非化石能源与化石能源高效清洁利用并举,逐步降低煤炭消费比重,提高天然气消费比重,大幅度增加风电、太阳能、地热能等可再生能源和核电消费比重,形成与我国国情相适应、科学合理的能源消费结构,大幅度减少能源消费排放,促进生态文明建设。到 2020 年,非化石能源占一次能源消费比重达到 15%,天然气比重达到 10% 以上,煤炭消费比重控制在 62% 以内。

（4）创新驱动战略。深化能源体制改革,加快重点领域和关键环节改革步伐,完善能源科学发展体制机制,充分发挥市场在能源资源配置中的决定性作用。树立科技决定能源未来、科技创造未来能源的理念,坚持追赶与跨越并重,加强能源科技创新体系建设,依托重大工程推进科技自主创新,建设能源科技强国,能源科技总体接近世界先进水平。到 2020 年,基本形成统一开放、竞争有序的现代能源市场体系。

7.2 国际能源安全

从世界范围看,石油代替煤炭在人类能源消费结构中逐步担当主角是从 20 世纪 20 年代以后开始的,第二次世界大战以后其主导地位日益明显。截至 2009 年底,世界石油探明可采资源为 1708 亿 t,绝大部分分布在中东,占世界石油总资源的 55%。

人类从 19 世纪初的产业革命开始大规模的消耗能源,能源已然成为发展的必需品。能源分布不均必然会导致能源贸易,甚至是能源掠夺,在不得不进行的能源运输过程中也有可能发生所不想看到的贸易纷争、领土纷争、领海(河)纷争等。如果不能很好地处理这些问题,就有可能发生能源供应危机,影响国家的稳定发展甚至关系到国家的安全问题。

什么是能源安全?"能源安全"既具有国家意义,也具有世界意义;既直接影响经济形势发展,也直接影响政治局面稳定;既与可持续发展密不可分,也与绿色环保息息相关。究其要意,是指一个国家或地区可以持续、稳定、及时、足量和经济地获取所需能源的状态和能力。最常见的能源安全问题是能源缺乏,尤其是无法自产能源的国家必须仰赖进口,若是来源国切断供应或交通线受阻,则马上发生能源不足、工业停摆、社会动荡等问题,从而使国家安全操控在外部因素手中。

确保能源安全的唯一理论方法:促进自产能源比率的提高,自产比率越高,安全性越高。其次,促进能源多样化,减少仰赖单一能源型态,如石油或天然气,若是单一能源过高,则该体系被破坏或发生问题时,社会停摆的层面就越大。

7.2.1 现代能源战争

韩立华在《能源博弈大战》中说到:"如果说石油决定了第一次世界大战的胜负,那么,第二次世界大战在很大程度上就是为了石油而战。"

石油决定了第一次世界大战的胜负。法国巴尔干战役切断了德国依赖于俄国和罗马尼亚的石油供应;土耳其占领巴库油田,德国石油供应几乎完全被切断;美国标准石油公司与同盟国签订石油供应协议。

第二次世界大战中,双方激烈争夺苏联的高加索(尤其是巴库油田),争夺罗马尼亚和印度尼西亚油田,猛烈破坏对方的石油运输线。一方面是为了让自己获得可靠、充分的石油,确保机械化部队发挥威力;另一方面是为了摧毁敌方的石油补给,让对方的坦克、飞机陷入瘫痪。

图 7-1 为世界石油储量比例图。具有石油储量最多的中东得到了什么呢?在能源如此珍贵的今天,如此之多的石油能源确实为中东带来了滚滚财富,但同时也带来了挥之不去的历史性灾难——石油变成了中东战争绕不开的主题。

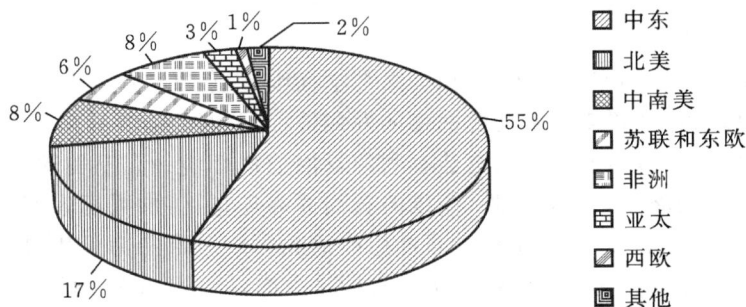

图 7-1　世界石油储量比例图

第一次中东战争(1948—1949):以色列的建国之战。美国为了介入中东而支持以色列,在以色列宣布建国 16 min 后即表示承认,并在阿以战争中为以色列提供大量援助。

第二次中东战争(1956—1957):苏伊士运河之战。当时,英国等西欧国家对海湾石油严重依赖,大部分石油必须经苏伊士运河运输,而埃及总统纳赛尔却决定从英国手里收回苏伊士运河,英法武力夺回。以色列要报复第一次中东战争后埃及封锁了通往红海的帝朗海峡,加入战斗。石油运输线切断,给英、法的经济造成致命打击。苏联发出照会,导弹威胁,为和美国展开在中东地区的争夺,苏联成为埃及最大的支持者。国际社会正式承认了苏伊士运河为埃及国有。

第三、四次中东战争(1967,1973—1974):阿以恩怨的延续。苏、美为各自的中东利益而为双方提供军事援助。

第五次中东战争(1979—1981):两伊(伊朗和伊拉克)战争。战争的起因是伊拉克总统萨达姆由于试图完全控制位于波斯湾西北部的阿拉伯河,该水道是两伊的重要石油出口通道。美国为萨达姆提供武装并支持其向这一有争议的地区发动进攻,试图以此遏制刚刚通过革命上台并强烈反美的伊朗政权。

第六次、七次中东战争(1990—1991)、(2003—2010):海湾战争、伊拉克战争。以美国为首的多国联盟部队为恢复科威特领土完整而对伊拉克进行的一场局部战争。战争的主题虽然是维护伊拉克主权和反恐,但是维护稳定的石油市场也是重要的因素之一。

7.2.2　国际能源安全形势

1)动荡的中东局势

第二次世界大战结束至今,几乎每十年就会爆发一次较大规模的中东战争。其诱因除了中东地区的宗教纷争,更多的是富油土地、输油航道和港口的争夺。美国为了保证中东的石油安全,在军事上采取了一系列措施。

2011 年 2 月,美国发表的国情咨文显示,中东地区将继续成为美国的对外战略重点。未来几年,美国会积极推进中东"民主改革",在武力对付个别国家、"西促和谈,东扼双伊"等方面,仍将扮演主角,只不过从台前走向幕后。

2)美国石油战略规划

美国历届政府都把能源安全看成是重中之重,能源安全与国家安全、经济安全、环境安全等密切相关,美国作为世界上最大的石油进口国和消费国,其国际能源战略的变化和发展对于世界能源体系会产生重大的影响。

能源安全和地缘政治密切相关,能源因素与空间因素已成为现代地缘政治理论的两大重点。纵观美国20世纪初以来国际能源战略的发展历程,美国的能源战略和地缘战略紧密结合在一起。根据世界地缘政治的变化,营造有利的石油战略环境一直是美国能源战略里重要的一条。除了与地缘战略紧密结合以外,美国的石油战略还包括:加强国家石油战略储备,实现石油进口来源的多元化;在中东、中亚等石油生产的关键地区保持力量优势的同时,加强对美洲大陆石油资源的控制;采用先进技术,提高石油采收率,提高石油使用效率;扼制有损美国石油利益的恐怖活动,一旦威慑失败,采用军事力量决定性地战胜敌人。美国能源战略的发展阶段及特点如表7-1所示。

表 7-1　美国能源战略的发展阶段及特点

时间	阶段名称	发展阶段的主要特点
第一阶段	"国际油气战略阶段"(冷战后至克林顿政府中期)	战略目的:构建全球石油霸权,获取价格低廉且供应稳定的石油资源 战略途径:"外向型",确保中东地区进口石油的安全,强调军事力量在维护美国进口石油安全问题上的作用
第二阶段	调整过渡阶段(克林顿政府后期到小布什政府第一任期)	战略目的:继续巩固全球石油霸权、保障进口石油安全、减少对外能源依赖 战略途径:"内外并举",重申石油资源的重要性,重视能源进口石油来源的多元化;发展清洁能源、节能增效
第三阶段	"全面能源战略阶段"(小布什政府第二任至奥巴马政府时期)	战略目的:实现能源独立,保障美国能源安全和国际能源市场的稳定 战略途径:"内外并举,内向先导",降低对外石油依存度、实现国内能源品种多样化(清洁能源、非常规油气资源)、提高能效

在第一阶段,美国石油主要依赖进口,幻想着依靠军事力量来保证石油的稳定输入,但还是产生了第一次石油危机和第二次石油危机。第一次石油危机是由阿拉伯石油禁运引发的,使国际油价从每桶3美元涨到12美元,导致美国国内生产总值增长下降了4.7%。1979—1981年的两伊(伊朗和伊拉克)战争引发了第二次石油危机,使得油价从每桶13美元涨到34美元,直接引起了西方国家的经济衰退。美国国内生产总值在这次石油危机中下降了3%。两次石油危机,使美国患上了"进口能源依赖症"。面对如此严重的不良反应,美国及时调整能源战略,进入调整过渡阶段。此阶段美国希望"内外并举",重申石油资源的重要性,重视进口石油来源的多元化,与此同时,发展清洁能源,节能增效。在现阶段,也就是第三阶段,美国"内外并举,内向先导",降低对外石油依存度、积极实现国内能源品种多样化,提高能效。美国也积极主张增加国内能源产量,提高节能效益和燃料热效率,采用替代能源。

3)能源出口型国家:俄罗斯

20世纪七八十年代,石油是苏联外汇收入的主要来源,也是军工企业的主要资金来源。

美国认为降低石油价格有利于美国、不利于苏联,于是说服沙特阿拉伯取消石油输出国组织对石油开采的限制,大量增加石油产量,千方百计压低国际市场的石油价格。1995 年,油价下降 50%,当年俄罗斯出售石油的外汇收入减少了 100 多亿美元。

苏联的解体除了自身原因之外,石油在瓦解苏联的战略中发挥了重要的作用。

4)欧盟能源安全形势

欧盟各国对能源的进口依赖程度很高,其能源需求的 50% 必须依靠进口。石油进口的 45% 来自中东,天然气进口的 40% 来自俄罗斯。专家估计,30 年后欧盟能源需求的 70% 必须依靠进口,而石油的进口依赖度更可能高达 90%。欧盟正在消耗越来越多的能源,同时进口越来越多的能源产品。共同体的生产不能满足欧盟的能源需求,导致对外部能源的依赖不断增加。

欧盟现在必须面对欧洲经济深刻转变期所特有的新挑战。今后 10 年内,欧洲经济有必要在鉴于能源系统的惰性将支配今后 30 年的那些能源产品中做出选择,为替代现有资源和满足日益增长的能源需求而进行能源投资。首先是受能源市场新的参比框架,即能源市场自由化和环境担忧制约。其次,内部能源市场的建立使能源需求有了新的可能和机会。

欧盟通过一些共同纲领和大型框架性项目,协调欧盟成员国的能源政策。欧盟将在 2003—2006 年期间实施"明智用能的欧洲"计划,试图把明智使用能源和知识经济相结合,使欧洲经济在全球最具有竞争力。欧盟成员国平均能耗水平今后 20 年内每年将降低 2.5%。为了达到上述目标,欧盟将在很多领域加强协调行动。例如,在制度上加强明智用能的地位,使其成为"里斯本进程"的目标之一;在市场结构上通过修改现有欧洲统一电力市场指针,使最低要求的需求方管理成为该指针的一部分,另外要支持热电联产,等等。

欧盟在能源政策上的做法是由欧盟提出法规性要求,成员国把欧盟法规具体化成自己国家的法规,违规的国家要受到经济惩罚。欧盟在能源问题上的一个重要观点是把经济增长与能源增长分离,在不增加能源消耗的条件下保持经济的持续增长,也就是在不增加能源供应系统的情况下发展经济。其出路就是提高能源效率和发展可再生能源。

5)能源稀缺型国家:日本

日本的一次能源几乎完全依赖进口,其中,对中东依存度最高,从中东进口原油达到 90% 左右,同其他发达国家相比,日本能源供应体系非常脆弱。面对此种能源形势,日本主要的实施措施有石油储备、自主开发、同产油国合作等。

维护和推动石油、天然气的储备,保证石油储备不低于国际能源组织国家的平均水平。日本天然气储备包括民间储备和国家储备两部分。

推动石油、天然气的自主开发。日本石油企业在产油国取得长期的采掘权,进行石油、天然气的探矿、开发和生产活动,风险和成本自己负担,生产出来的石油、天然气,该企业按一定比例获得。

加强同产油国的合作。增加日本企业参与产油国、产气国的重大石油、天然气开发项目的机会。日本将根据产油国的需求,施行扶持和合作的政策。主要产油国也在积极摆脱单纯依靠石油收入的经济结构,实现经济活动多样化。

在经济全球化条件下,各国的能源安全已经成为互相依存、互相影响、互相促进的一个互保体系,任何国家都不能脱离其他国家和地区的能源安全而谋求自身单独的所谓能源安全。

主要国家能源进口依存度如表 7-2 所示。

表 7-2　主要国家能源进口依存度

国别	一次能源进口占总消耗比重/%			
	总进口	原油进口	煤炭进口	天然气进口
日本	83.3	99.7	100	95.7
中国	11.6	52.5	2.1	5.5
韩国	84.4	99.6	97.6	98.9
英国	43.9	51	73.3	28.7
美国	33.5	69	3.7	19.4

7.3　中国能源安全

20 世纪 70 年代爆发的石油危机引发了世界范围内政策决策者、能源消费部门和普通民众对能源供给安全的关注。当前世界范围内能源消费依然是以化石能源为主,《BP 世界能源统计 2017》数据显示,2016 年全世界一次能源消费总量为 13276.3 Mtoe(百万吨油当量),其中,煤炭、石油和天然气消费在能源消费结构中占到 85.5%[1],因此经济发展对能源尤其是化石能源具有高度依赖性,而化石能源不可再生的稀缺性,导致许多国家在制定能源政策时都非常重视能源安全政策的制定,以保持经济稳定发展。

我国高度重视能源安全,国家发展和改革委员会、国家能源局印发的《能源生产和消费革命战略(2016—2030)》《能源发展"十三五"规划》中均提出了要"筑牢能源安全基石""牢牢掌握能源安全主动权""基本形成比较完善的能源安全保障体系,为如期全面建成小康社会提供能源保障"[2,3]。因此,有必要对我国当前能源安全涵盖的内容、现状和改善政策进行系统和深入的研究。

7.3.1　我国国家能源安全内涵

能源安全包括的内容学术界并没有统一的认识,这主要是由于能源安全依赖于外部环境变化,也就是说能源安全的定义体现了国家环境、经济发展水平、风险认知、能源系统的稳健性和地缘政治问题关系。换言之,能源安全是具有多重涵义和多个维度的,经济水平的变化、社会需求的变化、环境条件的制约、能源技术的进步、可持续发展理念的深入都将赋予能源安全新的涵义。Aleh 等认为 20 世纪 70、80 年代由于禁运威胁和石油贸易商对价格的操纵,能源安全主要关注稳定的供给和便宜的原油价格[4]。美国剑桥能源协会主席丹尼尔·耶金提出能源消费国的"能源安全"指的是"供应安全",即以合理的价格获得充足可靠的能源供应[5]。随着时代发展,能源安全关注的内容远超能源供给,其涵盖了更加广泛的内容,如把现代能源的有效利用和减缓气候变化纳入考虑范围。Ang 等通过研究已有能源安全评估成果认为,无论时代怎么变化,能源可获取性都是能源安全首要考虑的最重要因素,能源价格由于国际油价的波动其重要性逐渐上升,环境、能源效率受气候变化、能源节约、降低能源需求等因素的影响,在当代能源安全中的地位也愈加重要。此外,社会效应和政府能源治理开始成为能源安全的关注点。魏一鸣等在《中国能源报告(2012):能源安全研究》中指出,能源安全是指满足国家经济发展需求的、可靠的、买得起的、持续的能源供应,同时能源的生产和使用不会破坏生态环境的可持续发展[6]。因此,能源安全的概念在内外部环境的变化下其内涵更加丰富,也更加符合时代的需求。

党的“十九大”作出了中国特色社会主义进入新时代的重要判断,与过去相比,我国经济从高速发展转向了高质量发展,社会生产力的提高将我国社会主要矛盾转变为人民日益增长的美好生活需要和不平衡、不充分的发展之间的矛盾。新的世情和国情及经济发展方式的转变对在发展中起到支撑作用的能源体系提出了新的要求,要求我国应当建立社会主义现代化的能源体系。在此背景下,需要赋予能源安全新的内涵。从当前和未来的发展来看,低风险能源安全是指在开放的国际环境中,具备了较高的能源可获取性、可支付性、可清洁高效利用性和政府的能源治理能力。

可获取性主要是指资源状态,较高的可获取性需要建立多样化的能源来源体系、多样化的能源进口渠道和多样化的能源运输方式,在传统能源和新能源间形成较好的替换和协同发展机制,以最大程度降低能源供应终端风险,保障经济活动的顺利开展。

可支付性主要是指能源价格,能源价格决定了能源供给是否是可支付的。可支付性体现在价格水平、价格波动性和市场竞争程度等各个方面,甚至包括了美元结算原油带来的汇率问题和国家购买能力。

可清洁高效利用性主要是降低能源生产和消费端带来的环境问题和提升能源效率。能源生产和利用带来了二氧化碳和污染物排放,引发了全球气候变暖和空气污染。过去,粗放型的经济增长方式给我国带来了严重的环境问题和不断增加的社会治理成本,而今,“建设美丽中国”需要高度重视能源安全中的环境和可持续发展问题,重视人民的生活品质提升。

无论长期的,还是短期的能源安全,都需要政府采取一系列有效的政策措施,如能源财税政策、能源外交政策、能源体制机制改革政策、能源信息的收集和应用等。政策引导将会协助建立稳定运行的动态能源体系,降低能源安全风险[7]。

7.3.2　我国能源安全现状分析

1. 经济增速稳健,能源消费增速放缓

我国经济从高速度转向高质量发展,2016 年和 2017 年两年 GDP 稳健增长,2016 年 GDP 增速为 6.7%,2017 年增速为 6.9%,2018 年 GDP 增长率将超过 6.8%,高端制造业和中高端消费贡献逐步增大,体现了新动能的带动作用。我国能源消费增速从高速进入中速,2000—2010 年,我国能源消费年均增速为 9.4%,2011—2014 年,平均增速降至 4.3%,2015 年能源消费增速为 1.1%,2016 年为 1.3%,2017 年未超过 2%。在应对气候变化和环境治理约束下,我国能源消费结构持续优化,可再生能源所占比重不断提高。2015 年非化石能源消费比重达到 11.8%,2016 年提高到了 13%。

2. 我国能源可获取性逐步增强

国土资源部《2017 中国矿产资源报告》显示,截至 2016 年底,我国煤炭查明储量为 15980 亿 t,石油查明储量为 35 亿 t,天然气查明储量为 545365 亿 m³,煤层气 3344 亿 m³,页岩气 1224 亿 m³。煤炭依然是占储量绝对优势的资源。2017 年,我国能源消费结构进一步优化,煤炭占消费总量比例下降到 60% 以下,完成了年初的既定目标。2016 年,煤炭消费占比为 61.8%,石油为 18.9%,天然

气为 6％,其他非化石能源为 13.3％。相比于 2016 年,2017 年除煤炭占消费总量比重下降外,石油、天然气和非化石能源所占比重均为上升,非化石能源消费增速加快。自 2015 年以来,我国能源供给侧改革逐步深入推进,对我国能源供给端产生了显著影响。2016 年与 2017年两年,煤炭去除了超过 5 亿 t 落后产能,以先进产能取代落后产能,较好的改善了煤炭供过于求的态势。据国家统计局统计结果显示,2016 年煤炭产量 34.1 亿 t,连续第三年下降,国内产量减少促进了进口煤炭快速增长,全年共进口煤炭 2.6 亿 t。2016 年我国原油产量下降,仅为 19969 万 t,进口量约为产量的 2 倍。天然气国内产量和进口量双双上涨,产量为 1369 亿m³,进口量为 745 亿 m³。但也应该考虑到水电、风电、光伏发电如何消纳的问题,同时应注意到这些能源与煤炭相比的高成本性依然急需解决。因此短时间内非化石能源难以成为我国能源消费的支柱。在能源结构逐步优化的过程中,要重视经济与环境的均衡发展,重视现实情况向战略方向迈进的节奏,重视能源的有序替代,促进化石能源和非化石能源的协同发展。

1)石油和天然气对外依存度持续增加

受去产能影响,我国煤炭价格反弹,煤炭进口快速增长,2017 年我国煤炭进口量累计超过2.8 亿 t,同比增长 10％。随着能源结构逐步优化,石油、天然气需求上涨,但在石油减产、天然气产量小幅增长的情况下,2017 年我国石油、天然气对外依存度均再创历史新高,分别达到了69％和 39％。石油和天然气对外依存度变化趋势如图 7-2 和图 7-3 所示。

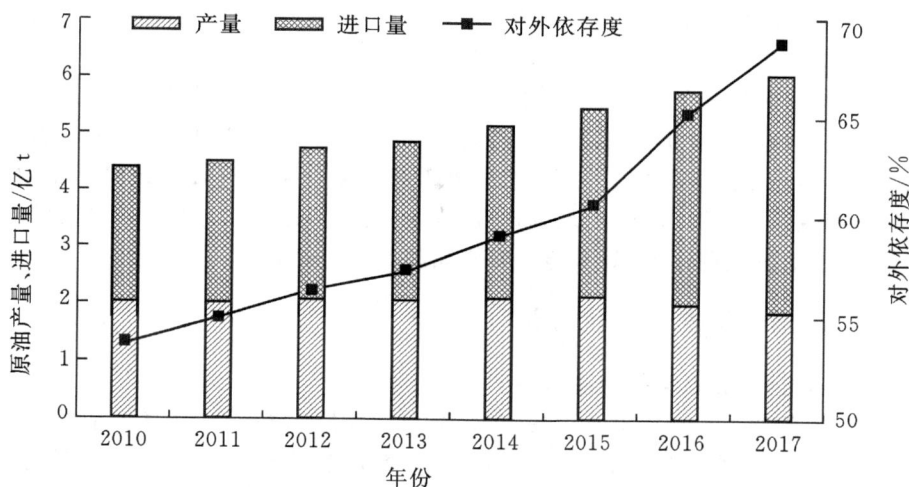

图 7-2 2011—2017 年中国原油产量、进口量及对外依存度

(数据来源:中国海关总署;Wind 资讯)

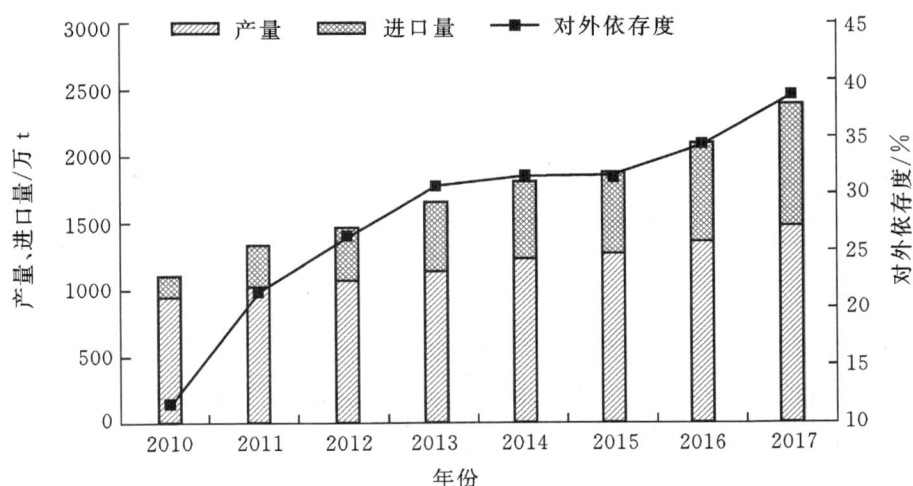

图 7-3　2010—2017 年中国天然气产量、进口量及对外依存度

（数据来源：中国海关总署；Wind 资讯）

2）国际合作加深，能源进口渠道多样化

经过多年的努力，中国当前油气进口来源基本稳定，适度集中和多渠道的进口策略分散了国际地缘政治带来的风险。中国天然气和石油进口来源如表 7-3 和表 7-4 所示。

表 7-3　中国天然气进口来源

国家	2017 年			2016 年		
	排名	月平均进口量/万 t	占比%	排名	月平均进口量/万 t	占比%
土库曼斯坦	1	205.69	38.65	1	180.29	40.72
澳大利亚	2	138.39	26.00	2	99.81	22.54
卡塔尔	3	58.72	11.03	3	41.41	9.35
马来西亚	4	35.38	6.65	7	21.56	4.87
印度尼西亚	5	23.91	4.49	6	23.25	5.25
缅甸	6	20.52	3.86	4	26.37	5.96
乌兹别克斯坦	7	20.17	3.79	5	23.84	5.38
巴布亚新几内亚	8	16.44	3.09	8	17.74	4.01
哈萨克斯坦	9	4.25	0.80	9	2.62	0.59
俄罗斯	10	3.49	0.66	10	2.14	0.48

表 7-4　中国石油进口来源

国家	2017 年			2016 年		
	排名	月平均进口量/万 t	占比%	排名	月平均进口量/万 t	占比%
俄罗斯	1	497.89	14.62	1	437.32	13.90
沙特阿拉伯	2	431.55	12.68	2	425.05	13.51
安哥拉	3	429.53	12.62	3	364.48	11.59
伊拉克	4	317.33	9.32	4	301.77	9.59
阿曼	5	261.15	7.67	5	292.17	9.29
伊朗	6	258.18	7.58	6	260.81	8.29
巴西	7	190.71	5.60	8	159.63	5.07
委内瑞拉	8	178.19	5.23	7	167.97	5.34
科威特	9	150.06	4.41	9	136.16	4.33
阿联酋	10	86.09	2.53	10	101.51	3.23
哥伦比亚	11	75.58	2.22	11	73.38	2.33
刚果	12	75.01	2.20	12	57.85	1.84
英国	13	70.81	2.08	14	41.29	1.31
马来西亚	14	54.52	1.60	21	20.07	0.64
加蓬	15	32.35	0.95	18	26.49	0.84

注:数据来源:中国海关总署;Wind 资讯。

2017 年,中国天然气进口来源基本稳定,排名前 10 的进口国进口量占进口总量比重达到了 95%以上,排名前 4 进口国进口量有较大幅度增长。

2017 年,我国排名前 15 的石油进口国进口量占进口总量比重达到了 91.3%,略高于 2016 年的水平,进口集中度较高,俄罗斯、安哥拉、巴西进口量有较大幅度增长。

"一带一路"倡议推动了我国和"一带一路"沿线国家的深度能源合作,我国能源贸易更加活跃,有利于石油、天然气等资源的引入。与此同时,由于我国 70%原油运输经过马六甲海峡和霍尔木兹海峡,因此我国也将面临更多地缘政治和石油运输风险带来的挑战。我国国内油气储备和运输基础设施不完善,在一定程度上影响了油气进口。

3.能源价格波动上涨,但仍处于较合理区间

自 2008 年金融危机以来,煤炭价格经历了"过山车式"剧烈变化。以大同混优 5500 kcal(1kal=4.2 J)动力煤为例,2008 年 7 月大同混优 5500 kcal 动力煤价格上升至自 2003 年以来的最高点 980 元/t,在经历快速下跌后,震荡上行至 2011 年 11 月的 850 元/t,2014 年 9 月跌至 470 元/t,2015 年全年更是一路下滑,到 12 月,煤炭价格已经跌至 370 元/t。2016 年是煤炭供给侧改革元年,产能和产量下降推动煤炭价格从最低谷一路升高,煤炭行业从全行业亏损转为多数盈利。2017 年,在价格政策引导下,煤炭价格基本稳定,小幅震荡,煤炭价格波动趋势如图 7-4 所示,国际港口煤炭价格变动趋势和国内基本一致。2016—2017 年,去产能政策实施造成国内煤炭产量下降,进口量快速增加,带动国际煤炭价格上涨,也显现出我国对世界煤炭消费市场的巨大影响。

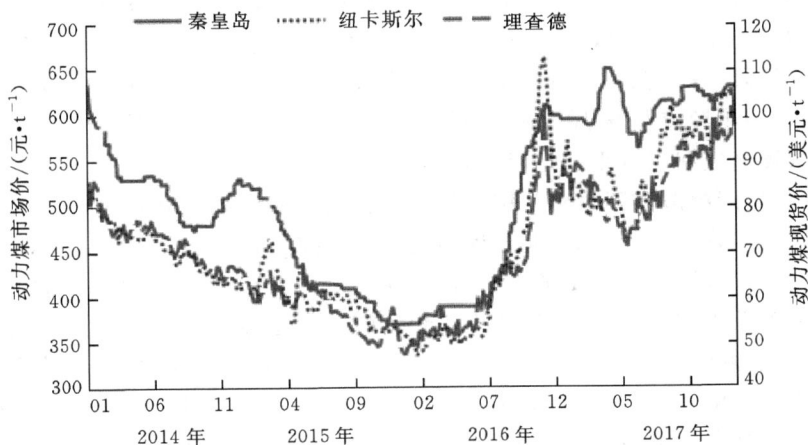

图 7-4　2014 年至 2017 年秦皇岛、纽卡斯尔、理查德三地动力煤价格走势图
(数据来源:Wind 资讯)

2014 年国际原油价格出现“断崖式”下跌,WTI、Brent 两个市场原油价格全年下跌幅度超过 50%。2016 年,国际原油价格跌至 30 美元/桶以下,此后油价触底反弹,随着石油供应增量下降,需求缓慢上升,推动油价逐步上涨至 50 美元/桶左右。2017 年,全年油价振荡上扬,在经历了几度涨跌后,Brent 油价上涨至 65 美元/桶以上,WTI 上涨至 60 美元/桶以上。石油价格波动走势如图 7-5 所示。在新成品油定价机制下,国内成品油价格同国家油价波动趋势基

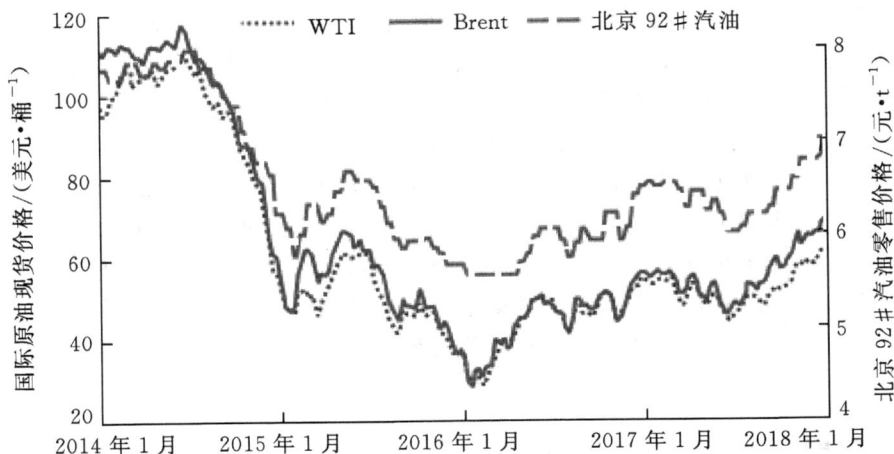

图 7-5　2014 年至 2018 年国际 WTI、Brent 原油和国内成品油(北京 92♯汽油)价格走势图
(数据来源:Wind 资讯)

本一致,在"地板价"设置下,国际油价下跌至谷底时,我国成品油价格出现了"地板价"运行区间,未能与国际原油价格联动。

近两年受到宏观经济形势变化、供给侧改革政策实施、国际政治力量博弈等因素影响,我国和世界能源价格波动都较为剧烈,但由于煤炭的自给自足,我国对于煤炭价格具有较强的影响力,可以通过鼓励签订中长期合同和控制库存等方式控制价格波动。而我国对于国际原油价格的影响作用有限,随着我国石油需求的进一步扩大及国际市场参与度的提高,中国在国际石油定价权中的地位仍然有较大上升空间。自 2003 年以来,中国通过推出国内燃油基准价、燃料油期货等手段,着力在亚太石油市场形成有效的价格基准,以促进更为公平合理的国际原油贸易秩序,进一步形成并发挥中国在国际市场上的石油价格博弈能力。

4.能源清洁高效利用水平进一步提升

近些年,我国能源清洁高效率利用的焦点主要集中在煤炭的清洁利用上,由于煤炭短时间内仍然是我国的主体能源,非化石能源远不能提供支撑起我国能源消费,"去煤化"不符合我国现实情况。出于可持续发展的要求,煤炭行业在全行业、全产业链的清洁、高效、可持续开发利用方面展开了深入研究,最大程度降低排放和污染。中国煤炭工业协会表示,煤炭行业着力从商品煤质量、燃煤发电、煤化工、燃煤锅炉、煤炭分级分质利用、废弃物资源化利用等多个方面来推进煤炭清洁利用工作,并取得了一系列成果。煤炭直接/间接液化、煤制烯烃、煤气化、煤制乙二醇等一批具有自主知识产权的现代煤化工关键技术攻关和装备研制取得突破。现代煤化工开始向产业化方向发展,2017 年 12 月,全球单套装置规模最大的煤制油项目——神华宁夏煤业集团年产 400 万 t 煤炭间接液化示范项目已经满负荷运转。煤电方面积极研发超超临界发电、煤基多联产、大型节能循环流化床等清洁高效燃煤发电技术,我国火电机组平均供电煤耗已达到 321g 标准煤/(kW·h),上海外高桥第三发电厂发电煤耗仅为 276gce/(kW·h),污染物排放远低于世界发达国家水平,是世界最为领先的燃煤发电厂。

5.改革政策陆续出台,政府能源治理能力加强

自 2014 年提出能源革命以来,我国陆续推出保障能源短期和长期的安全的政策措施。在能源市场化改革方面,发布了电力市场、油气市场和可再生能源市场改革政策;在市场监管方面,发布了推动煤炭中长期合同签订实施、煤炭价格监控、成品油定价机制、可再生能源消纳方案等政策;在法律体系建设方面,修订了《矿产资源法》《环境法》《煤炭法》《节约能源法》,全面启动了全国碳排放交易体系;发布了"互联网+智慧能源"发展指导意见。短期干预政策和长效发展政策都体现了国家对于能源治理能力的不断加强,有利于保障我国能源安全。

总体上来看,我国能源可获取性、可支付性、可清洁高效利用性、政府能源治理能力有所提升,能源安全水平稳步提高。非化石能源生产和消费量占总量比重增长较快,但短期内无法起到支撑作用,应加强能源协同发展,提高能源安全性。石油、天然气对外依存度持续增大,给能源安全带来了一定压力,多样化进口和运输渠道在一定程度上分散了风险。在当前形势下,不符合实际情况的"去煤化",以天然气和可再生能源取代煤炭,极易引发能源结构性短缺,降低能源安全水平。

7.3.3 保障我国能源安全措施建议

1.形成多元安全保障体系

目前,我国排名前 15 的石油进口国进口量占到进口总量的 90% 以上,排名前 10 的天然气进口国进口量也占到进口总量的 95% 以上。为满足我国石油、天然气需求增长，还需要抓住"一带一路"倡议机遇，在原有基础上，通过科学评估，继续拓展原油、天然气进口新渠道。在能源储备体系建设方面，完善石油战略储备、企业商业储备体系建设。同时，要加快建设国内天然气管网、接收站和储气库等基础设施，提升进口管道运输能力，统筹不同能源品种、生产输送消费环节、当前和长远需要，全面提高能源安全保障的综合协同能力。

推动多元化保障安全。加大国内油气勘探开发力度，稳定国内供应，确保油气安全；加强煤炭、核能、可再生能源等供应安全。同时，处理好不同能源品种替代互补关系，实现多能互补。

强化全过程安全保障。加快构建结构多元、供应稳定的现代能源产业体系，坚持节能优先，合理控制能源消费需求。提升能源安全输送能力，统筹煤、电、油、气网运设施能力建设，建设架构合理、坚强可靠的骨干输电通道，形成全面覆盖的油气管网，实现能源便捷流动、灵活调运。

坚持长短结合。积极应对市场短期供应中断，防范突发事件和短期价格剧烈波动影响。更加注重能源长期可持续安全，统筹能源安全与生态环境安全，把新能源、新技术、气候变化作为新能源安全观的重要内容。

2. 增强战略储备和应急能力

优化可再生能源开发布局，通过建设电力外送渠道、调峰电源建设等方式，逐步解决可再生能源的消纳问题。通过技术进步和规模化应用，降低可再生能源的发电成本。创新可再生能源商业运营模式，增加可再生能源市场化收益。在新老能源交替之际，要大力发展化石能源高效清洁利用技术，满足应对气候变化和保护环境的要求。

建立政府储备与企业储备并重、中央储备与地方储备分层、资源储备与技术储备结合、战略储备与应急响应兼顾、国内储备与国际储备互补的能源储备机制。

扩大能源资源及产品储备规模。完善能源储备设施布局，增强长期战略性储备、平时和应急调峰性储备能力。加快石油储备基地建设，科学确定储备规模。积极发展天然气应急调峰设施，提升天然气应急调峰能力，加快地下储气库、沿海液化天然气应急调峰站等建设。统筹考虑储电、储热、储冷等多种储备方式，发挥好调节供需平衡和能源缓冲作用。

增强替代能源能力储备。增强煤制油、煤制气等煤基燃料技术研发能力，积极研发生物柴油、燃料乙醇、生物纤维合成汽油等生物液体燃料替代技术，大力推进纯电动汽车、燃料电池等动力替代技术发展，发展氢燃料等替代燃料技术。积极推动替代技术产业示范。

健全能源预警应急体系。强化能源生产、运行、环境等领域事故应急能力建设，开发能源预测预警模型，建立预测预警平台，定期跟踪并发布信息，畅通反馈机制。制定应急预案、完善演练制度和应急调度机制，提高能源应急响应能力，有效减少能源中断带来的损失。

3. 提升生产运行安全水平

加大能源安全生产投入，加强能源行业安全监管，全面提升煤电油气运安全水平。

加大安全生产投入。全面普查煤矿隐蔽致灾因素，加快关闭煤与瓦斯突出等灾害隐患严重的煤矿。加大老旧油气管道和电网改造力度，做好基础设施保护与隐患排查治理工作。强化炼厂、油库、油气加注站等重大危险源管控。加强核安全队伍建设，进一步提高核能与核技术安全水平，降低核与辐射安全风险。尽快出台能源互联网技术安全制度，加强安全研判和预控。

加强行业安全监管。完善和落实安全生产责任、管理制度和考核机制,严格责任追究,坚决遏制能源领域重特大安全事故发生。创新安全生产监管执法机制,加强能源项目全过程安全监管,重点开展源头监管和治理,及时排查化解安全隐患。加强安全生产诚信体系建设,整合建立能源安全生产综合信息平台,加强监管执法队伍建设。

7.4 能源发展保障措施

7.4.1 健全能源法律法规体系

进入 21 世纪以来,我国高度重视能源的可持续发展问题。为了推进可再生能源的开发利用,克服可再生能源开发利用过程中面临的法律和政策障碍,2003 年,十届全国人大常委会把制定《中华人民共和国可再生能源法》(以下简称《可再生能源法》)列入 2003 年的立法计划中。在国务院相关部门的通力配合下,全国人大环境与资源保护委员会于 2004 年 12 月完成草案的起草工作。2005 年 2 月 28 日,经第十届全国人大常委会第十三和十四次会议审议,该法得以通过,并于 2006 年 1 月 1 日开始实施。其中规定的主要法律制度,有总量目标制度、强制上网制度、分类电价制度、费用分摊制度以及专项资金制度。《可再生能源法》的立法原则和主要内容,不仅体现了能源可持续发展的理念,还对政府和市场主体共同参与能源结构的调整给予了立法支持。在开发利用可再生能源的机制和体制创新等方面,也取得了重大突破。

以上这些法律连同与其配套的能源法规及规章的出台,构成了我国能源法律体系框架的雏形。其制定和实施不仅是我国能源事业逐步走向法制化的标志,而且在很大程度上支持了能源事业的发展。但是,随着时代的发展和能源问题的不断尖锐化,现有能源法律体系存在的问题越来越明显,主要表现在以下几个方面。

(1)能源法律体系结构还不完整。首先,起龙头作用的能源基本法缺失。因此,不能从现行法律规定当中,直接找到关于能源法基本制度的法律规定,只能通过概括、提炼和总结得出,各项主要制度之间缺乏必要的联系,单打独斗,形同散沙。国外的经验表明,如果仅仅采用单行法律的模式,去规范和协调全社会的开发、利用能源的行为,不仅效力太低,而且立法及其实施的效益也非常有限。其次,子体系不完整。石油、天然气、核能等领域的能源矿业法,至今仍然缺位;缺少天然气供应法、热力供应法等能源公共事业法。现有能源立法主要调整的是能源的开发、利用等行为,而对能源产品的销售和服务缺少规范。

(2)立法理念和立法技术较为落后。我国现行的许多能源立法,虽然是在国家提出市场经济体制的目标模式之后制定的,但其立法理念并没有准确地把握市场经济体制下国家及政府、经营者、消费者等相关主体之间应有的关系;在能源、资源、环境、经济和人等相关要素之间关系的把握上,没有很好的现代理念。不管是《电力法》中的电业权制度、电力供给制度等,还是《矿产资源法》中的矿产资源勘查登记制度以及采矿许可证制度,都是为了突出资源属性和经济属性而创立的制度,而抛弃了能源的公共物品属性。还有现行的《节约能源法》,仍是从能源角度谈节约问题,而非从环境角度谈节约能源的重要价值,因而只是从某些侧面起到了保护环境的作用。

(3)现有单行法可操作性差。首先,规定过于原则,确定性和充分性差,对违法者的责任追究制度薄弱。以《节约能源法》为例,整个法律共六章、五十条。其中,有章节专门规定国家和相关政府机构在节能方面应当履行的宏观调控职责、行政监管职责以及相应的制度手段,但对于拥有较大自由裁量度的政府机构在节能方面的宏观调控与行政监管职责,并未规定相应的政治性监督与问责机制,也未规定相应的行政和司法救济机制。另外,只规定了用能单位在节能方面的法律义务,而对于依法追究违反义务者法律责任的情形却规定得很少。

其次,法律制度与政策体系自身设计过程中的系统性、协调性差,配套措施、法规和标准不完善或缺位。仍以《节约能源法》为例,与之对应的机构设置、资金保障、强制手段、财税激励措施、节能协议、技术和中介服务等必要的支撑条件薄弱甚至缺位,节能政策缺乏完整性和系统性,没有建立起市场调节、政府监管和社会参与相结合的节能新机制[7-8]。

要建立健全、完整、配套的能源法律法规体系,推动相关法律制定和修订,完善配套法规体系,发挥法律、法规、规章对能源行业发展和改革的引导和约束作用,实现能源发展有法可依。完善我国能源法律体系的建议如下。

(1)改变立法理念,提高立法技术。改变立法理念,就是要在坚持市场经济、平衡协调、以人为本的理念的基础之上,正确把握国家、政府、市场、经营者、消费者等相关主体之间的关系定位,科学统筹能源、环境和经济以及人与自然诸要素间的关系,紧紧围绕提高人民的生活质量、人类的可持续发展设计能源制度。纵观过去能源方面的立法,有的源于政府完全主导立法,将产业法变成行业法,将调控和规制法变成管理法,缺乏对相关主体之间关系的正确定位;有的在立法过程中,起草组的专家成为政府或某一利益集团的代言人,使得立法成为保护个别、特殊利益的工具。因此,提高立法技术,从立法工作的角度要依靠专家立法。这不仅需要有法学专家的参与,还要有能源方面的专家参与。

(2)制定和修改能源单行法律及配套措施。完善能源法律体系,应当及时启动和进一步加快单行法律的制定和修改工作,以加强现有单行法的可操作性。根据我国当前和今后一段时期能源开发利用的需要,有必要制定《石油法》《核能法》《天然气法》等法律。同时,加快修订《电力法》《煤炭法》《矿产资源法》《水法》《节约能源法》,尤其是要强化其中的法律责任,加大处罚力度。另外,对于《可再生能源法》,可以通过制定配套实施的法规、规章,来解决实施中的具体政策问题。除此之外,还应该健全相关标准体系,完善监管制度,明确监管主体及其监管职能。只有这样,才能保证相关法律制度的正常实施,从而真正发挥其应有的作用[7-8]。

能源是国家安全的命脉和国民经济发展的重要基础。因此,保障能源的安全供应是我国经济有效增长的保证。其根本途径,就是完善我国能源法律体系,从而使我国能源法律制度得以有效实施。

7.4.2　完善能源财税投资政策

我国能源发展财税政策体系的总体评价可分为以下三点。

(1)国家对新能源日益重视,但尚未形成健全的新能源财税政策体系。

目前,我国虽在多项规划、政策等方面涉及对新能源的财税优惠,但专门针对新能源的政策措施较少,更没有一个专门包括新能源在内的能源税种。目前,实行具体优惠政策措施的地区差异和行业差异较大。资源可持续利用以及环境保护政策混在一起,大多采用税收减免的单一措施,对投资抵免、加速折旧、延期纳税等其他工具的使用较少,没有形成长期稳定的政策机制。

(2)新能源税率设置考虑不够全面,税负仍较高。

虽然国家对新能源实施了较低的增值税税率,但由于没有充分考虑新能源在抵扣环节的特殊性,通过折合计算,新能源综合税负仍普遍高于传统能源。以风电为例,1994年风力发电和其他行业一样执行17％的增值税税率。而煤炭发电可以抵扣煤炭进项税,据测算,实际税负为8％左右,那么风电税负约为火电的2倍。后来财政部、国税总局出台优惠政策,自2001年1月1日起,对风电增值税按8.5％减半征收。但由于风电没有购买燃料的进项税抵扣,风电税负还是比煤电高。

(3)由于没充分考虑新能源产业的特殊性,有些税收优惠未能充分落实。

在企业所得税优惠方式中,投资抵免容易操作,优惠政策能落到实处。但加速折旧效果往往不明显,因为加速折旧使近期成本增加、利润减少,许多企业为了完成利润指标不愿意把成本做大,加速折旧的优惠措施效果大打折扣。就关税而言,进口关税优惠仅限于少数可再生能源设备,难以实现免税的鼓励效果,如对外资企业的减免仅用于风力发电机与光伏电池,但对国家重点鼓励的项目仅限于可再生能源的发电利用上。另外,可再生能源领域的内外资企业竞争不公平的问题,也制约政策的落实[7-9]。

因此,要完善能源发展相关财政、税收、投资、金融等政策,强化政策引导和扶持,促进能源产业可持续发展。有以下相关建议。

①加大财政资金支持。继续安排中央预算内投资,支持农村电网改造升级、石油天然气储备基地建设、煤矿安全改造等;继续支持科技重大专项实施;支持煤炭企业化解产能过剩,妥善分流安置员工;支持已关闭煤矿的环境恢复治理。

②完善能源税费政策。全面推进资源税费改革,合理调节资源开发收益;加快推进环境保护费改税;完善脱硫、脱硝、除尘和超低排放环保电价政策,加强运行监管,实施价、税、财联动改革,促进节能减排。

③完善能源投资政策。制定能源市场准入"负面清单",鼓励和引导各类市场主体依法进入"负面清单"以外的领域。加强投资政策与产业政策的衔接配合,完善非常规油气、深海油气、天然铀等资源勘探开发与重大能源示范项目投资政策。

④健全能源金融体系。建立能源产业与金融机构信息共享机制,稳步发展能源期货市场,探索组建新能源与可再生能源产权交易市场。加强能源政策引导,支持金融机构按照风险可控、商业可持续原则,加大能源项目建设融资,加大担保力度,鼓励风险投资以多种方式参与能源项目。鼓励金融与互联网深度融合,创新能源金融产品和服务,拓宽创新型能源企业融资渠道,提高直接融资比重。

7.4.3 强化能源规划实施机制

建立制度保障,明确责任分工,加强监督考核,强化专项监管,确保能源规划有效实施。

(1)增强能源规划引导约束作用。完善能源规划体系,制定相关领域专项规划,细化规划确定的主要任务,推动规划有效落实。强化省级能源规划与国家规划的衔接,完善规划约束引导机制,将规划确定的主要目标任务分解落实到省级能源规划中,实现规划对有关总量控制的约束。完善规划与能源项目的衔接机制,项目按核准权限分级纳入相关规划,原则上未列入规划的项目不得核准,提高规划对项目的约束引导作用。

(2)建立能源规划动态评估机制。能源规划实施中期,能源主管部门应组织开展规划实施情况评估,必要时按程序对规划进行中期调整。规划落实情况及评估结果要纳入地方政府绩效评价考核体系。

（3）创新能源规划实施监管方式。坚持放管结合，建立高效透明的能源规划实施监管体系。创新监管方式，提高监管效能。重点监管规划发展目标、改革措施和重大项目落实情况，强化煤炭、煤电等产业政策监管，编制发布能源规划实施年度监管报告，明确整改措施，确保规划落实到位。

参考文献

[1]BP 集团. BP 世界能源统计年鉴（2017 版）［EB/OL］.（2017 － 07 － 01）［2018 － 01 － 15］. https://www. bp. com/zh_cn/china/reports—and—publications/_bp_2017—_html.

[2]国家发展和改革委员会，国家能源局. 能源生产和消费革命战略（2016 － 2030）［EB/OL］.（2017 － 07 － 01）［2018 － 01 － 15］. http://www. ndrc. gov. cn/zcfb/zcfbtz/201704/t20170425_845284. html.

[3]国家发展和改革委员会，国家能源局. 能源发展"十三五"规划［EB/OL］.（2017 － 07 － 01）［2018 － 01 － 15］. http://www. ndrc. gov. cn/zcfb/zcfbtz/201701/t20170117_835278. html.

[4]ALEH C，JESSICA J. The concept of energy security：Beyond the four As［J］. Energy Policy，2014，75（12）：415 － 421.

[5]丹尼尔·耶金，单卫国，李春霞. 全球能源安全［J］. 国际经济评论，2003，（3）：39 － 43.

[6]魏一鸣，吴刚，梁巧梅，等. 中国能源报告（2012）：能源安全研究［M］. 北京：科学出版社，2012.

[7]程蕾. 新时代中国能源安全分析及政策建议［J］. 中国能源，2018，40（2）：10 － 15

[8]李涛. 我国能源法律体系现状分析［J］. 中国矿业，2010，19（3）：4 － 6.

[9]李靖. 推动我国新能源发展的财税政策研究［J］. 财政研究，2011，6：17 － 20.

第8章

能源发展的主要任务

8.1 能源发展战略的主要任务

能源是现代化的基础和动力，能源供应和安全事关我国现代化建设全局。新世纪以来，我国能源发展成就显著，供应能力稳步增长，能源结构不断优化，节能减排取得成效，科技进步迈出新步伐，国际合作取得新突破，建成世界最大的能源供应体系，有效保障了经济社会持续发展。

从"十一五"到2013年，我国节能减排取得的主要成效有：①"十一五"期间，我国第一次把能源消耗强度降低和主要污染物排放总量减少确定为国民经济和社会发展的约束性指标，经过各方面的共同努力，全国单位国内生产总值能耗下降19.1%，二氧化硫（SO_2）、化学需氧量（COD）排放总量分别减少14.29%和12.45%（图8-1），基本完成了"十一五"规划《纲要》确定的目标任务，以能源消费年均6.6%的增速支撑了国民经济年均11.2%的增长，扭转了我国工业化、城镇化快速发展阶段能源消耗强度和主要污染物排放量上升的趋势。"十一五"期间，我国节能6.3亿t标准煤，相当于减少二氧化碳排放14.6亿t，为应对全球气候变化做出了重要贡献。②进入"十二五"时期，国家继续将单位国内生产总值能耗下降16%、二氧化碳排放强度下降17%和主要污染物排放总量减少8%～10%作为约束性指标，国务院对"十二五"节能减排、低碳发展工作进行了全面部署和总体安排，要求确保实现"十二五"节能减排约束性目标。2012年，全国单位国内生产总值能耗降低3.6%，二氧化硫、化学需氧量、氨氮、氮氧化物排放总量分别下降4.52%、3.05%、2.62%和2.77%，全面完成年初确定的节能减排目标。节能减排统计监测考核体系进一步完善，组建了国家节能中心、全国770个节能监察机构，国家对能源的监管能力得到了增强[1]。

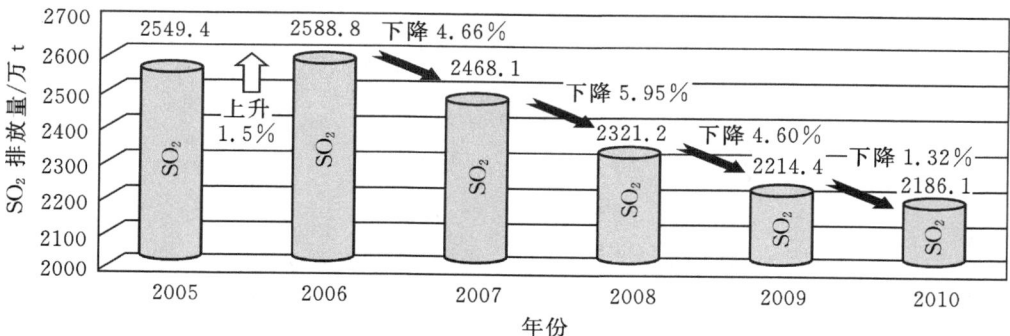

（a）"十一五"全国二氧化硫（SO_2）排放总量累计下降14.29%

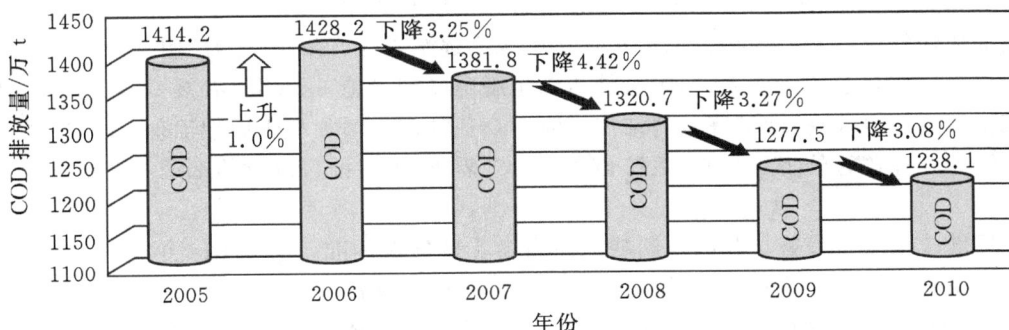

（b）"十一五"全国化学需氧量（COD）排放总量累计下降 12.45％

图 8-1　"十一五"期间全国 SO_2 和 COD 排放总量

当前,世界政治、经济格局深刻调整,能源供求关系深刻变化,特别是世界油气格局发生了重大变化,主要表现在:全球油气生产重心西移,消费重心东移;原油定价权正从石油输出国（"欧佩克"）手中滑落,国际天然气贸易规则也已发生重要变化。世界能源在变,中国能源也必须积极求变,在变动不居的行业环境中始终坚定、有效地维护本国的能源利益[2]。我国能源资源约束日益加剧,生态环境问题突出,调整结构、提高能效和保障能源安全的压力进一步加大,能源发展面临一系列新问题新挑战。同时,我国可再生能源、非常规油气和深海油气资源开发潜力很大,能源科技创新取得新突破,能源国际合作不断深化,能源发展面临着难得的机遇。

从现在到 2020 年,是我国全面建成小康社会的关键时期,是能源发展转型的重要战略机遇期。为贯彻落实党的"十八大"精神,推动能源生产和消费革命,打造中国能源升级版,必须加强全局谋划,明确今后一段时期我国能源发展的主要任务,推动能源创新发展、安全发展、科学发展,特制定本行动计划。

8.1.1　增强能源自主保障能力

立足国内,加强能源供应能力建设,不断提高自主控制能源对外依存度的能力。

1. 推进煤炭清洁高效开发利用

燃煤排放成为造成我国大气污染的重要因素,但我国以煤炭为主的能源消费结构短期难以改变。要解决燃煤带来的大气污染问题,只能从煤炭自身出发,大力推进煤炭清洁高效利用势在必行。

我国在煤炭加工、流通和消费领域的清洁高效利用方面取得积极成效,但仍有不少问题有待解决。

多领域、多行业缺乏协同推进机制。煤炭清洁高效利用涉及多领域、多行业,是一项庞大的系统工程,需要各环节紧密合作。但当前,煤炭开采和加工、运输、市场、消费等各环节管理部门不同,缺乏统筹协调机制。同时,我国煤炭入选率较低,部分煤炭成型加工企业存在生产规模小、生产设备可靠性差等问题,型煤实际产能不足,主要流向民用领域,工业锅炉和炉窑用型煤供应不足。

源头控制和末端治理结合不足。在燃煤装置复杂多样的工业炉窑领域,对于钢铁、水泥等使用大型炉窑进行生产的企业,烟气除尘脱硫脱硝设施建设普遍较为完善,但由于高昂的运行成本,实际上烟气治理设备的达标运行率低,存在建而不用现象。当前工业污染主要集中在金属冶炼、化工、水泥、陶瓷、玻璃等行业,这些行业的燃料利用方式主要有原煤直接燃烧、煤经气化制成燃烧气等,经过多年发展,煤炭直接燃烧已逐渐被煤气发生炉制燃料气取代。

对于这些行业的治污来说,末端加装除尘脱硫脱硝设施首先不具有规模效应,同时环保监管难度和成本也极高;前端高效清洁用煤对于企业的成本增加小于后端治理,而且前端治理有利于缓解环保监管的力不从心,更符合实际治理需求,但目前普遍对前端源头清洁化改造重视不足。

标准政策有待完善。我国长期缺乏商品煤质量分级标准,直到 2014 年 9 月才颁布了《商品煤质量管理暂行办法》。《工业炉窑大气污染物排放标准》(GB9078—1996)已发布实施 20多年,其污染物监管种类不全、限值过于宽松,已无法满足环境管理需求,但部分地方政府在开展炉窑整治工作时仍执行此标准。工业窑炉、煤化工等领域部分关键燃煤装置没有制定专门的排放标准和技术标准,也缺乏清洁煤气等煤炭清洁高效利用产品标准,造成标准引领作用缺失。尤其是陶瓷、玻璃、金属加工等行业大量的中小型燃煤装置缺乏技术标准,无法对装置的先进性和清洁性进行明确的界定,导致以循环流化床等为代表的清洁煤气化技术推广缓慢。

相关部门在确定上述行业污染物排放标准限值时,往往让位经济发展、照顾大多数,而未考虑使用清洁技术能够达到的排放水平,造成污染物排放控制标准比火电厂宽松得多。例如,同样是控制二氧化硫,对燃煤电厂(图 8 - 2)要求执行 35 mg/m³,对部分工业炉窑的要求却是300 mg/m³[3]。

图 8 - 2 煤炭发电

按照安全、绿色、集约、高效的原则,加快发展煤炭清洁开发利用技术,不断提高煤炭清洁高效开发利用水平。

清洁高效发展煤电。转变煤炭使用方式,着力提高煤炭集中高效发电比例。提高煤电机组准入标准,新建燃煤发电机组供电煤耗低于每千瓦时 300 g 标准煤,污染物排放接近燃气机组排放水平。

推进煤电大基地大通道建设。依据区域水资源分布特点和生态环境承载能力,严格煤矿环保和安全准入标准,推广充填、保水等绿色开采技术,重点建设晋北、晋中、晋东、神东、陕北、黄陇、宁东、鲁西、两淮、云贵、冀中、河南、内蒙古东部、新疆等 14 个亿吨级大型煤炭基地。到2020 年,基地产量占全国的 95%。采用最先进节能节水环保发电技术,重点建设锡林郭勒、鄂尔多斯、晋北、晋中、晋东、陕北、哈密、准东、宁东等 9 个千万千瓦级大型煤电基地。发展远距离大容量输电技术,扩大西电东送规模,实施北电南送工程。加强煤炭铁路运输通道建设,重点建设内蒙古西部至华中地区的铁路煤运通道,完善西煤东运通道。到 2020 年,全国煤炭铁路运输能力达到 30 亿 t。

提高煤炭清洁利用水平。制定和实施煤炭清洁高效利用规划,积极推进煤炭分级分质梯级利用,加大煤炭洗选比重,鼓励煤矸石等低热值煤和劣质煤就地清洁转化利用。建立健全煤炭质量管理体系,加强对煤炭开发、加工转化和使用过程的监督管理,加强进口煤炭质量监管。大幅度减少煤炭分散直接燃烧,鼓励农村地区使用洁净煤和型煤。

2. 稳步提高国内石油产量

通报数据显示,2016 年,全国油气勘查、开采投资分别为 527.5 亿元和 1333.4 亿元,同比下降 12.1% 和 29.6%,比 2007 年分别下降了 14.4 亿元和 197.4 亿元,回到了 10 年前的水平。同时,完成探井 2715 口和开发井 15368 口,同比下降 10.2% 和 23.5%。

为此,新增石油探明地质储量 10 年来也首次降至 10 亿 t 以下。2016 年,全国石油新增探明地质储量 9.14 亿 t,10 年来首次降至 10 亿 t 以下。截至 2016 年底,全国石油累计探明地质储量 381.02 亿 t,剩余技术可采储量 35.01 亿 t,剩余经济可采储量 25.36 亿 t,储采比为 12.7。从产量的角度看,石油产量 6 年来首次降至 2 亿 t 以下,天然气产量稳中有降。数据显示,2016 年,全国石油产量稳中有降,全年生产石油 1.996 亿 t,是 2011 年以来首次降至 2 亿 t 以下。因此,如何保证我国石油产量在保证不存在逐年下降的情况且能够实现逐步提高,是提高我国能源自主保障能力的一个重要阶段[4]。

坚持陆上和海上并重,巩固老油田,开发新油田,突破海上油田,大力支持低品位资源开发,建设大庆、辽河、新疆、塔里木、胜利、长庆、渤海、南海、延长等 9 个千万吨级大油田。

稳定东部老油田产量。以松辽盆地、渤海湾盆地为重点,深化精细勘探开发,积极发展先进采油技术,努力增储挖潜,提高原油采收率,保持产量基本稳定。

实现西部增储上产。以塔里木盆地、鄂尔多斯盆地、准噶尔盆地、柴达木盆地为重点,加大油气资源勘探开发力度,推广应用先进技术,努力探明更多优质储量,提高石油产量。加大羌塘盆地等新区油气地质调查研究和勘探开发技术攻关力度,拓展新的储量和产量增长区域。

加快海洋石油开发。按照以近养远、远近结合,自主开发与对外合作并举的方针,加强渤海、东海和南海等海域近海油气勘探开发,加强南海深水油气勘探开发形势跟踪分析,积极推进深海对外招标和合作,尽快突破深海采油技术和装备自主制造能力,大力提升海洋油气产量。

大力支持低品位资源开发。开展低品位资源开发示范工程建设,鼓励难动用储量和濒临枯竭油田的开发及市场化转让,支持采用技术服务、工程总承包等方式开发低品位资源。

3. 大力发展天然气

随着天然气产业快速发展,产业链发展不协调逐步显现,供应增加与设施不足的矛盾、管道快速发展与储气能力滞后的矛盾、市场开发与配套能力落后的矛盾日益突出。问题主要表现如下。

勘查领域缺乏竞争。我国天然气资源勘查潜力较大,但由于勘查主体少,竞争不足,造成部分区域内存在一定程度的"占而不勘"现象,影响了天然气增储上产。同时,缺乏对非常规天然气特别是页岩气勘查开发的扶持政策。

设施滞后形成瓶颈。天然气主干管网系统(图 8-3)尚不完善,部分地区尚未覆盖,区域性输配管网不发达,天然气调配和应急机制不健全。特别是储气能力建设严重滞后,目前储气库工作气量仅占消费量的 1.7%,远低于世界 12% 的平均水平。用气负荷集中的大中城市缺乏储气和应急调峰设施,已建成 LNG 储罐罐容约 40 万 m³、高压储罐罐容约 30 万 m³,主要分布在北京、上海、合肥、郑州等大城市。随着进口天然气规模扩大,储气能力愈显不足,供气安全压力日益加大。

图 8-3 天然气干线管道

天然气价格急需理顺。目前,国内天然气价格水平偏低,没有完全反映市场供求变化和资源稀缺程度,不利于天然气合理使用。特别是进口中亚天然气按国产气价格亏损销售,不利于调动企业实施"走出去"引进资源的积极性。由于国内天然气用户承受能力有限,完全理顺天然气价格还需要一个过程。

关键技术尚待突破。大规模开发非常规天然气尤其是页岩气的关键技术体系尚未形成,缺乏核心技术和相关标准规范等;大型燃气轮机和大功率天然气压缩机、大型 LNG 低温泵等关键设备主要依靠进口;天然气高效利用关键技术,如微型燃气轮机等与国际水平差距较大。

法规体系尚不健全。如何依照反垄断法等法律法规,加强对具有自然垄断属性的管网等基础设施运营企业的有效监管,督促其向第三方提供公平、公正的服务,还需要在实践中进一步研究、探索,不断完善相关制度。

针对我国天然气发展存在的主要矛盾和问题,必须要明确的是:高举中国特色社会主义伟大旗帜,以邓小平理论和"三个代表"重要思想为指导,全面贯彻落实科学发展观,按照以人为本、调整能源结构、促进节能减排、提高利用效率、安全保供的发展方针,通过科技创新和体制机制改革,加强行业监管,完善产业政策,解决天然气产业发展不协调问题,发挥市场配置资源的基础性作用,提高天然气在一次能源消费中的比重,构建供应稳定、运行高效、上下游协调发展的现代天然气产业体系[5]。

按照陆地与海域并举、常规与非常规并重的原则,加快常规天然气增储上产,尽快突破非常规天然气发展瓶颈,促进天然气储量产量快速增长。

加快常规天然气勘探开发。以四川盆地、鄂尔多斯盆地、塔里木盆地和南海为重点,加强西部低品位、东部深层、海域深水三大领域科技攻关,加大勘探开发力度,力争获得大突破、大发现,努力建设 8 个年产量百亿立方米级以上的大型天然气生产基地。到 2020 年,累计新增常规天然气探明地质储量 5.5 万亿 m³,年产常规天然气 1850 亿 m³。

重点突破页岩气和煤层气开发。加强页岩气地质调查研究,加快"工厂化""成套化"技术研发和应用,探索形成先进适用的页岩气勘探开发技术模式和商业模式,培育自主创新和装备制造能力。着力提高四川长宁—威远、重庆涪陵、云南昭通、陕西延安等国家级示范区储量和产量规模,同时争取在湘鄂、云贵和苏皖等地区实现突破。到 2020 年,页岩气产量力争超过 300 亿 m³。以沁水盆地、鄂尔多斯盆地东缘为重点,加大支持力度,加快煤层气勘探开采步伐。到 2020 年,煤层气产量力争达到 300 亿 m³。

积极推进天然气水合物资源勘查与评价。加大天然气水合物勘探开发技术攻关力度,培育具有自主知识产权的核心技术,积极推进试采工程。

4. 积极发展能源替代

过去 20 年,人类社会认识到了替代石油能源的新兴能源形式的重要性,许多国家从技术、经济和政治上采取行动大力发展替代能源。我国虽然在替代能源的研发上起步比较晚,但成长十分迅速,替代能源的开发总量、新增容量、新增投资、消费占比等多项指标位居世界前列甚至首位,超越美国、德国等传统替代能源生产和消费大国。

起步较晚,供给能力迅速扩张。我国对替代能源,特别是可再生能源的开发始于 20 世纪 80 年代初期。当时,实施的可再生能源试点与示范项目主要是为了缓解农村能源困难,防止因能源消耗引起的植被破坏和水土流失。2000 年以后,才真正将替代能源发展以国家政策法规的形式出现。据统计,截至 2016 年底,世界替代能源供给能力排行榜上,我国在可再生能源发电容量、风能发电容量、太阳能热水器容量等项目上位居世界第一,在太阳能发电容量上也位居世界第二,规模增长迅速。美国、德国、巴西、日本等主要发达国家在替代能源的供给能力上具有很强实力,主要指标位居世界前五。

前景看好,新增投资快速增长。在 2005—2015 年的 11 年间,我国在可再生能源发电和燃料利用领域的新增投资从 83 亿美元快速增长到 1029 亿美元,年均增速达 28.6%,占全球新增总投资的比重也从 11.4% 扩大至 36%。在这 11 年间,美国、欧洲在可再生能源发电和燃料利用领域的新增投资年均增长分别为 14% 和 3.9%,增速远低于我国。

2015 年,我国在可再生能源发电和燃料利用领域的新增投资量已经是美国的 2.3 倍,是欧洲的 2.1 倍。同年,对可再生能源的新增投资(不含水电)世界排名前五的国家是中国、美国、日本、英国和德国。对未来能源领域发展趋势的把握和国内环保压力的不断增强给以可再生能源为代表的替代能源发展赋予了光明的前景。

结构丰富,消费占比不断提升。在替代能源开发总量不断提高的同时,我国替代能源消费结构也日益丰富,在传统的水电基础上,核能、生物质能、太阳能、风能等多种替代能源逐步替代传统化石能源,为我国能源多元化和环境保护做出了积极贡献[6]。

由于替代能源技术的不成熟,需要政策扶植培育替代能源产业的发展,使之走向产业化、规模化轨道。基于替代能源产业发展的战略和目标要求,需要实施有利于替代能源产业成长并不断发展壮大的政策支持。

坚持煤基替代、生物质替代和交通替代并举的方针,科学发展石油替代。到 2020 年,形成石油替代能力 4000 万 t 以上。

稳妥实施煤制油、煤制气示范工程。按照清洁高效、量水而行、科学布局、突出示范、自主创新的原则,以新疆、内蒙古、陕西、山西等地为重点,稳妥推进煤制油、煤制气技术研发和产业化升级示范工程,掌握核心技术,严格控制能耗、水耗和污染物排放,形成适度规模的煤基燃料替代能力。

积极发展交通燃油替代。加强先进生物质能技术攻关和示范,重点发展新一代非粮燃料乙醇和生物柴油,超前部署微藻制油技术研发和示范。加快发展纯电动汽车、混合动力汽车、天然气汽车和船舶,扩大交通燃油替代规模。

5. 加强储备应急能力建设

在一国的能源储备中,战略石油储备是重要的组成部分。2007 年 12 月 18 日,我国成立了"国家石油储备中心":作为我国石油储备管理体系的执行层,其宗旨是为维护国家经济安全提供石油储备保障,主要负责国家石油储备基地的建设与管理,承担战略石油储备收储、轮换和动用任务,监测国内外石油市场供求变化等。

根据我国石油战略储备建设计划,到 2020 年,中国储备总规模将达到 100 天左右的石油净进口量,国家石油储备能力提升到约 8500 万 t,相当于 90 天的石油净进口量,这也是 IEA 规定的战略石油储备能力"达标线"。计划共分为三期,总投资额约为 1000 亿元。然而,与世界发达国家相比,我国还存在着较大的差距。

另外,天然气的储备也是能源储备与应急的重要方面。许久以来,我国以调峰为目的的储气库建设,天然气战略储备迟迟未提上日程。于 2011 年 10 月召开的"2011 中国国际石油石化暨海洋工程技术大会"上,国家能源局石油天然气处负责人透露,国家能源局正在与相关部门合作筹划建立"天然气储备体系"。目前,我国的天然气主要是利用岩穴、废弃油气田进行储备,这种储备方式建设周期太长,不能快速大容量地储备天然气,而管道储备天然气的容量就更加有限;另一方面,储存液化天然气的储罐对资金和技术的要求都很高,建设成本太高。因此,未来我国将研究建立更加有效的天然气储备体系,使天然气的储备有一定的保障。

能源应急与能源储备是紧密联系的,后者为前者提供保障,能源储备的现状不容乐观,我国能源应急能力更是堪忧。从 2011 年 3 月以来蔓延近 11 个省市的"电荒",到 2010 年的"柴油荒",以及 2008 年雪灾导致的大面积停电等大能源事件,可以看出我国能源应急能力还非常有限[7]。

能源储备是维护国家能源安全的重要手段。构建完备的能源储备与应急机制,才能保障我国的能源安全。完善能源储备制度,建立国家储备与企业储备相结合、战略储备与生产运行储备并举的储备体系,建立健全国家能源应急保障体系,提高能源安全保障能力。

扩大石油储备规模。建成国家石油储备二期工程,启动三期工程,鼓励民间资本参与储备建设,建立企业义务储备,鼓励发展商业储备。

提高天然气储备能力。加快天然气储气库建设,鼓励发展企业商业储备,支持天然气生产企业参与调峰,提高储气规模和应急调峰能力。

建立煤炭稀缺品种资源储备。鼓励优质、稀缺煤炭资源进口,支持企业在缺煤地区和煤炭集散地建设中转储运设施,完善煤炭应急储备体系。

完善能源应急体系。加强能源安全信息化保障和决策支持能力建设,逐步建立重点能源品种和能源通道应急指挥和综合管理系统,提升预测预警和防范应对水平。

8.1.2　推进能源消费革命

《能源生产和消费革命战略(2016—2030)》(以下简称《战略》)把能源消费革命概括为"开创节约高效新局面"。提出:①实施能源消费总量和强度"双控"行动,把双控作为约束性指标,推动形成经济转型升级的倒逼机制。《战略》中提出,2020 年能源消费总量控制在 50 亿 t 标准煤以内,2030 年控制在 60 亿 t 标准煤以内,我认为这个目标有望完成的更好,需要重点控制煤炭消费总量和石油消费增量,鼓励可再生能源消费。②调整产业结构,推进节能和减排。推动工业部门能耗尽早达峰,推进工业绿色制造和循环式生产。对钢铁、建材等高耗能行业实施严格的能效和排放标准,提高建筑节能标准,遏制不合理的"大拆大建",构建绿色低碳交通运输体系。建立健全排污权、碳排放权初始分配制度,培育和发展全国碳排放权交易市场。③推动城乡新型电气化、低碳城镇化、以电代煤、以电代油(随着电源结构的优化,这将不是以煤代油)。淘汰煤炭在建筑终端的直接燃烧,增加可再生电力供电和热(冷)。提升农村电力普遍服务水平,推进农业生产电气化,实施光伏(热)扶贫工程,大力发展太阳能、地热能、生物质能、农林固废资源化利用,使农村成为新能源发展的"沃土"。通过信息化手段,全面提升终端能源消费智能化、高效化水平。④大力倡导合理用能的生活方式和消费模式,以政策鼓励合理的生活住房和小排量、新能源公民车,引导公众有序参与能源消费各环节的监督[8]。

调整优化经济结构,转变能源消费理念,强化工业、交通、建筑节能和需求侧管理,重视生活节能,严格控制能源消费总量过快增长,切实扭转粗放用能方式,不断提高能源使用效率。

1. 严格控制能源消费过快增长

能源消费是指生产和生活所消耗的能源。能源消费按人平均的占有量是衡量一个国家经济发展和人民生活水平的重要标志。人均能耗越多,国民生产总值就越大,社会也就越富裕。在发达国家里,能源消费强度变化与工业化进程密切相关。随着经济的增长,工业化阶段初期和中期能源消费一般呈缓慢上升趋势,当经济发展进入后工业化阶段后,经济增长方式发生重大改变,能源消费强度开始下降。

在 20 世纪的最后 20 年里,中国国内生产总值(GDP)翻了两番,但能源消费仅翻了一番,平均的能源消费弹性仅为 0.5 左右。然而自 2002 年进入新一轮的高速增长周期后,中国能源强度却不断上升,经济发展开始频频受到能源瓶颈问题的困扰。

中国是煤炭资源比较丰富的国家(图 8-4),从能源消费结构来看,煤炭依然在中国能源消费总量中占主导地位。中华人民共和国成立初期,中国煤炭消费量占一次能源消费总量的 90% 以上,随着中国石油、天然气工业和水电事业的发展,煤炭消费比例有所下降。我国 2016 年全年能源消费总量 43.6 亿 t 标准煤,比 2015 年增长 1.4%。煤炭消费量下降 4.7%,原油消费量增长 5.5%,天然气消费量增长 8%,电力消费量增长 5%。煤炭消费量占能源消费总量的 62%,比 2015 年下降了 2%;水电、风电、核电、天然气等清洁能源消费量占能源消费总量的 19.7%,上升了 1.7%。从整体上看,中国的能源消费基本形成以煤为基础、多元发展的能源消费结构。

中国能源问题已经成为国民经济发展的战略问题,从国家安全角度看,能源资源的稳定供应始终是一个国家特别是依赖进口的国家关注的重点,是国家安全的核心内容。随着中国工业化、城市化进程的加快以及居民消费结构的升级,石油、天然气等清洁高效能源在未来中国能源消费结构中将会占据越来越重要的地位。

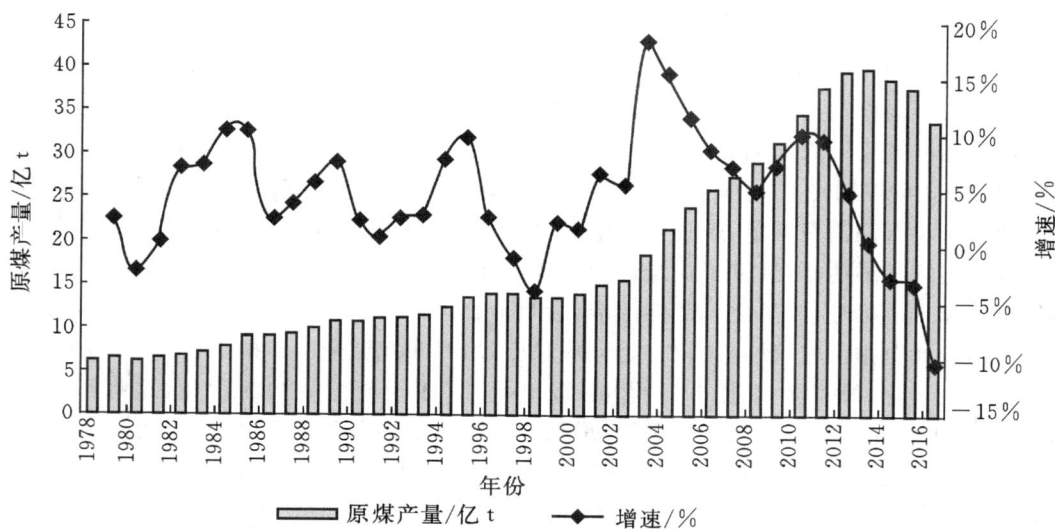

图 8-4 我国原煤产量及增速

按照差别化原则,结合区域和行业用能特点,严格控制能源消费过快增长,切实转变能源开发和利用方式。

推行"一挂双控"措施。将能源消费与经济增长挂钩,对高耗能产业和产能过剩行业实行能源消费总量控制强约束,其他产业按先进能效标准实行强约束,现有产能能效要限期达标,新增产能必须符合国内先进能效标准。

推行区域差别化能源政策。在能源资源丰富的西部地区,根据水资源和生态环境承载能力,在节水、节能、环保、技术先进的前提下,合理加大能源开发力度,增强跨区调出能力。合理控制中部地区能源开发强度;大力优化东部地区能源结构,鼓励发展有竞争力的新能源和可再生能源。

控制煤炭消费总量。制定国家煤炭消费总量中长期控制目标,实施煤炭消费减量替代,降低煤炭消费比重。

2.着力实施能效提升计划

"大力推进能效提升,加快实现节约发展"是《工业绿色发展规划(2016—2020 年)》十大重点任务之首。工业是能源消耗的主要领域,工业能效提升是实现到 2020 年单位国内生产总值二氧化碳排放比 2005 年下降 40%～45%目标的关键所在,是推进能源消费革命的主要方向,是促进稳增长、调结构、增效益的重要途径,对加快推动工业绿色发展,全面推进生态文明建设,具有重要意义。

"十二五"工业能效大幅提升,工业节能目标超额完成。"十二五"期间,规模以上工业能源消费年均增长 2.6%,年均增速比"十一五"时期回落 5.5%,以年均 2.6%的能耗增长支撑了年均 9.57%的工业经济增长,能源消费弹性系数由"十一五"时期的 0.54(8.1%/14.9%)降低到 0.27,工业能源利用效率大幅提升。规模以上工业企业单位增加值能耗累计下降 28%,超额完成"十二五"工业节能目标,实现节能量 6.9 亿 t 标准煤,对完成单位 GDP 能耗下降目标的贡献度在 80%以上。重点行业和主要用能单位产品能耗持续降低,钢铁、有色、石化、化工、建材、机械、轻工、纺织、电子信息等行业工业增加值能耗分别累计下降 24.5%、18.4%、12.2%、22.5%、34.1%、31.8%、35.9%、31.4%和 27.3%,粗钢、粗铜、烧碱、水泥单位产品综合能耗 5 年累计分别下降 6.9%、29%、19.4%和 13.1%,主要耗能工业产品单位能耗下降均完成"十二五"规划目标。重点领域淘汰落后产能取得积极进展,累计淘汰落后炼钢产能 9480 万 t,水泥(含熟料及磨机)6.45 亿 t,平板玻璃 16557 万重量箱,有力地促进了工业结构调整优化。

重点行业生产工艺装备技术水平明显提升,先进适用节能技术推广应用成效突出。钢铁行业生产工艺装备大型化水平大幅提高,常规节能措施如干熄焦、高炉炉顶压差发电、烧结余热发电等技术已基本普及。据中钢协统计,重点钢铁企业 5 m 以上焦炉产能占炼焦总产能的比重由 2010 年的 26% 提高到 2014 年的 48%,1000 m^3 及以上高炉占炼铁总产能的比重由 2010 年的 63% 提高到 2014 年的 65%,100 t 及以上转炉占转炉炼钢总产能的比重由 2010 年的 60% 提高到 2014 年的 67.5%。

有色金属行业中闪速熔炼、顶吹、氧气底吹及侧吹熔炼等先进技术的铜冶炼产能占全国的 90%,大型预焙槽电解铝产能占全国的 98%,采用富氧熔炼的铅冶炼产能占 80%,湿法浸出工艺的锌冶炼产能占全国的 87%,竖罐炼镁工艺、氧气底吹连续炼铜技术、600KA 超大容量铝电解槽技术已实现产业化。

水泥行业新型干法水泥熟料产量比重由 2010 年的 81% 上升到 2014 年的 98%,低温余热发电技术普及率由 2010 年的 55% 提高到 2014 年的接近 90%,成套装备从设计到制造都达到国际先进水平。玻璃行业中浮法工艺生产量占我国平板玻璃总产量的 87%,并具备独立制造成套装备能力,32% 的浮法生产线(占日熔化量 40%)配置余热发电,浮法玻璃熔窑 0♯喷枪纯氧助燃技术和熔窑大型化技术已逐步推广。陶瓷行业大型喷雾干燥塔技术、卫生陶瓷低压快排水成型工艺技术、少空气干燥器技术等节能技术的普及率分别由 2010 年的 30%、15% 和 20% 提高到 2014 年的 80%、50% 和 55%。

石化和化工行业千万吨级炼油、百万吨级乙烯、50 万吨合成氨等已具备成套工程化建设的能力。大型乙烯裂解炉、乙烯冷箱、聚乙烯、聚丙烯成套设备、化肥关键技术与装置、大型空气分离装置实现自主化。煤制烯烃和煤制丙烯等新型煤化工的工艺技术较为成熟,部分煤制油试点项目已经实现长周期稳定运行。多喷嘴对置式水煤浆气化技术、粉煤加压气化技术等一批具备自主知识产权的先进煤气化技术实现产业化。

电子信息制造业中电子工业炉窑技术水平实现了从中低档向中高档的转变,热效率与国际先进水平差距缩小。改进型多晶硅还原炉热能转换技术、综合回收四氯化硅和导热油循环冷却等新工艺技术逐步推广应用。超低待机和图像内容检测及光感应动态节能技术批量应用,使液晶电视功耗减少 30% 左右。CPU 制程工艺达到 22 nm 以下,低功耗 CPU 广泛应用在个人电脑、移动设备等领域。

通信行业三大运营商积极推进传统交换、传输设备及空调、电源等老旧高耗能设备的升级改造和退网,云基站集中化、协作化工作以及新能源基站建设,成立中国铁塔股份有限公司,实现通信设施的共建共享。推动宽带网络基础设施建设,新建超大型、大型数据中心 PUE 设计平均值为 1.48。移动互联网、电子商务、云计算、大数据、物联网的发展,有力地促进了全社会节能减排。

下面介绍"十三五"工业能效提升的突破口与重点任务。

1）突破口

"十二五"期间，我国工业节能侧重单项节能技术的推广应用和重点用能设备的能效提升，整体解决方案较为缺乏。侧重于钢铁、有色、建材、化工等重点用能行业节能，但新兴产业节能潜力尚待挖掘；侧重于大企业节能技术改造，但中小企业生产工艺装备和管理水平落后；侧重于单个行业和企业节能，行业间协同耦合、上下游企业间协调不够，流程工业与社会间生态链接的节能潜力尚待挖掘。

"十三五"时期，我国工业将以系统节能改造为突破口，促进工业节能从局部、单体节能向全流程、系统性优化转变，实现工业能源利用效率大幅提升。在继续推进单体节能的同时，更加注重设备、企业、园区的多层级系统节能，在抓好重点行业节能的同时，面向工业全行业全面推进工业节能，在继续重视大企业能效提升的同时，着力推动中小企业节能。

2）重点任务

（1）结构节能。推进工业节能，优化工业结构是根本，优化能源消费结构是关键。"十二五"期间，结构节能对工业节能的贡献率由"十一五"期间的 1.6％提高到 17.5％，随着供给侧结构性改革力度的加大，预计"十三五"时期结构节能的贡献率将达到 28.9％。因此，"十三五"时期，工业内部结构优化将是实现工业节能目标的主要途径。结构优化包括产业结构优化、产品结构优化和能源消费结构优化，"十三五"时期我国工业将围绕上述领域推动结构节能。首先，推进产业结构优化，一方面提高高耗能行业准入门槛，严控新增产能，积极淘汰落后产能和化解过剩产能；另一方面，加快能耗低、污染少以及附加值高、技术含量高的绿色产业发展。其次，推进产品结构优化，积极开发高附加值、低能源消耗、低排放的产品。最后，推进能源消费结构优化，一方面降低化石能源使用，推动工业企业分布式可再生能源或清洁能源中心建设；另一方面，提高煤炭清洁高效利用水平。2015 年，工业和信息化部与财政部联合发布了《工业领域煤炭清洁高效利用行动计划》。"十三五"时期，工业和信息化部将继续深入推进焦化、工业炉窑、煤化工、工业锅炉等重点用煤领域实施煤炭清洁高效利用技术改造，推进煤炭清洁、高效、分质利用。

（2）技术节能。技术进步是提升工业能效的不竭动力，是实现工业节能目标的重中之重。"十二五"期间，技术节能对工业节能的贡献率为 41.5％，随着先进适用节能技术在重点行业的推广应用，预计"十三五"时期技术节能的贡献率仍将达到 40％左右。因此，"十三五"时期，要通过全面实施系统性、综合性节能技术改造，推广应用先进适用技术装备，持续深挖工业节能潜力。首先，继续推动钢铁、建材、有色金属、化工、纺织、造纸等行业节能技术改造。其次，着力提升工业锅炉、窑炉、电机系统（包括电机、风机、水泵、压缩机）、配电变压器等量大面广的高耗能通用设备能效水平。再次，围绕高耗能行业企业，以重点园区为突破口，推进系统节能改造，鼓励先进节能技术的集成优化运用，加强能源梯级利用。最后，推动余热余压高效回收利用，推进钢铁、化工行业低品位余热向城市居民供热，促进产城融合。

（3）管理节能。管理节能是工业节能最具成本效益的工作重点，也是企业节能工作中的薄弱环节。"十三五"时期，要以能源管理体系建设为主线，坚持标准宣贯和制度建设双管齐下，构建工业节能管理的长效机制。首先，围绕重点企业提升能源管理水平，推动重点企业能源管理体系建设。其次,通过实施能效"领跑者"制度,开展能效对标达标工作,带动重点行业整体能效提升。再次,搭建公共服务平台,组织开展节能服务公司进企业活动,帮助中小工业企业提升节能管理能力,提高中小企业能源管理意识。然后,以强制性能耗、能效标准贯彻及落后用能设备淘汰等为重点,依法实施能耗专项监察和工作督查。最后,持续完善覆盖全国的省、市、县三级工业节能监察体系,健全工业节能监察工作机制,提升节能监察人员业务素质,支撑工业节能与绿色发展[9]。

坚持节能优先,以工业、建筑和交通领域为重点,创新发展方式,形成节能型生产和消费模式。

实施煤电升级改造行动计划。实施老旧煤电机组节能减排升级改造工程,现役 60 万 kW(风冷机组除外)及以上机组力争 5 年内供电煤耗降至每千瓦时 300 g 标准煤左右。

实施工业节能行动计划。严格限制高耗能产业和过剩产业扩张,加快淘汰落后产能,实施十大重点节能工程,深入开展万家企业节能低碳行动。实施电机、内燃机、锅炉等重点用能设备能效提升计划,推进工业企业余热余压利用。深入推进工业领域需求侧管理,积极发展高效锅炉和高效电机,推进终端用能产品能效提升和重点用能行业能效水平对标达标,认真开展新建项目环境影响评价和节能评估审查。

实施绿色建筑行动计划。加强建筑用能规划,实施建筑能效提升工程,尽快推行 75% 的居住建筑节能设计标准,加快绿色建筑建设和既有建筑改造,推行公共建筑能耗限额和绿色建筑评级与标识制度,大力推广节能电器和绿色照明,积极推进新能源城市建设。大力发展低碳生态城市和绿色生态城区,到 2020 年,城镇绿色建筑占新建建筑的比例达到 50%。加快推进供热计量改革,新建建筑和经供热计量改造的既有建筑实行供热计量收费。

实行绿色交通行动计划。完善综合交通运输体系规划,加快推进综合交通运输体系建设。积极推进清洁能源汽车和船舶产业化步伐,提高车用燃油经济性标准和环保标准。加快发展轨道交通和水运等资源节约型、环境友好型运输方式,推进主要城市群内城际铁路建设。大力发展城市公共交通,加强城市步行和自行车交通系统建设,提高公共出行和非机动车出行比例。

3. 推动城乡用能方式变革

中国正处于工业化中期阶段,随着人均收入水平的提高,对各种商品和服务的消费支出也会增加,在未来较长时间内能源消费和碳排放量都将会增加。由于城市化率的提高,大量人口由农村流向城镇,而农村居民的间接能耗要弱于城镇居民,相应的碳排放量也逐年降低。城镇人口增多,间接能耗强,使能源消费和碳排放量升高。因此,人口结构的改变以及居民消费水平的提高将成为碳排放新的增长点。在现阶段的用能技术水平下,由于经济的快速发展必然导致能耗增加,能耗增加必然导致碳排放的增加。目前,我国仍是一个发展中的国家,改善民生的任务依然艰巨,只能通过燃料的转换和用能技术的进步做到相对的低碳发展。城乡生活消费结构的改变对未来的能源利用和碳排放会产生显著的影响。随着低碳概念进入到人们的生活,居民的能源消费将逐步转向可持续的消费模式。

城镇和农村居民家庭的直接和间接能源消费结构反映了城乡居民生活水平的差异,从能源消费的变动趋势可以看出人们的消费行为逐渐由生存型消费转为发展型消费[10]。

按照城乡发展一体化和新型城镇化的总体要求,坚持集中与分散供能相结合,因地制宜建设城乡供能设施,推进城乡用能方式转变,提高城乡用能水平和效率。

实施新城镇、新能源、新生活行动计划。科学编制城镇规划,优化城镇空间布局,推动信息化、低碳化与城镇化的深度融合,建设低碳智能城镇。制定城镇综合能源规划,大力发展分布式能源,科学发展热电联产,鼓励有条件的地区发展热电冷联供,发展风能、太阳能、生物质能、地热能供暖。

加快农村用能方式变革。抓紧研究制定长效政策措施,推进绿色能源县、乡、村建设,大力发展农村小水电,加强水电新农村电气化县和小水电代燃料生态保护工程建设,因地制宜发展农村可再生能源,推动非商品能源的清洁高效利用,加强农村节能工作。

开展全民节能行动。实施全民节能行动计划,加强宣传教育,普及节能知识,推广节能新技术、新产品,大力提倡绿色生活方式,引导居民科学合理用能,使节约用能成为全社会的自觉行动。

8.1.3　优化能源结构

我国能源结构总体来看,呈现出以下主要特征。

(1)以煤为主的能源结构。从总量看,我国水能资源、煤炭资源、石油资源和天然气资源分别居世界第1位、第2位、第12位和第24位。我国煤炭资源总量为5.6万亿t,其中已探明储量为1万亿t,占世界总储量的11%(石油占2.4%,天然气占1.2%)。从人均可采储量看,仅相当于世界水平的1/2。据专家分析,我国石油、天然气资源短缺,人均水资源相对不足,煤炭是保障国家能源安全最重要的资源[10]。

(2)能源结构不断优化。我国2016年全年能源消费总量为43.6亿t标准煤,比2015年增长1.4%。煤炭消费量下降4.7%,原油消费量增长5.5%,天然气消费量增长8%,电力消费量增长5%。煤炭消费量占能源消费总量的62%,比2015年下降2%;水电、风电、核电、天然气等清洁能源消费量占能源消费总量的19.7%,上升1.7%。2016年全国万元国内生产总值能耗下降5%。工业企业吨粗铜综合能耗下降9.45%,吨钢综合能耗下降0.08%,单位烧碱综合能耗下降2.08%,吨水泥综合能耗下降1.81%,每千瓦时火力发电标准煤耗下降0.97%。

我国能源资源的基本特点(富煤、贫油、少气)决定了煤炭在一次能源中的重要地位。中华人民共和国成立以来,煤炭在一次能源生产和消费中的比例长期占70%以上,截至2015年底,全国煤炭总规模57亿t,其中,正常生产及改造的煤矿39亿t,停产煤矿3.1亿t,新建改扩建煤矿15亿t,其中约8亿t属于未经核准的违规项目。如果按照煤炭行业有效产能47亿t、2015年原煤产量37亿t计算,中国煤炭产能利用率只有78.8%。受产能过剩影响,煤炭价格持续下滑,企业盈利严重恶化,亏损企业数量大幅增加。从2001起,煤炭行业的盈利能力如同坐上过山车,随着行业的景气度上升,利润总额从2001年的42亿元,跳升至2011年的历史高点4342亿元,增长近10倍,随后随着行业产能过剩的影响,利润总额大幅下滑,2015年仅为441亿元,只相当于2004和2005年水平;销售净利润与利润总额走势相似,2010—2011年维持在14%的高盈利水平,随后大幅下滑,2015年仅为1.8%,跌幅为达87%,且不如2001年行情启动前的水平;如果以净利润指标来测试,预计盈利能力表现会更为惨淡[11]。2007—2015年中国煤炭产能和产量如图8-5所示,2006—2015年中国原煤产量及增速如图 8-6 所示。

积极发展天然气、核电、可再生能源等清洁能源,降低煤炭消费比重,推动能源结构持续优化。

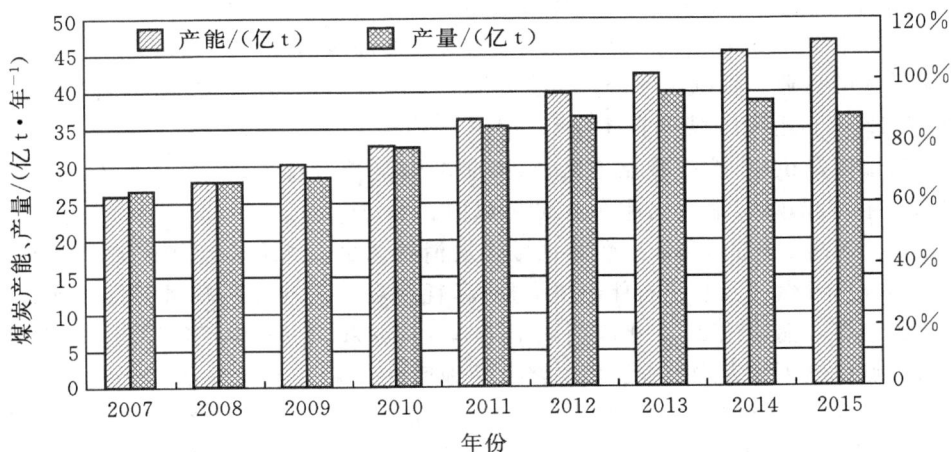

图 8-5 2007—2015 年中国煤炭产能和产量

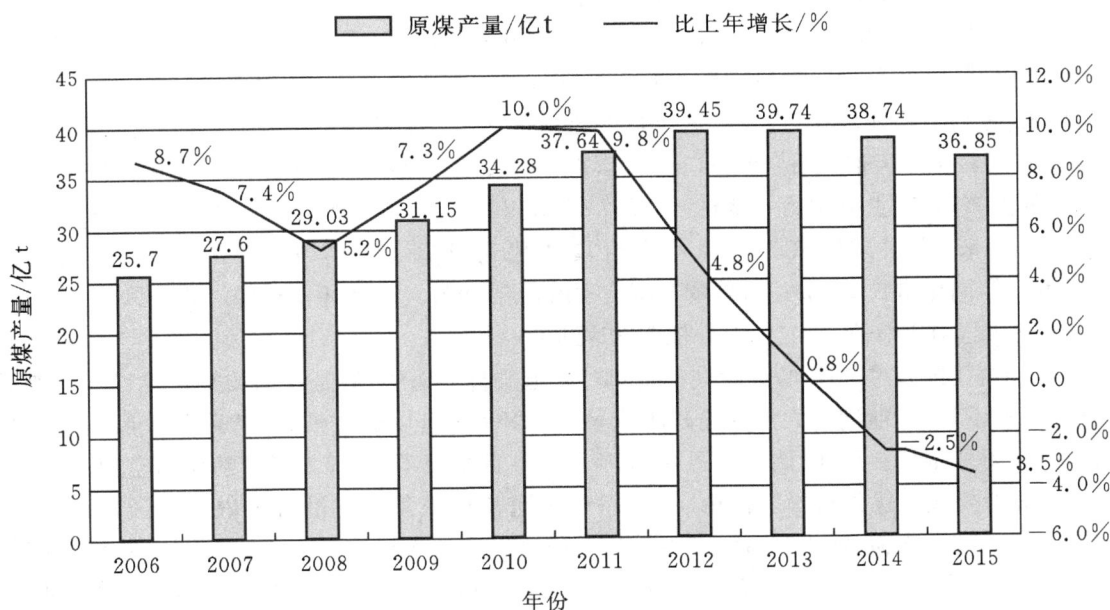

图 8-6 2006—2015 年中国原煤产量及增速

1. 降低煤炭消费比重

在 2014 年"煤炭峰值预测与应对 2014 高层论坛"上,与会专家一致认为,煤炭峰值即将到来,供大于求将是长期趋势。甚至有专家大胆预测:我国煤炭消费量将在 2020 年达到峰值 41 亿 t,占能源消费总量的 58.5%。而在此之后的 10 年,煤炭消费量年均降幅 0.33%,到 2030 年降至 39 亿 t,比重降至 50% 以下。然而,在我国能源资源的基本特点"富煤、贫油、少气"大前提下,煤炭仍将长期作为我国的最主要能源之一。英国石油公司最近公布的能源消费数据中显示,2013 年我国煤炭消费量达 1925.3 百万 t 油当量,占比一次能源消费总量的 67.5%。

根据中国能源统计年鉴数据分析,我国主要煤炭消耗行业有:石油加工、炼焦和核燃料加工业、化学原料和化学制品制造业、非金属矿物制品业、黑色金属冶炼和压延加工业、电力、热力生产和供应业等。其中,电力、热力生产和供应业的煤炭消耗量占比接近 50%,成为我国煤炭消费量最大的行业。根据国家统计局数据,2012 年我国电力、热力生产和供应业共消耗煤炭达到 17.42 亿 t,占我国煤炭消费的 49.42%。

加快清洁能源供应,控制重点地区、重点领域煤炭消费总量,推进减量替代,压减煤炭消费,到 2020 年,全国煤炭消费比重降至 62% 以内。

削减京津冀鲁、长三角和珠三角等区域煤炭消费总量。加大高耗能产业落后产能淘汰力度,扩大外来电、天然气及非化石能源供应规模,耗煤项目实现煤炭减量替代。到 2020 年,京津冀鲁四省市煤炭消费比 2012 年净削减 1 亿 t,长三角和珠三角地区煤炭消费总量负增长。

控制重点用煤领域煤炭消费。以经济发达地区和大中城市为重点,有序推进重点用煤领域"煤改气"工程,加强余热、余压利用,加快淘汰分散燃煤小锅炉,结合城中村、城乡结合部、棚户区改造,扩大城市无煤区范围,逐步由城市建成区扩展到近郊,大幅减少城市煤炭分散使用。

2. 提高天然气消费比重

我国的天然气供应的主要来源为国内自产、管道天然气进口和 LNG 进口。国内天然气产量并不能满足消费的需求,在进入天然气快速发展阶段后,供需矛盾日益突出,2015 年全国天然气产量 1271 亿 m³,进口天然气 617 亿 m³,对外依存度继续上升达到 33%。2016 产量保持增长,进口量快速增长,产量与进口量之比约为 2:1。全年天然气产量 1369 亿 m³,比上年增长 1.7%,全年天然气进口量 5403 万 t,增长 22.0%。分地区看,陕西、四川和新疆是我国天然气的主产地,产量分别为 412 亿 m³、297 亿 m³ 和 291 亿 m³,合计占全国产量的 73.1%。自2010 年以来,我国天然气进口量年复合增速仍达到 28%,在 2017 年天然气进口量达到920 亿 m³,同比增长 27.6%,对外依存度持续提升至 39%。2018 年 1—2 月,我国天然气进口量204.6 亿 m³,同比增长 45.1%,对外依存度达到了 44.5。

当前,我国超过 80% 的天然气都是通过管道进行输送的,但是我国的管道建设速度滞后,管道历程不足,不能满足天然气输送需求。而 LNG 则可以通过铁路、公路及轮船运输,供气灵活,辐射范围广。LNG 储罐如图 8-7 所示。在此情况下,能够大量节约储运空间和成本的 LNG 无疑要成为优先选择。国内 LNG 消费的重点区域集中在沿海及中部地区,如广东、福建、浙江、江苏、安徽、河南、湖南、江西等地。前边所述的大型进口 LNG 接收站项目建成后将最终形成一个沿海 LNG 接收站与输送网络。目前,液化天然气常用作工业气体燃料、船厂乙炔气替代燃料、城市居民生活用燃料、汽车燃料、城市管道天然气的调峰等。其中,城市燃气在 LNG 用气结构中的比重很大,2008 年就已经达 LNG 总供应量的近 60%[12]。

针对以上我国天然气行业的供需情况,我国采取的主要措施如下。

坚持增加供应与提高能效相结合,加强供气设施建设,扩大天然气进口,有序拓展天然气城镇燃气应用。到 2020 年,天然气在一次能源消费中的比重提高到 10% 以上。

实施气化城市民生工程。新增天然气应优先保障居民生活和替代分散燃煤,组织实施城镇居民用能清洁化计划,到 2020 年,城镇居民基本用上天然气。

图 8-7　LNG 储罐

稳步发展天然气交通运输。结合国家天然气发展规划布局,制定天然气交通发展中长期规划,加快天然气加气站设施建设,以城市出租车、公交车为重点,积极有序发展液化天然气汽车和压缩天然气汽车,稳妥发展天然气家庭轿车、城际客车、重型卡车和轮船。

适度发展天然气发电。在京津冀鲁、长三角、珠三角等大气污染重点防控区,有序发展天然气调峰电站,结合热负荷需求适度发展燃气-蒸汽联合循环热电联产。

加快天然气管网和储气设施建设。按照西气东输、北气南下、海气登陆的供气格局,加快天然气管道及储气设施建设,形成进口通道、主要生产区和消费区相连接的全国天然气主干管网。到 2020 年,天然气主干管道里程达到 12 万 km 以上。

扩大天然气进口规模。加大液化天然气和管道天然气进口力度。

3. 安全发展核电

核能是当前应用最为广泛的新型能源之一,具有清洁无污染、能量密度高、综合成本低、无供电间隙性等优点,且目前技术已相对比较成熟,符合我国大气污染解决治理的目标方向。我国自 2007 年以来正式启动《国家核电发展专题规划(2005—2020 年)》,首次明确核电装机容量及核电年发电量中长期目标,至今为止我国的核电建设已逾 10 年。2014 年,两会政府工作报告中提出开工一批核电,大大推进了因日本福岛核电事故搁置的核电建设,相关配套产业也随之迎来新的发展机遇。

我国自 2015 年起迎来新一轮核电建设高峰,以平均每年开工 5～6 台核电机组的速度估算,预计每年将新增核电投资 1000 亿元左右,其中核岛设备约占 200 亿元,且有望呈现逐年增长的趋势。目前,中国核电在服役反应堆数达到 38 座,2016 年发电容量达到 210TW·h,占全球核能发电总量的 8.45%。过去两年,我国核电发电量维持 30% 以上的年均增速,远高于全球增长水平。

从 2013 年至今,我国共计并网核电机组达 21 台。目前我国在建核电站共计 20 座,在建容量 2200 万 kW,约占全球的 35%。我国规划新建核电站 143 座,规划新建容量达到 16400 万 kW,约占全球规划总量的 41%。

未来我国核电产业将迎来大发展,根据核电发展规划,我国每年核电投资总额中约 40% 为设备投资,而设备投资中的一半为最关键的核岛设备投资。因此,预计未来 2～3 年我国核岛设备投资将达到每年 200 亿元左右,且有望逐年增长。

按照现有计划,我国未来拟建机组(图 8-8)均将为三代核电站。我国的第三代核电技术经历了最初的完全进口,到 2017 年 8 月完全自主研发生产的首台百万千瓦级压水堆核电机组——华龙一号正式交付,正迎来进口替代、走出国门的关键阶段,是实现核电反应堆堆芯关键设备和材料的国产化最重要的技术[13]。

图 8-8 核电机组

在采用国际最高安全标准、确保安全的前提下,适时在东部沿海地区启动新的核电项目建设,研究论证内陆核电建设。坚持引进消化吸收再创新,重点推进 AP1000、CAP1400、高温气冷堆、快堆及后处理技术攻关。加快国内自主技术工程验证,重点建设大型先进压水堆、高温气冷堆重大专项示范工程。积极推进核电基础理论研究、核安全技术研究开发设计和工程建设,完善核燃料循环体系。积极推进核电"走出去",加强核电科普和核安全知识宣传。

4.大力发展可再生能源

经过多年发展,我国可再生能源取得了很大的成绩,水电已成为电力工业的重要组成部分,结合农村能源和生态建设,户用沼气得到了大规模推广应用。近年来,风电、光伏发电、太阳能热利用和生物质能高效利用也取得了明显进展,为调整能源结构、保护环境、促进经济和社会发展做出了重大贡献[14]。

按照输出与就地消纳利用并重、集中式与分布式发展并举的原则,加快发展可再生能源。到 2020 年,非化石能源占一次能源消费比重达到 15%。

积极开发水电。在做好生态环境保护和移民安置的前提下,以西南地区金沙江、雅砻江、大渡河、澜沧江等河流为重点,积极有序推进大型水电基地建设。因地制宜发展中小型电站,开展抽水蓄能电站规划和建设,加强水资源综合利用。到 2020 年,力争常规水电装机达到 3.5 亿 kW 左右。

大力发展风电。重点规划建设酒泉、内蒙古西部、内蒙古东部、冀北、吉林、黑龙江、山东、哈密、江苏等 9 个大型现代风电基地以及配套送出工程。以南方和中东部地区为重点,大力发展分散式风电,稳步发展海上风电。到 2020 年,风电装机达到 2 亿 kW,风电与煤电上网电价相当。

加快发展太阳能发电。有序推进光伏基地建设,同步做好就地消纳利用和集中送出通道建设。加快建设分布式光伏发电应用示范区,稳步实施太阳能热发电示范工程。加强太阳能发电并网服务,鼓励大型公共建筑及公用设施、工业园区等建设屋顶分布式光伏发电。

积极发展地热能、生物质能和海洋能。坚持统筹兼顾、因地制宜、多元发展的方针,有序开展地热能、海洋能资源普查,制定生物质能和地热能开发利用规划,积极推动地热能、生物质和海洋能清洁高效利用,推广生物质能和地热供热,开展地热发电和海洋能发电示范工程。

提高可再生能源利用水平。加强电源与电网统筹规划,科学安排调峰、调频、储能配套能力,切实解决弃风、弃水、弃光问题。

8.1.4　拓展能源国际合作

随着我国能源企业对全球能源新形势和全球能源合作规则认识的不断深化,我国能源对外合作更加成熟,呈现出以下新特点。

(1)从合作策略方面来看,我国能源企业在一定程度上掌握了主动权。由于全球经济低迷持续,全球能源市场萎靡不振,一些能源、资源驱动型国家经济波动较大甚至濒临危机,急需能源项目投资和能源、资源贸易拉动。我国作为全球最大能源消费和净进口国,有着无与伦比的市场优势,且我国自身经济发展良好,资金充裕,被寄望成为全球能源市场的"白衣骑士"。在能源对外合作中,我国能源企业占据了较为有利的地位。

(2)从合作方式方面来看,能源对外合作更加灵活、多元。随着"走出去"程度的加深,我国能源企业在对外合作中更加成熟,更注重风险管控、价值创造和技术创新,而不再一味追求投资多、风险大的绿地项目或控股权。火电、水电领域相关企业全产业链"联合出海"、核电领域海外研发模式等灵活、多元的合作模式引人注目,能源企业"走出去"更加成熟。

(3)从合作区域方面来看,"一带一路"沿线国家成为合作重点。受国家战略导向影响,我国能源企业海外投资积极布局"一带一路"沿线国家。自 2013 年 10 月至 2016 年 6 月,我国企业在海外签署和建设的电站、输电和输油输气等重大能源项目多达 40 个,涉及 19 个"一带一路"沿线国家。仅 2016 年上半年,我国与"一带一路"沿线国家达成的能源合作项目就有16 个。

(4)从合作项目方面来看,一批重大的、有影响力的标杆性项目落地。无论是传统的化石能源领域,还是可再生能源领域,我国能源对外合作都有一批重大的、有影响力的标杆性项目落地。譬如欣克利角核电项目、"中巴经济走廊能源规划"塔尔煤田二区块煤电一体化项目、国家电网公司在巴西和希腊等国家的特高压和并购项目、中国华信控股哈萨克国家石油国际公司、三峡集团、中国电建、保利协鑫等能源企业的海外可再生资源项目等,从投资额和影响力来看,都具有典范性和标杆性。此外,在国际产能合作方面,代表国产火电装备最高水平的哈电集团、上海电气、东方电气已经开始将触角从原来的印度、东南亚市场伸向更远的中东、非洲甚至南美市场,从单纯的产品走出去转向资本、技术和服务的输出,"走出去"的深度和广度被重新定义。

(5)从合作深度方面来看,我国能源企业已涉足全球行业技术、品牌与标准制定等战略引领层面。近年来,我国能源技术、品牌和标准"走出去"取得了一定的成绩。譬如在核电领域,我国两大自主品牌——华龙一号和 CAP1400 型压水堆核电机组均拥有完整的自主知识产权,完全满足三代核电的技术标准和安全要求,技术上很先进,安全上有优势,经济上有竞争力,在国际上受到较高关注和认可。再如在风电领域,2016 年 4 月在韩国通过的 IEC61400 - 5 风轮叶片国际标准是由中国发起并作为项目召集人起草的;2016 年 5 月移交业主的埃塞阿达玛二期风电项目,是目前我国在境外实施的采用中国风电建设技术和电力入网检验标准的最大风电总承包项目。再如在电网领域,全球能源互联网为世界能源实现安全、清洁、高效、可持续发展献上一剂良策,体现了全球能源发展的新战略方向,彰显了我国以更积极的姿态努力推动世界能源发展的自信。概言之,在诸多能源领域,我国企业已处于全球领先地位,逐渐担任"领跑者"角色。

(6)从合作层次方面来看,我国已成为全球能源治理的主导力量。我国既是能源生产大国,又是能源消费大国,还是新能源科技研发大国,是国际能源领域的重量级"玩家"。近年来,全球能源治理日益成为全球治理领域的热点和焦点议题,我国已参与了多个多边能源合作机制,与世界重要国家和国际组织建立了双边或多变的能源对话机制,是国际能源论坛、世界能源大会、亚太经合组织、东盟"10+3"等机制的正式成员,是《能源宪章条约》的观察员,与 IEA 等国际能源组织保持着较为密切的联系,是国际气候谈判的积极参与和推动者。此外,我国积极推进上海合作组织的能源合作,深入推动"一带一路"区域能源深度合作实践,主动引领 G20 杭州峰会全球气候治理议题,在全球能源治理中成为当之无愧的主导力量[13]。

统筹利用国内国际两种资源、两个市场,坚持投资与贸易并举、陆海通道并举,加快制定利用海外能源资源中长期规划,着力拓展进口通道,着力建设丝绸之路经济带、21 世纪海上丝绸之路、孟中印缅经济走廊和中巴经济走廊,积极支持能源技术、装备和工程队伍"走出去"。

加强俄罗斯中亚、中东、非洲、美洲和亚太五大重点能源合作区域建设,深化国际能源双边多边合作,建立区域性能源交易市场。积极参与全球能源治理,加强统筹协调,支持企业"走出去"。

8.1.5　推进能源科技创新

(1)世界能源科技发展趋势。当前,新一轮能源技术革命正在孕育兴起,新的能源科技成果不断涌现,正在并将持续改变世界能源格局。非常规油气勘探开发技术在北美率先取得突破,页岩气和致密油成为油气储量及产量新增长点,海洋油气勘探开发作业水深记录不断取得突破;主要国家均开展了 700 ℃超超临界燃煤发电技术研发工作,整体煤气化联合循环技术、碳捕捉与封存技术、增压富氧燃烧等技术快速发展。燃气轮机初温和效率进一步提高,H 级机组已实现商业化,以氢为燃料的燃气轮机正在快速发展;三代核电技术逐渐成为新建机组主流技术,四代核电技术、小型模块式反应堆、先进核燃料及循环技术研发不断取得突破;风电技术发展将深海、高空风能开发提上日程,太阳能电池组件效率不断提高,光热发电技术开始规模化示范,生物质能利用技术多元化发展;电网技术与信息技术融合不断深化,电气设备新材料技术得到广泛应用,部分储能技术已实现商业化应用;可再生能源正逐步成为新增电力重要来源,电网结构和运行模式都将发生重大变化。

近年来,主要能源大国均出台了一系列法律法规和政策措施,采取行动加快能源科技创新。美国发布了《全面能源战略》等战略计划,将"科学与能源"确立为第一战略主题,提出形成从基础研究到最终市场解决方案的完整能源科技创新链条,强调加快发展低碳技术,已陆续出台了提高能效、发展太阳能、四代和小型模块化核能等清洁电力等新计划。日本陆续出台了《面向 2030 年能源环境创新战略》等战略计划,提出了能源保障、环境、经济效益和安全并举的方针,继续支持发展核能,推进节能和可再生能源,发展新储能技术,发展整体煤气化联合循环、整体煤气化燃料电池循环等先进煤炭利用技术。欧盟制订了《2050 能源技术路线图》等战略计划,突出可再生能源在能源供应中的主体地位,提出了智能电网、碳捕集与封存、核聚变以及能源效率等方向的发展思路,启动了欧洲核聚变联合研究计划。

纵观全球能源技术发展动态和主要能源大国推动能源科技创新的举措,可以得到以下结论和启示:一是能源技术创新进入高度活跃期,新兴能源技术正以前所未有的速度加快迭代,对世界能源格局和经济发展将产生重大而深远的影响。二是绿色低碳是能源技术创新的主要方向,集中在传统化石能源清洁高效利用、新能源大规模开发利用、核能安全利用、能源互联网和大规模储能以及先进能源装备与关键材料等重点领域。三是世界主要国家均把能源技术视为新一轮科技革命和产业革命的突破口,制定各种政策措施抢占发展制高点,增强国家竞争力和保持领先地位。

(2)我国能源科技发展形势。近年来,我国能源科技创新能力和技术装备自主化水平显著提升,建设了一批具有国际先进水平的重大能源技术示范工程。初步掌握了页岩气、致密油等勘探开发关键装备技术,煤层气实现规模化勘探开发,3000 m 深水半潜式钻井船等装备实现自主化,复杂地形和难采地区油气勘探开发部分技术达到国际先进水平,千万吨炼油技术达到国际先进水平,大型天然气液化、长输管道电驱压缩机组等成套设备实现自主化;煤矿绿色安全开采技术水平进一步提升,大型煤炭气化、液化、热解等煤炭深加工技术已实现产业化,低阶煤分级分质利用正在进行工业化示范;超超临界火电技术广泛应用,投运机组数量位居世界首位,大型 IGCC、CO_2 封存工程示范和 700 ℃超超临界燃煤发电技术攻关顺利推进,大型水电、1000 kV 特高压交流和 ±800 kV 特高压直流技术及成套设备达到世界领先水平,智能电网和多种储能技术快速发展;基本掌握了 AP1000 核岛设计技术和关键设备材料制造技术,采用"华龙一号"自主三代技术的首堆示范项目开工建设,首座高温气冷堆技术商业化核电站示范工程建设进展顺利,核级数字化仪控系统实现自主化;陆上风电技术达到世界先进水平,海上风电技术攻关及示范有序推进,光伏发电实现规模化发展,光热发电技术示范进展顺利,纤维素乙醇关键技术取得重要突破。

虽然我国能源科技水平有了长足进步和显著提高,但与世界能源科技强国和引领能源革命的要求相比,还有较大的差距。一是核心技术缺乏,关键装备及材料依赖进口问题比较突出,三代核电、新能源、页岩气等领域关键技术长期以引进消化吸收为主,燃气轮机及高温材料、海洋油气勘探开发技术装备等长期落后。二是产学研结合不够紧密,企业的创新主体地位不够突出,重大能源工程提供的宝贵创新实践机会与能源技术研发结合不够,创新活动与产业需求脱节的现象依然存在。三是创新体制机制有待完善,市场在科技创新资源配置中的作用有待加强,知识产权保护和管理水平有待提高,科技人才培养、管理和激励制度有待改进。四是缺少长远谋划和战略布局,目前的能源政策体系尚未把科技创新放在核心位置,国家层面尚未制定全面部署面向未来的能源领域科技创新战略和技术发展路线图。

(3)我国能源技术战略需求。我国能源技术革命应坚持以国家战略需求为导向,一方面为解决资源保障、结构调整、污染排放、利用效率、应急调峰能力等重大问题提供技术手段和解决方案;另一方面为实现经济社会发展、应对气候变化、环境质量等多重国家目标提供技术支撑和持续动力。

①围绕"两个一百年"奋斗目标提供能源安全技术支撑。我国正处于实现"两个一百年"奋斗目标和中华民族伟大复兴的中国梦的关键阶段,能源需求在很长时期内还将持续增长。这

要求通过能源技术创新加快化石能源勘探开发和高效利用,大力发展新能源和可再生能源,构建常规和非常规、化石和非化石、能源和化工以及多种能源形式相互转化的多元化能源技术体系。

②围绕环境质量改善目标提供清洁能源技术支撑。我国正在建设"蓝天常在、青山常在、绿水常在"的美丽中国,这要求通过能源技术创新,大幅度减少能源生产过程污染排放,提供更清洁的能源产品,加强能源伴生资源综合利用,构建清洁、循环的能源技术体系。

③围绕二氧化碳峰值目标提供低碳能源技术支撑。图8-9是我国二氧化碳排放量。我国对世界承诺,到2030年,单位国内生产总值二氧化碳排放比2005年下降60%~65%,非化石能源占一次能源消费比重达到20%左右,二氧化碳排放2030年左右达到峰值并争取早日实现。这要求通过能源技术创新,加快构建绿色、低碳的能源技术体系。在可再生领域,要重点发展更高效率、更低成本、更灵活的风能、太阳能利用技术和生物质能、地热能、海洋能利用技术以及可再生能源制氢、供热等技术。在核能领域,要重点发展三代、四代核电,先进核燃料与循环利用,小型堆等技术以及探索研发可控核聚变技术。在二氧化碳封存利用领域,要重点发展驱油驱气、微藻制油等技术。

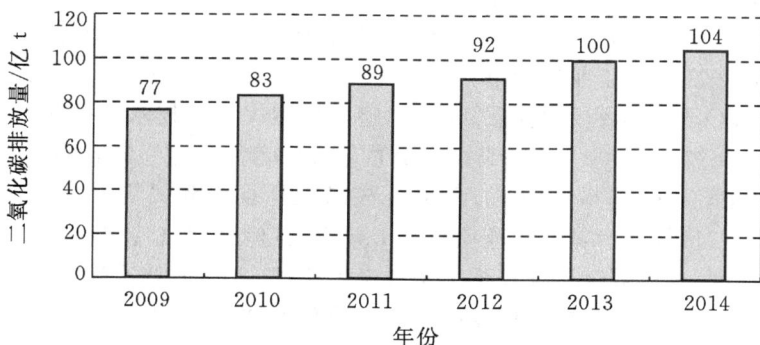

图8-9 我国二氧化碳排放量

④围绕能源效率提升目标提供智慧能源技术支撑。我国能源利用效率总体处于较低水平,这要求通过能源技术创新,提高用能设备设施的效率,增强储能调峰的灵活性和经济性,推进能源技术与信息技术的深度融合,加强整个能源系统的优化集成,实现各种能源资源的最优配置,构建一体化、智能化的能源技术体系。要重点发展分布式能源、电力储能、工业节能、建筑节能、交通节能、智能电网、能源互联网等技术。

⑤围绕能源技术发展目标提供关键材料装备支撑。能源技术发展离不开先进材料和装备的支撑。根据重点能源技术需要,重点发展特种金属功能材料、高性能结构材料、特种无机非金属材料、先进复合材料、高温超导材料、石墨烯等关键材料;重点发展非常规油气开采装备、海上能源开发利用平台、大型原油和液化天然气船舶、核岛关键设备、燃气轮机、智能电网用输变电及用户端设备、大功率电力电子器件、大型空分、大型压缩机、特种用途的泵、阀等关键装备。

按照创新机制、夯实基础、超前部署、重点跨越的原则,加强科技自主创新,鼓励引进消化吸收再创新,打造能源科技创新升级版,建设能源科技强国[14]。

1.明确能源科技创新战略方向和重点

抓住能源绿色、低碳、智能发展的战略方向,围绕保障安全、优化结构和节能减排等长期目标,确立非常规油气及深海油气勘探开发、煤炭清洁高效利用、分布式能源、智能电网、新一代核电、先进可再生能源、节能节水、储能、基础材料 9 个重点创新领域,明确页岩气、煤层气、页岩油、深海油气、煤炭深加工、高参数节能环保燃煤发电、整体煤气化联合循环发电、燃气轮机、现代电网、先进核电、光伏、太阳能热发电、风电、生物燃料、地热能利用、海洋能发电、天然气水合物、大容量储能、氢能与燃料电池、能源基础材料 20 个重点创新方向,相应开展页岩气、煤层气、深水油气开发等重大示范工程。

2.抓好科技重大专项

加快实施大型油气田及煤层气开发国家科技重大专项。加强大型先进压水堆及高温气冷堆核电站国家科技重大专项。加强技术攻关,力争在页岩气、深海油气、天然气水合物、新一代核电等核心技术取得重大突破。

3.依托重大工程带动自主创新

依托海洋油气和非常规油气勘探开发、煤炭高效清洁利用、先进核电、可再生能源开发、智能电网等重大能源工程,加快科技成果转化,加快能源装备制造创新平台建设,支持先进能源技术装备"走出去",形成有国际竞争力的能源装备工业体系。

4.加快能源科技创新体系建设

制定国家能源科技创新及能源装备发展战略。建立以企业为主体、市场为导向、政产学研用相结合的创新体系。鼓励建立多元化的能源科技风险投资基金。加强能源人才队伍建设,鼓励引进高端人才,培育一批能源科技领军人才。

8.2 "十三五"规划的主要任务

国家发改委、国家能源局印发《能源发展"十三五"规划》,综合考虑安全、资源、环境、技术、经济等因素,着意深入推进能源革命,针对 2020 年这一规划期限部署了七大任务,根据《规划》,"十三五"时期能源发展的七大任务:一是高效智能,着力优化能源系统;二是节约低碳,推动能源消费革命;三是多元发展,推动能源供给革命;四是创新驱动,推动能源技术革命;五是公平效能,推动能源体制革命;六是互利共赢,加强能源国际合作;七是惠民利民,实现能源共享发展。

8.2.1 高效智能,着力优化能源系统

以提升能源系统综合效率为目标,优化能源开发布局,加强电力系统调峰能力建设,实施需求侧响应能力提升工程,推动能源生产供应集成优化,构建多能互补、供需协调的智慧能源系统。

优化能源开发布局。根据国家发展战略,结合全国主体功能区规划和大气污染防治要求,充分考虑产业转移与升级、资源环境约束和能源流转成本,全面系统优化能源开发布局。能源资源富集地区合理控制大型能源基地开发规模和建设时序,创新开发利用模式,提高就地消纳比例,根据目标市场落实情况推进外送通道建设。

能源消费地区因地制宜发展分布式能源,降低对外来能源调入的依赖。充分发挥市场配

置资源的决定性作用和更好发挥政府作用,以供需双方自主衔接为基础,合理优化配置能源资源,处理好清洁能源充分消纳战略与区域间利益平衡的关系,有效化解弃风、弃光、弃水和部分输电通道闲置等资源浪费问题,全面提升能源系统效率。

加强电力系统调峰能力建设。加快大型抽水蓄能电站、龙头水电站、天然气调峰电站等优质调峰电源建设,加大既有热电联产机组、燃煤发电机组调峰灵活性改造力度,改善电力系统调峰性能,减少冗余装机和运行成本,提高可再生能源消纳能力。积极开展储能示范工程建设,推动储能系统与新能源、电力系统协调优化运行。推进电力系统运行模式变革,实施节能低碳调度机制,加快电力现货市场及电力辅助服务市场建设,合理补偿电力调峰成本。

实施能源需求响应能力提升工程。坚持需求侧与供给侧并重,完善市场机制及技术支撑体系,实施"能效电厂"和"能效储气库"建设工程,逐步完善价格机制,引导电力、天然气用户自主参与调峰、错峰,增强需求响应能力。以智能电网、能源微网、电动汽车和储能等技术为支撑,大力发展分布式能源网络,增强用户参与能源供应和平衡调节的灵活性和适应能力。积极推行合同能源管理、综合节能服务等市场化机制和新型商业模式。

实施多能互补集成优化工程。加强终端供能系统统筹规划和一体化建设,在新城镇、新工业园区、新建大型公用设施(机场、车站、医院、学校等)、商务区和海岛地区等新增用能区域,实施终端一体化集成供能工程,因地制宜推广天然气热电冷三联供、分布式再生能源发电、地热能供暖制冷等供能模式,加强热、电、冷、气等能源生产耦合集成和互补利用。在既有工业园区等用能区域,推进能源综合梯级利用改造,推广应用上述供能模式,加强余热余压、工业副产品、生活垃圾等能源资源回收及综合利用。利用大型综合能源基地风能、太阳能、水能、煤炭、天然气等资源组合优势,推进风光水火储多能互补工程建设运行。

积极推动"互联网+"智慧能源发展。加快推进能源全领域、全环节智慧化发展,实施能源生产和利用设施智能化改造,推进能源监测、能量计量、调度运行和管理智能化体系建设,提高能源发展可持续自适应能力。加快智能电网发展,积极推进智能变电站、智能调度系统建设,扩大智能电表等智能计量设施、智能信息系统、智能用能设施应用范围,提高电网与发电侧、需求侧交互响应能力。推进能源与信息、材料、生物等领域新技术深度融合,统筹能源与通信、交通等基础设施建设,构建能源生产、输送、使用和储能体系协调发展、集成互补的能源互联网。

8.2.2 节约低碳,推动能源消费革命

坚持节约优先,强化引导和约束机制,抑制不合理能源消费,提升能源消费清洁化水平,逐步构建节约高效、清洁低碳的社会用能模式。

实施能源消费总量和强度"双控"。把能源消费总量和能源消费强度作为经济社会发展重要约束性指标,建立指标分解落实机制。调整产业结构,综合运用经济、法律等手段,切实推进工业、建筑、交通等重点领域节能减排,通过淘汰落后产能、加快传统产业升级改造和培育新动能,提高能源效率。加强重点行业能效管理,推动重点企业能源管理体系建设,提高用能设备能效水平,严格钢铁、电解铝、水泥等高耗能行业产品能耗标准。

开展煤炭消费减量行动。严控煤炭消费总量,京津冀鲁、长三角和珠三角等区域实施减煤量替代,其他重点区域实施等煤量替代。提升能效环保标准,积极推进钢铁、建材、化工等高耗煤行业节能减排改造。全面实施散煤综合治理,逐步推行天然气、电力、洁净型煤及可再生能源等清洁能源替代民用散煤,实施工业燃煤锅炉和窑炉改造提升工程,散煤治理取得明显

进展。

拓展天然气消费市场。积极推进天然气价格改革,推动天然气市场建设,探索建立合理气、电价格联动机制,降低天然气综合使用成本,扩大天然气消费规模。稳步推进天然气接收和储运设施公平开放,鼓励大用户直供。合理布局天然气销售网络和服务设施,以民用、发电、交通和工业等领域为着力点,实施天然气消费提升行动。以京津冀及周边地区、长三角、珠三角、东北地区为重点,推进重点城市"煤改气"工程。加快建设天然气分布式能源项目和天然气调峰电站,到 2020 年,气电装机规模争取达到 1.1 亿 kW。

实施电能替代工程。积极推进居民生活、工业与农业生产、交通运输等领域电能替代。推广电锅炉、电窑炉、电采暖等新型用能方式,以京津冀及周边地区为重点,加快推进农村采暖电能替代,在新能源富集地区利用低谷富余电实施储能供暖。提高铁路电气化率,适度超前建设电动汽车充电设施,大力发展港口岸电、机场桥电系统,促进交通运输"以电代油"。到 2020 年,电能在终端能源消费中的比重争取提高到 27% 以上。

开展成品油质量升级专项行动。2017 年起全面使用国五标准车用汽、柴油,抓紧制定发布国六标准车用汽、柴油标准,力争 2019 年全面实施。加快推进普通柴油、船用燃料油质量升级,推广使用生物质燃料等清洁油品,提高煤制燃料战略储备能力。加强车船尾气排放与净化设施改造监管,确保油机协同升级。

创新生产生活用能模式。实施工业节能、绿色建筑、绿色交通等清洁节能行动。健全节能标准体系,大力开发、推广节能高效技术和产品,实现重点用能行业、设备节能标准全覆盖。推行重点用能行业能效"领跑者"制度和对标达标考核制度。积极创建清洁能源示范省(区、市)、绿色能源示范市(县)、智慧能源示范镇(村、岛)和绿色园区(工厂),引导居民科学合理用能,推动形成注重节能的生活方式和社会风尚。

8.2.3　多元发展,推动能源供给革命

推动能源供给侧结构性改革,以五大国家综合能源基地为重点优化存量,把推动煤炭等化石能源清洁高效开发利用作为能源转型发展的首要任务,同时大力拓展增量,积极发展非化石能源,加强能源输配网络和储备应急设施建设,加快形成多轮驱动的能源供应体系,着力提高能源供应体系的质量和效率。

着力化解和防范产能过剩。坚持转型升级和淘汰落后相结合,综合运用市场和必要的行政手段,提升存量产能利用效率,从严控制新增产能,支持企业开展产能国际合作,推动市场出清,多措并举促进市场供需平衡。加强市场监测预警,强化政策引导,主动防范风险,促进产业有序健康发展。

(1)煤炭。严格控制审批新建煤矿项目、新增产能技术改造项目和生产能力核增项目,确需新建煤矿的,实行减量置换。运用市场化手段以及安全、环保、技术、质量等标准,加快淘汰落后产能和不符合产业政策的产能,积极引导安全无保障、资源枯竭、赋存条件差、环境污染重、长期亏损的煤矿产能有序退出,推进企业兼并重组,鼓励煤、电、化等上下游产业一体化经营。实行煤炭产能登记公告制度,严格治理违法违规煤矿项目建设,控制超能力生产。"十三五"期间,停缓建一批在建煤矿项目,14 个大型煤炭基地生产能力达到全国的 95% 以上。

(2)煤电。优化规划建设时序,加快淘汰落后产能,促进煤电清洁高效发展。建立煤电规划建设风险预警机制,加强煤电利用小时数监测和考核,与新上项目规模挂钩,合理调控建设

节奏。"十三五"前两年暂缓核准电力盈余省份中除民生热电和扶贫项目之外的新建自用煤电项目,采取有力措施提高存量机组利用率,使全国煤电机组平均利用小时数达到合理水平;后三年根据供需形势,按照国家总量控制要求,合理确定新增煤电规模,有序安排项目开工和投产时序。民生热电联产项目以背压式机组为主。提高煤电能耗、环保等准入标准,加快淘汰落后产能,力争关停 2000 万 kW。2020 年煤电装机规模力争控制在 11 亿 kW 以内。

全面实施燃煤机组超低排放与节能改造,推广应用清洁高效煤电技术,严格执行能效环保标准,强化发电厂污染物排放监测。2020 年煤电机组平均供电煤耗控制在每千瓦时 310 g 以下,其中新建机组控制在 300 g 以下,二氧化硫、氮氧化物和烟尘排放浓度分别不高于 35 mg/m³、50 mg/m³、10 mg/m³。

(3)煤炭深加工。按照国家能源战略技术储备和产能储备示范工程的定位,合理控制发展节奏,强化技术创新和市场风险评估,严格落实环保准入条件,有序发展煤炭深加工,稳妥推进煤制燃料、煤制烯烃等升级示范,增强项目竞争力和抗风险能力。严格执行能效、环保、节水和装备自主化等标准,积极探索煤炭深加工与炼油、石化、电力等产业有机融合的创新发展模式,力争实现长期稳定高水平运行。"十三五"期间,煤制油、煤制天然气生产能力达到 1300 万 t 和 170 亿 m³ 左右。

鼓励煤矸石、矿井水、煤矿瓦斯等煤炭资源综合利用,提升煤炭资源附加值和综合利用效率。采用先进煤化工技术,推进低阶煤中低温热解、高铝粉煤灰提取氧化铝等煤炭分质梯级利用示范项目建设。积极推广应用清洁煤技术,大力发展煤炭洗选加工,2020 年原煤入选率达到 75% 以上。

(4)炼油。加强炼油能力总量控制,淘汰能耗高、污染重的落后产能,适度推进先进产能建设。严格项目准入标准,防止以重油深加工等名义变相增加炼油能力。积极开展试点示范,推进城市炼厂综合治理,加快产业改造升级,延长炼油加工产业链,增加供应适销对路、附加值高的下游产品,提高产业智能制造和清洁高效水平。

推进非化石能源可持续发展。统筹资源、环境和市场条件,超前布局、积极稳妥推进建设周期长、配套要求高的水电和核电项目,实现接续滚动发展。坚持集中开发与分散利用并举,调整优化开发布局,全面协调推进风电开发,推动太阳能多元化利用,因地制宜发展生物质能、地热能、海洋能等新能源,提高可再生能源发展质量和在全社会总发电量中的比重。

(5)常规水电。坚持生态优先、统筹规划、梯级开发,有序推进流域大型水电基地建设,加快建设龙头水电站,控制中小水电开发。在深入开展环境影响评价、确保环境可行的前提下,科学安排金沙江、雅砻江、大渡河等大型水电基地建设时序,合理开发黄河上游等水电基地,深入论证西南水电接续基地建设。创新水电开发运营模式,探索建立水电开发收益共享长效机制,保障库区移民合法权益。到 2020 年,常规水电规模争取达到 3.4 亿 kW,"十三五"新开工规模 6000 万 kW 以上。

发挥现有水电调节能力和水电外送通道、周边联网通道输电潜力,优化调度运行,促进季节性水电合理消纳。加强四川、云南等弃水问题突出地区水电外送通道建设,扩大水电消纳范围。

(6)核电。安全高效发展核电,在采用我国和国际最新核安全标准、确保万无一失的前提下,在沿海地区开工建设一批先进三代压水堆核电项目。加快堆型整合步伐,稳妥解决堆型多、堆型杂的问题,逐步向自主三代主力堆型集中。积极开展内陆核电项目前期论证工作,加强厂址保护。深入实施核电重大科技专项,开工建设 CAP1400 示范工程,建成高温气冷堆示范工程。加快论证并推动大型商用乏燃料后处理厂建设。适时启动智能小型堆、商业快堆、60 万 kW 级高温气冷堆等自主创新示范项目,推进核能综合利用。实施核电专业人才队伍建设行动,加强核安全监督、核电操作人员及设计、建造、工程管理等关键岗位人才培养,完善专业人才梯队建设,建立多元化人才培养渠道。2020 年运行核电装机力争达到 5800 万 kW,在建核电装机达到 3000 万 kW 以上。

(7)风电。坚持统筹规划、集散并举、陆海齐进、有效利用。调整优化风电开发布局,逐步由"三北"地区为主转向中东部地区为主,大力发展分散式风电,稳步建设风电基地,积极开发海上风电。加大中东部地区和南方地区资源勘探开发,优先发展分散式风电,实现低压侧并网就近消纳。稳步推进"三北"地区风电基地建设,统筹本地市场消纳和跨区输送能力,控制开发节奏,将弃风率控制在合理水平。加快完善风电产业服务体系,切实提高产业发展质量和市场竞争力。到 2020 年,风电装机规模争取达到 2.1 亿 kW 以上,风电与煤电上网电价基本相当。

(8)太阳能。坚持技术进步,降低成本,扩大市场,完善体系。优化太阳能开发布局,优先发展分布式光伏发电,扩大"光伏＋"多元化利用,促进光伏规模化发展。稳步推进"三北"地区光伏电站建设,积极推动光热发电产业化发展。建立弃光率预警考核机制,有效降低光伏电站弃光率。到 2020 年,太阳能发电规模争取达到 1.1 亿 kW 以上,其中分布式光伏 6000 万 kW、光伏电站 4500 万 kW、光热发电 500 万 kW,光伏发电力争实现用户侧平价上网。

(9)生物质能及其他。积极发展生物质液体燃料、气体燃料、固体成型燃料。推动沼气发电、生物质气化发电,合理布局垃圾发电。有序发展生物质直燃发电、生物质耦合发电,因地制宜发展生物质热电联产。加快地热能、海洋能综合开发利用。到 2020 年,生物质能发电装机规模争取达到 1500 万 kW 左右,地热能利用规模达到 7000 万 t 标准煤以上。

夯实油气资源供应基础。继续加强国内常规油气资源勘探开发,加大页岩气、页岩油、煤层气等非常规油气资源调查评价,积极扩大规模化开发利用,立足国内保障油气战略资源供应安全。

(10)石油。加强国内勘探开发,促进石油增储稳产。深化精细勘探开发,延缓东部石油基地产量衰减,实现西部鄂尔多斯、塔里木、准噶尔三大石油基地增储稳产。加强海上石油基地开发,积极稳妥推进深水石油勘探开发。支持鄂尔多斯、松辽、渤海湾等地区超低渗油、稠油、致密油等低品位资源和页岩油、油砂等非常规资源勘探开发和综合利用。"十三五"期间,石油新增探明储量 50 亿 t 左右,年产量 2 亿 t 左右。

(11)天然气。坚持海陆并进,常非并举。推进鄂尔多斯、四川、塔里木气区持续增产,加大海上气区勘探开发力度。以四川盆地及周缘为重点,加强南方海相页岩气勘探开发,积极推进重庆涪陵、四川长宁-威远、云南昭通、陕西延安等国家级页岩气示范区建设,推动其他潜力区块勘探开发。建设沁水盆地、鄂尔多斯盆地东缘和贵州毕水兴等煤层气产业化基地,加快西北煤层气资源勘查,推进煤矿区瓦斯规模化抽采利用。积极开展天然气水合物勘探,优选一批勘探远景目标区。到 2020 年,常规天然气产量达到 1700 亿 m^3,页岩气产量达到 300 亿 m^3,煤层气(煤矿瓦斯)利用量达到 160 亿 m^3。

补齐能源基础设施短板。按照系统安全、流向合理、优化存量、弥补短板的原则,稳步有序推进跨省区电力输送通道建设,完善区域和省级骨干电网,加强配电网建设改造,着力提高电网利用效率。科学规划、整体布局,统筹推进油气管网建设,增强区域间协调互济供给能力和终端覆盖能力。加强能源储备应急体系建设。

（12）电网。坚持分层分区、结构清晰、安全可控、经济高效的发展原则，充分论证全国同步电网格局，进一步调整完善电网主网架。根据目标市场落实情况，稳步推进跨省区电力输送通道建设，合理确定通道送电规模。有序建设大气污染防治重点输电通道，积极推进大型水电基地外送通道建设，优先解决云南、四川弃水和东北地区窝电问题。探索建立灵活可调节的跨区输电价格形成机制，优化电力资源配置。进一步优化完善区域和省级电网主网架，充分挖掘既有电网输送潜力，示范应用柔性直流输电，加快突破电网平衡和自适应等运行控制技术，着力提升电网利用效率。加大投资力度，全面实施城乡配电网建设改造行动，打造现代配电网，鼓励具备条件地区开展多能互补集成优化的微电网示范应用。"十三五"期间新增跨省区输电能力 1.3 亿 kW 左右。

（13）油气管网。统筹油田开发、原油进口和炼厂建设布局，以长江经济带和沿海地区为重点，加强区域管道互联互通，完善沿海大型原油接卸码头和陆上接转通道，加快完善东北、西北、西南陆上进口通道，提高管输原油供应能力。按照"北油南下、西油东运、就近供应、区域互联"的原则，优化成品油管输流向，鼓励企业间通过油品资源串换等方式，提高管输效率。按照"西气东输、北气南下、海气登陆、就近供应"的原则，统筹规划天然气管网，加快主干管网建设，优化区域性支线管网建设，打通天然气利用"最后一公里"，实现全国主干管网及区域管网互联互通。优化沿海液化天然气（LNG）接收站布局，在环渤海、长三角、东南沿海地区，优先扩大已建 LNG 接收站储转能力，适度新建 LNG 接收站。加强油气管网运行维护，提高安全环保水平。到 2020 年，原油、成品油管道总里程分别达到 3.2 万 km 和 3.3 万 km，年输油能力分别达到 6.5 亿 t 和 3 亿 t；天然气管道总里程达到 10 万 km，干线年输气能力超过 4000 亿 m³。

（14）储备应急设施。加快石油储备体系建设，全面建成国家石油储备二期工程，启动后续项目前期工作，鼓励商业储备，合理提高石油储备规模。加大储气库建设力度，加快建设沿海 LNG 和城市储气调峰设施。推进大型煤炭储配基地和煤炭物流园区建设，完善煤炭应急储备体系。

8.2.4　创新驱动，推动能源技术革命

深入实施创新驱动发展战略，推动大众创业、万众创新，加快推进能源重大技术研发、重大装备制造与重大示范工程建设，超前部署重点领域核心技术集中攻关，加快推进能源技术革命，实现我国从能源生产消费大国向能源科技装备强国转变。

加强科技创新能力建设。加强能源科技创新体系顶层设计，完善科技创新激励机制，统筹推进基础性、综合性、战略性能源科技研发，提升能源科技整体竞争力，培育更多能源技术优势并加快转化为经济优势。深入推进能源领域国家重大专项工程，整合现有科研力量，建设一批能源创新中心和实验室。进一步激发能源企业、高校及研究机构的创新潜能，推动大众创业、万众创新，鼓励加强合作，建立一批技术创新联盟，推进技术集成创新。强化企业创新主体地位，健全市场导向机制，加快技术产业化应用，打造若干具有国际竞争力的科技创新型能源企业。依托现有人才计划，强化人才梯队建设，培育一批能源科技领军人才与团队。

推进重点技术与装备研发。坚持战略导向，以增强自主创新能力为着力点，围绕油气资源勘探开发、化石能源清洁高效转化、可再生能源高效开发利用、核能安全利用、智慧能源、先进高效节能等领域，应用推广一批技术成熟、市场有需求、经济合理的技术，示范试验一批有一定

技术积累但工艺和市场有待验证的技术,集中攻关一批前景广阔的技术,加速科技创新成果转化应用。加强重点领域能源装备自主创新,重点突破能源装备制造关键技术、材料和零部件等瓶颈,加快形成重大装备自主成套能力,推动可再生能源上游制造业,加快智能制造升级,提升全产业链发展质量和效益。

实施科技创新示范工程。发挥我国能源市场空间大、工程实践机会多的优势,加大资金、政策扶持力度,重点在油气勘探开发、煤炭加工转化、高效清洁发电、新能源开发利用、智能电网、先进核电、大规模储能、柔性直流输电、制氢等领域,建设一批创新示范工程,推动先进产能建设,提高能源科技自主创新能力和装备制造国产化水平。

8.2.5　公平效能,推动能源体制革命

坚持市场化改革方向,理顺价格体系,还原能源商品属性,充分发挥市场配置资源的决定性作用和更好发挥政府作用,深入推进能源重点领域和关键环节改革,着力破除体制机制障碍,构建公平竞争的能源市场体系,为提高能源效率、推进能源健康可持续发展营造良好制度环境。

完善现代能源市场。加快形成统一开放、竞争有序的现代能源市场体系。放开竞争性领域和环节,实行统一市场准入制度,推动能源投资多元化,积极支持民营经济进入能源领域。健全市场退出机制,加快电力市场建设,培育电力辅助服务市场,建立可再生能源配额制及绿色电力证书交易制度。推进天然气交易中心建设,培育能源期货市场。开展用能权交易试点,推动建设全国统一的碳排放交易市场。健全能源市场监管机制,强化自然垄断业务监管,规范竞争性业务市场秩序。

推进能源价格改革。按照"管住中间、放开两头"的总体思路,推进能源价格改革,建立合理反映能源资源稀缺程度、市场供求关系、生态环境价值和代际补偿成本的能源价格机制,妥善处理和逐步减少交叉补贴,充分发挥价格杠杆调节作用。放开电力、油气等领域竞争性环节价格,严格监管和规范电力、油气输配环节政府定价,研究建立有效约束电网和油气管网单位投资和成本的输配价格机制,实施峰谷分时价格、季节价格、可中断负荷价格、两部制价格等科学价格制度,完善调峰、调频、备用等辅助服务价格制度,推广落实气、电价格联动机制。研究建立有利于激励降低成本的财政补贴和电价机制,逐步实现风电、光伏发电上网电价市场化。

深化电力体制改革。按照"准许成本加合理收益"的原则,严格成本监管,合理制定输配电价。加快建立相对独立、运行规范的电力交易机构,改革电网企业运营模式。有序放开除公益性调节性以外的发用电计划和配电增量业务,鼓励以混合所有制方式发展配电业务,严格规范和多途径培育售电市场主体。全面放开用户侧分布式电力市场,实现电网公平接入,完善鼓励分布式能源、智能电网和能源微网发展的机制和政策,促进分布式能源发展。积极引导和规范电力市场建设,有效防范干预电力市场竞争、随意压价等不规范行为。

推进油气体制改革。出台油气体制改革方案,逐步扩大改革试点范围。推进油气勘探开发制度改革,有序放开油气勘探开发、进出口及下游环节竞争性业务,研究推动网运分离,实现管网、接收站等基础设施公平开放接入。

加强能源治理能力建设。进一步转变政府职能,深入推进简政放权、放管结合、优化服务改革,加强规划政策引导,健全行业监管体系。适应项目审批权限下放新要求,创新项目管理机制,推动能源建设项目前期工作由政府主导、统一实施,建设项目经充分论证后纳入能源规

划,通过招投标等市场机制选择投资主体。

深入推进政企分开,逐步剥离由能源企业行使的管网规划、系统接入、运行调度、标准制定等公共管理职能,由政府部门或委托第三方机构承担。强化能源战略规划研究,组织开展能源发展重大战略问题研究,提升国家能源战略决策能力。

健全能源标准、统计和计量体系,修订和完善能源行业标准,构建国家能源大数据研究平台,综合运用互联网、大数据、云计算等先进手段,加强能源经济形势分析研判和预测预警,显著提高能源数据统计分析和决策支持能力。

8.2.6 互利共赢,加强能源国际合作

统筹国内国际两个大局,充分利用两个市场、两种资源,全方位实施能源对外开放与合作战略,抓住"一带一路"倡议重大机遇,推动能源基础设施互联互通,加大国际产能合作,积极参与全球能源治理。

推进能源基础设施互联互通。加快推进能源合作项目建设,促进"一带一路"沿线国家和地区能源基础设施互联互通。研究推进跨境输电通道建设,积极开展电网升级改造合作。

加大国际技术装备和产能合作。加强能源技术、装备与工程服务国际合作,深化合作水平,促进重点技术消化、吸收再创新。鼓励以多种方式参与境外重大电力项目,因地制宜参与有关新能源项目投资和建设,有序开展境外电网项目投资、建设和运营。

积极参与全球能源治理。务实参与二十国集团、亚太经合组织、国际能源署、国际可再生能源署、能源宪章等国际平台和机构的重大能源事务及规则制订。加强与东南亚国家联盟、阿拉伯国家联盟、上海合作组织等区域机构的合作,通过基础设施互联互通、市场融合和贸易便利化措施,协同保障区域能源安全。同时,探讨构建全球能源互联网。

8.2.7 惠民利民,实现能源共享发展

全面推进能源惠民工程建设,着力完善用能基础设施,精准实施能源扶贫工程,切实提高能源普遍服务水平,实现全民共享能源福利。

完善居民用能基础设施。推进新一轮农村电网改造升级工程,实施城市配电网建设改造行动,强化统一规划,健全技术标准,适度超前建设,促进城乡网源协调发展。统筹电网升级改造与电能替代,满足居民采暖领域电能替代。积极推进棚户区改造配套热电联产机组建设。加快天然气支线管网建设,扩大管网覆盖范围。在天然气管网未覆盖地区推进液化天然气、压缩天然气、液化石油气直供,保障民生用气。推动水、电、气、热计量器具智能化升级改造,加强能源资源精细化管理。积极推进城市地下综合管廊建设,鼓励能源管网与通信、供水等管线统一规划、设计和施工,促进城市空间集约化利用。

精准实施能源扶贫工程。在革命老区、民族地区、边疆地区、集中连片贫困地区,加强能源规划布局,加快推进能源扶贫项目建设。调整完善能源开发收益分配机制,增强贫困地区自我发展"造血功能"。继续强化定点扶贫,加大政府、企业对口支援力度,重点实施光伏、水电、天然气开发利用等扶贫工程。

提高能源普遍服务水平。完善能源设施维修和技术服务站,培育能源专业化服务企业,健全能源资源公平调配和应急响应机制,保障城乡居民基本用能需求,降低居民用能成本,促进能源军民深度融合发展,增强普遍服务能力。提高天然气供给普及率,全面释放天然气民用需

求，2020 年城镇气化率达到 57%，用气人口达到 4.7 亿。支持居民以屋顶光伏发电等多种形式参与清洁能源生产，增加居民收入，共享能源发展成果。

大力发展农村清洁能源。采取有效措施推进农村地区太阳能、风能、小水电、农林废弃物、养殖场废弃物、地热能等可再生能源开发利用，促进农村清洁用能，加快推进农村采暖电能替代。鼓励分布式光伏发电与设施农业发展相结合，大力推广应用太阳能热水器、小风电等小型能源设施，实现农村能源供应方式多元化，推进绿色能源乡村建设。

参考文献

[1]中华人民共和国国务院研究室. 2013 年政府工作报告及解读[R]. (2013－3－5)[2018－05－12]. http://www.cnki.com.cn/Article/CJFDTotal－YNJB201303015.htm.

[2]王海滨. 世界能源格局变化以及中国的应对[J]. 紫光阁，2018，3：90－91.

[3]莫君媛，王娜. 对重点领域煤炭清洁高效利用的几点建议[N]. 中国能源报，2017－6－29.

[4]中国石油新闻中心. 我国石油产量保持在 2 亿吨水平中西部和海域获勘查突破[R]. (2017－7－12)[2018－05－12]. http://www.sohu.com/a/158951654_158724? _f＝index_bus inessnews_3_11.

[5]中华人民共和国发展和改革委员会. 天然气发展"十二五"规划[R]. (2013－12－3)[2018－05－12]. http://bgt.ndrc.gov.cn/zcfb/201211/t20121115_515431.html.

[6]邹蕴涵. 我国替代能源的发展现状及存在的问题[J]. 中国能源，2016，38(9)：36－39.

[7]杜凤君. 论我国能源储备与应急制度的构建[J]. 决策与信息，2013，98：40－41.

[8]中华人民国和国发展和改革委员会. 对我国《能源生产和消费革命战略（2016－2030)》的解读和思考[R]. 北京：s.n.，2016.

[9]中华人民共和国工业和信息化部.《工业绿色发展规划（2016－2020 年)》解读之二——大力推进能效提升，加快实现节约发展[R]. 北京：s.n.，2016.

[10]张馨，牛叔文，赵春升等. 中国城市化进程中的居民家庭能源消费及碳排放研究[EB/OL]. (2010－10－20)[2018－05－12]. http://www.doc88.com/p－8866249299489.html.

[11]中国产业信息网. 2016 年我国煤炭行业现状及发展趋势分析[EB/OL]. (2016－3－29)[2018－05－12]. https://wenku.baidu.com/view/347a725703020740be1e650e52ea551810a6c9ff.html.

[12]中国市场调查网. 我国天然气行业供需及消费区域分布情况调查分析[EB/OL]. (2017－06－28)[2018－05－12]. http://www.sohu.com/a/152672354_361162.

[13]中国产业信息网. 2017 年中国核电行业发展现状及发展前景分析[EB/OL]. (2017－12－14)[2018－05－12]. http://www.chyxx.com/industry/201712/593075.html.

[14]国家可再生能源中心. 中国可再生能源展望 2017[R]. 北京：s.n.，2017.

[15]人民网. 我国明确 15 项能源技术创新任务 2030 年进技术强国行列[EB/OL]. (2016－6－2)[2018－05－12]. http://energy.people.com.cn/n1/2016/0602/c71661－28405726－2.html.